世界同時不況と
景気循環分析

浅子和美
飯塚信夫 編
宮川　努

東京大学出版会

Great Recession in the Global Economy
and Business Cycle Analyses
Kazumi ASAKO, Nobuo IIZUKA, and Tsutomu MIYAGAWA, Editors
University of Tokyo Press, 2011
ISBN978-4-13-040251-4

はしがき

　2008年9月に発生したリーマン・ショックを契機として，サブプライムローン問題でくすぶっていたアメリカの金融システム不安が一挙に表面化し，世界的な信用不安と株価の同時暴落を引き起こした．このショックは，1929年10月の暗黒の木曜日を契機とした30年代の世界的大恐慌に匹敵する「100年に1度」レベルの大ショックと受け止められ，実際，またたく間に世界中に伝染し世界金融危機や世界同時不況をもたらした．

　1990年代後半期から新世紀にかけての金融システム不安を乗り切ったかに見えた日本経済も例外とはならず，景気基準日付の上ではこれより約1年前の2007年10月に景気のピーク（山）を打ち，後退期の在庫・生産調整に入っていた日本経済は，発生源のアメリカよりも厳しい景気後退に見舞われた．

　しかし，幸いにして，G20（主要20か国・地域）に代表される新興国も含めての世界各国・地域による大胆な金融緩和策や大規模な財政出動により，世界金融危機は落ち着きを取り戻し，思いのほか迅速に世界レベルでのV字型の景気回復も達成された．しかし，それらはあくまでも大胆な政策発動の結果というべきものであり，自律的な景気変動が那辺にありどの方向を目指しているかは必ずしも自明ではない．

　本書は，このようなリーマン・ショック後の日本経済や世界経済の現況の中で，本書のタイトルとなっている『世界同時不況と景気循環分析』についての論文集として編纂したものであり，「世界同時不況」に関して現実のデータに基づいた実証分析を展開し，「景気循環分析」の手法を新たに開発するか，既存の手法を当該分野で応用するものである．

　より詳しくは，「世界同時不況」に関しては，文字通り世界中の国・地域が対象となるが，自ずから本書では日本を中心とした研究が多くなっており，アメリカ，EU諸国，韓国が続く．「景気循環分析」の手法としては，景気判断や景気予測に有用な景気指標の構築も重要な分野であり，本書でもいくつかの

新しい景気指標が提唱されている（具体的な本書の内容については，序章「本書の構成と概要」を参照されたい）．

本書の出自としては，直接的には，平成 18-22 年度科学研究費補助金基盤研究（S）「景気循環・経済成長の総合研究—景気判断モデルの構築と日本経済の実証分析（課題番号＝18103001，研究代表者＝浅子和美）」の研究成果の一部を取りまとめたものである．2010 年度は 5 年間の研究プロジェクトの最終年度にあたり，基本テーマの研究成果のうち，内容的に本書のタイトルである『世界同時不況と景気循環分析』に相応しい論文 15 篇を選別し，収録した．

この本の刊行までには，日本経済研究センターにおいて開催されてきた，定例研究会としての「景気循環研究会」（時に「景気日付研究会」）や「産業景気研究会」，さらには年 2 回夏秋や冬春の季節に行ってきたコンファレンスでの度重なる討議が，それぞれの論文のシェイプアップに役立ってきた．「景気循環研究会」は 1998 年から継続してきており，もともと景気循環の転換点をめぐって，厳密な経済学の論理展開と精緻な統計的手法を駆使して，的確な景気判断を下す目的で始まった．当初は東京経済研究センター（TCER）の研究プロジェクトとしてスタートしたが，その後，上記の科学研究費補助金基盤研究（S）とその前身としての，平成 14-17 年度科学研究費補助金基盤研究（A）(1)「景気循環論の理論的・実証的考察と景気判断モデルの構築（課題番号＝14203001，研究代表者＝浅子和美）」と合わせて，長期間に亘って，景気循環ないしマクロ経済変動全般の研究に対して多額の研究資金の支援を受けた．

これらの研究支援に応える意味で，折々の機会にさまざまな形で研究成果を世に問うてきたが，それらの代表が本書を含めた，東京大学出版会からの刊行となった景気循環分析 3 部作である．すなわち，第 1 弾は，2003 年 7 月に刊行した『景気循環と景気予測』（浅子和美・福田慎一編）であり，そこでは当初の目的にしたがって，オーソドックスな景気循環を想定し，それを解明する理論・実証分析の集大成とした．第 2 弾が 2007 年 7 月に刊行した『日本経済の構造変化と景気循環』（浅子和美・宮川努編）であり，20 世紀末から新世紀初頭にかけて進められた日本経済の構造改革の流れを受けて，景気循環自体の変貌という観点での問題意識を共有した内容であった．そして第 3 弾が本書である．

本書を刊行するに当たっては，各章や総括コメントの執筆者だけでなく，多

くの方々のご協力をいただいた．既述のように，本書収録の完成原稿の作成までに，東京やその他の地域で多数のコンファレンスや研究会を開催したが，これらの企画に参加していただいた本書の執筆者以外の参加者のコメントや討論は，本書の論文を改善する上で大変貴重であった．また東京での研究会のために，会議室を提供していただいた日本経済研究センターにも感謝したい．文部科学省科学研究費の支援は言うまでもないが，これらの助成がなければ，「景気循環研究会」の開催をはじめとして，本書の刊行にいたる機会や研究成果が得られなかったと思われ，謝意を表したい．

　本書は，多くの執筆者とコメンテーターに参加していただいたこともあり，企画から最終原稿の提出までかなりの時間を要した．こうした出版過程を辛抱強くお付き合いいただいた東京大学出版会の大矢宗樹氏に，深く感謝申し上げたい．同氏からは，読者にとって friendly な学術書がどうあるべきかも，具体例をもって示していただいた．本書の刊行によって，目立って洛陽の紙価を高めるのは想定外としても，急落することもなく，安定的に推移することを祈念して筆を置きたい．

　　2011 年 2 月

　　　　　　　　　　　　　　　　　　　　　編者を代表して　浅子和美

目　次

はしがき　i

序　章　本書の構成と概要 ───── 浅子和美・飯塚信夫・宮川　努　1

第 I 部　景気指標をめぐる新展開

第 1 章　景気基準日付の再検証 ───── 小巻泰之　11
　　　　──Real-time データに基づく推計
　1. はじめに　11
　2. 景気転換点の設定　13
　3. 本章で用いるデータと推計方法　18
　4. 推計結果　20
　5. おわりに　28

第 2 章　刈り込み処理と景気動向指数 ───── 外木好美　31
　　　　──「刈り込み DI」を用いた外れ値の把握
　1. はじめに　31
　2. CI（コンポジット・インデックス）とは　32
　3. CI の作成方法　32
　4. 刈り込み処理とは　34
　5. 指標「刈り込み DI」による刈り込み処理の妥当性の検証　36
　6. 景気変動を見る上での「刈り込み DI」の有用性　40
　7. おわりに　43

第 3 章　GDP ギャップの月次化と景気判断 ───── 山澤成康　45
　　　　──バンドパスフィルターによる計測
　1. はじめに　45
　2. バンドパスフィルターとは　46

3. バンドパスフィルターの比較　49
　　4. フィルターと予測値の結合　58
　　5. おわりに　60

第 4 章　企業の景況判断と決定要因 ──────── 原田信行　65

　　1. はじめに　65
　　2. 景気予測調査と法人企業景気予測調査　66
　　3. 景況判断と決定要因　70
　　4. おわりに　82

第 5 章　都道府県別 CI と全国の景気──CPBI による分析
　　　　　　　──────── 小野寺敬・浅子和美・田中晋矢　85

　　1. はじめに　85
　　2. 4 指標による都道府県別 CI　86
　　3. 都道府県別 CI と景気基準日付　91
　　4. 累積都道府県景気指標（CPBI）　102
　　5. おわりに　106

第 I 部総括コメント 1 ──────────────── 猿山純夫　109
第 I 部総括コメント 2 ──────────────── 坪内　浩　113

第 II 部　予測形成と景気分析

第 6 章　債券投資家の予測形成要因 ────── 平田英明・蓮見　亮　121
　　　　　　──QUICK 債券月次調査からみえるもの

　　1. はじめに　121
　　2. 先行研究と合理性の検証　125
　　3. マクロ的アプローチによる検証　127
　　4. アンケート回答を用いた長期金利予想の決定要因　131
　　5. おわりに　138

第 7 章　ボラティリティの景気予測力 ───────── 大屋幸輔　141
　　　　　　──バリアンス・リスクプレミアムの検証から

　　1. はじめに　141

2. ボラティリティ　143
3. リスク中立測度と現実測度　147
4. 検証　150
5. おわりに　155

第8章　インフレ期待の異質性 ──────────── 村澤康友　159
──区間データを用いたCarlson-Parkin法の拡張

1. はじめに　159
2. 先行研究　161
3. 分析手法　165
4. データ　166
5. 分析結果　171
6. おわりに　174

第9章　ゼロ金利制約下における日本経済
──流動性制約家計を含むニューケインジアンDSGEモデル
──────────── 矢野浩一・飯田泰之・和合　肇　177

1. はじめに　177
2. 流動性制約家計を含むモデル　180
3. ゼロ金利期間を含む実証分析　185
4. おわりに　193

第10章　量的緩和 ──────── 飯星博邦・梅田雅信・脇田　成　201
──レジーム・スイッチVARからみた2つの政策効果

1. はじめに　201
2. 基本モデルの推定　203
3. レジームの決定と生産・物価への影響　205
4. 金融市場内部への流動性効果　213
5. おわりに　218

第Ⅱ部総括コメント1 ──────────────── 大瀧雅之　221
第Ⅱ部総括コメント2 ──────────────── 竹田陽介　225

第 III 部　日本と世界の景気分析

第 11 章　戦後 14 番目の景気循環の特徴 ──────── 飯塚信夫　233
──「いざなぎ超え」「百年に一度の不況」の意味
1. はじめに　233
2. 数量面・価格面から見た特徴　234
3. 経済成長の内訳からみた第 14 循環の特徴　239
4. 高い輸出の伸びはなぜ国内に波及しなかったのか　244
5. VAR による第 14 循環の景気変動の分析　250
6. おわりに　255

第 12 章　2 つの金融危機とわが国の企業破綻
──────── 福田慎一・粕谷宗久・赤司健太郎　259
1. はじめに　259
2. 2 つの金融危機の影響　265
3. 黒字倒産と赤字倒産の頻度　267
4. 倒産確率の推計　269
5. 基本統計量　272
6. 推計結果　274
7. 2 つの金融危機は何が異なったか？　279
8. おわりに　281

第 13 章　ユーロ圏の産業構造の変化と景気循環への影響
──────── 竹内文英　285
1. はじめに　285
2. 産業構造の変化と生産性格差　286
3. 生産性ショックと景気循環　292
4. おわりに　305

第 14 章　米金融危機と景気循環 ──────── 荒井信幸　309
──家計のバランスシート調整の影響
1. はじめに　309
2. 戦後の米国における景気循環の特徴と今回の景気後退　310
3. 米国の消費にみられる特徴　310

4. 家計債務の膨張とその要因　315
   5. 財政政策と個人消費　321
   6. 米国家計のバランスシートとバブル期の日本企業の
      債務膨張との比較　323
   7. おわりに　325

第15章　日本と韓国の生産性格差と無形資産の役割
　　　　　——————————————————　宮川　努・滝澤美帆　331
   1. はじめに　331
   2. McGrattan and Prescott model を利用した日韓経済　334
   3. 無形資産を考慮した日韓の成長要因　343
   4. おわりに　345

第Ⅲ部総括コメント1 ————————————————— 徳井丞次　349
第Ⅲ部総括コメント2 ————————————————— 加藤久和　357

索　引　361

序　章

本書の構成と概要

浅子和美・飯塚信夫・宮川　努

　本書は表題にあるように，リーマン・ショック後の世界金融危機と世界同時不況を念頭に置きながら，最近の景気循環分析を展開した総勢25人による15篇の論文を編集したものである．全体を3部構成とし，第Ⅰ部「景気指標をめぐる新展開」，第Ⅱ部「予測形成と景気分析」，そして第Ⅲ部「日本と世界の景気分析」と題した．

　さらに，「はしがき」で触れたように，本書の執筆過程では数回のコンファレンスを開催し討議を経てきたが，本書の刊行に際して各部について改めて2名ずつ総括的なコメンテーター役をお願いし，寄せられた率直な指摘を各部の終わりに収録した（なお，以下では氏名の敬称はすべて省略する）．これは，本書が景気循環分析として，最新の理論的・統計的分析から様々な分野での実証分析に至るまでを幅広く考察対象としているために，各部の議論を整理する目的で収録したものである．読者にとって，各部の内容を総括的に把握できるとともに，各分野での今後の課題を知るうえでも役に立つものと期待している．以下では各部ごとに，あらかじめ各章の内容を紹介するが，随時これらの総括的コメントも参照されることを勧めたい．

　第Ⅰ部「景気指標をめぐる新展開」には，景気循環分析の基礎となる景気基準日付や伝統的な景気指標に対して，それらが日本の景気循環を正しく認定し適切な景気対策の発動に役に立っているかの検証や，従来の景気指標を改善・補完する新たな景気指標を構築する試みなど，景気指標をめぐって多角的な検討を加えた論文5篇を収録する．

第 1 章「景気基準日付の再検証——Real-time データに基づく推計」（小巻泰之）は，戦後日本の景気基準日付の設定過程について，その時点で利用可能な Real-time データに基づいて検証している．内閣府が発表する景気基準日付は，景気動向指数の「一致 DI（diffusion index）の各採用系列から作られるヒストリカル DI に基づき，景気動向指数研究会での議論を経た後，経済社会総合研究所長が設定する」とされている．本章では現時点で Real-time データが遡及可能な第 8 循環（1975 年 3 月〜）以降を検証しているが，その結果，バブル景気の山の暫定設定（91 年 4 月）を除き，第 10 循環以降の景気基準日付は Real-time データで作成するヒストリカル DI と完全に一致する．一方，第 8 循環と第 9 循環の設定ルールは他の景気基準日付と異なり，特に，第 8 循環については，Real-time データで転換点を特定できない．総括コメント 2（坪内浩）にある通り，本章は「これまでのところ景気の定義に大きな変更はなかった」ことを実証しており，「景気循環は景気の定義に依存」していることを改めて気付かせるものである．

ところで，景気基準日付の基礎となる景気動向指数は長らく DI 中心の公表形態であったが，2008 年 4 月分から CI（composite index）が主役となった．変化のスピードや好不況の高さ・深さといった「量感」を反映させるためであったが，その直後に発生したリーマン・ショックによる経済の落ち込みを，この CI がきちんと表していないのではないかとの疑問が呈されてきた．この主因は CI 算出の際に用いられている刈り込み処理にある．**第 2 章「刈り込み処理と景気動向指数——「刈り込み DI」を用いた外れ値の把握」（外木好美）**では，CI 算出の際に用いられている，「外れ値」に対する刈り込み処理の程度を指標化した「刈り込み DI」を新たに作成し，これを検証している．その結果，リーマン・ショック後に留まらず，第 11 循環の拡張期及び後退期，第 12 循環の後退期，第 13 循環の後退期，第 14 循環の後退期では，刈り込み処理された部分に本来の景気変動が含まれている可能性があることが示された．総括コメント 1（猿山純夫）にもある通り，「CI の構成系列は DI のそれを流用したもので，「量感」を示すのにふさわしい系列として選抜されたものではない」という問題を抱えている．本章で提起された「刈り込み DI」が，今後の景気指数の改良にも生かされることが期待される．

第 3 章「GDP ギャップの月次化と景気判断——バンドパスフィルターによ

る計測」（山澤成康）では，時系列データの循環成分を取り出す上でポピュラーな（特定周期の波だけを検出する）バンドパスフィルターを検討し，新たに考案した後方移動平均フィルターによる景気転換点の検出力を確かめている．BK（Baxter and King）フィルターと CF（Christiano and Fitzgerald）フィルターを含めた3種類のフィルターは，若干遅れる傾向が認められるものの，おおむね過去の景気循環の山谷の転換点と一致しているという結果となり，さらに山谷のずれ方としては，後方移動平均フィルターが最も小さいことが示される．総括コメント1（猿山純夫）にある通り，公式の景気日付に対応しない小さな起伏を拾いやすいなどの課題はあるものの，転換点を探る新たな試みになっている．

第4章「企業の景況判断と決定要因」（原田信行）は，財務省「景気予測調査」と内閣府・財務省「法人企業景気予測調査」の結果から，景況判断の構成比と各景況判断の要因を詳細に考察している．日本の景気循環においては，企業行動が重要な役割を果たしており，景気動向の把握に関して経済主体に直接景況を尋ね，その結果を集計して景気指標とする景況感調査への期待感も高まっている．本章の検討結果からは，景況判断の中核的な要因は期間を通じて市況や需要の動向であること，規模が小さい層ほど資金繰りや資金調達環境が景況に影響する傾向が強いことなどが示されている．総括コメント2（坪内浩）にある通り，景況感調査に示される「景気」は，付加価値そのものを測定する景気指標とは異なり「付加価値を生み出すことを可能にするような環境のことを意味」していることが改めて確認される．

第5章「都道府県別 CI と全国の景気——CPBI による分析」（小野寺敬・浅子和美・田中晋矢）は，月次の共通指標から全国47都道府県の CI を試算し，これをベースに累積都道府県景気指標（CPBI）を構築のうえ，CPBI が全国レベルの景気判断に有用であるかを考察している．CPBI の有用性に関しては，既に浅子・小野寺（2009）の考察があるが，本章ではデータを改定のうえ都道府県別 CI を再計算し，内閣府によって暫定的に判定されている第14循環の「山」（2007年10月）と第15循環の始まり（＝第14循環の終り）の「谷」（2009年3月）の直近の2つの景気転換点を重点的に分析している．本章の分析結果は多くの点で浅子・小野寺（2009）の分析結果を追認するものになっている．総括コメント2（坪内浩）が整理するように，本章の含意としては「日

本経済は地域的な先行性，遅行性の偏りがない経済」となる．

　第Ⅱ部「予測形成と景気分析」に収録された5篇の論文では，直接的にしろ間接的にしろ，経済主体が景気変動をどれだけ予測できているか，またその結果として経済主体の予測形成が景気変動にどのような影響を及ぼしているか，を検証する．

　第6章「債券投資家の予測形成要因——QUICK債券月次調査からみえるもの」（平田英明・蓮見亮）では，QUICK社による債券月次調査のアンケート個票を利用し，主として6か月後の10年国債利回りに関する投資家の予測値の決定要因を分析する．この際，予測値と予測時点での実績値の差の「期待」部分に着目する．具体的には，まず長期金利に関する「期待」，長期金利の実績値，為替レート，鉱工業生産指数，短期金利の5変数からなる構造VARモデルを推計し，これらの変数相互間にみられる傾向を把握する．次いで，アンケートの個票から，債券相場に影響を及ぼす7つの要因（景気動向，物価動向，短期金利／金融政策，為替動向，海外金利，債券需給，株価動向）に関する回答と相関の高いマクロ指標を選択し，アンケート回答者の個票情報を利用したパネル回帰を行う．この結果，金利変動の期待に影響を与える主要な要因は，金融政策と為替動向であるという結論が得られる．

　第7章「ボラティリティの景気予測力——バリアンス・リスクプレミアムの検証から」（大屋幸輔）では，資産価格に関連した期待変数である市場のボラティリティ（確率的分散）に注目して，その景気に対する予測力を検証する．一般に，資産価格が景気に対して安定的な予測力をもつとの実証研究は少ないが，金利の期間構造を表す長短金利差の予測力は，ある程度検証されている．本章で具体的に利用するボラティリティ尺度は，リスク中立測度のもとで，特定のモデルに依存せずにオプション価格から逆算されるインプライド・ボラティリティである．先行研究では，マクロ変数や市場収益率に対する予測力の検証においては，ボラティリティだけでなく，それでは捉えきれないリスクを反映したバリアンス・リスクプレミアムも検証の対象となっている．本章でも，景気の将来予測に関してこのバリアンス・リスクプレミアムが長短金利差よりも高い説明力をもつことを確認する．ボラティリティの直観的な解説も試みた総括コメント1（大瀧雅之）では，本章の問題意識とは逆の因果である「景気が後退すると株価の低下だけでなく見通しも悪くなる」との疑問を呈し，

その検証が望まれると結んでいる.

第8章「インフレ期待の異質性――区間データを用いた Carlson-Parkin 法の拡張」(村澤康友)では,インフレ期待に関するアンケート調査のデータを利用して,インフレ期待と回答者の属性の関係を分析する.期待インフレ率の回答方法には,順序・区間・数値の3通りある.これまでの(特に家計の)期待インフレ率の調査の多くは,順序での回答であり,集計した順序データから量的な情報を抽出するために,いくつかの強い仮定を置く Carlson-Parkin 法が用いられてきた.しかし,期待インフレ率が区間データとして得られるならば,これらの仮定は不要になる.本章では,その要件を満たす近年の「消費動向調査」の世帯(主)の属性別集計データを用いて,日本の家計の期待インフレ率の分布の推移を男女間で比較する.その結果,男女とも属性内の異質性が大きい,男女とも物価上昇時と下落時で期待インフレ率の分布の変化は非対称,等の特徴が見いだされた.しかし,総括コメント1(大瀧雅之)も指摘するように,これらからはむしろ男女差は大きなものではないとの結論となり,インフレ期待の男女差が有意な欧米の研究結果とは異なったものになっている.

第9章「ゼロ金利制約下における日本経済――流動性制約家計を含むニューケインジアン DSGE モデル」(矢野浩一・飯田泰之・和合肇)では,流動性制約下にある家計を含む DSGE モデルを構築し推計するが,その前提として新たな推計手法の提案もしている.従来の DSGE モデルによる推計では,トレンドとサイクルを時系列的な手法で分解した後に推計を行い,その分割には理論的な根拠が欠けていた.両者の同時推計によって経済理論と整合的なトレンドが推計されている点も,本章の大きな貢献である.さらに,モンテカルロ・フィルターと自己組織化状態空間モデルの利用によって,経済が流動性の罠に陥っている期間を含むパラメターの推計が可能となった.また,同手法の利用により,潜在成長率やターゲットインフレ率といった自然率,構造パラメター,各種のギャップを同時推計する点にも大きな特徴がある.推計結果によると,流動性制約下にある家計の比率は近年上昇しており,潜在成長率に関しては1990年代に大きな低下がみられたものの,2000年代には80年代と遜色のない水準に回帰していることが観察される.また,金融政策反応関数については,80年代～95年にかけて2%程度のインフレ率を目標にしていた日本銀

行が，90年代半ばに大幅な目標インフレ率の切り下げを行うなど，目標インフレ率の推移が特徴的であるとしている．

第10章「量的緩和――レジーム・スイッチVARからみた2つの政策効果」（飯星博邦・梅田雅信・脇田成）では，レジーム・スイッチVARを用いて，日本の金融政策の効果を検証している．2008年秋の世界金融危機後，欧米中央銀行は非伝統的な金融政策を打ち出したが，このような政策がどのような効果をもつかを，日本の経験から教訓を導き出すことに大きな意義がある．本章での主要な発見としては，第1に，2000年以降には量的緩和レジームともいうべきレジームが存在し，そこでは金融システム内部における流動性効果が認められる一方で，生産や物価に対し金融政策変数の影響がほとんど認められない．第2に，先行研究は95年頃を転換点として政策効果が弱まったとしているが，レジーム数をさらに増加させると，2000年頃より生産や物価に対する新たな政策無効のレジームが始まる，というものである．

以上の第II部に対して，総括コメント2（竹田陽介）では，長期金利の決定要因を扱う第6章，家計の流動性制約下における政策効果を扱う第9章，量的緩和政策の効果を扱う第10章の3論文には，現代マクロ経済学が直面する「名目金利のゼロ下限制約による金融政策ルールの非線型性」と「期待形成の硬直性」の2つの理論的課題が通底していると指摘し，したがってそれらの実証研究には重要な意義があるが，3論文それぞれに推計結果の解釈や頑健性の面から改善の余地があると総括している．

第III部は，「日本と世界の景気分析」との標題が示すように，グローバル化が進む中で，各国の景気がどのような特徴を有しているかを分析した5篇の論文を集めている．特に2008年9月に発生したリーマン・ショックは，その震源地である米国のみならず，世界各国の景気に大きな影響を与えた．また日本や韓国も1990年代の後半に同様の金融危機や通貨危機に見舞われている．

第11章「戦後14番目の景気循環の特徴――「いざなぎ超え」「百年に一度の不況」の意味」（飯塚信夫）では，リーマン・ショックの時期を含む2002年から09年までの好況と不況に焦点をあて，その特徴を論じている．この第14循環の最大の特徴は，外需が戦後最長となる好況を支えた点にある．特に影響が大きかった米国のバブル景気と中国の高成長のうち，一方の軸である米国景気がリーマン・ショックによって大きく後退すると同時に，日本経済が不況に

陥ったのは自然の流れといえる．他方で，従来日本の景気循環の主役であった民間設備投資は，長引くデフレと期待成長率の低下により貢献度が低かった．こうした景気変動の主役交代が，2000年代に入ってからの人々の景況感にも大きく影響している．総括コメント2（加藤久和）も指摘するように，こうした主役交代や実感を伴わない幻の外需寄与は日本経済の構造変化ゆえなのか，それともたまたま第14循環のタイミングで起こった偶発現象なのかの解明は，今後の日本の景気循環を理解し予測に役立てていく上で試金石となる．

第12章「2つの金融危機とわが国の企業破綻」（福田慎一・粕谷宗久・赤司健太郎）は，金融危機後の不況における企業の経営破綻に焦点をあてる．ここでいう2つの金融危機とは，1997年から98年における日本の金融危機と2008年のリーマン・ショックを指している．金融危機では，バブルの崩壊に伴い，金融機関が多額の不良債権を抱え，経営破綻の危機に直面する．こうした金融危機がどこで発生するかは，日本の企業の経営破綻の要因に大きな違いをもたらす．本章では，前者の金融危機では，企業倒産に影響を与えていたメインバンクの健全性の指標や利益率などの企業パフォーマンスを表す指標が，リーマン・ショックに影響された2007年以降の不況では有意でなくなったことを検証している．総括コメント1（徳井丞次）にあるように，時期によって企業倒産に至る要因が異なったものになるのには，制度が変化した可能性もあり，特に「不良債権比率の銀行の健全性に対する情報価値は低下している」との指摘は重要である．

第13章「ユーロ圏の産業構造の変化と景気循環への影響」（竹内文英）は，ヨーロッパ諸国に焦点を当て，1990年代後半から2000年代にかけて起きた統一通貨ユーロ導入の影響を分析する．ユーロの導入がユーロ圏内の物流コストを低減し，域内の生産性格差の拡大という産業構造の変化を引き起こし，これが景気循環にどのような影響を与えたかを計量的に検証する．より具体的には，ユーロ圏10か国に日本，米国，カナダ，英国の4か国の経済指標から世界景気やユーロ圏の景気などのファクターを抽出するStructural FAVARモデルを推計し，この加盟国間の生産性格差の拡大が，景気循環の連動性を低下させていることを示している．2つの総括コメント（加藤久和，徳井丞次）が共通して指摘しているのは，分析手法の斬新性とアジア地域などユーロ圏以外の地域への拡張であり，その成果を期待したい．

第14章「米金融危機と景気循環——家計のバランスシート調整の影響」（荒井信幸）では，リーマン・ショックの震源地である米国経済に焦点をあてる．リーマン・ショックの主因は住宅バブルの崩壊であるが，本章では，住宅購入者である家計のバランスシートの動きに着目する．米国の家計貯蓄率の低下とレバレッジの上昇の関係を指摘し，2000年代に入ってからの低金利が，この傾向に拍車をかけたとしている．さらにサブプライムローンやホームエクイティローンなど新たな資金調達手段の導入も住宅バブルの加速要因となった．リーマン・ショック崩壊後の財政政策は，米国経済に一時的な落ち着きを与えているが，日本の「失われた10年」の例もあるように，先行きは予断を許さないというのが本章の見解である．総括コメント2（加藤久和）にもあるように，金融危機発生後の実体経済への伝播メカニズムは日米で似ている点とそうでない点がある．危機への対応にも日米で共通点と相違点があり，これらの見極めが重要となる．

第15章「日本と韓国の生産性格差と無形資産の役割」（宮川努・滝澤美帆）では，リーマン・ショック後の回復策の成功例としての韓国と失敗例としての日本を対照する．1990年代後半から2000年代にかけてのほぼ同時期に金融危機（韓国は通貨危機）を経験した両国の経済パフォーマンスが，10年後の時点で大きく異なっている要因を，標準的なマクロ動学モデルに無形資産を考慮したモデルを用いて考察する．日韓両国の経済パフォーマンスの差は，韓国企業と日本企業の勢いの差で象徴的に語られることが多いが，従来の研究開発投資による知識資産に加えて，経営能力や人材などを資産として包括的に捉えようとするのが無形資産の概念ともいえる．本章では，この無形資産の水準では日本が韓国を上回っているものの，金融危機後の蓄積率では韓国が日本を上回っており，この点が日韓の経済パフォーマンスの差の一因となっていることを検証している．総括コメント1（徳井丞次）にある，「こうした諸活動は，かつて日本企業がむしろ得意としてきた分野であったはずだが，（中略）「日本的経営」の見直しが進められていくなかで，ともすれば見失われがちになってしまった」との指摘は正鵠を射たものであろう．

第Ⅰ部
景気指標をめぐる新展開

第1章

景気基準日付の再検証
Real-time データに基づく推計

小巻泰之

1. はじめに

　景気の転換点は経済予測における重要項目の1つである．たとえば，予測モデルの適合度を測る場合，推計された転換点と景気基準日付[1]とのタイミングの合致が尺度として使われている．一方，景気基準日付は，その設定に用いられた景気指標の種類がその後変更され，また指標が同一であったとしても事後にはデータは数次にわたり改定されているにもかかわらず，景気基準日付は確定された後は変更されていない[2]．したがって，現時点の関連指標で転換点を推計する場合，過去の景気基準日付とは不一致となる可能性は高いと考えられるが，現実には過去の景気基準日付は所与として取り扱われる場合が多い．

　本章では，景気基準日付の設定時に利用されたデータ（以下，リアルタイム・データ）を用いて，過去の景気基準日付の設定ルールを再検証し，現時点のデータ（以下，ファイナル・データ，本章では2010年6月7日時点）をもとに推計される転換点との差異について検討する．本章での分析を進めるにあたって，次の3点を考慮する．

　第1に，内閣府経済社会総合研究所が所管する景気動向指数研究会[3]での景

---

1) 本章では公式の転換点を景気基準日付と表記し，それ以外は単に転換点と表記する．
2) アメリカでは1975年まで小幅な改定が実施されたものの，1978年以降に公表された転換点（Business Cycle Reference dates）は変更されていない．ただし，変数の大きな改定や誤りがあれば変更を否定しているわけではない．

気基準日付の設定の方法を踏襲する．景気基準日付の設定は，景気動向指数の一致系列に採用されている統計指標からヒストリカル DI（以下，HDI）を作成し，そこから得られる転換点を候補として他の基準と照らし合わせて決定される．したがって，当時の HDI を再現し実際に設定された景気基準日付と照合し，差異が存在する場合には総合判断（定性的な判断）が介在していた可能性が考えられる．定性的な判断の有無について検証を行う．

第2に，検証期間である．できれば戦後以降を分析対象としたいところであるが，2.4項で整理するように，過去の景気基準日付は設定ルールが全て同一ではない．本章では，景気動向指数研究会の対象となった第8循環以降について，景気動向指数の一致系列の採用指標及び GDP や短観など他の諸変数についてリアルタイム・データを構築する．

第3に，転換点の推計方法の適否についてである．転換点の推計は，Stock and Watson（2010）の分類にしたがえば2つの方法に大別できる．第1に，個々のデータの転換点を設定した後にそれを集計し転換点を確定させる（以下，Date then Aggregate）方法で，景気動向指数の DI や HDI が該当する．もう1つの方法は個々のデータを集計した後その集計されたデータから転換点を推計する（以下，Aggregate then Date）で，個別の指標を集計した GDP や景気動向指数の CI，あるいは Stock and Watson（1989）モデルや Dynamic Factor Model（以下，DFM）などが該当する．本章では，Date then Aggregate として HDI 及び Harding and Pagan（2006）アルゴリズムを用い，Aggregate then Date として内閣府 CI 及び Stock and Watson モデルによる推計を行い，過去の景気基準日付を評価する．

本章の構成は以下の通りである．第2節で景気の転換点の設定に関する先行研究及び日本の設定方法を整理した上で，第3節では本章で用いる推計方法について検討する．第4節でリアルタイム・データに基づく景気転換点を推計する．第5節で結論をまとめる．

---

3) 景気動向指数研究会は，1982年5月に設置された「景気基準日付検討委員会」から改称され現在に続いている．

2. 景気転換点の設定

ここでは，日米の景気の転換点の設定方法ついて，Stock and Watson (2010) の分類にしたがって整理する[4]．

2.1 日米の状況

アメリカでの転換点の設定では，「景気の転換点では経済活動の拡大あるいは縮小が多くの部門に波及していることから多くの経済指標が同方向に変動している」と，Burns and Mitchell (1946) で示された基本的な考え方が踏襲されている．NBER の委員会 (The NBER Business Cycle Dating Committee) に属する委員は独自の手法で転換点を特定し，それを持ち寄り委員会で決められている．また，委員会の開催は各委員が開催希望を提案することもできる[5]．ただし，推計手法については，各委員がどのようなモデルを用いているのか詳細は明らかではない．Watson (2010) によれば，転換点の推計方法は時々変更が加えられているとのことで，委員会の初期の頃には Date then Aggregate が中心であったが，現在では Aggregate then Date が中心となっていると指摘している．

一方，日本では景気動向指数研究会の議事録及び関連資料から，Date then Aggregate の手法がとられていることがうかがえる[6]．景気動向指数[7]の一致指数を構成する個々の指標の転換点から HDI を作成し，ここから得られる候補の転換点の適否について，①波及度 (Diffusion)，②量的な変化 (Depth)，

---

[4] 転換点の設定については，村澤 (2007) が整理しているように，記述統計的に設定する立場，及び高成長と低成長という2つの観測できない状態を仮定して各時点の状態を推計する立場に区分する考え方もある．
[5] 2009年6月を谷とする判定は，2010年9月20日に電話会議で決定されている．
[6] 経済企画庁 (1983) によれば，「景気基準日付は，生産，在庫，労働などの経済活動を示す多くの経済指標の中心的な転換点を意味し，その設定は，従来から，景気動向指数の一致系列について上昇系列の比率が50%をきる時点をもとに，他の主要経済指標の動きや専門家の意見を勘案して行ってきた」とされている．
[7] 日本の景気動向指数では従来 DI が中心とされてきた．その結果，CI は DI に遅れて1984年1月に一致指数が試算され，1984年6月より参考系列として先行，一致，遅行の3系列が公表されている．参考系列であったことから，1987年の第6次改定では1987年5月から9月まで5か月間について CI は公表されず欠損値となっている．2008年より CI が DI に代わって主系列となり，DI が参考系列となる．

③期間（Duration）及び，④ GDP や景況感など他の景気指標による確認などを行って転換点を設定している．個別指標の転換点の特定では Bry and Boschan（1971）が用いられている．ただし，景気動向指数は，これまで 9 回の改定が実施されている．また，景気基準日付を設定する主要な景気指標も変更されており，現時点の構成指標で過去を再検証するのは適切な方法とはいえない．景気動向指数の構成指標の改定では，①過去の景気基準日付とのタイミング（したがって長期間利用可能なデータであることも条件となる），②不規則変動の回数，③平滑度などが考慮されている．

2.2　2 つの方法の比較に関する先行研究

ここでは全ての景気の転換点に関する文献を整理するのではなく，本章の目的に合わせて，Date then Aggregate 及び Aggregate then Date を比較検討した先行研究を検討する．

Stock and Watson（2010）は，Aggregate then Date として DFM 及びコンファレンスボードの CI，Date then Aggregate として 1959 年 1 月〜2009 年 7 月までの 270 系列のアンバランスなパネルデータを用いて，NBER の設定した転換点との比較を行っている．DFM は 15 回中 3 回を除き，NBER の転換点と一致しているものの，外す時は大きく乖離している．パネル分析は 11 回外しているものの，各回の乖離は小幅となっている．どの推計方法でも全て NBER が決定した転換点と合致していない，パネル分析による結果は DFM や CI の結果と大きな差異はないものの，転換点の推計に関する標準誤差と信頼区間を示すことができる点で，DFM や CI より優れていると指摘している．

Chauvet and Piger（2002）は，GDP 及び非農業部門雇用者数の 2 変数それぞれを用いて Markov-switching models をもとに転換点を推定している．1947 年〜2003 年の全期間の推計，及び 1 期間ずつずらす逐次推計をリアルタイム推計とみなして両者の比較を行い，リアルタイム推計は全期間に比し NBER が決定する転換点をより正確かつ早期に予測できることを示した．これは NBER が転換点を設定する時点で用いるデータで行うとより予測精度が向上することを示している．また，Chauvet and Piger（2008）は，Chauvet and Piger（2002）を拡張させた研究で，データとして米セントルイス連銀のリアルタイム・データセットから，一致 CI の構成指標である employment, industrial production, manufacturing and trade sales, 及び personal income の 4 変数を用い,Harding and Pagan (2006) のアルゴリズム及び DFM を用いて転換点を推計し比較検討している.結果は,2003 年時点のデータによる推計の方が各時点のリアルタイム・データによる推計より NBER の転換点と近く正確なものとなっている.一方,推計手法については Harding and Pagan (2006) のアルゴリズムでも NBER の転換点を概ね再現できているものの,DFM の方のパフォーマンスが良いとの結果である.なお,リアルタイム・データにより推計のパフォーマンスが悪化する理由は明確にされていない.

2.3 Harding and Pagan (2006) アルゴリズム

日本では個々の景気指標の転換点の特定は,Bry and Boschan (1971) が用いられている.その後,決定された個々の山谷をもとに,山から谷に至る期間を全てマイナスに,谷から山に至る期間は全てプラスとして各月のプラスの系列数の総系列数に対する割合 (%) を算出する.これを HDI と呼ぶ.この HDI が 50% を割ってくる(超えてくる)直前の月が景気の山(谷)となる.つまり,個別系列による転換点の中央値により全体の変化の方向(景気の局面)を判断している.HDI を作成するのは,景気の趨勢的な動きとは異なる不規則変動のために指標の山谷が,誤って認定されることを防ぐためである.

Harding and Pagan (2006) はこの HDI の推計に該当する部分について独自の推計方法を提示している.個々の景気指標に関する転換点は Bry and Boschan (1971) が用いられている.ここで Bry and Boschan (1971) で求めた I 個の景気指標のそれぞれ転換点を山の場合 $\{P_1, P_2, ..., P_I\}$,谷の場合 $\{T_1, T_2, ..., T_I\}$ とする.特定の時期(例えば t 期)について,個々の指標の P_i あるいは T_i の distance を求め,P_i の場合は DP_{it},T_i の場合は DT_{it} とする.個々の指標の DP_{it} もしくは DT_{it} の中央値 $DP_t = median(DP_{1t}, DP_{2t}, ..., DP_{It})$,$DT_t = median(DT_{1t}, DT_{2t}, ..., DT_{It})$ を求める.こうした推計を t 期以外についても行い,最少となる DP_t もしくは DT_t が個々の指標を統合した転換点と位置づけられるとするものである.このアルゴリズムにより個々の指標の山谷が 1 つの変数として統合されることになる.

2.4 日本の景気基準日付の設定状況

　景気基準日付の設定には大きな特徴が見られる．森（1997）によれば，1957年以前には景気の転換点は設定されず，DI の試算過程で1960年以前の景気基準日付が設定されている．第1次試算（1957年11月）では，1957年11月に第1循環（1951年）から第3循環（1957年）の山までが一括して設定された．その後，第2次試算（1958年11月）では第2循環及び3循環の山が改定され，第3次試算時（1959年4月）に第1循環の谷が改定された．このように，DI の試算の中で，第1循環から第3循環までは頻繁に転換点が改定されている．

　DI の本格稼動後，第1次改定（1965年2月）の際には第2循環及び第3循環の谷が改定され，第4循環（1962年）の山と谷が同時に設定された．景気の1循環の終了後に山と谷を同時に設定する方法は第9循環まで続けられた．

　しかし，第10循環（1985年）以降は山と谷が別々に設定されるようになり，1986年の谷の設定からは暫定設定も取り入れられ，景気基準日付の設定の早期化が図られている．特に，第11循環以降は早期化の要求もさらに高まったことから山と谷を暫定的に設定した後，谷の転換点が最終的に確定できる時期に1循環の山と谷を確定させる方法が取り入れられ，この方法による設定で現在に至っている（表1-1）．

　設定のタイミングは，Bry and Boschan（1971）の設定方法を厳格に用いる場合，景気指標の公表時期も併せて考えると，最短でも8か月程度は要することになる（森 1997）．これは，Bry and Boschan（1971）では，最低6か月以上反対方向への動きがなければ転換点とはみなさないとのルールがあるからである．事実，80年代前半における期間の短い循環においては景気基準日付が設定されていない[8]．

　一方，持続期間のルールから，6か月後にその最終月の景気指標を入手するまでにおよそ2か月程度要する．このルールが厳格に適用されていると仮定すれば，第9循環の谷（1983年2月）は83年8月10日に設定[9]されており，デ

---

[8]　経済企画庁（1983）によれば，「今回の景気調整過程において，56年（1981年）夏頃に一時的な回復があったと認められるものの，回復期間が短いことなどから景気基準日付としては認定しないということ意見の一致をみた」とされ，持続時間も判定材料とされていることが確認できる．

表 1-1　日本の景気基準日付

		山		谷	
			設定時期		設定時期
第1循環		1951年 6月	1957年11月	1951年10月	1959年 4月
第2循環		1954年 1月	1958年11月	1954年11月	1965年 2月
第3循環		1957年 6月	1958年11月	1958年 6月	1965年 2月
第4循環		1961年12月	1965年 2月	1962年10月	1965年 2月
第5循環		1964年10月	1965年 8月	1965年10月	1966年10月
第6循環		1970年 7月	1972年 7月	1971年12月	1972年 7月
第7循環		1973年11月	1976年11月	1975年 3月	1976年11月
第8循環		1977年 1月	1983年 8月10日	1977年10月	1983年 8月10日
第9循環		1980年 2月	1983年 8月10日	1983年 2月	1983年 8月10日
第10循環		1985年 6月	1987年 7月31日		
	暫定			1986年11月	1987年12月22日
	確定			1986年11月	1988年 6月28日
第11循環	暫定	1991年 4月	1993年11月12日	1993年10月	1994年11月17日
	確定	1991年 2月	1996年 6月24日	1993年10月	1996年 6月24日
第12循環	暫定	1997年 3月	1998年 6月22日	1999年 4月	2000年 6月19日
	確定	1997年 5月	2001年12月21日	1999年 1月	2001年12月21日
第13循環	暫定	2000年10月	2001年12月21日	2002年 1月	2003年 6月 6日
	確定	2000年11月	2004年11月12日	2002年 1月	2004年11月12日
第14循環	暫定	2007年10月	2009年 1月29日	2009年 3月	2010年 6月 7日

出所：内閣府（2002）などより作成．

ータの発表時期を考慮すれば3か月近く早く設定されたといえる．

　また，景気基準日付の設定方法は，第8循環を前後に大きく異なっている．第7循環までは当時の経済企画庁（現・内閣府経済社会総合研究所）が内部的に計算したHDIに基づいて設定されていたようである（白川 1995）．しかし，1982年以降は景気基準日付検討委員会が組織され外部の意見を取り入れる形で景気基準日付について議論されることとなった．また，HDIを基本としてGDPなど他の景気指標を用いて総合評価されている．

---

9)　景気基準日付の設定時期は景気基準日付検討委員会で合意された日を示している．正式な発表は1983年8月31日に経済企画庁より行われた．

3. 本章で用いるデータと推計方法

3.1 データ

2.4項で見たように，第8及び第9循環は，他の循環と異なったルールで設定されてきた可能性がある．本章では，景気基準日付の決定会合で設定された第8循環以降を対象として，それぞれの景気基準日付が設定された時期の2か月前をデータの終期とするリアルタイム・データを構築する．データは景気動向指数の一致指数の構成指標について1973年1月を始期として作成する[10]．景気動向指数は表1-2のとおり，数次にわたり改定が実施されていることから，それにしたがった系列を全て構築している．また，2010年6月時点の利用可能なデータをファイナル・データとする．

3.2 推計方法

日本の景気基準日付が景気動向指数研究会で示された方法で設定されているのかを確認するため，Bry and Boschan（1971）をもとに個々の景気指標の転換点を求めた後に，HDIを推計し景気基準日付と一致しているのかを確認する．

また，Stock and Watson（2010）など先行研究で試みられているAggregate then Date及びDate then Aggregateのどちらの方が最適なのかを検討する．ここでは，Date then AggregateとしてHarding and Pagan（2006）アルゴリズムによる転換点，Aggregate then Dateとして内閣府が作成するCI（一致）及びStock-Watson（1989）モデルによる推計値について比較を行う．

---

[10] 余談であるが，日本におけるリアルタイム・データの構築に関する環境は近年特に悪化している．1990年代前半までは紙ベースで統計数値が公表されており，リアルタイム・データには容易にアクセスできる．しかし，インターネットの普及に従いデータが電子化され，紙ベースからネット上での提供に代替されていく中で当初のデータは上書きされて残されない形式となっている．一部の統計はアーカイブで利用できるものの，完全な形でリアルタイム・データを作ることが困難となってきている．

表 1-2 景気動向指数・一致指数の改定と構成指標

	第 4 次改定	第 5 次改定	第 6 次改定
改定日	1979 年 5 月	1983 年 6 月	1987 年 5 月
対象月	1979 年 5 月分	1983 年 6 月分	1987 年 5 月分
公表月	1979 年 7 月公表	1983 年 8 月公表	1987 年 7 月公表
指標数	8	11	11
1	生産指数（鉱工業，季調）	生産指数（鉱工業，季調）	生産指数（鉱工業，季調）
2	生産者出荷指数（鉱工業，季調）	生産者出荷指数（鉱工業，季調）	投資財出荷指数（除輸送機械，季調）
3	原材料消費指数（製造業，季調）	原材料消費指数（製造業，季調）	原材料消費指数（製造業，季調）
4	稼働率指数（製造業，季調）	稼働率指数（製造業，季調）	稼働率指数（製造業，季調）
5	大口電力使用量（季調）	大口電力使用量（季調）	電力使用量（季調）
6	有効求人倍率(除学卒，季調)	有効求人倍率(除学卒，季調)	有効求人倍率(除学卒，季調)
7	輸入通関実績（数量ベース，季調）	輸入数量指数（季調）	労働投入量指数（製造業，季調）
8	建築着工床面積（鉱工業，季調）	建築着工床面積（鉱工業，季調）	商業販売額指数（卸売業，原指数，前年同月比）
9		百貨店販売額（原指数，前年同月比）	百貨店販売額（原指数，前年同月比）
10		中小企業売上高（製造業，季調）	中小企業売上高（製造業，季調）
11		経常利益（全産業，季調）	経常利益（全産業，季調）

	第 7 次改定	第 8 次改定	第 9 次改定
改定日	1996 年 4 月	2001 年 12 月 21 日	2004 年 11 月 12 日
対象月	1996 年 4 月分	2001 年 11 月分	2004 年 10 月分
公表月	1996 年 6 月公表	2002 年 1 月公表	2004 年 12 月公表
指標数	11	11	11
1	生産指数（鉱工業，季調）	生産指数（鉱工業，季調）	生産指数（鉱工業，季調）
2	投資財出荷指数（除輸送機械，季調）	投資財出荷指数（除輸送機械，季調）	投資財出荷指数（除輸送機械，季調）
3	原材料消費指数（製造業，季調）	生産財出荷指数（鉱工業，季調）	生産財出荷指数（鉱工業，季調）
4	稼働率指数（製造業，季調）	稼働率指数（製造業，季調）	稼働率指数（製造業，季調）
5	大口電力使用量（季調）	大口電力使用量（季調）	大口電力使用量（季調）
6	有効求人倍率(除学卒，季調)	有効求人倍率(除学卒，季調)	有効求人倍率(除学卒，季調)
7	所定外労働時間指数（製造業，季調）	所定外労働時間指数（製造業，季調）	所定外労働時間指数（製造業，季調）
8	商業販売額指数（卸売業，原指数，前年同月比）	商業販売額指数（卸売業，原指数，前年同月比）	商業販売額（卸売業，原指数，前年同月比）
9	百貨店販売額（原指数，前年同月比）	百貨店販売額（原指数，前年同月比）	商業販売額（小売業，原指数，前年同月比）
10	中小企業売上高（製造業，季調）	中小企業売上高（製造業，季調）	中小企業売上高（製造業，季調）
11	営業利益（全産業，季調）	営業利益（全産業，季調）	営業利益（全産業，季調）

出所：内閣府（2002）などより作成．

4. 推計結果

4.1 リアルタイム・データを用いた比較

設定当時に利用されたデータで作成された HDI の転換点は，91年4月の暫定の山を除き，景気基準日付と完全に一致している（表1-3）．景気基準日付の設定は持続期間や量的な変化などを考慮した総合判断とはいえ，結果として

表1-3 リアルタイムベースの比較

景気の転換点	P:山，T:谷	HDI	HPA	CI	SW
1977年 1月	P	—	(-1)	—	0
1977年10月	T	—	(3)	—	0
1980年 2月	P	0	0	—	0
1983年 2月	T	—	(-2)	—	0
1985年 6月	P	0	0	-1	-1
1986年11月	T（暫定）	0	0	0	2
1986年11月	T	0	0	-3	2
1991年 4月	P（暫定）	-1	-1	-6	-12
1991年 2月	P	0	0	-4	-10
1993年10月	T（暫定）	0	0	0	7
1993年10月	T	0	0	0	0
1997年 3月	P（暫定）	0	0	0	0
1997年 5月	P	0	0	-2	-2
1999年 4月	T（暫定）	0	0	-4	-4
1999年 1月	T	0	0	0	-1
2000年10月	P（暫定）	0	-2	2	2
2000年11月	P	0	0	1	1
2002年 1月	T（暫定）	0	0	-1	-1
2002年 1月	T	0	0	0	0
2007年10月	P（暫定）	0	1	-2	4
2009年 3月	T（暫定）	0	0	0	0
平均		0	0	-1	-1
平均（絶対値）		0	0	2	2
標準偏差		0	1	2	4

注：1. 公式の転換点と推計した転換点とを比較したもの．プラスは公式の転換点より遅行，マイナスは先行を意味する．"-" は特定できなかった場合や欠損値を示す．
2. HPA は Harding and Pagan（2006）アルゴリズムによる転換点を示す．（ ）内の数値は一部の景気指標で転換点がない状況で計算したもの．平均，標準偏差は除いて計算している．
3. CI が 77 年から 83 年まで "-" なのは，1984 年 1 月より作成されているからである．
4. SW は，Stock and Watson（1989）モデルによる転換点を示す．
5. 1977 年 1 月から 83 年 2 月までは，1982 年 12 月を終期とするリアルタイム・データを用いている．

HDI 通りに設定されているといえよう[11]．また，このことは景気動向指数研究会における景気基準日付の設定のルールが Aggregate then Date ではなく，Date then Aggregate で実施されていることを示している．ただし，第 8 循環については山谷とも特定できず，83 年 8 月 10 日時点ではミニ景気循環は存在しなかったことになる．また，第 9 循環の谷（1983 年 2 月）については，2.4 項でも問題点を指摘したが，谷が特定できない上，判定に要する統計の数が足りない．

Harding and Pagan（2006）アルゴリズムによる転換点では，HDI と一部異なるものの概ね転換点は一致している．暫定決定された景気基準日付とは 3 度外れている．

一方，Aggregate then Date による景気指標で転換点をみると，景気基準日付が正しいとすれば CI や DFM ともパフォーマンスは良くない．CI は景気の谷（86 年 11 月，93 年 10 月，99 年 1 月，2009 年 3 月）について景気基準日付と一致しているものの，山について先行してピークをつけている．DFM は景気基準日付と完全に一致している回数は少なく，CI に比べ遅行する転換点も多い．ただし，2007 年 10 月を除けば，93 年 10 月以降の転換点は CI 及び DFM とも概ね同じ転換点を示している．特に，バブル景気についてかなり以前に山が来ていることを示している．

4.2 第 8 循環の転換点

第 8 循環（77 年 1 月山，77 年 10 月谷）については，稼働率指数，大口電力使用量，建築着工床面積，有効求人倍率の 4 変数を除く 7 変数で Bry and Boschan（1971）に基づく転換点を特定できなかった．特定できた 7 変数をもとに Harding and Pagan（2006）アルゴリズムを用いると，この期間の転換点は公式の転換点と異なることが示される．DFM では公式の転換点の通りとなる．また，あえて Bry and Boschan（1971）のルールを無視して当該期間で実績値の最大値を山，最小値を谷とすれば，山は公式の転換点（77 年 1 月）と

11）バブル景気の山については，当時いざなぎ超えが関心事でもあり，転換点の設定などで政治的な影響も大きかったと，白川（1995）は指摘している．どの時点のデータで景気基準日付を判断するのかの問題点はあるものの，当時の設定は，本章での推計結果からはルール通りに設定されていると判断できる．

表 1-4　第 8 循環における HDI

年月	生産指数	生産者出荷指数	稼働率指数	原材料消費指数	電力指数	輸入数量指数	建築着工床面積（鉱工業）	有効求人倍率（除学卒）	百貨店販売額	中小企業売上高	経常利益（全産業）	HDI	累積HDI
7604	1	1	1	1	1	1	1	1	1	1	1	100.0	0
7605	1	1	1	1	1	1	1	1	1	1	1	100.0	50.0
7606	1	1	1	1	1	1	1	1	1	1	1	100.0	100.0
7607	1	1	1	1	1	1	1	1	1	1	0	90.9	140.9
7608	1	1	1	1	1	1	0	0	1	1	0	72.7	163.6
7609	1	1	1	1	1	1	0	0	1	1	0	72.7	186.4
7610	1	1	1	1	1	1	0	0	1	1	0	72.7	209.1
7611	1	1	1	1	1	1	0	0	1	1	0	72.7	231.8
7612	1	1	1	1	1	1	0	0	1	1	0	72.7	254.5
7701	1	1	0	1	1	1	0	0	1	1	0	63.6	268.2
7702	1	1	0	0	0	1	0	0	1	0	0	27.3	245.5
7703	1	1	0	0	0	1	0	0	1	0	0	27.3	222.7
7704	0	0	0	0	0	0	0	0	0	0	0	0.0	172.7
7705	0	0	0	0	0	0	0	0	0	0	0	0.0	122.7
7706	0	0	0	0	0	0	0	0	1	0	0	9.1	81.8
7707	0	0	0	0	0	0	0	0	1	0	1	18.2	50.0
7708	1	1	1	0	0	1	0	0	1	0	1	54.5	54.5
7709	1	1	1	0	0	1	0	0	1	0	1	54.5	59.1
7710	1	1	1	0	0	1	0	0	1	0	1	54.5	63.6
7711	1	1	1	1	0	1	0	1	1	0	1	72.7	86.4
7712	1	1	1	1	0	1	0	1	1	0	1	72.7	109.1
7801	1	1	1	1	1	1	0	1	1	0	1	81.8	140.9
7802	1	1	1	1	1	1	0	1	1	1	1	90.9	181.8
7803	1	1	1	1	1	1	1	1	1	1	1	100.0	231.8
7804	1	1	1	1	1	1	1	1	1	1	1	100.0	281.8
7805	1	1	1	1	1	1	1	1	1	1	1	100.0	331.8
7806	1	1	1	1	1	1	1	1	1	1	1	100.0	381.8
7807	1	1	1	1	1	1	1	1	1	1	1	100.0	431.8
7808	1	1	1	1	1	1	1	1	1	1	1	100.0	481.8
7809	1	1	1	1	1	1	1	1	1	1	1	100.0	531.8
7810	1	1	1	1	1	1	1	1	1	1	1	100.0	581.8
7811	1	1	1	1	1	1	1	1	1	1	1	100.0	631.8
7812	1	1	1	1	1	1	1	1	1	1	1	100.0	681.8

出所：経済産業省「鉱工業指数」などをもとに HDI を推計．

一致するものの，谷は 77 年 7 月となり一致しない（表 1-4）．

当時のデータの多くは微増横ばい的な動きを示しており，明確な変動が窺えないことが転換点を明確に特定できない原因と考えられる．また，当時の状況を実質 GDP と日銀短観で確認すると，実質 GDP の前期比伸び率であれば，当該期間で成長率の減速が確認できるものの，プラス成長の範囲内であり，転

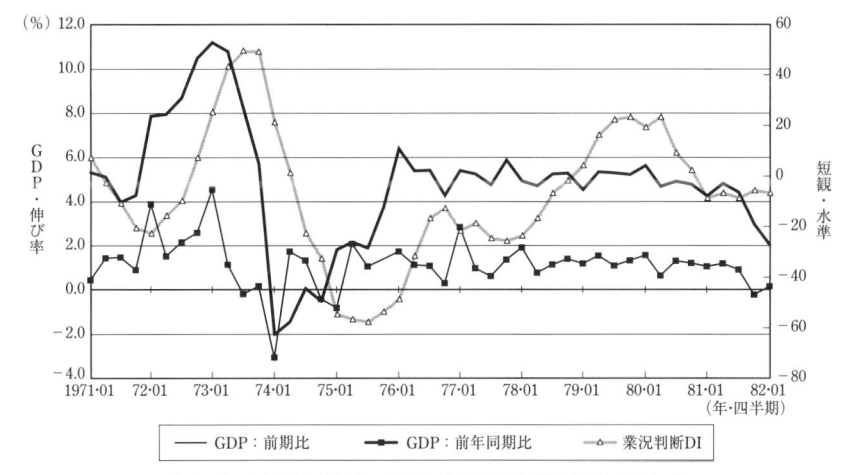

図 1-1　第 8 循環における実質 GDP 及び日銀短観の推移

注：GDP はリアルタイム・データ．前期比は実質季節調整済．前年同期比は実質原系列を用いた．日銀短観は主要企業全産業を用いた．
出所：内閣府「四半期別 GDP 速報」などより作成．

換点があったとは見なしがたい．まして，実質 GDP の前年同期比[12]では，その期間の前後の変動の方が大きく，77 年代は小幅な動きとなっている．また，日銀短観は第 1 次石油ショック後急激に低下した後の回復過程で 76 年 10～12 月にピークを打ち，77 年 10～12 月がボトムで再び回復傾向に転じている．しかし，DI はマイナス下での動きである．短観には景気基準日付より先行性があると指摘されることを考慮しても，日付が一致していない．このように GDP や日銀短観の動きを勘案しても，第 8，9 循環の谷は異なったルールで設定されたと判断できる（図 1-1）．

リアルタイム・データで第 8 循環の山谷が確認できるようになったのは，景気動向指数の第 7 回改定以降である．第 7 回改定では 3 変数の入替えが実施されたが，このうち「電力使用量」から「大口電力使用量」，「経常利益」から「営業利益」への変更を主因として 77 年代に転換点が確認できる．

12）　実質 GDP の場合，前期比伸び率より前年同期比の伸び率の方が景気基準日付の対応関係が高いとみられる（小巻 2001）．なお，分析の詳細は小巻（2010）を参照のこと．

4.3 ファイナル・データによる評価

ファイナル・データにより過去の転換点を評価すると，Chauvet and Piger (2008) と同様，CI, Stock and Watson ともリアルタイム・データでの判断よりパフォーマンスが改善している．一方，HDI については過去の転換点と一致する回数が大きく減少し，長期間の計測では CI の方が統計的にはパフォーマンスが良い．

ただし，4.1 項でみたように，リアルタイム・データを用いた CI 及び Stock

表1-5 リアルタイムベースと現時点で利用可能なデータベースとの比較

景気基準日付		HDI		CI		SW	
		リアルタイム	2010年6月7日時点	リアルタイム	2010年6月7日時点	リアルタイム	2010年6月7日時点
1977年 1月	P	—	0	—		0	−2
1977年10月	T	—	0	—		0	0
1980年 2月	P	0	0	—	0	0	0
1983年 2月	T	—	−2	—	0	0	0
1985年 6月	P	0	−2	−1	1	−1	−5
1986年11月	T（暫定）	0		0		2	
1986年11月	T	0	−2	−3	0	2	0
1991年 4月	P（暫定）	−1		−6		−12	
1991年 2月	P	0	−4	−4	−4	−10	−9
1993年10月	T（暫定）	0		0		7	
1993年10月	T	0	2	0	2	0	2
1997年 3月	P（暫定）	0		0		0	
1997年 5月	T	0	0	−2	0	−2	−2
1999年 4月	P（暫定）	0		−4		−4	
1999年 1月	T	0	0	0	−1	−1	0
2000年10月	P（暫定）	0		2		2	
2000年11月	P	0	1	1	1	1	1
2002年 1月	T（暫定）	0		−1		−1	
2002年 1月	T	0	0	0	0	0	4
2007年10月	P（暫定）	0	4	−2	−2	4	4
2009年 3月	T（暫定）	0	0	0	0	0	0
平均		0	0	−1	0	−1	−1
平均（絶対値）		0	1	2	1	2	1
標準偏差		0	2	2	2	4	3

注：1. 公式の転換点と推計した転換点とを比較したもの．プラスは公式の転換点より遅行，マイナスは先行を意味する．"−" は特定できなかった場合や欠損値を示す．
2. CI が77年から83年まで "−" なのは，1984年1月より作成されているからである．
3. SW は，Stock and Watson (1989) モデルによる転換点を示す．
4. 1977年1月から83年2月までの転換点は，1982年12月を終期とするリアルタイム・データを用いている．

and Watson のパフォーマンスは良くない．ファイナル・データでのパフォーマンスの改善は，各時点で用いる予測モデルとしてパフォーマンスが良いことを意味していない（表 1-5）．

4.4 景気動向指数の改定及びデータ改定の影響

景気動向指数はこれまで 9 回改定されてきた．また，改定の多くは，新たな景気基準日付の設定と同時に実施されてきた．ここでは，景気動向指数の改定及びデータ改定による景気基準日付への影響について整理する（表 1-6）．

87 年 7 月に実施された第 6 次改定の場合，期近の景気基準日付（85 年 6 月）には影響はないものの，83 年 2 月の谷が 82 年 12 月から 82 年 11 月へ移動している．その後，第 6 次改定の構成指標のデータ改定の影響により，景気基準日付は当初の設定より動いている．特に，93 年 11 月には 83 年 2 月の谷が初めて設定時と同じ時期となっている．第 7 次改定では，期近の景気基準日付（93 年 10 月）には影響はないものの，83 年 2 月の谷が再び動き，85 年 6 月の山及び 86 年 11 月の谷もそれぞれ 85 年 5 月，86 年 9 月に移動している．このように対象となる期近の景気基準日付には影響を与えないものの，過去の景気基準日付に影響を与えている．景気動向指数の改定では期近への影響を考慮した改定が実施されている様子が窺える．また，指標の改定やデータの改定では，特に，第 9 循環及び第 10 循環の景気基準日付への影響が大きい．

一方，データ改定の影響については，主要統計が改定された後の各年 6 月以降に景気基準日付の決定を行い，データ改定の影響を軽減させているとみられる．たとえば，97 年の鉱工業指数の年間補正の前後を例にみると，転換点が 2 か月移動する[13]．2 か月程度であれば軽微な改定と考えられるが，当時は 97 年 3 月あるいは 5 月のどちらが山なのかは大きな問題とされた．97 年 4 月には消費税の税率変更など財政面での負担が急増し，97 年 3 月が山であれば財政政策により景気が悪化したとみなすことが可能となる．データ改定の影響については，アメリカでもその影響を極力排除した形での転換点の決定が行われている．

---

13) 98 年 4 月の鉱工業指数の年間補正では，例年の補正の他，90 年から 95 年への基準改定及び季節調整方法の変更（MITI 法から X11 デフォルト）も併せて実施されている．

表1-6 ヒストリカルDIによる景気基準日付

	83年8月31日 第4次改定	83年8月31日 第5次改定	87年7月31日 第5次改定	87年7月31日 第6次改定	87年12月22日 第6次改定	88年6月28日 第6次改定	93年11月12日 第6次改定	94年11月17日 第6次改定	96年6月24日 第6次改定	96年6月24日 第7次改定
1973年11月	73年11月	73年11月	73年11月	73年11月	73年11月	73年11月	73年11月	73年11月	73年11月	73年11月
1975年3月	75年3月	75年3月	75年3月	75年3月	75年3月	75年3月	75年3月	75年3月	75年3月	75年3月
1977年1月	—	—	—	—	—	—	—	—	—	77年1月
1977年10月	—	—	—	—	—	—	—	—	—	77年7月
1980年2月	80年2月	80年2月	80年2月	80年2月	80年2月	80年2月	80年2月	80年2月	80年2月	80年2月
1983年2月	—	—	82年12月	82年11月	82年11月	82年11月	83年2月	83年2月	83年2月	82年12月
1985年6月			85年6月	85年6月	85年5月	85年5月	85年5月	85年5月	85年5月	85年5月
暫定1986年11月					86年11月					
確定1986年11月						86年11月	86年8月	86年8月	86年8月	86年9月
暫定1991年4月							91年3月	91年3月		
暫定1993年10月								93年10月		
確定1991年2月									91年2月	91年2月
確定1993年10月									93年10月	93年10月
暫定1997年3月										
暫定1999年4月										
確定1997年5月										
確定1999年1月										
暫定2000年10月										
暫定2002年1月										
確定2000年11月										
確定2002年1月										
暫定2007年10月										
暫定2009年3月										
中間調整の動き 80年代前半	—	—	—	—	81/6〜81/11 まで6か月連続で50%超え	81/6〜81/11 まで6か月連続で50%超え	81/6〜81/10 まで5か月連続で50%超え	81/6〜81/10 まで5か月連続で50%超え	81/6〜81/10 まで5か月連続で50%超え	—
90年代半ば	—	—	—	—	—	—	—	—	—	—

	98年6月22日	00年6月19日	01年12月21日	03年6月6日	04年11月12日	09年1月29日	10年6月7日
	第7次改定	第7次改定	第8次改定	第8次改定	第9次改定	第9次改定	第9次改定
1973年11月	73年11月	73年11月	73年11月	73年12月	73年12月	—	—
1975年3月	75年3月	75年3月	75年3月	75年3月	75年3月	—	—
1977年1月	77年1月	77年1月	77年1月	77年1月	77年1月	77年1月	77年1月
1977年10月	77年7月	77年7月	77年8月	77年8月	77年8月	77年10月	77年10月
1980年2月	80年2月	80年2月	80年2月	80年2月	80年2月	80年2月	80年2月
1983年2月	82年12月	82年12月	82年12月	82年11月	82年10月	82年12月	82年12月
1985年6月	85年4月	85年4月	85年5月	84年12月	85年4月	85年4月	85年4月
暫定 1986年11月	86年11月	86年9月	86年9月	86年9月	86年9月	86年9月	86年9月
確定 1986年11月							
暫定 1991年4月							
暫定 1993年10月	91年2月	91年2月	91年2月	91年2月	91年2月	90年10月	90年10月
確定 1991年2月	93年11月	93年12月	93年12月	93年12月	93年12月	93年12月	93年12月
確定 1993年10月							
暫定 1997年3月	97年3月	97年5月	97年5月	97年5月	97年5月	97年5月	97年5月
暫定 1999年4月		99年4月	99年1月	99年1月	99年1月	99年1月	99年1月
確定 1997年5月							
確定 1999年1月			—				
暫定 2000年10月			00年10月	00年11月	00年11月	00年12月	00年12月
暫定 2002年1月				02年1月	02年1月	02年1月	02年1月
確定 2000年11月							
確定 2002年1月							
暫定 2007年10月						07年10月	08年2月
暫定 2009年3月							09年3月
中間調整の動き 80年代前半	—	—	81/6〜81/10まで5か月連続で50%超え	81/8〜81/10まで3か月連続で50%超え	81/6〜81/10まで5か月連続で50%超え	81/7〜81/10まで4か月連続で50%超え	81/7〜81/10まで4か月連続で50%超え
中間調整の動き 90年代半ば		95/5〜95/7まで3か月連続で50%割れ	95/5〜95/7まで3か月連続で50%割れ	—	95/5〜95/7まで3か月連続で50%割れ	95/5〜95/7まで3か月連続で50%割れ	95/5〜95/7まで3か月連続で50%割れ

注：表中の太枠部分が、それぞれ景気基準日付の判断の対象期日を意味する。
出所：内閣府「景気動向指数」などより作成。

5. おわりに

本章では，リアルタイム・データをもとに，景気基準日付の設定過程について再検証を行った．本章の結論は以下の通りに整理できる．

① バブル景気の山の暫定設定（91年4月）を除き，景気基準日付はリアルタイム・データで作成するヒストリカル DI と完全に一致している．日本の景気基準日付は総合評価とされながらも，結果的にはヒストリカル DI を重視した設定がなされている．
② 第8循環（1975年3月〜77年10月）及び第9循環（1977年10月〜83年2月）の設定ルールは，他の景気基準日付とは異なっている．
③ 日本の場合，リアルタイム・データでは Aggregate then Date の方法での推計パフォーマンスはアメリカと比較して良くない．
④ 景気動向指数の改定は期近の転換点には影響させない形で実施されている．過去の景気基準日付では，第9循環及び第10循環で指標の改定やデータの改定の影響が大きくなっている．
⑤ 景気基準日付の設定は，主要な統計の改定後である各年6月以降に実施されている．データ改定の影響を極力排除していると考えられる．

日米の比較では，ともにリアルタイム・データによる推計の方がファイナル・データによる推計より適合度は低い．しかし，この結果は日米で異なった意味を示しているのではなかろうか．つまり，景気転換点の設定方法の相違が，推計結果にもでていると考える．

日本の景気基準日付はリアルタイム・データによる HDI で再現できる．しかし，同じリアルタイム・データを用いた Aggregate then Date の推計結果は悪い．これは，日本が判定時のデータをもとに Date then Aggregate の方法で転換点を設定しているためで，当然の結果ともいえる．ファイナル・データを用いると Aggregate then Date の結果が改善するのは，推計時点の足元のデータの季節調整などが安定することに起因しているのではなかろうか[14]．ただ

---

14) マクロ経済統計の合理性検定においては，概ね原指数は rational であるが，季節調整指数は irrational としている先行研究がみられる（Neumark and Wascher（1991），小巻（2008）など）．

し，ファイナル・データでも HDI の方がパフォーマンスは良い．一方，アメリカではリアルタイム・データによる結果は Aggregate then Date の方が良い．これは，NBER における決定方法が Date then Aggregate ではなく，Aggregate then Date に依拠していることがあると考えられる．ファイナル・データを用いた推計結果の改善は日本同様，推計時点の足元のデータの季節調整要因が安定してくることが影響していると考えられる．

今後の課題としては，Stock and Watson（2010）で用いられたパネル分析を日本へ適用し，Date then Aggregate の手法の多様化及び拡張を検討したい．

謝 辞

本章は，2010 年 9 月に開催された景気循環日付研究会の嵐山コンファレンスでの発表論文に修正を加えたものである．浅子和美氏，浜潟純大氏をはじめとした研究会参加メンバーの方々から有意義なコメントを頂いた．ここに感謝を表したい．ただし，本章に残された誤りは筆者の責任に負うものである．

参考文献

Bry, Gerhard and Charlotte Boschan (1971), *Cyclical Analysis of Time Series: Procedures and Computer Programs*, New York, NBER.
Burns, Arthur F. and Wesley C. Mitchell (1946), *Measuring Business Cycles*, New York, NBER.
Chauvet, Marcelle and Jeremy Piger (2002), "Identifying Business Cycle Turning Points in Real Time", *Working Paper* 2002-27, Federal Reserve Bank of Atlanta.
Chauvet, Marcelle and Jeremy Piger (2008), "A Comparison of the Real-Time Performance of Business Cycle Dating Methods," *Journal of Business and Economic Statistics*, Vol. 26 (1), pp. 42-49.
Harding, Donald and Adrian Pagan (2006), "Synchronization of Cycles", *Journal of Econometrics*, Vol. 132, pp. 59-79.
NBER Business Cycle Dating Committee (2008), "Determination of the December 2007 Peak in Economic Activity," at http://www.nber.org/cycles/dec2008.html
Neumark, D. and W. Wascher (1991), "Evidence on Employment Effects of Minimum Wages and Subminimum Wage Provisions From Panel Data on State Minimum Wage Laws", *NBER Working Paper*, No. 3859.
Stock, James H. and Mark W. Watson (1989), "New Indexes of Coincident and Leading

Economic Indicators", *NBER Macroeconomics Annual 1989*, pp. 351-409.
Stock, James H. and Mark W. Watson (2010), "Indicators for Dating Business Cycles: Cross-History Selection and Comparisons", at the presentation of Atlanta Marriott Marquis, Jan. 2010.
Watson, Mark W. (2010), "Dating Business Cycles Using Many Indicators (Joint with James H. Stock, Harvard University)", at the presentation of The 30th Annual International Symposium on Forecasting, 23 April 2010.
景気動向指数研究会（2010），「議事概要」．
経済企画庁（1983），「景気動向指数の改訂について」調査局景気統計調査課『経済月報』1983年8月号．
小巻泰之（2001），「景気の転換点予測モデルの有効性――日本経済への適用」『財務総合研究所フィナンシャルレビュー』57号，pp. 67-94.
小巻泰之（2008），「鉱工業指数（生産，出荷，在庫，在庫率）速報のリヴィジョン・スタディ」『経済統計研究』第36巻　第Ⅲ号，pp. 1-22.
小巻泰之（2010），「Real-timeデータによる景気転換点の推計――Date then Aggregate及びAggregate then Date」日本大学経済学部経済科学研究所，Working Papers, No. 10-01.
白川一郎（1995），『景気循環の演出者』，丸善．
内閣府経済社会総合研究所（2002），「景気動向指数の見方，使い方」．
村澤康友（2007），「景気指数の統計的基礎」浅子和美・宮川努編『日本経済の構造変化と景気循環』東京大学出版会．
森一夫（1997），「景気の山と谷の日付の設定について」『經濟學論叢』第48巻，第3号，pp. 329-365.

第2章

刈り込み処理と景気動向指数
「刈り込み DI」を用いた外れ値の把握

外木好美

1. はじめに

　景気動向指数には，景気の大きさやテンポ（量感）を測定することを目的とする CI（コンポジット・インデックス）と，景気の各部門への波及度合いを測定することを目的とする DI（ディフュージョン・インデックス）がある．2008 年 4 月分から，景気動向指数は CI を中心とする形態での公表を開始し，基調判断も CI に基づいて行われるようになった．

　CI をメインにして公表を開始してから，輸出に牽引された戦後最長の景気拡張期が終了し，リーマン・ショックによる急激な景気の落ち込みを経験した．その際，CI は現行統計でさかのぼれる 1980 年 1 月以降で最も急激な落ち込みを見せたものの，現行 CI では極端な指標の変化を「外れ値」として刈り込む処理が行われており，この景気の落ち込みを過小評価しているとの指摘もある．CI が景気の量感の測定を目的とする指標であることから，刈り込み処理されたデータ部分に本来の景気変動の情報が含まれているのならば，留意が必要であろう．本章では，新たに「刈り込み DI」を作成することによって，刈り込まれた部分に本来の景気変動を表す情報が含まれている可能性がないかを検証する．

2. CI (コンポジット・インデックス) とは

　景気動向指数は，生産，雇用など様々な経済活動での重要かつ景気に敏感な指標の動きを統合することによって，景気の現状把握及び将来予測に資するために作成された統合的な景気指標である．旧・経済企画庁は1960年8月からDIの公表を開始し，景気動向指数の公表においてDIをメインの指標として扱ってきた．DIは採用系列の変化方向（符号）を合成した指標であるため，景気の局面や景気転換点の判断には資するが，景気変動の大きさやテンポといった量的側面を把握することができない．このため，景気指標の変化の大きさを合成することにより景気変動の大きさを示そうとしたCIの研究が，1960年代にNBERのG.H.ムーアやJ.シスキンらを中心として進められてきた．旧・経済企画庁でも，NBERの作成方法を参考にして，1984年1月よりDI一致系列を用いたCI一致指数の試算が行われ，84年8月からは，DIによる景気判断を補強するため，参考として先行，一致，遅行の3系列のCIを公表している．第6次改定（1987年7月）の際に，計算手法が米国商務省の手法から独自の手法に変更され，第9次改定（2004年11月）においては，外れ値に対応するため刈り込み平均が新たに導入された．現在，CIはこの第9次改定の計算手法が採用されている．2008年4月分からは，CIを中心とする形態での公表を開始し，基調判断もCIに基づいて行われるようになった．

　CIは各経済部門を代表する個別系列の平均的な動きを景気としてとらえた指標であるため，個別系列に含まれる不規則な変動や，他と大きくかけ離れた「外れ値」が含まれることになる．そこで，内閣府経済社会総合研究所における美添他（2003）の研究において，頑健統計学に基づく景気指標の作成方法が提案された．景気の測定が外れ値に影響されないよう，各個別系列の外れ値を刈り込んだ上で平均をとる手法である．第9次改定において，新しいCIの計算手法として導入された．

3. CIの作成方法

　幅広い各経済部門[1]を代表する指標を収集し，景気循環との対応度や景気の山谷との関係を満たす指標を選択する[2]．現在は，第9次改定時に選択された

29 指標が，景気動向指数の計測に用いられている．CI は，これら経済指標の平均的な動きを，以下の計算に基づき計測したものである．

①各採用系列の前月と比べた伸び率を求める

　0 または負の値を取る系列，内容が比率を表す系列については差を取り，その他の系列では対称変化率[3]を求める．逆サイクル[4]の系列については，符号を逆転させる．

②系列間で見た平均的な伸び率を求める

　個別系列によって，伸び率の振幅やトレンドが異なるため，調整する．具体的には，各個別系列の振幅を四分位範囲によって求める．次に，伸び率が絶対値で極端に大きい値を取る場合は，ある上限の値に置き換える（刈り込み処理）[5]．トレンドは伸び率の過去 60 か月移動平均により求め，トレンド部分を除いた伸び率を四分位範囲で割る（四分位範囲基準化変化率）ことにより，調整を行う．

　先行，一致，遅行のそれぞれで，トレンドの系列間平均に，四分位範囲基準化変化率と四分位範囲の系列間平均を掛け合わせたものを足すことで，系列間での平均的な伸び率を計測する（合成変化率）．ただし，先行 CI と遅行 CI を計測する際には，一致 CI のトレンドに合わせるという観点から，一致 CI のトレンドの系列間平均を代わりに用いる．

　過去の CI の計算方法の改定について振り返ると，系列間での平均的な変化

---

1) 第 9 次改定においては，①生産，②在庫，③投資，④雇用，⑤消費，⑥企業経営，⑦金融，⑧物価，⑨サービスの 9 部門から，それぞれ代表的な指標が選ばれている．

2) CI 中心の公表形態に移行したものの，第 9 次改定の際に選択された DI の計測に望ましい指標により CI が計測されている．選択基準は，①経済的重要性，②統計の継続性・信頼性，③景気循環の回数との対応度，④景気の山谷との時差の安定性，⑤データの平滑度，⑥統計の速報性の 6 つ．このように，景気動向指数は全ての経済指標を総合的に勘案したものではなく，景気に敏感に反応する一部の指標を合成した単一の指標により，景気を把握しようというものである．

3) 通常の変化率は分母に前月の値を用いるが，対称変化率は前月値と今月の値の平均値を用いる．例えば，指標が 90 から 100 に上昇した場合と 100 から 90 に下降した場合とで，絶対値で同じ変化率が計算され，CI の計算に用いられることになる．

4) 景気の動きと反対に動く指標のことを言う．例えば，景気が回復すれば，失業率は下がる．符号を逆転させることにより，失業率の下降は CI の上昇に寄与することになる．

5) 刈り込み処理は，頑健統計学に基づき，第 9 次改定に導入された．詳しくは，「4. 刈り込み処理とは」を見よ．

率の求め方が変更されてきた．振幅の調整の際，CI の計測が開始された当初，各個別系列の CI 作成期間全体での絶対値平均を振幅の目安として用いていたが，第 6 次改定において，経済構造の変化を踏まえ過去 5 年間の伸び率の標準偏差を用いることとなった．第 9 次改定において，異常値に左右されないよう頑健統計学に基づき，過去 5 年の伸び率の四分位範囲を求める現在の方法に改められた．

またトレンドについては，CI の計測が開始された当初，個別系列毎にトレンドを計測して分離せず，一旦 CI として合成した後に，先行 CI と遅行 CI のトレンドが一致 CI のトレンドに合うよう，調整を行っていた[6]．第 6 次改定時において，振幅の目安の改定と同時に，その調整方法について一貫した処理を行う観点から，経済構造の変化を踏まえ，個別系列毎に過去 5 年間の伸び率の平均を計算する現在の方法に改められた．

さらに，CI の計測が開始された当初，上記の計算方法に加え，先行・一致・遅行の各 CI の振れ幅が合うよう，先行・遅行の合成変化率を求める際，CI 作成期間全体での絶対値平均が一致のものと等しくなるように割引因子で割っていた．第 6 次改定で廃止された．

③指数化する

合成変化率を累積し，基準年次を 100 とする CI を作成する．その際，合成変化率が個別系列の対称変化率から計算されていることから，合成変化率が CI 指数の対称変化率となるような形で累積を行う．

4. 刈り込み処理とは

景気動向指数は，景気に敏感な各経済部門を代表する一部の経済時系列データによって，景気の上昇（または下降）のテンポが計測されている．そして，景気動向指数の変動は採用個別系列の不規則変動にも左右される．美添他（2003）では，景気動向指数を「ここで，r_i を「景気」を平均して変動する多くの指標からの標本と見なすと，（中略）景気動向指数の作成はその平均を計

---

6) 先行・一致・遅行の各 CI の 101 項移動平均をトレンドとした．

算して景気を推定する問題と考えることができる」と捉え，「それぞれの r_i には不規則な変動や，他の値とかけ離れた「外れ値」が含まれるのが普通である．(中略) 頑健統計学では，質のいいデータの時はできるだけ精度が高く，外れ値があっても安定性が高い手法を利用する」[7]とし，頑健統計学の観点から，安定性の高い景気動向指数の作成を試みている．ここでは，景気動向指数を，多くの指標（母集団）の中から一部指標（標本）を選び，その平均的な動きから「景気」を測定したものと考える．もしも選ばれた指標（標本）の一部に「外れ値」があれば，平均を取る指標の数が少なければ少ないほど，景気動向指数は「外れ値」に引っ張られた動きを示すことになる[8]．美添他 (2003) では，このような「外れ値」からの影響を受けにくい景気動向指数の作成方法について検討を行っている．

　景気動向指数の変動から景気の足下の変化とその変化が定着して変わる景気局面を読み取って，毎月の基調判断を行うためには，景気動向指数の安定性は必要である．CIに基づく基調判断の公表は，CI中心の公表形態に移行した2008年4月分から開始したが，ある程度の不規則変動ならば移動平均をとることでならすことができ，基調としてのCIの動きとそのテンポを読み取ることが可能になる．現在，基調判断は足下の基調を3か月移動平均の前月差の大きさと変化方向によって，その変化が定着し景気の局面が変化したのかを7か月移動平均の前月差の大きさと変化方向によって，あらかじめ数量的な基準を設けた上で判断している．しかし，極端な不規則変動になると，移動平均ではならしきれなくなり，基調も判断しにくい．各個別系列が極端に上昇（下降）した場合に，ある上限（下限）値に置き換えることでデータを刈り込んでからCIを作成すれば，極端な不規則変動が取り除かれたCIが作成され，移動平均である程度ならすことができる不規則変動のみがCIに含まれることになり，不規則変動に対して主観的に判断することなく，一定の判断基準に基づいた透

---

7) 美添他 (2003)「1.1 伝統的な指標と頑健性」p.18 より．
8) 例えば，消費税率が高くなるとしよう．そして，消費税が高くなる前の月に駆け込み需要で消費が大きく伸び，税率が上昇した月に，その反動で消費が大きく落ち込んだとする．この動きを捉えた消費の系列を景気動向指数の計測に用いた場合，景気の変動ではなく，制度の変更を反映した消費の動きの影響を受け，景気動向指数は，消費税率が高くなる前の月に大きく伸び，税率が上昇した月に減少するだろう．平均を取る指標の数が多くなれば，こうした「外れ値」の動きも十分にならされていく．

明性の高い基調判断が可能となる．

5. 指標「刈り込み DI」による刈り込み処理の妥当性の検証

　現在，「外れ値」の影響を受けないよう，各個別系列が大きく上昇した場合や下降した場合は，ある上限や下限の値に置き換えることでデータを刈り込み，こうした処理が行われたデータを合成することで CI は作成されている．具体的には，個別系列毎に，景気動向指数を計測している 1980 年から現在までで最も大きく上昇または下降した各月の伸び率（全期間の約 5% に相当するデータ）について，上限値または下限値で置き換えて刈り込んでいる[9]．つまり，各個別系列で，1980 年から現在に至る長期的な傾向から極端に外れた上昇や下降が観測された場合，それを「外れ値」と見なすのである．しかしながら，景気が過熱（または急減退）し，同時にいくつかの系列が大きく上昇（または下降）している場合，「外れ値」として刈り込んだ部分に，本来の景気変動を表す情報が含まれている可能性も考えられる．もしも刈り込み処理された数字が，不規則変動ではなく景気変動の実体を表しているのならば，CI は景気のテンポを表すことを目的とする指標であることから，留意する必要があろう．

　以下で提案する指標「刈り込み DI」[10]は，刈り込み処理された CI ではとらえきれないような極端な変動が各経済部門で発生していないか，そして刈り込み処理された部分には本来の景気変動部分が含まれていないかを把握することに有用な指標である．この指標は

　　刈り込み DI
　　＝｛(上限刈り込み系列数－下限刈り込み系列数)／採用系列数｝×100
　　　　　　　　　　　　　　　　　　　　　　（％ポイント）

---

9) 一致指数に採用されている個別系列の外れ値が約 5% になるよう，各個別系列の四分位範囲にある閾値を掛けた値を上限（符号を反転させたものを下限）として，刈り込んでいる．四分位範囲を計算するデータの期間と閾値は，毎年 3 月分速報時点で見直しを行っており，1 年間のデータを追加して，CI を算出する 1980 年 1 月から直近の 12 月までのデータで計算しなおしている．

10) 以下の分析では，2010 年 6 月分改定の景気動向指数（内閣府）のデータを用いている．(URL：http://www.esri.cao.go.jp/jp/stat/di/di.html)

37

(a) 先行指数

(b) 一致指数

(c) 遅行指数

図 2-1 刈り込み DI

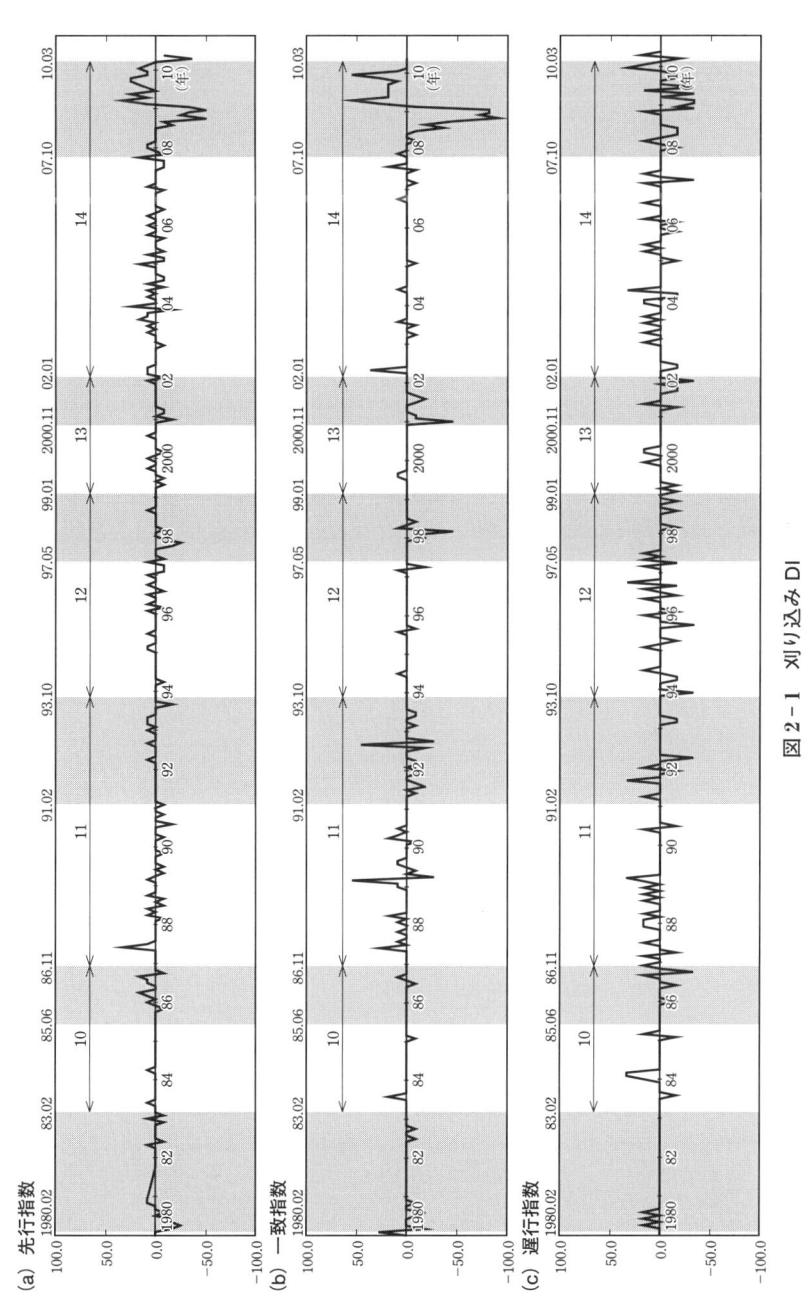

注：矢印と数字は景気循環の期間と順番を示す。アミ部分は景気後退期を示す。ただし、2007 年 10 月以降については暫定。
出所：内閣府公表の景気動向指数（2010 年 6 月分改定）のデータを基に、筆者推計。

で表され，上側に刈り込みが行われた個別系列の割合から，下側に刈り込みが行われた個別系列の割合を引いて求める．データが大きく上昇して刈り込まれた場合はプラスの値，逆にデータが大きく下降して刈り込まれた場合はマイナスの値として観測され，同時点で同方向の刈り込み処理がされた系列数が多いほど，刈り込みDIの絶対値は大きくなる（図2-1）．

　刈り込みDIを累積させた（以下では，「累積刈り込みDI」と呼ぶ）時，もしも刈り込み処理が本来の景気変動とは無関係にランダムに発生した「外れ値」のみになされているのであれば，「累積刈り込みDI」は上昇と下降をランダムに繰り返し，景気に関係なく，常に一定の値の周りを上下することになる．一方，「累積刈り込みDI」が景気に相関して上昇と下降するならば，刈り込み処理によって刈り込まれた部分に本来の景気変動が含まれている可能性がある．図2-2の一致指数を見ると，第10循環や第12循環の拡張期，第13循環の拡張期，第14循環の拡張期では累積刈り込みDIの値は，ある一定の値の周りで上下しているものの，その他では景気に連動して推移していることがわかる．つまり，第11循環の拡張期及び後退期や第12循環の後退期，第13循環の後退期，第14循環の後退期では，刈り込み処理された部分に本来の景気変動が含まれており，公表ベースのCIが景気の過熱や急減退を過小評価している可能性がある．特に，リーマン・ショックによる景気の急減退とその後の改善[11]を反映して，「累積刈り込みDI」も第14循環の後退期で大きく下方に振れた後，後退期終了後は逆方向に大きく振れている[12]（図2-2）．

---

11) 政府の正式な景気判断は様々な指標から総合的に判断される「月例経済報告」において行われており，景気動向指数はその参考指標の1つに過ぎない．したがって，景気動向指数と月例経済報告とで，基調判断が異なる場合がある．

12) 第14循環における景気の山と谷は，暫定設定である．景気動向指数は景気が一巡するごとに見直されている．今後の景気動向指数研究会において，景気動向指数の見直しが行われると同時に，第14循環の山と谷も確定される．

図 2-2 累積刈り込み DI

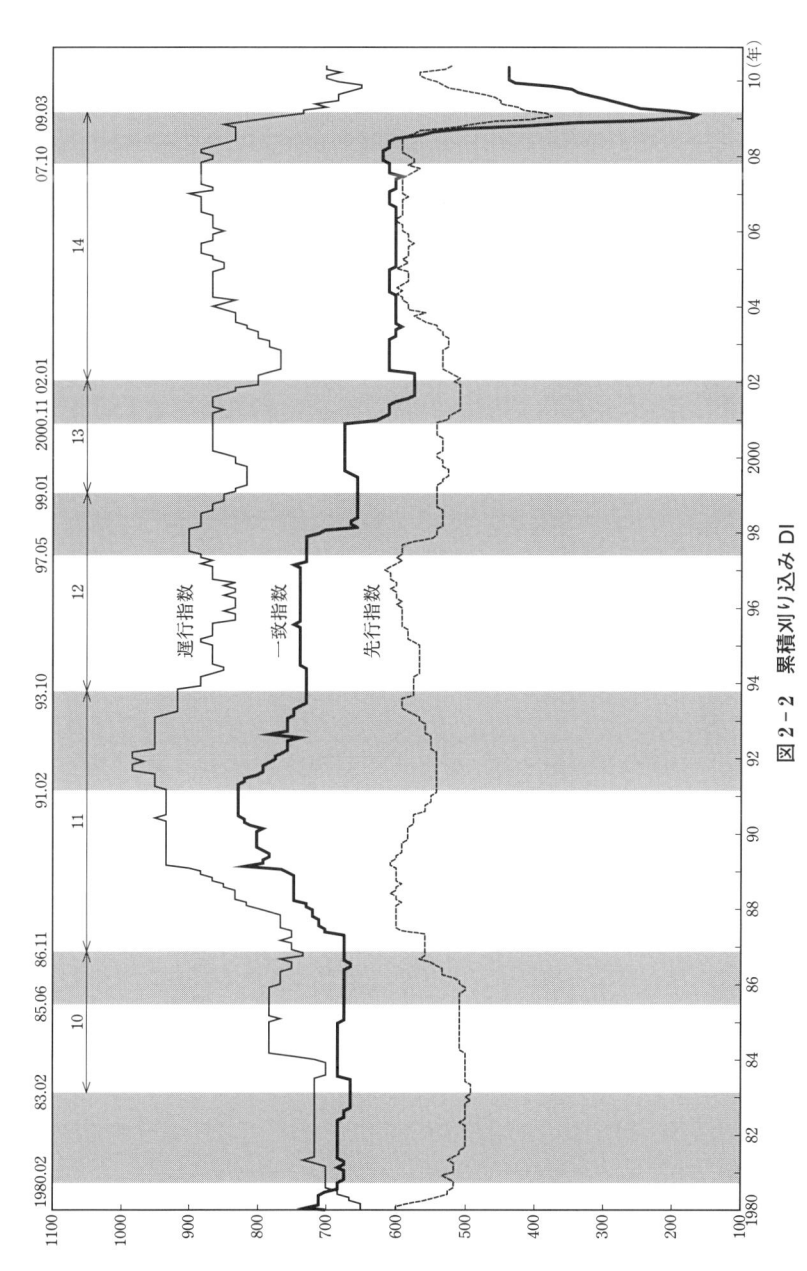

注：1970 年 1 月値を 500 として，累積刈り込み DI (t) ＝累積 DI ($t-1$) ＋刈り込み DI (t) より計算．矢印と数字は景気循環の期間と順．アミ部分は後退期を示す．
出所：内閣府公表の景気動向指数（2010 年 6 月分改定）を基に，筆者推計．

6. 景気変動を見る上での「刈り込み DI」の有用性

「刈り込み DI」は，1980 年から現在までの長期的な傾向から極端に外れた上昇や下降を示す系列の割合から求められる指標であり，こうした急激な上昇や下降が各経済部門にどの程度波及していたかを表す指標となる．刈り込み処理を施さない CI[13]が公表ベースの CI から乖離した場合，急激な変化のテンポを刈り込みなし CI の変化から測ることはできるが，それが一部の系列の極端な不規則変動を反映したものなのか，それとも多くの部門で同時に急激な変化が起きるような異常な景気変動を反映したものなのかを識別することは難しい．公表されている CI で量感を測り，景気変動の波及度合いを DI で測るように，刈り込みなし CI で急激な変化のテンポを測り，その波及度合いを「刈り込み DI」によって測ることが可能となる．

図 2-1 でリーマン・ショック後（2008 年の後半以降）の「刈り込み DI」の推移をみてみると，景気の落ち込みに合わせてそのマイナス幅は大きく，逆に景気が底をうった後はそのプラス幅が大きい．それまで「刈り込み DI」が大きく振れることは稀であり，同時に多くの系列が 1980 年から現在までの長期的な傾向から外れ，急激に下降した後，上昇するという異常な景気であったことがわかる．このように，「刈り込み DI」は，刈り込み処理された CI ではとらえきれない，各部門を代表する経済指標が同時に大きく上昇，下降するといった異常な経済状況を把握することに優れている．

「刈り込み DI」の値は，「累積刈り込み DI」の推移傾向と共に用いることが重要だと考える．「累積刈り込み DI」が断続的に上昇（下降）するということは，「刈り込み DI」が正（負）の値で同方向に振れ続けていることを指し示し，1980 年から現在までの長期的な傾向から外れるような急速な景気拡張（後退）が続いているという 1 つのシグナルとなる．図 2-1 でバブル景気（1986 年 11 月（谷）～1993 年 10 月（谷））における「刈り込み DI（一致指数）」の推移を見てみると，各時点では絶対値で大きな値を示していないものの，拡張期ではプラスに，後退期ではマイナスに断続的に振れている．それに

---

[13] 刈り込み処理のみを施さず，CI を計測した場合．幸村千佳良特任教授（成蹊大学）により，刈り込みなし CI は，毎月公表されている．（URL：http://sun.econ.seikei.ac.jp/~komura/keiki-doukou.htm）

対応して，図2-2で「累積刈り込みDI」の推移を見ると，拡張期では断続的に上昇し，後退期では断続的に下落している．したがって，バブル景気における各個別指標の急激な上昇と下降は，不規則変動というよりも，景気の過熱と急減退を示唆している．このように「累積刈り込みDI」の推移を見ることが，CIの刈り込み処理された部分がランダムに発生した外れ値なのか，それとも景気変動部分も含んだものであり，「刈り込みDI」の変動が景気の過熱や急減退を警告するシグナルとなっているのかを判断することに有用と考えられる．

現在公表されているCIと刈り込み処理をせずに計算したCIを比較したものが，図2-3である．「累積刈り込みDI」の結果が示すとおり，第11循環のバブル景気や今循環における後退局面では，「累積刈り込みDI」の上昇と下降の程度に合わせ，現在公表しているCIと刈り込み処理したCIが大きく乖離している．特に，リーマン・ショックによる景気の急減退を反映して，第14循環の後退期において公表ベースのCIと刈り込みなしCIがこれまでになく大きく乖離したことは，特筆すべきである．「刈り込みDI」が絶対値で大きくなるということは，実際の上昇率（下降率）と上限値（下限値）とで乖離する系列数が増加することを意味し，公表ベースのCIの前月差に比べて，刈り込みなしCIの前月差の方がより大きく（小さく）なる．そして，「累積刈り込みDI」が上昇（下降）していくということは，こうした乖離が連続して発生していることを意味している（図2-3）．

景気変動を見る上での「刈り込みDI」の用い方を簡単にまとめると，以下のようになる．

- 「刈り込みDI」が0の時は，急激に上昇（または下降）した経済指標がなく，極端な景気変動が起きている可能性が低いことを指し示す．
- 「刈り込みDI」が絶対値で非常に大きく振れた時は，各部門を代表する経済指標が同時に大きく上昇または下降するといった異常な経済状況を指し示す．
- 「刈り込みDI」が0，または絶対値で小さい値でプラスとマイナスの値をランダムに繰り返し，「累積刈り込みDI」がある一定の値の周りを上下している時は，各系列に急激な変化がない景気局面であることを指し示す．

42　第Ⅰ部　景気指標をめぐる新展開

(a) 先行指数

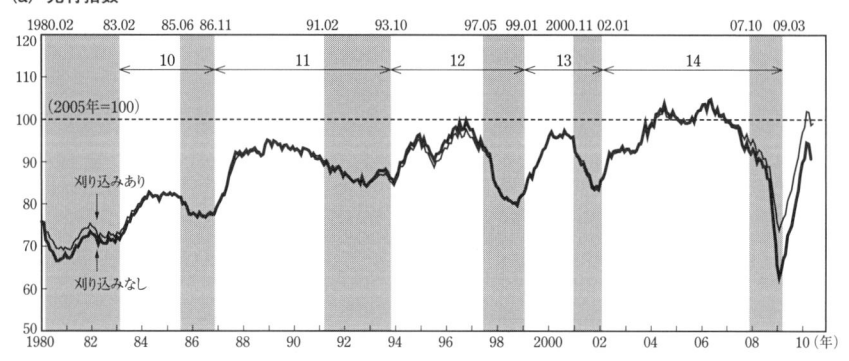

(b) 一致指数

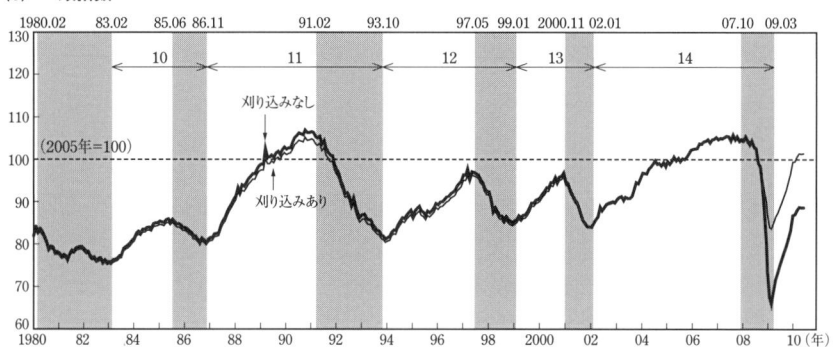

(c) 遅行指数

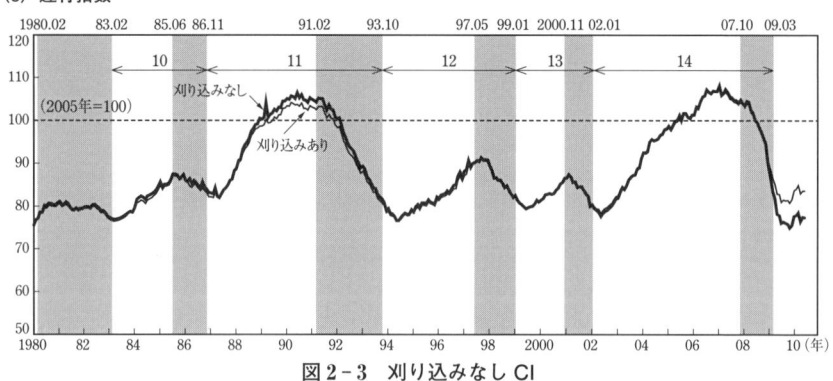

図2-3　刈り込みなしCI

注：矢印と数字は景気循環の期間と順を示す．アミ部分は景気後退期を示す．
出所：刈り込みなしCIは，内閣府公表の景気動向指数（2010年6月分改定）のデータを基に，筆者推計．刈り込みありCIは，内閣府公表の景気動向指数（2010年6月分改定）．

・「刈り込み DI」が断続的に正（負）の値で同方向に振れ続け，「累積刈
り込み DI」が断続的に上昇（下降）している場合，景気の過熱や急減
退の可能性を指し示す．

7. おわりに

　第 9 次改定により，CI が「外れ値」の影響を受けないよう，景気動向指数
を計測している 1980 年から現在に至る長期の傾向から外れ，大きく上昇した
り下降した個別系列のデータを，ある上限や下限の値に置き換えることで刈り
込み，こうした処理が行われたデータを合成することで作成されることとなっ
た．刈り込み処理によって極端な不規則変動が除かれることから，移動平均に
よってある程度ならすことができる不規則変動だけが CI に含まれ，不規則変
動に対する主観的な判断をすることなく，一定の判断基準に基づいた，透明性
の高い基調判断を行うことが可能となった．

　しかし，景気が過熱（または急減退）し，同時にいくつかの系列が刈り込ま
れた場合，刈り込み処理した部分に本来の景気変動を表す情報も含まれている
可能性がある．各個別系列が大きく上昇した場合にある上限値に置き換えられ
た個別系列の割合から，各個別系列が大きく下降した場合にある下限値に置き
換えられた個別系列の割合を引いて求めた指標「刈り込み DI」を作成し，そ
れを累積された指標「累積刈り込み DI」の推移をみることで，刈り込み処理
の妥当性を検証した．もしも刈り込み処理がランダムに発生した「外れ値」に
施されているならば，「累積刈り込み DI」はある一定の水準の周りをランダム
に上下するはずである．しかし，第 11 循環の拡張期及び後退期や第 12 循環の
後退期，第 13 循環の後退期，第 14 循環の後退期では景気の局面と同方向に断
続的に変動しており，公表ベースの CI が景気の過熱や急減退を過小評価して
いる可能性が示された．

　一方で，「刈り込み DI」は景気の判断において有用な情報となる．「刈り込
み DI」は，刈り込み処理された CI ではとらえきれない，各部門を代表する経
済指標が同時に 1980 年から現在までの長期的な傾向から外れ，大きく上昇，
下降するような異常な経済状況を把握することに優れており，共に「累積刈り
込み DI」の推移もみれば，CI の刈り込み処理されたデータがランダムに発生

した外れ値なのか，それとも景気変動部分も含んだもので，「刈り込み DI」の変動が景気の過熱や急減退を警告するシグナルなのかどうかを判断することができる．「刈り込み DI」がプラス（マイナス）に振れれば，公表ベースの CI に比べ刈り込みなし CI の前月差の上昇（下降）幅が大きく，「累積刈り込み DI」が上昇（下降）していくならば，こうした乖離が連続して発生していることを意味する．

本章において，現行の刈り込み処理に景気の変動部分が含まれている可能性があることを指摘したが，CI で景気の基調判断と量感の計測を適切に行うために，刈り込み処理の上限値と下限値の設定をどのように設定すべきか，また，「刈り込み DI」を景気の過熱・急減退に対する警告指標として用いる際にはどのような上限値と下限値を設定すべきかについて，議論を行っていない．これらは，残された研究課題である．

謝　辞

　本章をまとめる際には，内閣府の杉原茂氏，小堀厚司氏から貴重なご助言をいただき，検討段階においては，梶村麻衣子氏のご協力をいただいた．ここに謝意を表する．なお，すべて研究者個人の責任で執筆されており，内閣府経済社会総合研究所の見解を示すものではない．また，本章に残された誤りは筆者の責任である．

参考文献

幸村千佳良 (2010), 「『経済教室』——景気動向指数に課題／『実態』と乖離，見直し急げ」『日本経済新聞』2010 年 5 月 31 日朝刊．
外木好美 (2009), 「刈り込み処理による景気動向指数・CI（コンポジット・インデックス）への影響——指標「刈り込み DI」による把握」*ESRI Research Note*, No. 7, June 2009.
美添泰人他 (2003), 「景気指標の新しい動向」『経済分析』第 166 号，2003 年 2 月．
『景気動向指数——昭和 59 年 6 月分』経済企画庁調査局，1984 年 8 月．
『景気動向指数——昭和 62 年 12 月分』経済企画庁調査局，1987 年 8 月．
『景気動向指数——平成 22 年 6 月分（速報）』内閣府経済社会総合研究所景気統計部，2010 年 8 月

第3章

GDPギャップの月次化と景気判断
バンドパスフィルターによる計測

山澤成康

1. はじめに

　景気循環を経済指標から把握する方法として大きく分けて2つのアプローチがある．1つは複数の経済指標から共通した変動を取り出すもので内閣府の景気動向指数が代表的だ．もう1つは単一指標から景気を計測するものである．

　景気変動に関連する単一指標として代表的なものは国内総生産（GDP）である．最新の景気動向を知るには月次化したGDPを使うことが考えられる．2007年12月11日の内閣府の景気動向指数研究会で，月次GDPは景気指標の候補として挙げられたが，月次GDPの欠点として，①ボラティリティが高く，②過去の景気の山谷とは一致した動きをしていないこと——が指摘された．本章では，バンドパスフィルターを用いて月次GDPギャップを作成すると上記の欠点を克服できることを示す．つまり，動きが滑らかで景気の山谷と一致した系列の作成が可能になる．

　GDPギャップを測る方法として代表的なものは生産関数アプローチである．これは，資本ストックや労働投入量を使って，潜在GDPを作り，現実のGDPとの差をGDPギャップとするものだ．月次GDPに生産関数アプローチを適用して景気指標として利用することもできる（山澤 2003）．ただ，この方法では多数の経済指標が必要なほか，「潜在」概念が1つに定義できるわけではないので，計算法によってGDPギャップの水準や形状が変わる可能性がある．HP（ホドリック・プレスコット）フィルター[1]もGDPギャップ作成の際に頻

繁に用いられる．しかし，データが更新されるごとに直近の値が大きく変わり，GDP ギャップの最新期に注目する景気分析には向いていない．

バンドパスフィルターは，生産関数アプローチの煩雑さがないうえ，データを更新しても直近の値が変わらないタイプのフィルターもあり，実用上の利点がある．また，あまり知られていないことだが，バントパスフィルターは基本的には対象となる系列に移動平均をかけるだけで取り出せる．取り出す周期さえ決めておけば，エクセルなどの表計算ソフトで計算できる．

2. バンドパスフィルターとは

2.1 バンドパスフィルターの仕組み

バンドパスフィルターは，経済時系列を様々な周期の波の和であると考えて，特定の周期の波だけを取り出す手法である．もともと電気信号の波を取り出すための工学的手法で，それを経済時系列に応用したものだ．

ローパスフィルター (low pass filter) とは，低い周波数 (＝長い周期) だけを通すフィルターで，短期的な変動を取り除くために使う．ハイパスフィルター (high pass filter) は高い周波数 (＝短い周期) だけを通すフィルターで，長期的な変動を取り除く効果がある．バンドパスフィルター (band pass filter) は，低い周波数と高い周波数の間にある成分を取り出すものだ．より詳しい解説は Mills (2003) などを参照．

バンドパスフィルターのうち，よく使われているのは，Baxter and King (1999) で提唱された BK (Baxter and King) フィルターや Christiano and Fitzgerald (2003) で提唱された CF (Christiano and Fitzgerald) フィルターである．バンドパスフィルターで作成された GDP ギャップを日本の景気循環変動として研究した例としては，Urasawa (2008) などがある．

トレンドとサイクルに分ける標準的時系列分析的方法として，HP (Hodrick Prescott) フィルターがあるが，「トレンドはゆっくり動き，サイクルは早く動く」という前提で系列を分離しており，周期にかんする明示的な設定はでき

---

1) HP フィルターやそれを改良したヒューマンフィルターについては加納 (2005) 参照．

ない．これに対して，バンドパスフィルターでは，特定の周期の成分が取り出せる．周期の違う様々な成分を取り出すことも可能である．異なる周期の長さの波を取り出すことは景気循環論的にも興味深い．

2.2 月次 GDP への適用例

まず CF フィルターを使って，様々な周期の成分を取り出してみた．図 3-1 は，月次 GDP を，様々な周期の成分に分けたものである．景気循環の周期の長さについて，Burns and Mitchell（1946）は，18 か月から 8 年までと定義している．浦沢・清谷（2008）では，四半期 GDP に CF フィルターをかけ，上記定義で取り出した景気循環成分は主たる景気の波と整合的に動いていると結論づけている．

景気循環のサイクルを「長期的な均衡水準との現行水準の乖離の調整過程」と考えると，調整期間が一義的に決まるわけではない．需要側で起こったショックは短期間で調整されるが，供給側で起こったショックはより長い期間で調整されるかもしれない．その意味では周期 8 年以上の波も広い意味での景気循環を表している可能性がある．

また，古典的な循環の分類法では，在庫循環を表すキチンサイクル（周期 3～4 年），ジュグラーサイクル（周期約 10 年），クズネッツサイクル（周期約 20 年）など様々な周期に分けて景気循環を捉えている．こうしたことから，Burns and Mitchell（1946）が定義した周期以外の循環成分も取り出してみた．

8～12 年周期の循環成分は，古典的循環の捉え方でいえば，ジュグラーサイクル（設備投資循環）に対応している．徐々に波の振幅が大きくなっているのは，消費の低迷が続いているなかで企業活動の循環変動への寄与が大きくなっているためかもしれない．

周期 12～30 年の波は，クズネッツサイクル（建設循環）を表しているというより，生産性の変化に起因した供給ショックの波を表している可能性が高い．80 年代にバブルの発生とともに大きく盛り上がり，バブル崩壊とともに低下する．この部分は「失われた 10 年」の動きを示している．その後，新興国の台頭により輸出主導で景気は上昇傾向に入り，2008 年に山をつけて下り坂に向かっている．周期 8～12 年の波，同 12～30 年の波のいずれも現在は下り坂になっている．

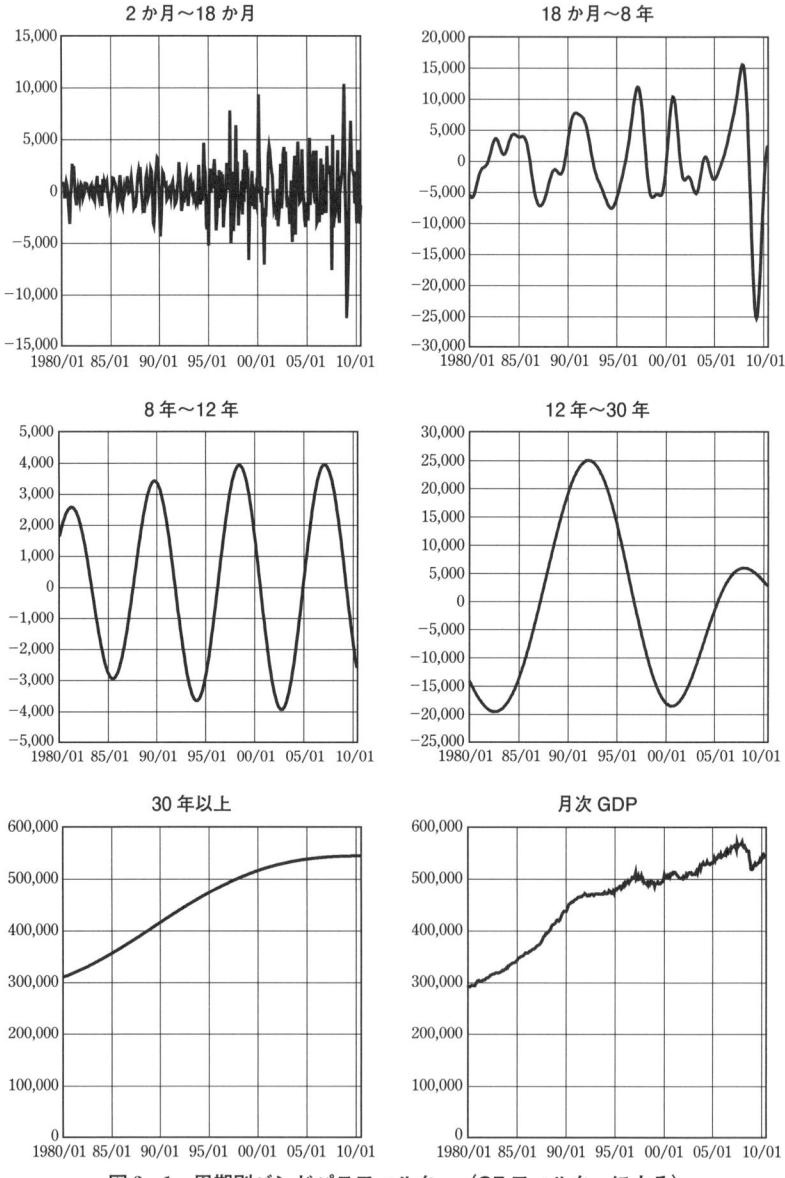

図 3-1 周期別バンドパスフィルター（CFフィルターによる）

注：各グラフとも横軸は（年・月），縦軸の単位は10億円．
出所：日本経済研究センターの月次GDPを加工．

生産関数アプローチで計算したGDPギャップでは80年代後半のバブル期の山が大きく，バブル崩壊後の谷が深くなるものが多いが，ここで取り出した景気成分には大きな盛り上がりがない．宮尾（2006）は，時系列的なGDPギャップの抽出法に関して，「1930年代の大不況期や日本の長期停滞期に適用すると長期に持続する不況や景気低迷を捉えられない」と述べている．確かに，18か月から8年周期の成分だけを見ると，景気循環の実感にそぐわない．ただ，それはバブル期が一般に言われている景気循環より周期の長い循環の影響を受けているためであり，バンドパスフィルターは長期的な生産性ショックによる循環と短期的な循環成分を分けて抽出したと考えることもできる．

3. バンドパスフィルターの比較

3.1　さまざまなフィルターの比較

実用上のバンドパスフィルターは，理想的なフィルターを近似することになるが，それぞれの手法に特徴がある．BKフィルター，CFフィルター，後述する後方移動平均フィルターについてまとめると表3-1になる．

3.2　理想的なフィルター

理想的なバンドパスフィルターを作るには，サンプルが無限大必要で，ウエートが前方にも後方にも無限に続く対称な中心移動平均となる．

原系列をx_t，フィルターをかけた系列をy_tとすると，以下の式が成り立つ．取り出す景気循環の周期は，Burns and Mitchell（1946）で定義された18か月（1年半）〜96か月（8年）とする．

$$y_t = \cdots + B_n x_{t-n} + \cdots + B_1 x_{t-1} + B_0 x_t + B_1 x_{t+1} + \cdots + B_n x_{t+n} + \cdots$$

$$B_n = \frac{\sin(nb) - \sin(na)}{\pi n}, \quad n \geq 1$$

$$B_0 = \frac{b-a}{\pi}, \quad a = \frac{2\pi}{96}, \quad b = \frac{2\pi}{18}$$

x_tからn期離れたx_{t-n}，x_{t+n}のウエート（B_n）は，取り出したい周期のサイ

表 3-1　バンドパスフィルターの比較

	長　所	短　所
BK フィルター (中心移動平均, 移動平均項数を限定)	・データが更新されてもフィルター後の値が変わらない	・最新期が計算できない ・移動平均の項数を超える長い周期のデータが取り出しにくい
CF フィルター (全データを使って加重平均)	・最新期まで計算できる	・データが更新されると, すべての期の結果が変わる
後方移動平均フィルター (移動平均項数限定)	・データが更新されてもフィルター後の値が変わらない ・最新期まで計算できる ・計算が容易	・理想的フィルターへの近似度が弱い

ン関数を組み合わせたものとなる．a は (2π/取り出したい周期の上限の月数)，b は (2π/取り出したい周期の下限の月数) で計算できる．移動平均のウエートである B_0 や B_n はデータに依存せず，一定である．ここでは取り出す周期が18か月～96か月までの例を挙げたが，この周期を変えることでさまざまな周期の成分を取り出すことができる．

3.3　Baxter and King (BK) フィルター

BKフィルターでは，理想的なフィルターでは無限大必要な移動平均の項数を限定したうえで，x_t にかかる係数の和がゼロになるように，ウエート (B_0～B_j) を調整する．どの程度の移動平均の項数にするかは，分析者が決められるが，Baxter and King (1999) では，前方，後方それぞれ3年以上の項数があることが望ましいとしている．

$$y_t = B_j x_{t-j} + \cdots + B_1 x_{t-1} + B_0 x_t + B_1 x_{t+1} + \cdots + B_j x_{t+j}$$

ウエートの大きさをグラフで確認すると，理想的なフィルター (前方, 後方とも無限大) のウエートと形は同じだが，ある項数以降はゼロとなる (グラフは項数が10期の場合)．

理想的なウエートを途中で切った形なので，ウエートの和がゼロになるとは限らない．BKフィルターではウエートの和がゼロになるように，すべての期のウエートを同じ分だけ増減する．図3-2の場合は，BKフィルターのウエートの和がゼロになるように，すべての期のウエートを同じ分だけ低くしている．

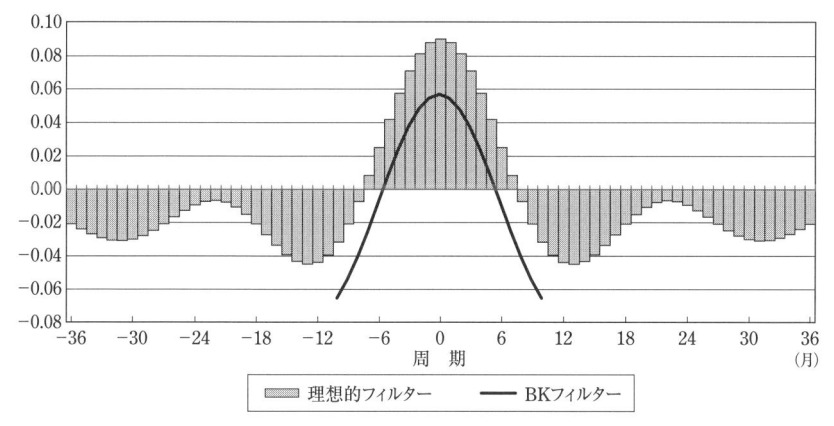

図 3-2　BK フィルターのウエート

注：移動平均区間を 10 期にした場合の各期のウエート．
出所：Baxter and King（1999）をもとに作成．

　BK フィルターの長所は構造が簡単なことである．取り出したい周期が決まれば，系列の数値によらず，移動平均のウエートが決まる．

　もう一つの特徴は，ウエートが対称な中心移動平均であることである．Baxter and King（1999）の冒頭に説明があるように，フィルター後の式を展開すると，2 階階差をとった有限項数の移動平均項に変形することができる．つまりフィルターを施すことで，原系列がどのような系列でも定常化した系列を取り出すことができる．中心移動平均なので転換点がずれることもない．

　一方，景気判断に使う場合の実用上最も大きな欠点は，中心移動平均なので，最近時点の数値が得られないことだ．たとえば移動平均の項数を 3 年間とると，BK フィルターで計算できるのは 3 年前のデータまでである．景気判断指標として使う場合，直近の値が計算できないのは問題である．

　なるべく最近までの値を知りたい場合は，移動平均の項数を短くすることが考えられるが，移動平均の項数を限ると長い周期の成分が取り出しにくい．たとえば，前後 1 年分の移動平均をとるということは 2 年間のデータを使って移動平均をとることであるが，それより長い周期の成分はきれいに取り出せない．

3.4 Christiano and Fitzgerald（CF）フィルター

CFフィルターでは，原系列を x_t，フィルターをかけた系列を y_t とすると，すべての期の y_t の計算に，すべての期の x_t を使う．前方にも後方にも，理想的なフィルターのウエートをできるだけ使い，端点（データの初期と最新期）のウエートを調節して係数の和がゼロになるようにする（図3-3）．系列がランダムウォークの場合，系列が x_1 から x_T まで T 個ある場合は次式を計算する．

$$y_t = \widetilde{B}_{t-1}x_1 + B_{t-2}x_2 + \cdots + B_1 x_{t-1} + B_0 x_t + B_1 x_{t+1} + \cdots + B_{T-1-t}x_{T-1} + \widetilde{B}_{T-t}x_T$$

最新時点のデータはすべてのデータを使った後方移動平均となる．

$$y_t = \left(\frac{1}{2}B_0\right)x_T + B_1 x_{T-1} + \cdots + B_{T-2}x_2 + \widetilde{B}_{T-1}x_1$$

データの初期，終期以外は理想的フィルターのウエートと同じである．

初期は，後方分のウエートの和がゼロ，終期は前方分のウエートの和がゼロになるように設定する．欠損しているデータについて初期以前は初期の値が無限大に続き，終期以降は終期の値が無限大に続くと想定したうえで，理想的フィルターで移動平均しているのと同じことになる．

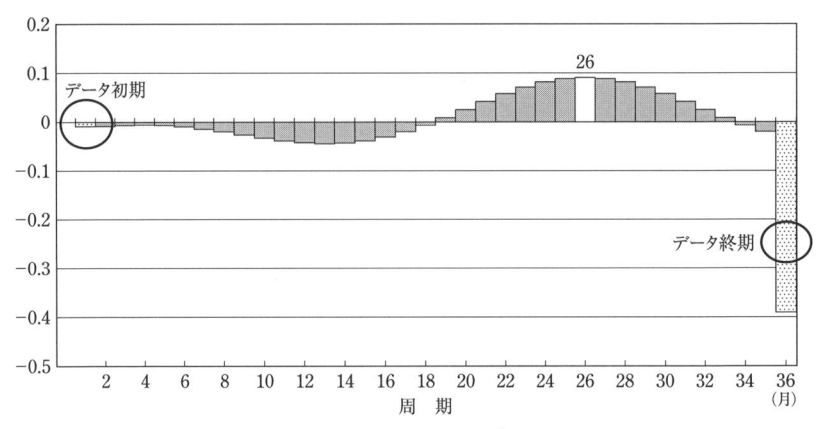

図3-3 CFフィルターのウエート

注：データが1期から36期まである場合の，26期を算出する際のウエート．
出所：Christiano and Fitzgerald（2003）をもとに作成．

CFフィルターの長所は，データの初期から終期まですべての期の計算ができることである．短所は，データが更新されるにしたがって，最新期の値が変化することである．同一時点のデータに関して，最新期の時は後方移動平均で計算され，データが増えるにしたがって中心移動平均に近いウエートに変化していく．このため，データが更新されるごとにフィルター後の数値が変化する．浦沢・清谷（2008）では，CFフィルターによって作成されたGDPギャップの信頼区間を計算しているが，データ初期，終期以外での95％の信頼区間は，±1％程度だが，データ初期，終期では±1.4％に増えるとしている．「少なくとも対象期間の前後3年程度の推計値にはかなり幅をもって評価する必要がある」と警告している．

3.5　後方移動平均を用いたフィルター

フィルターの新たな手法として，後方移動平均のウエートを用いたフィルターを検討した．後方移動平均は，直近まで値が計算できるうえ，データが更新されても値が変わらないという実用的には望ましい性質がある．さらに計算が簡単なことも重要だ．付表3-A（後掲）のウエートを使えば，表計算ソフト「エクセル」のsumproduct関数を使って計算できる．

BKフィルターは，対称中心移動平均を使っており定常な系列が抽出されるが，後方移動平均では定常な系列が抽出される保証はない．このため山澤（2009）では原系列から線形トレンドを除いてフィルターをかけた．しかし，計算の簡便さを重視して，本章では原系列にフィルターをかけた．項数は36か月とした．

ウエートはBKフィルターの後方ウエート分を使った．フィルター後のデータは前半分のデータがないため，BKフィルターの値のおよそ半分になる[2]．このため，ウエートを2倍して，BKフィルターと同じ水準になるようにした．ただし，当期（B_0）は前方後方分が合わさったウエートを表しており，後方分（2分の1）の2倍，つまりB_0をそのまま用いた．

$$y_t = B_0 x_T + 2B_1 x_{T-1} + \cdots + 2B_j x_{T-j}$$

---

2) 前半分のデータがない分，後方の項数を増やすという考え方もある．ただ，後方の項数を倍の72か月にしても，GDPギャップの形状はそれほど変わらなかった．

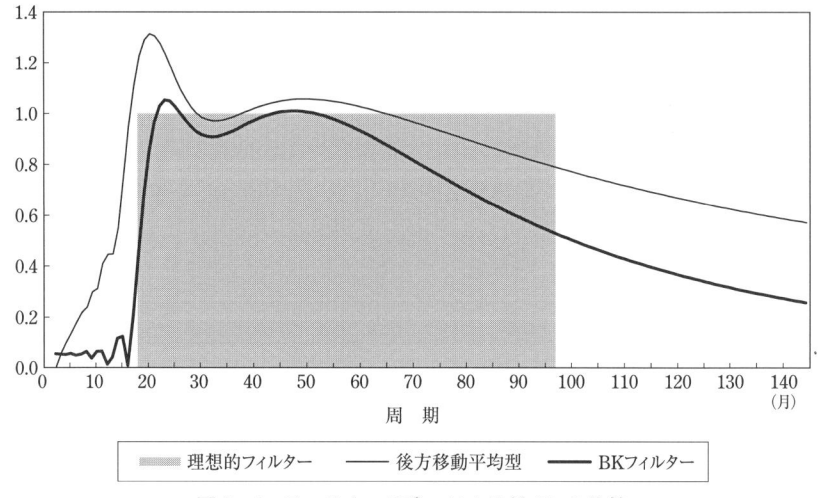

図 3-4　フィルターの違いによるゲインの比較

出所：Baxter and King（1999）をもとに作成．

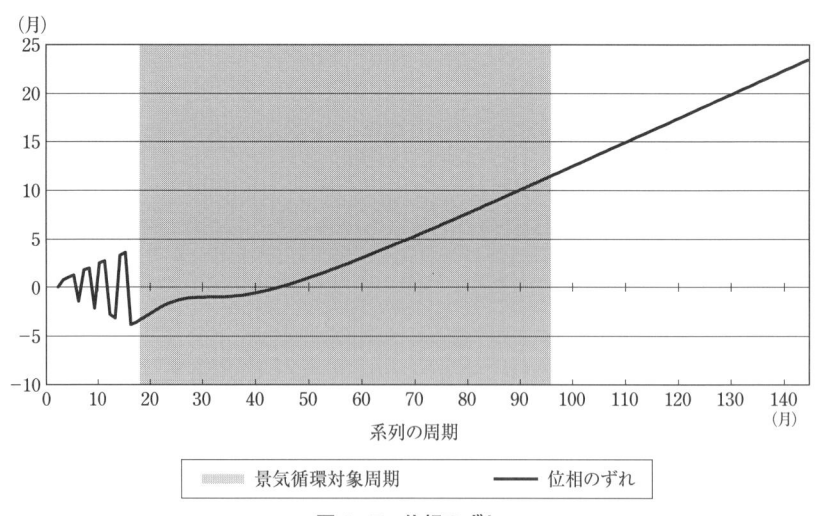

凡例：理想的フィルター　　後方移動平均型　　BKフィルター

図 3-5　位相のずれ

出所：Baxter and King（1999）をもとに作成．

凡例：景気循環対象周期　　位相のずれ

後方移動平均の特徴を周期別のゲイン（理想的なフィルターに比べてその成分が何倍になっているかを表す）で見ると，景気循環より周期が短い区間，長い区間とも BK フィルターに比べてパフォーマンスが劣る（図 3-4）．対象周期以外の周期のゲインはゼロになるのが望ましいが，後方移動平均フィルターのゲインは BK フィルターのゲイン以上に大きい．このフィルターを適用すると，短い成分が残るため滑らかさが欠けて小さい波を拾い，長い成分が残るため長期的な変動も排除できないことになる．

しかし，後掲するグラフでわかるように，原系列に比べればかなり滑らかで景気判断をするには支障はない．また，長期的な周期が排除できないことも，景気指標としてはむしろメリットになる．たとえば，80年代後半のバブル期には大きなGDPギャップがあったと考えられるが，この動きには周期8年以上の波が関わっている．こうした波も取り入れた形でフィルターが施されているため，後方移動平均フィルターの方がむしろ実感に近い動きである．

後方移動平均をとる場合，景気転換点の位置（位相）がどの程度ずれるのかも問題になる．フィルター後の山や谷の位置が原データとずれてしまうと景気判断には使いにくい．そこで，位相のズレがどの程度になるかを計算した．この結果，周期の最も短い 18 か月の成分では 3.3 か月早くなり，周期の最も長い 96 か月の成分では 11.5 か月遅れる．長い周期の波は遅れる傾向にある（図 3-5）．これがどの程度深刻な影響を与えるかは，実際のデータに適用して判断する必要がある．この点についての検証は後述する．

3.6　景気基準日付との比較

各種のフィルターを使って GDP ギャップを計算した．周期 18 か月〜96 か月までの成分を GDP ギャップとし，周期 2 か月から 17 か月までの成分を不規則変動成分とした．GDP から景気循環成分と不規則変動成分を除いたものが，トレンド成分（潜在 GDP）である．GDP ギャップは，潜在 GDP に占める GDP ギャップの比率として計算した．

図 3-6 をみると，どの GDP ギャップも，86 年頃の円高不況，80 年代後半のバブルの盛り上がり，90 年代のバブル崩壊，97 年以降の金融システム不安，2000 年前後の IT バブルとその崩壊などを反映している．ただ，2002 年 1 月以降の景気拡大期については，CF フィルターの谷の位置が後方にずれてい

56　第Ⅰ部　景気指標をめぐる新展開

BK フィルター

CF フィルター

後方移動平均フィルター

―― 山（景気基準日付）　--- 谷（景気基準日付）　● 山（ブライ・ボッシャン法）　▲ 谷（ブライ・ボッシャン法）

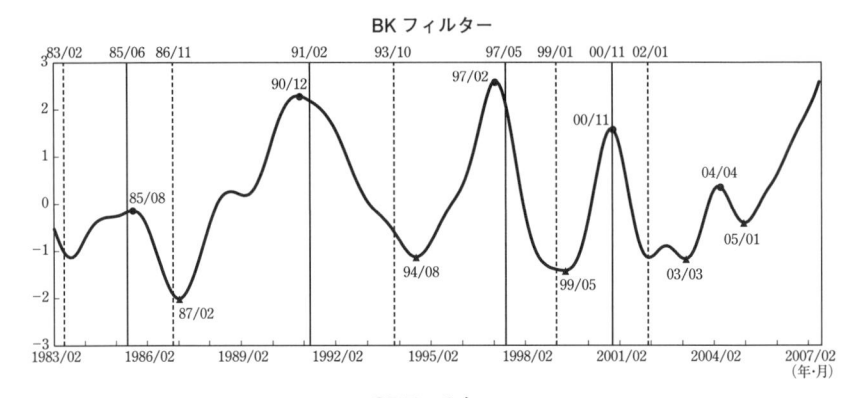

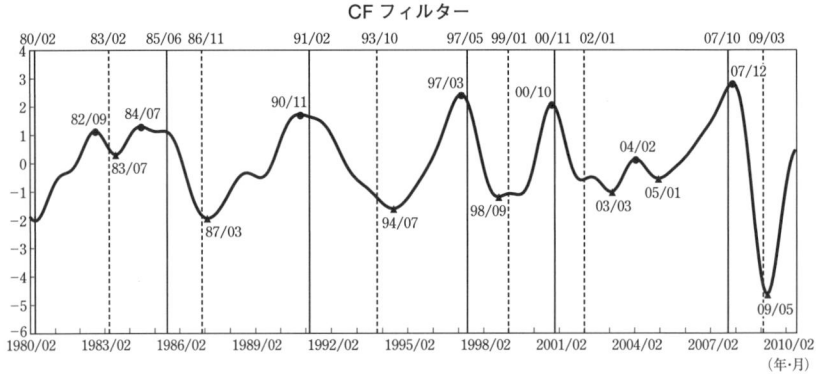

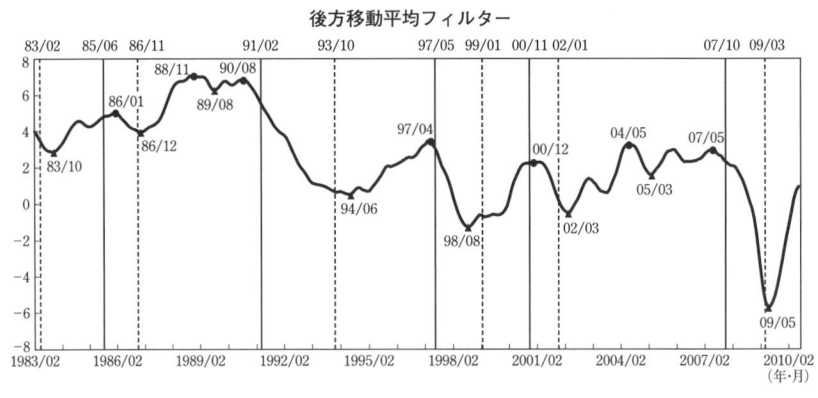

図 3-6　景気基準日付との対応

出所：日本経済研究センターの月次 GDP を加工．

表 3-2　景気基準日付との先行・遅行関係

景気基準日付	平均先行遅行期間（マイナス＝先行，プラス＝遅行，月数）			先行・遅行回数（回）									景気基準日付に対応しない景気循環数
	対山	対谷	対山谷	対山			対谷			対山谷計			
				先	一	遅	先	一	遅	先	一	遅	
BK フィルター	-0.8	7.8	3.5	2	1	1	0	0	4	2	1	5	1
CF フィルター	2.7	5.0	3.8	4	0	2	1	0	5	5	0	7	1
後方移動平均フィルター	-0.8	2.7	1.1	3	0	2	1	0	5	4	0	7	2

る．また，いずれのフィルターでも 2004 年から 2005 年にかけて景気後退局面がある．後方移動平均では，88 年から 89 年にかけて，景気基準日付に対応しない景気後退期がある．

表 3-2 は，各 GDP ギャップにブライ-ボッシャン法で山谷を認定し，景気基準日付と比べたものである．山に対しては，BK フィルター，後方移動平均フィルターは多少先行していることがわかる．谷に対しては，基本的に遅行している．山谷を合わせた平均遅行期間をみると，BK フィルターが 3.5 か月，CF フィルターが 3.8 か月遅行するのに対し，後方移動平均フィルターでは平均 1.1 ヶ月の遅行で，パフォーマンスが良いことがわかる．谷に遅行しているのは，日本の景気循環の拡大期と後退期の長さの非対称性が原因の 1 つと考えられる．バンドパスフィルターは「波」として左右対称の波動を想定しており，景気拡大期と後退期の長さが非対称な日本の景気循環に適用するとズレが生じる．

直近の谷に関しても，CF フィルター，後方移動平均フィルターは 2009 年 5 月となっており，景気基準日付から 2 か月遅れているが景気をとらえる指標としては実用に耐えうるものではないかと考えられる．

3.7　テイラールールによる確認

GDP ギャップの有効な利用法として，テイラールールがある．テイラールールは，金融政策ルールの 1 つであり，インフレ率と GDP ギャップから名目金利を導き出す．このルールと現実の金利水準との乖離を用いて金融政策の評価をすることもできる．

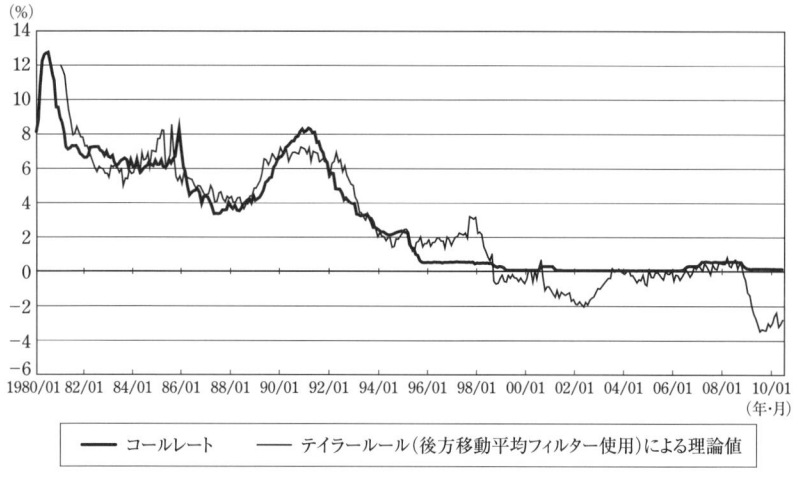

図3-7 テイラールールによるコールレートの理論値

出所:日本経済研究センター(月次GDP),総務省(インフレ率),日本銀行(コールレート).

　GDPギャップを後方移動平均フィルターで作成し,インフレ率とGDPギャップのウエートは日本経済の実態に即すように変えて[3],金利水準を計算した.95年辺りの景気拡大期はルールの方が引き締め気味となっている.金利がマイナス傾向になるのは98年9月以降で,ITバブル崩壊後大きなマイナスとなる.また,リーマン・ショック後の2008年11月以降マイナスになっている(図3-7).

4. フィルターと予測値の結合

4.1 予測値を使ってBKフィルターを推計する

　バンドパスフィルターに関して,理想的なフィルターと現実のフィルターの大きな違いは,データの制約だ.理想的なバンドパスフィルターには過去,将来ともに無限のデータが必要となる.そこで,その制約をある程度緩和するため,データを予測値で補う方法を考えた.

---

3) 短期名目金利(%)=4+2.0×(インフレ率-2)+0.3×GDPギャップ率.インフレ率は,エネルギー,食料を除く総合.消費税のインフレ率への影響は調整済み.

BKフィルターの難点は，最新期の値が計算できないことである．CFフィルターは，その難点を克服するため，ランダムウォーク系列の期待値を予測値と見なしたうえで，予測値を含めた系列にフィルターをかけた手法と考えることができる．

しかし，実質GDPに限って言えば，利用可能な予測値はほかの手段で容易に入手できる．過去の予測の評価から，ランダムウォーク仮説による予測（前期と同じ値を予測値とする）よりも民間予測機関による予測の方が精度が高い（たとえば山澤（2008）参照）．また，世界的な金融危機で実質GDPは大きく変動しており，こうした時期には，時系列分析による予測よりも最新の情報を織り込んだ予測機関による予測の方が信頼できる．そこで，日本経済研究センターの短期予測（SA143，2010年8月発表）と中期予測（第36回，2010年1月発表）を使って月次GDPを2021年3月（2020年度）まで延長した．この手法を使えば，BKフィルターを使って直近のGDPギャップが計算できる．

短期予測は四半期，中期予測は年次で予測しているので，それぞれ分割した系列が2次曲線に沿うように月次化し，その前期比を使って先延ばしをした．景気循環成分を取り出すという意味では，月次や四半期の変動は捨象されるので，大まかな方向性がわかる予測があれば十分だ．

その結果は，図3-8に示してある．BKフィルターを実績値にかけると，丸印がついた2007年6月までしか計算できないが，予測値を使えばそれ以降のデータも計算できる．ほぼCFフィルターと同じ動きをしていることがわかる．

4.2 予測値を使って，景気予測に利用する

民間予測機関の予測を使ったもう一つの応用は，予測値自体にフィルターをかけることである．これにより，GDPの予測値からGDPギャップの予測値が求められる．図3-7に各フィルターによるGDPギャップの予測値がある．

予測期間のGDPギャップは，緩やかな上昇を続けるが，後方移動平均フィルターでは2012年，BKフィルターとCFフィルターでは2013年に山を迎えている．実質GDP予測に込められた景気循環成分からは，少なくとも2011年度は景気拡大期が続くということになる．

本章の前身の山澤（2009）では，2009年3月時点での月次GDPギャップの

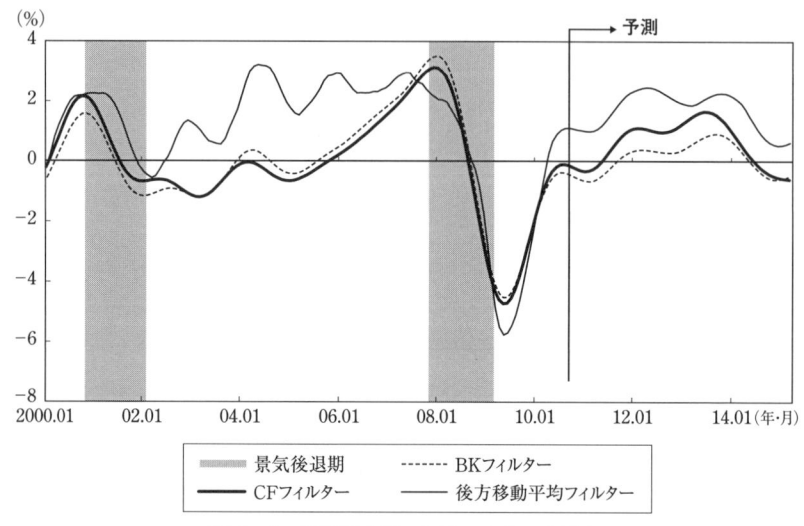

図3-8 予測値を使ったフィルターの動き

出所：日本経済研究センターの月次GDP，同予測値を使って作成．

予測をしている．月次GDPは2009年1月まで判明しており，CFフィルター，後方移動平均フィルターとも，実績値はまだ底を打っていなかった．しかし，予測値を使うことにより，その後景気が反転していく様子が読み取れる．この手法での景気の谷は，CFフィルターで2009年9月，後期移動平均フィルターで2009年8月となり，景気基準日付の景気の谷である2009年3月よりは遅れたが，GDPギャップが急速に改善する様子は捉えられた．1～2年先までの景気の動きが読み取れるメリットは大きい．

5．おわりに

月次GDPを景気指標として活用するために，バンドパスフィルターを使ったGDPギャップを試算した．バンドパスフィルターの中でも後方移動平均フィルターは，計算が簡単で，データが更新されても値が変化しないメリットがある．月次GDPに適用すると，景気基準日付による景気の山谷とほぼ変わらない位置に転換点があることがわかった．実績値と接続した予測値に適用して，将来の景気循環の動きを把握することもできる．

この分析では，BK フィルターのウエートに準じて後方移動平均のウエートを作成した．今後の課題は，後方移動平均ウエートについて，さらに改善できないか検討することである．

付表 3-A　BK フィルター, 後方移動平均フィルターのウエート
　　　　　(18 か月から 96 か月の周期を取り出す場合)

ラグ	BK フィルター	後方移動平均フィルター
0	0.09251	0.09251
-1	0.09029	0.18057
-2	0.08377	0.16753
-3	0.07342	0.14685
-4	0.06001	0.12002
-5	0.04447	0.08894
-6	0.02788	0.05576
-7	0.01135	0.02271
-8	-0.00405	-0.00810
-9	-0.01741	-0.03483
-10	-0.02803	-0.05606
-11	-0.03544	-0.07089
-12	-0.03949	-0.07898
-13	-0.04029	-0.08057
-14	-0.03819	-0.07639
-15	-0.03379	-0.06757
-16	-0.02778	-0.05556
-17	-0.02096	-0.04192
-18	-0.01410	-0.02820
-19	-0.00790	-0.01580
-20	-0.00291	-0.00581
-21	0.00050	0.00099
-22	0.00214	0.00428
-23	0.00206	0.00411
-24	0.00046	0.00092
-25	-0.00228	-0.00457
-26	-0.00571	-0.01143
-27	-0.00933	-0.01865
-28	-0.01263	-0.02527
-29	-0.01521	-0.03043
-30	-0.01676	-0.03351
-31	-0.01708	-0.03417
-32	-0.01617	-0.03235
-33	-0.01414	-0.02827
-34	-0.01121	-0.02242
-35	-0.00771	-0.01542
-36	-0.00402	-0.00803

注:ラグ数が 36 期の場合. BK フィルターはリード部分にも対称的にウエートがある.

謝　辞

本章は，2010年9月に開催された景気循環日付研究会の嵐山コンファレンスでの発表論文に修正を加えたものである．浅子和美氏，和合肇氏，宮川努氏，猿山純夫氏をはじめとした研究会参加メンバーの方々から有意義なコメントをいただいた．ここに感謝を表したい．ただし，本章に残された誤りは筆者の責任に負うものである．

参考文献

Baxter, Marianne and Robert G. King (1999), Measuring Business Cycles : Approximate Band-Pass Filters for Economic Time Series, *The Review of Economics and Statistics*, Vol. 81 (4), pp. 575-593.

Burns, A. M. and W. C. Mitchell (1946), *Measuring Business Cycles*. New York : National Bureau of Economic Research.

Christiano, L. J. and T. J. Fitzgerald (2003), The band pass filter. *International Economic Review*, Vol. 44 (2), pp. 435-465.

Mills, C. Terence (2003), *Modelling Trends and Cycles in Economic Time Series*, Palgrave Macmillan.

Urasawa, Satoshi (2008), Business Cycle fluctuations in Japanese Macroeconomic Time Series. *Journal of the Asia Pacific Economy*, Vol. 13 (4).

浦沢聡士，清谷春樹（2008），「景気循環成分の推計精度――シミュレーション手法によるGDPギャップの信頼区間の導出」『ESRI : Discussion Paper Series』No. 194.

加納悟（2005），「計量モデリングと意識調査――ヒューマン・フィルターリング」『経済研究』第56巻2号，一橋大学経済研究所編，岩波書店．

宮尾龍蔵（2006），「日本経済の変動要因――生産性ショックの役割」，日本銀行ワーキングペーパーシリーズ，2006年1月．

山澤成康（2003），「景気指標としての月次GDP」浅子和美，福田慎一編『景気循環と景気予測』東京大学出版会．

山澤成康（2008），「景気が経済予測に与える影響」『JCER : Discussion Paper』No. 114，日本経済研究センター，2008年5月．

山澤成康（2009），「バンドパスフィルターによる月次GDPギャップの計測――後方移動平均型の試算と予測との結合」『JCER : Discussion Paper』No. 119，日本経済研究センター，2009年4月．

第4章

企業の景況判断と決定要因

原田信行

1. はじめに

　景気動向は，政策担当者や経済専門家のみならず多くの人々の関心を集めるテーマである．しかし，景気に関連する情報は数多く，一般的には景気動向の印象はある程度代表的，集約的な情報に依拠して形成されると考えられる．代表的な情報としては，マクロの景気動向に関してはGDP統計や鉱工業指数，景気動向指数，金融・雇用統計などのほか，日銀短観の業況判断DIをはじめとする景況感調査がある．このうち景況感調査では，多くの場合個別企業に対して景況の判断が尋ねられ，調査結果は定期的に集計，公表される．

　実際，日本では多くの景況感調査が行われている（原田 2007など）[1]．実施が比較的容易で，速報性が高いのがこれらの調査の特徴である．とくに興味深い点は，個別企業に景況を尋ねた調査の集計結果が，公表されマクロの景気動向についての情報として環流する構造になっていることである．

　ただし，これらの景況感調査において，企業の景況感が具体的に何を意味するかは必ずしも明らかではない．景況感調査では，基本的には企業の景況に対する判断を選択肢から選んで回答し，その結果が集計される．たとえば日銀短観の場合，各企業は貴社の業況を「良い」「さほど良くない」「悪い」の3項目から回答し，「良い」回答社数構成比（％）－「悪い」回答社数構成比（％）が

---

[1] 景況感調査の結果はサーベイデータの一形態である．サーベイデータの近年の取り扱いについては加納（2006），Pesaran and Weale（2006）などを参照．

「業況判断 DI」として公表される．景況判断を選択肢から回答し，それが集計される形式でありながらその景況感の構成要素が考慮されることは少ない．

本章では，これらの集計された景況感の背後にある，企業の景況判断とその決定要因について実証的に検証する．より具体的には，財務省「景気予測調査」と内閣府・財務省「法人企業景気予測調査」の2つの調査に着目し，これらの調査の結果から，景況判断の構成比と各景況判断の要因について検討する．景況判断の要因は「景気予測調査」の1997年第2四半期から公表が始まっており，本章ではそれ以降から，リーマン・ショックとその後の状況を含む直近（2010年第2四半期）までの，可能な限り長期の結果を取り扱う．「法人企業景気予測調査」の景況判断の決定要因に触れた文献はいくつかあるが（原田 2009, 内閣府・財務省 2010），本章の最も大きな特徴はデータの網羅性にある．

次節では，これらの調査における景況判断の扱いと，その回答から作成される比較的良く知られた景気統計である「景況判断 BSI」について述べる．第3節では景況判断の構成比とそれぞれの決定要因を詳細に検討する．第4節は結論である．

2. 景気予測調査と法人企業景気予測調査

本章では，景気予測調査と法人企業景気予測調査の2つの調査を取り扱う．まず，「景気予測調査」（以下「旧調査」）は，財務省実施の調査であり[2]，1983年5月調査から2004年2月調査まで全部で84回行われた．同調査は2004年第2四半期（2004年4〜6月期調査）から内閣府「法人企業動向調査」と一元化され，以降は内閣府と財務省共管の「法人企業景気予測調査」（以下「新調査」）として実施されている（統計審議会 2000, 内閣府・財務省 2009）．

これら2つの調査には類似点も多い（内閣府・財務省 2009）．いずれも四半期ごとの調査であり，調査対象は資本金1000万円以上の法人である[3]．調査票もよく似ており，両調査とも大きく「Ⅰ 判断調査」と「Ⅱ 計数調査」に分かれ，また判断調査の第1の設問が「貴社の景況」である点は全く共通であ

---

[2] 2000年11月調査（第71回）までは大蔵省．

る．調査結果についても，景況判断に関してはともに「景況判断 BSI（Business Survey Index）」と呼ばれる指標が作成されている．

この「貴社の景況」の設問は，いずれの調査とも，前四半期と比較した貴社の景況判断を「上昇」，「不変」，「下降」，「不明」の 4 項目の選択式で尋ねたものである[4]．その回答をもとに，景況判断 BSI は

景況判断 BSI＝「上昇」回答社数構成比（%）－「下降」回答社数構成比（%）

によって算出される．その結果は，大企業，中堅企業，中小企業の資本金規模別に公表されている[5]．両調査とも，大企業は資本金 10 億円以上の企業，中堅企業は資本金 1 億円以上 10 億円未満の企業，中小企業は資本金 1000 万円以上 1 億円未満の企業と定義される．

さらに，興味深い設問として，これらの調査ではいずれも景況判断の要因を尋ねている．具体的には，景況について「上昇」または「下降」と回答した場合に限り，各回答の要因を選択式で尋ねている．調査結果は，「上昇」と「下降」別に集計，公表される．

ただし，2 つの調査で選択肢の内容と選択項目数には違いがある．旧調査では，上昇の場合と下降の場合別に「上昇の要因」「下降の要因」として，それぞれの 8 つの選択肢から「主な要因を 2 つ以内」選択し記入することとされている．一方，新調査では上昇，下降の場合共通に，「景況判断の決定要因」として 10 の選択肢から「重要度の高い順に 3 項目」回答することとされている．各調査の具体的な選択肢はそれぞれ表 4-1（次節）の（1）下段と（2）下段の通りである．

また，旧調査において，景況判断の要因は 1997 年 5 月調査（第 57 回）から公表が始まっている．新調査では，第 1 回の 2004 年 4～6 月期調査から公表さ

---

3) ただし，旧調査では金融・保険業は対象に含まれない一方，新調査では含まれている（資本金 1 億円以上）．また，電気・ガス・水道業の対象は旧調査が資本金 10 億円以上，新調査が資本金 1 億円以上である．調査時点と公表時期にも多少の違いがある．なお，新調査において，2010 年 4～6 月期調査以降，調査時点が 10 日間，公表時期が 10 日から 2 週間程度早期化された（いずれも旧調査に近くなった）．その最大の理由は重複感が指摘（NIRA 2008 など）されている日銀短観との差異化のためと思われる．
4) 両調査とも，判断調査は「季節的要因を除いた実勢で」判断するよう注記がなされている．
5) 母集団推計が行われる．内閣府・財務省「「法人企業景気予測調査」の概要」，内閣府・財務省（2009）などを参照．

れている．そのため，本章でも分析を1997年第2四半期以降に限る．これは，戦後の景気循環の第12循環の景気後退期以降を対象とすることに相当する．

図4-1は，この1997年第2四半期以降の景況判断BSIの推移である．2004年第1四半期までは旧調査，2004年第2四半期以降は新調査の結果である．旧調査の景況判断BSIは季節調整値も公表されているが，本章では原数値を用いる．これは，現時点までで季節調整値が作成されていない新調査との統一のためもあるが，それ以上に，次節でみる（季節調整値がない）景況判断「上昇」と「下降」の構成比との直接の対応のためである．シャドーは景気後退期を表している（図4-2も同様）．

図4-1から，まず，製造業の方が景況判断BSIの変動が大きい傾向がみられる．次に，製造業，非製造業ともに中小企業の景況判断BSIの水準の低さが目立つ．次節の表4-1によれば，景況判断BSIの平均値は製造業，非製造業とも中小企業は大企業に比べ20ポイント以上低い．原田（2007）でも詳細に検討されている，中小企業の景況の厳しさが伺える．

また，直近の景気後退期，とりわけリーマン・ショック以降（2008年10～12月期調査以降）の景況判断BSIの落ち込みは，規模層を問わず厳しいものとなっている[6]．非製造業でも大きく落ち込んでいるが，製造業ではその落ち込みがさらに激しい．次節の図4-2をみると，この時期，とくに製造業では景況が「下降」とする企業の比率が高くなっているだけでなく，「上昇」とする企業の比率が非常に低くなっている[7]．景況判断BSIの落ち込みが最も激しいのは2009年1～3月期調査の結果で[8]，製造業は大企業でもマイナス66に達し，非製造業もマイナス45前後を示している（次節表4-2も参照）．これらは，いずれの業種，規模層においても，1983年の旧調査開始以来最低の水準である．リーマン・ショックの影響の大きさが示されている．

---

6) リーマン・ショックの発生は2008年9月15日．新調査の2008年7～9月期調査は調査時点8月25日，提出期限9月1日のため，同年7～9月期調査にはその影響は反映されていない．

7) 中小企業庁・中小企業基盤整備機構「中小企業景況調査」でも，2008年10～12月期から2009年10～12月期の5四半期連続で前期に比べ業況が「好転」と回答した企業は，調査対象中小企業14,534社中，21社であったことが報告されている（中小企業庁 2010, p.57）．

8) 2009年1～3月期調査の調査時点は2009年2月25日．

第4章 企業の景況判断と決定要因　69

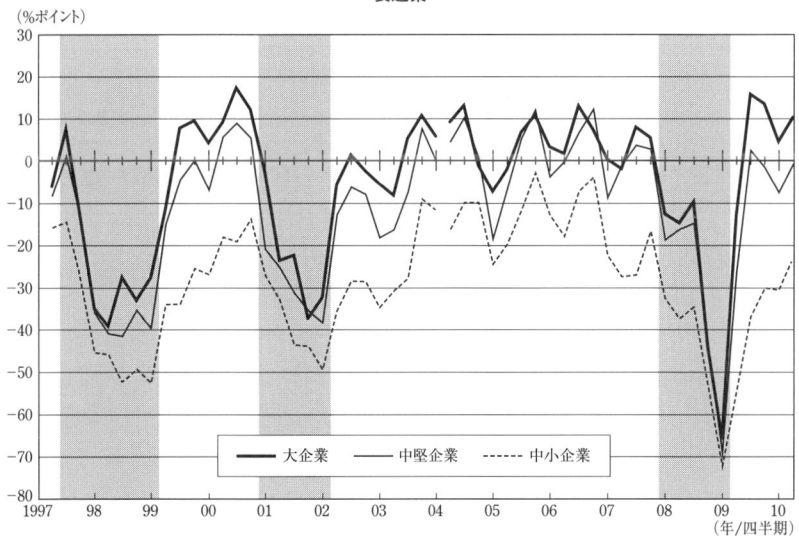

製造業

非製造業

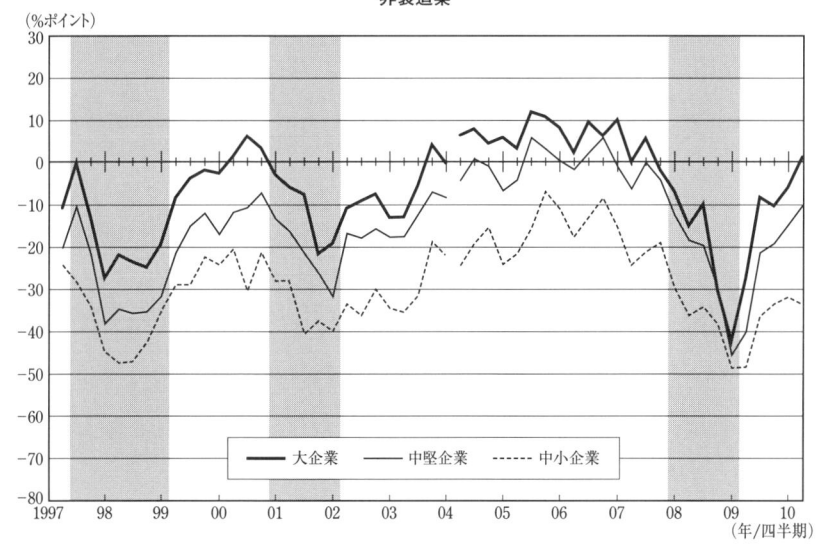

図 4-1　景況判断 BSI

注：前期比「上昇」-「下降」(原数値).
出所：財務省「景気予測調査」(～2004Q1), 内閣府・財務省「法人企業景気予測調査」(2004Q2～).

表 4-1 景況判断と決定要因 (平均値)

(1) 景気予測調査　　　　　　　　　　　　　　　　　　　　　(BSI：％ポイント，構成比：％)

			製造業			非製造業		
			大企業	中堅企業	中小企業	大企業	中堅企業	中小企業
景況判断		上　　昇	15.8	17.0	13.3	13.1	13.2	10.3
		不　　変	58.6	49.5	40.0	62.5	52.3	45.2
		下　　降	24.8	32.6	44.8	22.6	32.9	42.5
		BSI	-9.0	-15.6	-31.5	-9.6	-19.7	-32.2
上昇・下降の要因	上昇	①国内景気の上昇	17.4	15.6	13.6	12.2	10.6	9.5
		②市況の上昇，回復	52.3	49.4	39.4	35.4	33.4	28.8
		③経済政策（対策）の効果	4.5	6.1	6.6	6.9	7.9	11.7
		④消費者（利用者）ニーズ・志向の変化	15.6	20.3	30.6	30.7	34.1	35.6
		⑤海外景気の上昇	11.6	9.2	6.1	1.8	1.5	1.3
		⑥為替レート変動	4.9	2.4	2.0	1.0	1.7	1.3
		⑦天候要因	5.2	6.5	4.8	7.3	9.8	9.0
		⑧その他	22.4	26.2	31.8	33.8	36.3	34.6
	下降	⑨国内景気の下降	48.8	53.3	63.2	53.8	58.8	64.0
		⑩市況の下落，低迷	63.8	64.4	63.5	53.3	56.9	58.8
		⑪構造調整圧力（空洞化，系列の見直し等）	4.0	7.2	10.8	3.4	5.0	5.6
		⑫消費者（利用者）ニーズ・志向の変化	8.4	12.1	16.1	22.4	24.0	22.7
		⑬海外景気の下降	12.4	7.4	3.9	2.7	1.6	0.9
		⑭為替レート変動	7.1	3.8	1.4	1.8	1.5	1.0
		⑮天候要因	2.9	3.2	2.1	4.9	5.0	3.8
		⑯その他	11.0	9.7	6.4	15.2	13.3	9.1

注：1. 1997Q2～2004Q1 の平均値 (n=28)
　　2. BSI=「上昇」-「下降」(原数値)
　　3. 景況判断「不明」は省略
　　4. 上昇・下降の要因はそれぞれ8項目中1社2項目以内の複数回答
出所：財務省「景気予測調査」より作成．

3. 景況判断と決定要因

　次に，この景況判断 BSI の算出のもととなった景況判断の構成比とそれぞれの決定要因について検討する．まず，表 4-1 は，景況判断の選択項目別構成比と上昇，下降別の景況判断の要因の，全期間の平均値を示したものである．下段の景況判断の要因については，旧調査は2項目以内の複数回答，新調査は3項目の複数回答であることから，新調査のほうが全体的に比率の値が大きい点には注意が必要である（図 4-2 および表 4-2 も同様）[9]．

　表 4-1(1)(2) 上段から，景況判断に関しては，図 4-1 でみた規模層による

(2) 法人企業景気予測調査　　　　　　　　　　　　　　(BSI：％ポイント，構成比：％)

			製造業			非製造業		
			大企業	中堅企業	中小企業	大企業	中堅企業	中小企業
景況判断		上　　昇	20.5	23.6	16.4	17.0	18.6	13.2
		不　　変	56.0	44.7	40.3	61.1	51.6	46.5
		下　　降	22.8	30.8	41.8	19.9	28.5	38.5
		BSI	−2.3	−7.2	−25.5	−2.9	−9.9	−25.3
決定要因	上昇	①国内需要（売上）の動向	86.5	91.3	90.5	88.5	89.8	87.2
		②海外需要（売上）の動向	48.9	32.0	17.2	14.0	9.0	5.5
		③販売価格の動向	45.0	43.0	39.2	42.4	43.9	39.5
		④仕入価格の動向	33.0	38.8	32.3	31.0	32.8	30.8
		⑤仕入以外のコストの動向	16.1	17.5	16.1	21.3	21.2	17.0
		⑥資金繰り・資金調達の動向	4.2	10.2	17.2	9.3	15.5	19.9
		⑦株式・不動産等の資産価格の動向	1.3	0.7	0.7	5.2	4.6	3.6
		⑧為替レートの動向	10.8	6.4	3.0	4.6	3.4	2.6
		⑨税制・会計制度等の動向	0.4	0.7	0.9	2.2	2.1	1.8
		⑩その他	5.1	7.1	9.1	12.3	11.9	11.1
	下降	①国内需要（売上）の動向	81.1	88.3	86.7	86.6	87.2	81.4
		②海外需要（売上）の動向	39.6	25.1	11.6	11.1	6.5	3.3
		③販売価格の動向	49.9	51.9	47.4	49.0	47.5	45.9
		④仕入価格の動向	49.5	52.9	47.7	33.6	37.0	38.3
		⑤仕入以外のコストの動向	15.2	17.8	21.0	22.7	25.3	21.8
		⑥資金繰り・資金調達の動向	3.9	10.7	19.2	9.6	17.4	25.4
		⑦株式・不動産等の資産価格の動向	0.9	0.8	0.7	5.6	4.1	4.3
		⑧為替レートの動向	14.5	7.2	3.0	5.5	4.0	1.8
		⑨税制・会計制度等の動向	1.1	0.8	0.9	3.4	2.7	3.1
		⑩その他	4.3	5.6	7.8	12.3	11.6	10.0

注：1. 2004Q2〜2010Q2の平均値（n＝25）
　　2. BSI＝「上昇」−「下降」
　　3. 景況判断「不明」は省略
　　4. 決定要因はそれぞれ10項目中1社3項目の複数回答
出所：内閣府・財務省「法人企業景気予測調査」より作成．

　景況判断BSIの違いは，平均的には景況が「上昇」とする企業の比率の違いよりも「下降」とする企業の比率の違いによって生じていることがわかる．とくに中小企業の「下降」比率は製造業，非製造業ともに平均値が4割前後と高く，これが中小企業の景況判断BSIを押し下げている．一方，中堅企業ではその比率は3割前後，大企業では2割前後にとどまる．逆に，「上昇」比率の

9）ただし図4-2の各右列の図をみると，新調査は3項目の複数回答にもかかわらず比率の合計値が300％よりもかなり小さくなっている．第1の原因として，実際には3項目回答していない企業が相当数あることが推測される．

平均値は中小企業が相対的に低い．しかし，それ以上に，景況が前期比「不変」とする企業の比率の平均値が大企業ほど高く（大企業6割前後，中堅企業5割前後，中小企業4割超），基本的には「下降」比率の違いが「不変」比率の違いで吸収される形となっている．全体として，規模層別の景況の安定度の違いが示されているといえる．

　表4-1(1)(2)下段の景況判断の要因をみると，まず旧調査に関しては，上昇要因については概ね「②市況の上昇，回復」の比率の平均値が高くなっている（3～5割）．また，「④消費者（利用者）ニーズ・志向の変化」の比率も比較的高い（16～36%）．これらに次いで，「①国内景気の上昇」がやや目立つ項目といえる．ただし，上昇要因については「⑧その他」の比率も高く，①から⑦の選択肢では計測できない要因の影響も強いことが示唆されている．一方，下降要因については全般的に「⑨国内景気の下降」と「⑩市況の下落，低迷」の比率が5～6割とかなり高く，主要な項目となっている．また，非製造業を中心に「⑫消費者（利用者）ニーズ・志向の変化」の比率も比較的高い．さらに，上昇，下降要因とも，海外景気（⑤と⑬）の比率は非製造業の1～3%に対して製造業では4～12%と相対的に高く，かつ大企業ほどその比率が高くなっている．製造業大企業では為替レート変動（⑥と⑭）も他の層に比べれば比率が高い．これらの結果は，基本的に製造業，かつ製造業のなかでも大企業ほど直接の海外展開等を行っていることによると考えられる．

　新調査に関しては，第1に，上昇，下降要因ともに「①国内需要（売上）の動向」の比率の平均値が8割から9割と圧倒的に高くなっている．多くの企業にとって，国内需要（売上）の動向が景況の根幹をなしているといえる．次いで，「③販売価格の動向」と「④仕入価格の動向」の比率が全般的に高い（それぞれ4～5割，3～5割）．加えて，製造業，とりわけ製造業大企業では「②海外需要（売上）の動向」の比率が，上昇5割，下降4割と目立つ項目となっている．同様に，「⑧為替レートの動向」も製造業大企業の比率が他の層に比べ高い．一方，製造業よりも非製造業，また非製造業のなかでも規模が小さい層ほど「⑥資金繰り・資金調達の動向」の比率が高くなっている．総じて，海外市場や為替レートの動向は製造業，とくに製造業大企業が中心的に影響を受けている一方で，規模が小さい層ほど資金繰りや資金調達環境が景況に影響する傾向が強いことが示されている．

第4章 企業の景況判断と決定要因

　さらに，景況判断「上昇」「下降」の構成比と上昇，下降別の景況判断の要因について，全期間の時系列の推移をまとめたものが図4-2である．図4-2-1から図4-2-6まで，［製造業，非製造業］×［大企業，中堅企業，中小企業］の6図を掲げている．各図の左列（2004年第1四半期まで）が旧調査，右列（2004年第2四半期以降）が新調査の結果である．各図下段の選択項目の付番（旧調査の①から⑯，新調査の①から⑩）は，それぞれ，表4-1下段の各項目の付番と対応している．

　図4-2-1から図4-2-6をみると，まず「上昇」と「下降」の構成比（各図上段）に関しては，いずれの業種，規模層でも「上昇」比率よりも「下降」比率のほうが変動が大きいことがわかる．とくに，景気拡張期にも「上昇」比率は大きくは高まっていない一方で，景気後退期には「下降」比率が高まる傾向が強くみられる．結果として，前節図4-1の景況判断BSIの動きは，「下降」比率の変動の影響をより強く受けていることになる．図には含めていないが，旧調査の1983年から1985年年央や1986年末から1991年初頭の景気拡張期にはいずれの層でもより明確な「上昇」比率の高まりがみられており，近年の景気拡張期の力の弱さが示されているといえる．また，製造業と非製造業ではいずれの規模層でも上昇，下降ともに製造業のほうが変動が大きい．規模層別には，製造業，非製造業ともに中小企業の「下降」比率が図4-2の期間を通じて比較的高いまま推移している点も特徴的である．表4-1のところでも述べたように，この「下降」比率の高さが中小企業の景況判断BSIが低い主因である．

　景況判断の要因（各図下段）に関しては，第1に，旧調査では下降要因の「⑨国内景気の下降」の変動が大きい点が目立っている．比率は相対的に小さいが，上昇要因の「①国内景気の上昇」も変動が大きい．各図上段と見比べると，やはりこれらは基本的には国内の景気循環に沿う形で項目が選択されているようである．また，上昇要因については全般的に「②市況の上昇，回復」と，非製造業を中心に「④消費者（利用者）ニーズ・志向の変化」の比率が高く推移していることがわかる．下降要因についても，全般的に「⑩市況の下落，低迷」の比率が高く，次いで非製造業を中心に「⑫消費者（利用者）ニーズ・志向の変化」の比率が比較的高く推移している．総じて，旧調査の選択肢のもとでは，国内景気や市況，および需要側（消費者，利用者）の変化が景況判断の中核的な項目であることが示されている．ほかに，上昇要因では「⑧そ

74　第Ⅰ部　景気指標をめぐる新展開

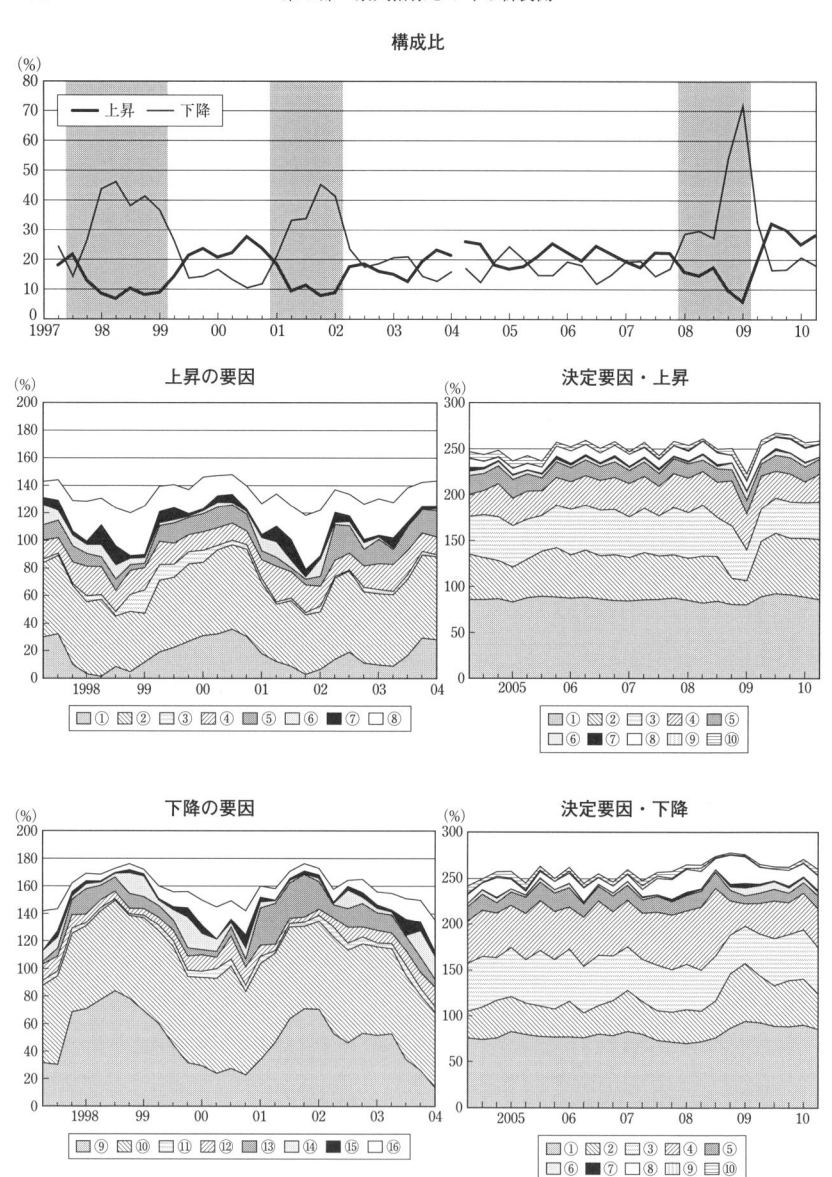

図 4-2-1　景況判断の構成比と決定要因（製造業―大企業）

注：「上昇の要因」「下降の要因」は 8 項目中 1 社 2 項目以内の複数回答．「決定要因・上昇」「決定要因・下降」
　　は 10 項目中 1 社 3 項目の複数回答．横軸は（年/四半期）．①～⑯は表 4-1 に対応．
出所：財務省「景気予測調査」（～2004Q1），内閣府・財務省「法人企業景気予測調査」（2004Q2～）．

第4章　企業の景況判断と決定要因　　75

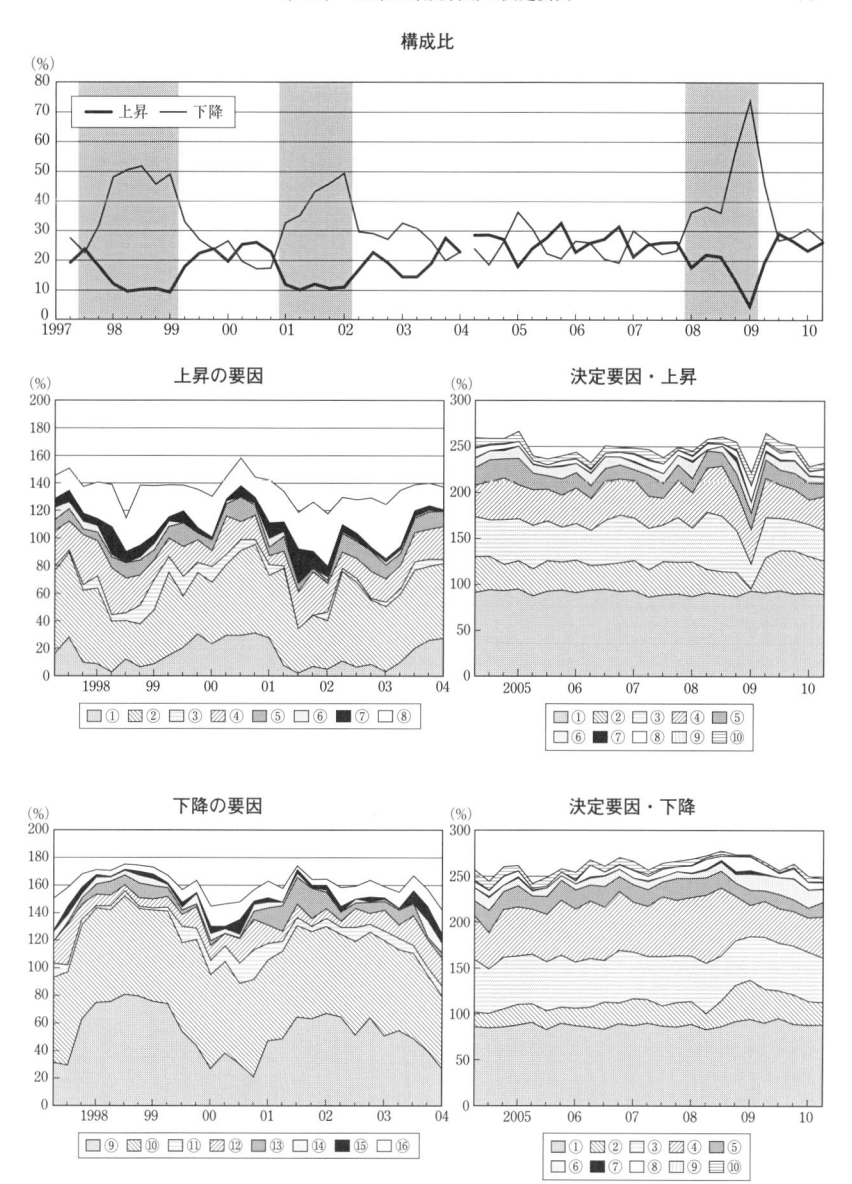

図 4-2-2　景況判断の構成比と決定要因（製造業―中堅企業）

注：「上昇の要因」「下降の要因」は 8 項目中 1 社 2 項目以内の複数回答．「決定要因・上昇」「決定要因・下降」
　　は 10 項目中 1 社 3 項目の複数回答．横軸は（年/四半期）．①〜⑯は表 4-1 に対応．
出所：財務省「景気予測調査」（〜2004Q1），内閣府・財務省「法人企業景気予測調査」（2004Q2〜）．

76　第Ⅰ部　景気指標をめぐる新展開

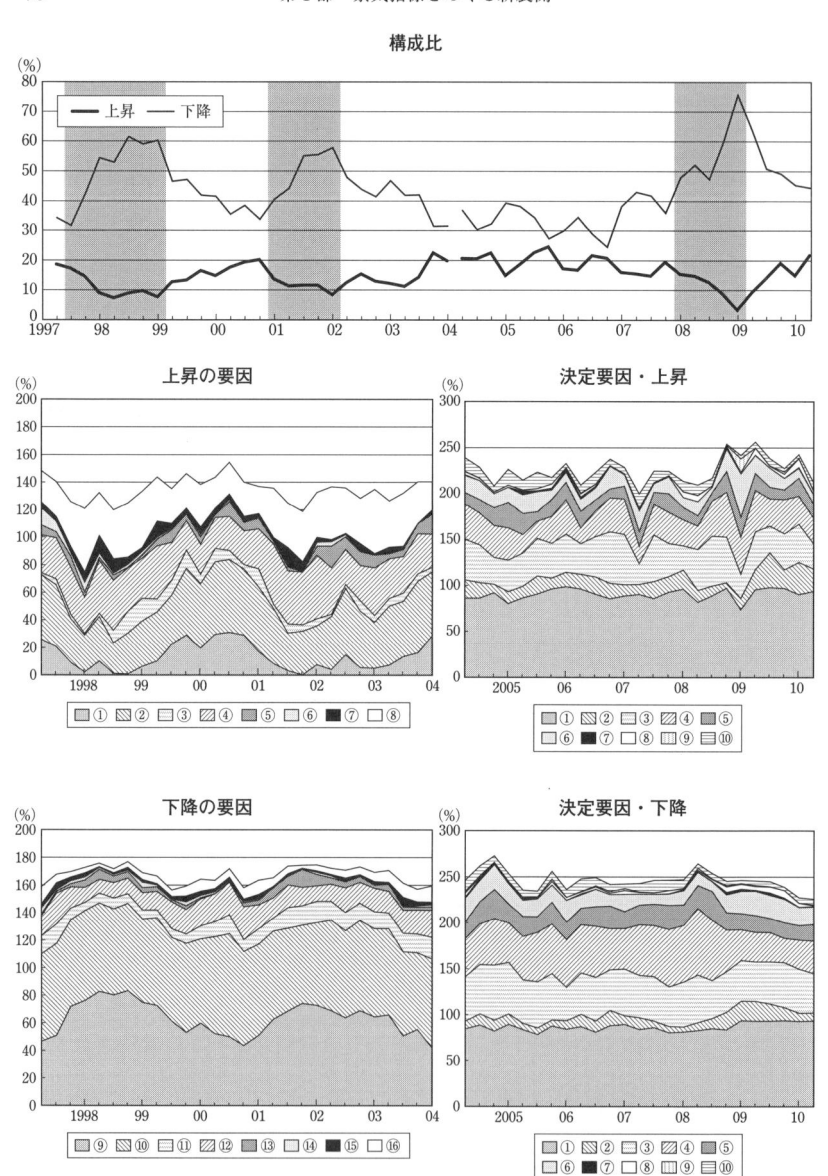

図 4-2-3　景況判断の構成比と決定要因（製造業―中小企業）

注：「上昇の要因」「下降の要因」は 8 項目中 1 社 2 項目以内の複数回答。「決定要因・上昇」「決定要因・下降」
　　は 10 項目中 1 社 3 項目の複数回答。横軸は（年/四半期）。①〜⑯は表 4-1 に対応。
出所：財務省「景気予測調査」（〜2004Q1），内閣府・財務省「法人企業景気予測調査」（2004Q2〜）．

第4章 企業の景況判断と決定要因　　77

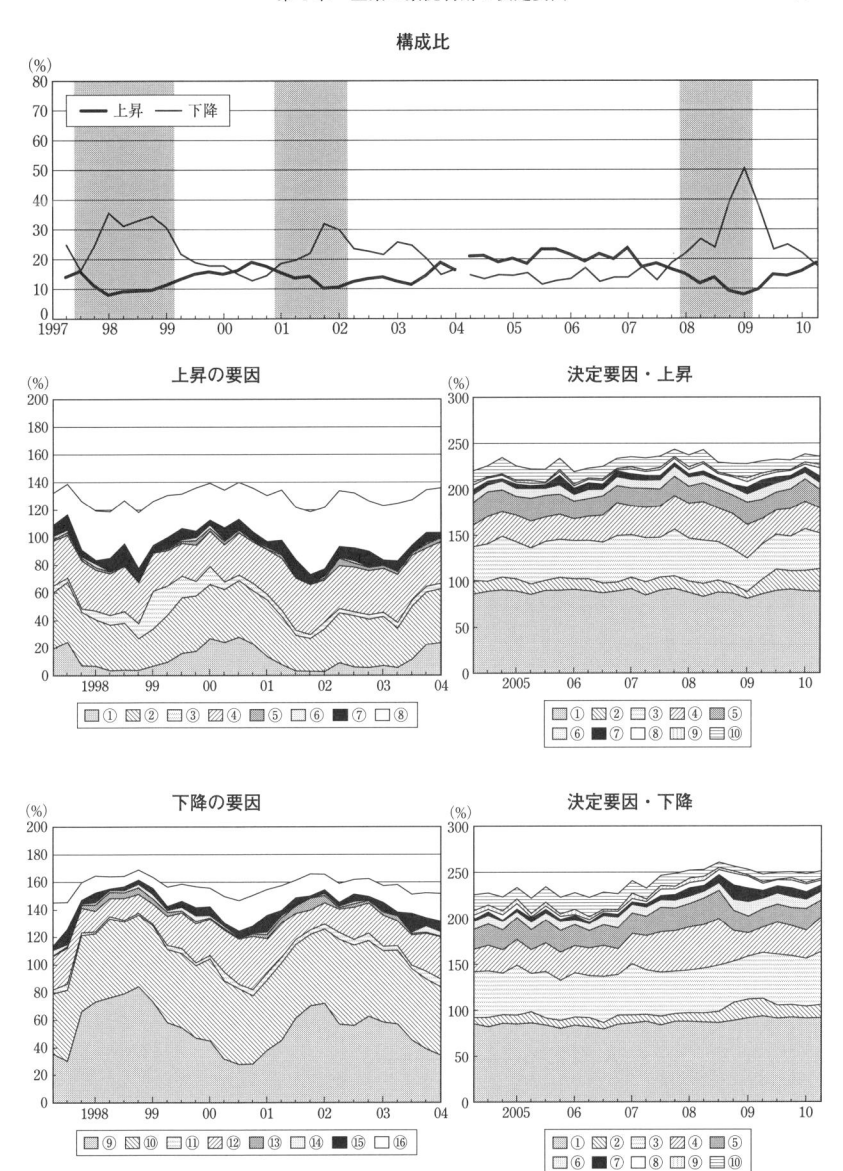

図 4-2-4　景況判断の構成比と決定要因（非製造業―大企業）

注：「上昇の要因」「下降の要因」は8項目中1社2項目以内の複数回答．「決定要因・上昇」「決定要因・下降」
　　は10項目中1社3項目の複数回答．横軸は（年/四半期）．①～⑯は表4-1に対応．
出所：財務省「景気予測調査」（～2004Q1），内閣府・財務省「法人企業景気予測調査」（2004Q2～）．

78　第Ⅰ部　景気指標をめぐる新展開

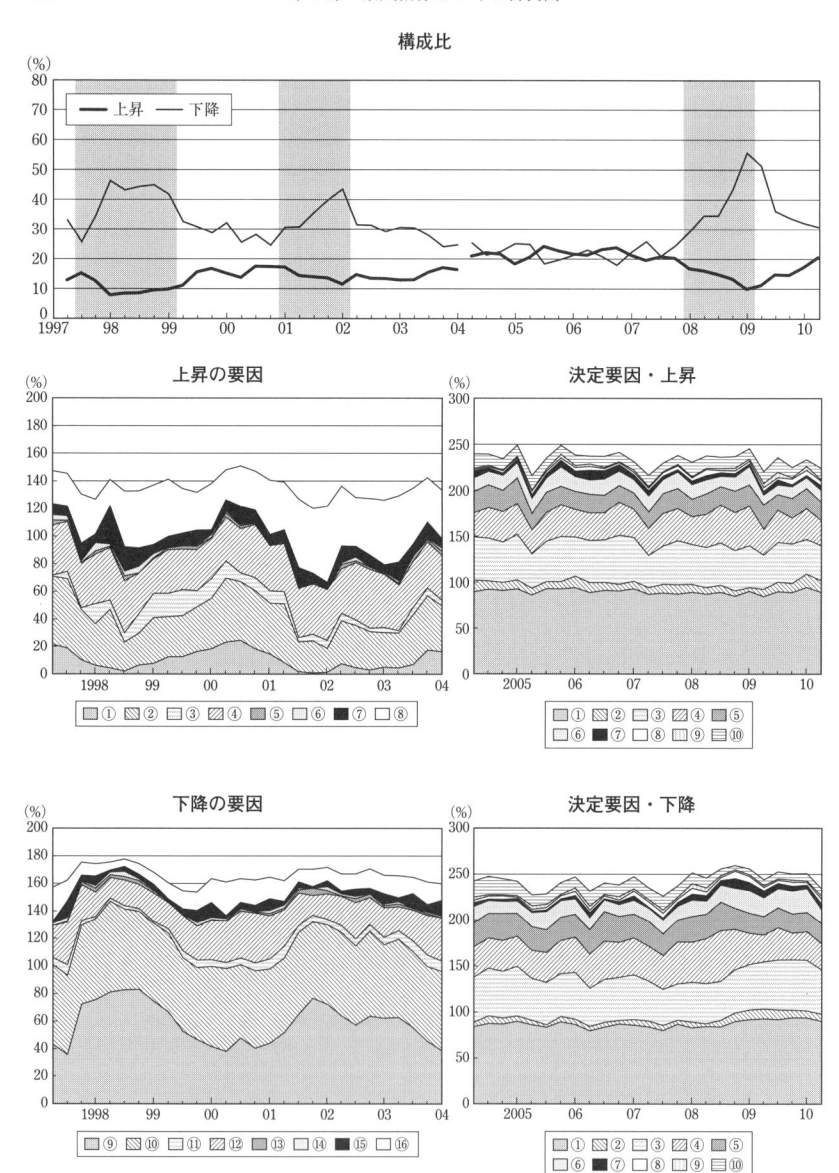

構成比

上昇の要因

決定要因・上昇

下降の要因

決定要因・下降

図 4-2-5　景況判断の構成比と決定要因（非製造業―中堅企業）

注：「上昇の要因」「下降の要因」は 8 項目中 1 社 2 項目以内の複数回答．「決定要因・上昇」「決定要因・下降」
　　は 10 項目中 1 社 3 項目の複数回答．横軸は（年/四半期）．①〜⑯は表 4-1 に対応．
出所：財務省「景気予測調査」（〜2004Q1），内閣府・財務省「法人企業景気予測調査」（2004Q2〜）．

第4章 企業の景況判断と決定要因　　79

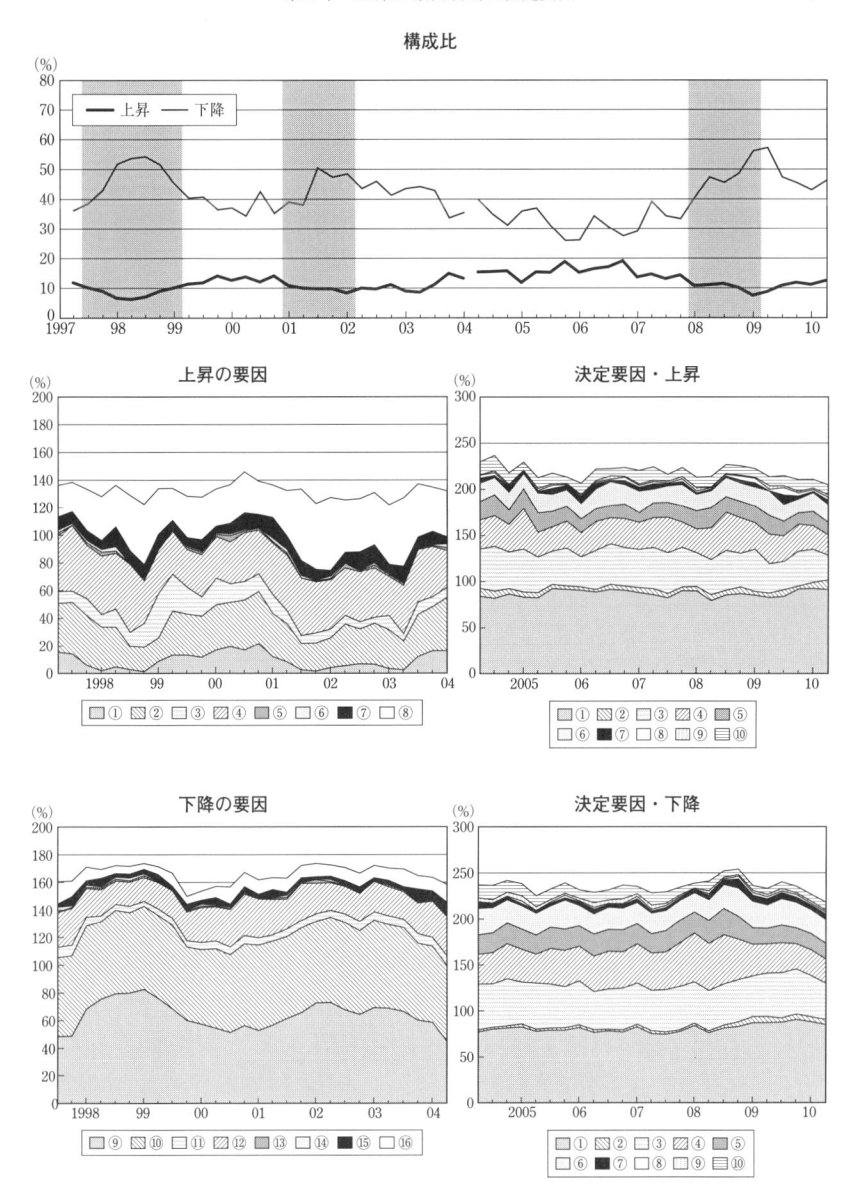

構成比 / 上昇 / 下降

上昇の要因

決定要因・上昇

下降の要因

決定要因・下降

図 4-2-6　景況判断の構成比と決定要因（非製造業―中小企業）

注：「上昇の要因」「下降の要因」は8項目中1社2項目以内の複数回答．「決定要因・上昇」「決定要因・下降」
　　は10項目中1社3項目の複数回答．横軸は（年/四半期）．①〜⑯は表4-1に対応．
出所：財務省「景気予測調査」（〜2004Q1），内閣府・財務省「法人企業景気予測調査」（2004Q2〜）．

の他」の比率が高いこと，製造業においては海外景気（⑤と⑬）の比率が相対的に高く，製造業大企業を中心に景気後退期には⑬の比率が多少高まっていることなどが確認できる．

　新調査については，まず，上昇，下降要因ともに「①国内需要（売上）の動向」の比率が圧倒的に高く，かつその比率は期間を通じて安定的に推移している．表 4-1 と同じく，多くの企業にとって，国内需要（売上）の動向が景況の根幹をなしていることが示されている．次いで，「③販売価格の動向」と「④仕入価格の動向」の比率が全般的に高く推移している[10]．また，製造業，とくに製造業大企業では「②海外需要（売上）の動向」の比率が高い．製造業大企業・中堅企業を中心に，リーマン・ショック期に上昇要因ではその比率が低くなり，下降要因では高くなっているのが特徴的である．さらに，製造業全般と非製造業大企業では，リーマン・ショック後には，上昇要因において②の比率がリーマン・ショック前よりも高くなっている．これらの層における世界的な金融危機の影響の大きさと，海外市場の重要性の高まりが示されている．一方，「⑥資金繰り・資金調達の動向」については，上昇，下降要因とも，製造業大企業ではその比率はとくに小さいが，製造業よりも非製造業，また規模が小さい層ほどその比率が相対的に高く推移していることが確認できる．

　最後に，いずれの業種，規模層でも景況判断 BSI が調査開始以来の最低値を示した 2009 年 1〜3 月期調査の結果について，表 4-1（2）と同様の形式で，景況判断の選択項目別構成比と上昇，下降別の景況判断の要因をまとめたものが表 4-2 である．表の左列は同年 1〜3 月期の調査結果，右列はこれと表 4-1（2）の平均値との乖離（1〜3 月期調査－平均値）を示している．

　表 4-2 上段から，まず景況判断に関しては，この時期，とくに製造業において景況が「下降」とする企業の比率の高さと，「上昇」および「不変」とする企業の比率の低さが際立っている．実際，製造業はいずれの規模層でも非製造業よりも「下降」比率が高く，かつ「上昇」比率は低い．「下降」比率が最も高いのは製造業中小企業で，その比率は 75％ に達している．「上昇」比率が最も低いのも製造業中小企業で，その比率はわずか 3％ である．また，景況判断 BSI，「下降」比率ともに，平均値との乖離が最も大きいのは製造業大企業で

10）ただし，下降要因の④については製造業を中心に近年，比率の低下がみられる．

81

法人企業景気予測調査

表 4-2 景況判断と決定要因 (2009年1～3月期調査)

(BSI：％ポイント、構成比：％、乖離：％ポイント)

		2009年1～3月期調査						平均値との乖離					
		製造業			非製造業			製造業			非製造業		
		大企業	中堅企業	中小企業	大企業	中堅企業	中小企業	大企業	中堅企業	中小企業	大企業	中堅企業	中小企業
景況判断	上昇	5.6	4.5	3.0	7.6	9.7	7.2	-14.9	-19.1	-13.4	-9.4	-8.9	-6.0
	不変	21.9	21.6	19.6	40.2	33.6	35.4	-34.1	-23.1	-20.7	-20.9	-18.0	-11.1
	下降	71.5	73.6	75.4	50.2	55.5	56.0	48.7	42.8	33.6	30.3	27.0	17.5
	BSI	-66.0	-69.1	-72.4	-42.6	-45.8	-48.8	-63.7	-61.9	-46.9	-39.7	-35.9	-23.5
決定要因 上昇	①国内需要（売上）の動向	80.4	93.3	74.0	81.1	90.3	85.3	-6.1	2.0	-16.5	-7.4	0.5	-1.9
	②海外需要（売上）の動向	26.3	2.7	12.1	7.5	3.9	3.9	-22.6	-29.3	-5.1	-6.5	-5.1	-1.6
	③販売価格の動向	33.7	26.6	26.4	36.3	45.6	45.7	-11.3	-16.4	-12.8	-6.1	1.7	6.2
	④仕入価格の動向	39.0	37.4	40.2	36.6	43.3	28.8	6.0	-1.4	7.9	5.6	10.5	-2.0
	⑤仕入以外のコストの動向	14.9	17.7	21.9	24.3	23.1	18.0	-1.2	0.2	5.8	3.0	1.9	1.0
	⑥資金繰り・資金調達の動向	9.4	13.0	47.3	9.2	20.2	20.8	5.2	2.8	30.1	-0.1	4.7	0.9
	⑦株式・不動産等の資産価格の動向	0.9	0.0	0.0	7.0	2.4	4.3	-0.4	-0.7	-0.7	1.8	-2.2	0.7
	⑧為替レートの動向	10.6	17.3	1.3	6.1	2.9	5.3	-0.2	10.9	-1.7	1.5	-0.5	2.7
	⑨税制・会計制度等の動向	0.7	0.0	14.9	4.3	2.5	1.1	0.3	-0.7	14.0	2.1	0.4	-0.7
	⑩その他	7.4	14.1	3.8	15.4	11.3	9.2	2.3	7.0	-5.3	3.1	-0.6	-1.9
決定要因 下降	①国内需要（売上）の動向	94.9	94.9	93.6	91.5	92.1	87.2	13.8	6.6	6.9	4.9	4.9	5.8
	②海外需要（売上）の動向	63.1	42.3	21.3	20.3	10.5	6.6	23.5	17.2	9.7	9.2	4.0	3.3
	③販売価格の動向	40.7	47.3	44.2	46.9	49.3	44.2	-9.2	-4.6	-3.2	-2.1	1.8	-1.7
	④仕入価格の動向	24.9	34.2	33.6	25.2	33.9	34.1	-24.6	-18.7	-14.1	-8.4	-3.1	-4.2
	⑤仕入以外のコストの動向	8.7	16.5	17.2	18.1	21.9	18.0	-6.5	-1.3	-3.8	-4.6	-3.4	-3.8
	⑥資金繰り・資金調達の動向	8.7	17.7	24.4	16.0	24.8	29.0	4.8	7.0	5.2	6.4	7.4	3.6
	⑦株式・不動産等の資産価格の動向	4.9	3.6	2.4	14.4	8.6	6.5	4.0	2.8	1.7	8.8	4.5	2.2
	⑧為替レートの動向	29.0	15.0	5.4	12.8	6.7	2.8	14.5	7.8	2.4	7.3	2.7	1.0
	⑨税制・会計制度等の動向	0.7	0.6	0.8	1.7	1.8	2.6	-0.4	-0.2	-0.1	-1.7	-0.9	-0.5
	⑩その他	1.6	1.6	3.4	6.0	6.4	5.2	-2.7	-4.0	-4.4	-6.3	-5.2	-4.8

注：1. BSI＝「上昇」－「下降」
2. 景況判断「不明」は省略
3. 決定要因はそれぞれ10項目中1社3項目の複数回答
4. 平均値との乖離＝2009年1～3月期調査－平均値

出所：内閣府・財務省「法人企業景気予測調査」より作成。

ある（それぞれマイナス 64，プラス 49）．製造業にとって，より深刻な景気後退であったことが示されている．

下段の景況判断の要因に関しては，ここでも「①国内需要（売上）の動向」の比率が圧倒的に高い．とくに下降要因ではいずれの業種，規模層でもその比率は平均値よりも高く（乖離がプラス），製造業でその比率は 94〜95% に達している．この時期の景況が「下降」とする企業の比率の高さも考えると，非常に多くの企業が国内需要（売上）減少の影響を受けていることになる．また，「②海外需要（売上）の動向」の比率が，いずれの層でも，上昇要因では平均値よりも低く（乖離がマイナス），下降要因では平均値よりも高くなっている（乖離がプラス）．とくに，製造業大企業・中堅企業では乖離の幅が大きく，かつ製造業大企業の下降要因では比率の値も 63% と著しく高い．これらの層が，国内および海外の需要（売上）減少の影響を複合的に受けていることがわかる．さらに，乖離の幅は必ずしも大きくないが，下降要因ではいずれの業種・規模層でも「⑥資金繰り・資金調達の動向」，「⑦株式・不動産等の資産価格の動向」，「⑧為替レートの動向」の比率が平均値よりも高く（乖離がプラス），資金繰り環境の悪化や株価下落，円高などの要因も景況悪化に影響していることが示されている．

4．おわりに

本章では，集計された景況感の背後にある企業の景況判断とその決定要因について実証的に検証してきた．具体的には，景気予測調査と法人企業景気予測調査の結果から，景況判断の構成比と各景況判断の要因を網羅的に検討した．結果として，景況判断の中核的な要因は，期間を通じて市況や需要の動向であることが示された．また，製造業，かつ製造業のなかでも大企業ほど海外市場との結びつきが強く，リーマン・ショックの直接の影響も大きいことが示された．さらに，規模が小さい層ほど資金繰りや資金調達環境が景況に影響する傾向が強いことなどが示された．法人企業景気予測調査については今後も結果が追加されることから，より多くの景気循環が含まれるようになれば，決定要因に関してもそれだけ多面的な情報を得ることが期待できる．

一方で，景況感の構成要素は本来多様であり，選択式の設問でそれらを捉え

きることは難しいとの批判はあり得る[11]．あるいは，選択式であっても選択肢や選択項目数に改善の余地がある可能性も考えられる．しかし，この種の景気統計では時点を通じた結果の蓄積も重要であり，本章により可能な限り長期のデータに基づき景況感とその要因の関係が明らかとなった点は意義深いものである．

　日本経済は現在，世界的な金融危機を乗り越えた景気拡張期にあるとされる．しかしリーマン・ショックの影響は大きく，直近の景気後退は極めて厳しいものであった．現在でも，設備投資や雇用面などその回復は鈍い．ここまでみてきたように，景況の改善には個別企業レベルでは市況や需要の改善が必須である．とくに中小企業では長い期間にわたり景況が「下降」とする企業の比率が高い状態が続いており，本格的な回復の実現には障害が大きいことが予想される．従来からの資金繰り，資金調達環境の改善や海外展開の支援等だけでなく，より根本的な政策の重要性が示唆されている．

謝　辞

　本章の作成過程において，調査の内容等に関する質問に丁寧に答えていただいた財務省財務総合政策研究所調査統計部に感謝する．

参考文献

Pesaran, M. Hashem and Martin Weale (2006), "Survey Expectations", Elliott, Graham et al. (Eds.) *Handbook of Economic Forecasting*, Vol. 1, Chapter 14, North-Holland, pp. 715-776.
加納悟 (2006), 『マクロ経済分析とサーベイデータ』岩波書店.
中小企業庁 (2010), 『中小企業白書 2010 年版』.
統計審議会 (2000), 「景気予測調査に関する検討結果報告書」統計審議会調査技術開発部会.
内閣府・財務省 (2009), 「法人企業景気予測調査の長期時系列データの検討について」.
内閣府・財務省 (2010), 「「法人企業景気予測調査」の活用例について」.
NIRA (2008), 「統計改革への提言――「専門知と経験知の共有化」を目指して」NIRA

---

11) たとえば，内閣府「景気ウォッチャー調査」では，身の回りの景気の判断理由を自由回答でも回答させ特徴的な結果を報告している．ただし，この方式は一般に集計が難しい．

研究報告書.
原田信行（2007），「中小企業の景気と景況感」浅子和美・宮川努編『日本経済の構造変化と景気循環』東京大学出版会，pp. 276-303.
原田信行（2009），「企業の景況判断」『商工金融』2009年1月号，pp. 99-100.

第 5 章

都道府県別 CI と全国の景気
CPBI による分析

小野寺敬・浅子和美・田中晋矢

1. はじめに

　景気指標をめぐる近年の注目すべきエピソードとして，2008 年 4 月分の公表以降，内閣府の景気動向指数がそれまでの DI（Diffusion Index）中心から，国際的にも主流の CI（Composite Index）中心の公表となり，CI を用いた景気判断の重要性が高まったことが指摘できる．この背景には，DI が拡張期ないし後退期といった景気の変化方向をベースとするのに対して，景気実感（景況感）を伴った景気指標の条件としての，経済活動水準の「量感」が重要視された経緯がある．内閣府経済社会総合研究所（2010a）によると，内閣府の CI 重視の公表に呼応する形で，その後の 2 年間に岩手，岐阜，奈良の 3 県が CI を新たに公表するようになり，これ以外の CI 未公表の県でも公表に向けた取り組みがいくつか見受けられる．ただし，一般に自治体の DI は構成指標がバラバラであり，DI に基づいて CI を作成してももともとのモノサシが異なるために，厳密な意味で景気の「量感」を地域間で比較できないという問題がある．

　本章では，まず共通の指標と共通の手続きで都道府県別 CI を作成する重要性を指摘した上で，実際に 47 都道府県の個別 CI をベースにして全国レベルの新しい景気指標である累積都道府県景気指標（CPBI）を構築し，全国の景気基準日付の判定に役立てる．CPBI の有用・有効性については，既に浅子・小野寺（2009）の考察があるが，本章では，データを改定のうえ都道府県別

CIを再計算し，本章を書き上げている2010年末の段階で，内閣府によって暫定的に判定されている第14循環の「山」（2007年10月）と第15循環の始まり（=第14循環の終り）となる「谷」（2009年3月）の直近の2つの景気転換点についてもCPBIが有効であるかを検証していく．

本章の構成は以下の通りである．まず第2節では，予備的考察として都道府県別CI作成までの経緯を説明し，作成した47の都道府県別CIについて全国の景気基準日付と比べた先行性・遅行性を調べる．第3節では全国の景気と地方の景気の関係について浅子・小野寺（2009）が提起した2つの推測が直近の「山」と「谷」についても当てはまるかどうかを，景気基準日付前後での都道府県別CIの転換点の累積度数分布（分布関数）に基づいて検討する．第4節ではCPBIを算出し，その意味合いと時系列特性も考察する．そのうえでCPBIと景気基準日付の対応状況を確認し，第3節の検討結果も踏まえて第14循環の「山」の転換点についてCPBIの補正を試みる．第5節は本章の結語部分である．

2．4指標による都道府県別CI

都道府県・月次レベルで全国の景気動向に注目する意義は，景気が全国津々浦々行きわたったものなのか，それとも地域ごとに跛行したものなのか，など空間的広がりを逐次把握するところにある．それを実践するには，それなりのデータの存在が前提となるが，全都道府県に月次の共通指標と同一の計算方法を使って景気指数を作成した例は，NEEDS-CIDIcが登場するまでは見当たらなかった．NEEDS-CIDIc（CI & DI Calculator，シディック）は，日本経済新聞デジタルメディアの総合経済データバンクNEEDS（Nikkei Economic Electronic Databank System）が提供する景気指数作成支援ツールであり，内閣府の手法に準じたCIやヒストリカルDIなどがパソコンで簡単に算出可能になっている．

NEEDS-CIDIcを開発・解説した小野寺（2008）は，2008年6月段階での都道府県の景気動向指数の公表状況を整理し，全都道府県に共通した方法でCIを作成する必要性として，そもそも都道府県レベルでのCIを公表していない自治体が少なくないこと，及び各自治体が作成する景気動向指数は構成指標

が統一されていないことの2点を指摘している．CIの作成方法の足並みが揃わないのには，都道府県の景気動向を比較するうえで必要な経済統計の整備が遅れている事情もある．鉱工業統計を例に取ると，生産指数は全都道府県が公表しているものの，個別の公表となっており，47都道府県各々からデータを収集せざるを得ない．しかも基準年改定や季調替えによる遡及修正の時期がまちまちで使い勝手が悪い．出荷や在庫指数は公表していないところも多い．このほか一覧性のある形で，すなわちすべての閲覧希望者に対して無条件で提供される状態で，47都道府県の長期データが同一の表により，あるいは書式が統一されて利用可能になっている統計は限られるのが現状である．

地域ブロック別の景気指数，一部の都道府県に限定される景気指数，あるいは年次データをベースとした県民経済計算などの事例は存在する．例えば，内閣府が原則として3か月ごとに公表している「地域別景況インデックス」は，月次の共通6指標（鉱工業生産指数，大口電力使用量，実質大型小売店販売額，建築着工床面積，所定外労働時間，有効求人数，沖縄のみ観光入域客数を加えた7指標）を使用したCI型の指数であるが，対象地域は全国を10に分けたブロック別となっている．また，村澤（2008）は月次レベル，都道府県レベルでの景気指標作成の方向性を提起しているが，実際の試行はデータ制約から一部の都道府県に限られている．要するに，現状では月次データをもとに共通の方法で全都道府県の景気指数を作成した他の事例は見当たらない[1]．

2.1 共通の月次指標の選定手順

本章で利用する都道府県別CIは，小野寺（2008）や浅子・小野寺（2009）で説明されている手順で絞り込んだ共通指標を採用したものである．都道府県別CIの作成に使う採用系列の条件は，

　①各都道府県の景気動向指数に採用の多い系列である
　②月次の長期データが全都道府県で揃う
　③既存の景気指数の採用系列も参考とする

1）ここで取り上げた以外の地域別景気動向の分析例は，浅子・小野寺（2009）や村澤（2008）を参照．

の3つである．まず共通指標としてふさわしいもの，たとえばならば「最大公約数」的なものは何かを探るために，各都道府県の統計担当部署の公表資料やホームページなどから景気動向指数の一致指数採用系列を調べた．

　集計の結果，採用系列の上位には生産指数，有効求人倍率，大口電力使用量，出荷指数，輸入通関実績，建築着工床面積，大型小売店販売額，所定外労働時間指数などが並んだ．次の採択要件として全都道府県の月次データが揃うものを対象にし，その結果大口電力使用量，出荷指数，輸入通関実績などが脱落した．また，内閣府の方式による CI ではトレンド計算のため後方 60 か月のデータが必要であり，ある程度の長期データを確保できないと CI の算出期間が短くなることも考慮した．他の景気指数の採用系列も参考にし，とくに福田・小野寺・中込（2003）の日経景気インデックス（日経 BI）の考え方を踏襲した．その結果，生産，需要（売り上げ），分配（所得），雇用というマクロ経済の4つの側面を代表する4指標に絞り込んだ．出典や加工方法は以下の通りである．

〈鉱工業生産指数〉（生産）
　　直近の約 10 年分は各都道府県の統計担当課に取材．それ以前は NEEDS 収録の複数の旧基準年指数に季節調整を施し，リンク係数で単純に接続．
〈実質大型小売店販売額〉（売り上げ）
　　経済産業省「商業販売統計」の都道府県別大型小売店販売額を，総務省「消費者物価指数」の都道府県庁所在市別データで実質化し，季節調整．
〈全産業所定外労働時間数〉（所得）
　　原数値は各都道府県が公表した地方調査ないし厚生労働省「毎月勤労統計調査（地方調査）」で，これをもとに季節調整をかける．
〈有効求人数〉（雇用）
　　厚生労働省「一般職業紹介状況」に掲載されている季調値を利用．

2.2　内閣府 CI と 4 指標の全国 CI

　前項で選定した4指標はデータが長期間にわたって公表され，現在の都道府県の景気動向指数に類似の指標を含めて何らかの形で採用されているものが多い．つまり，「最大公約数」的な指標のなかでも，さらに代表的なものである．

第5章　都道府県別CIと全国の景気　　89

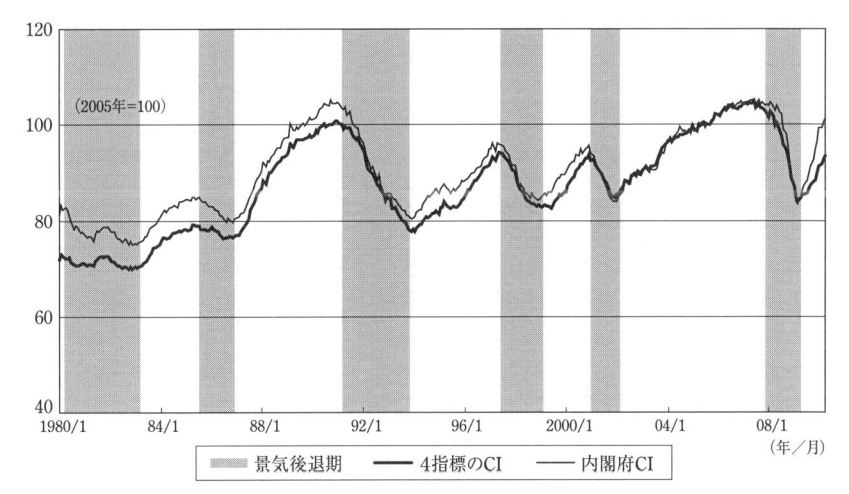

図5-1　内閣府CIと4指標によるCI

出所：内閣府CIは景気動向指数CI一致指数，4指標によるCIは筆者推計．

これらは内閣府「地域別景況インデックス」の構成6指標の一部にもなっている．鉱工業生産指数を除けば一覧性もある[2]．この4指標を用いたCIを全都道府県について1985年12月〜2010年4月まで算出した．この期間には計5回の景気拡張期（第11循環から第15循環）と，それらの拡張期をつなぐ4回の景気後退期（第11循環から第14循環）を含む．

内閣府の景気動向指数CIの一致指数は，鉱工業生産指数など11指標から構成されるのに対し，今回，都道府県別CIの試算に使用する指標は4指標と少ない．しかし，4指標の全国ベースの統計データから全国のCIを作成し，図5-1に示したように内閣府のCI一致指数と比較してみると，若干の差違が認められる部分もあるが，景気の転換点などのタイミングについては両者は相当似通った動きとなっている．したがって，11指標から得られる情報とほぼ同等の情報を4指標で再現しているという意味では，試算した都道府県別CIは，全国ベースのCIを都道府県別にブレークダウンしたものになっていると自画自賛しても，あながち見当外れとはいえないであろう．

---

2)　所定外労働時間数は厚生労働省のホームページで47都道府県のデータを一覧できるが，公表が遅い（2010年11月時点では2010年3月分まで）．いち早く最新データを入手するには各都道府県に取材する必要がある．

2.3 地域間格差分析への応用

景気の「量感」を表す CI の特徴を生かした事例として，都道府県別 CI を対象に地域間格差を測る代表的な指標のジニ係数を算出し，景気循環との絡みでその推移を見よう．ジニ係数の算出に際しては 1985 年 12 月の都道府県別 CI の値をすべて 100 に基準化しているため，この時点のジニ係数値は定義によりゼロとなる．

図 5-2 からは次のことが読み取れる．まず，ジニ係数の水準自体は全体的に低いものの，景気循環との連動性が認められる．例えば景気後退期にはジニ係数が拡大する傾向がある一方で，景気拡張期にはジニ係数は低下するか，バブル期（第 11 循環の拡張期）やいざなぎ超えの第 14 循環のように上昇しても小幅である．また景気底入れの前後で見られるジニ係数の比較的大きな上昇は，この時期にいち早く立ち直る地域と景気後退が長引く地域が混在することを物語る．さらに第 14 循環の「山」(07 年 10 月）から第 15 循環の「谷」(09 年 3 月）までの景気後退期において，ジニ係数の上昇幅は前 2 回の後退期よりも大きいことなどが観察される．

図 5-2 から読み取れる内容をさらに掘り下げて分析することは別の機会に譲ることとするが，量感を測れる都道府県別 CI を作成することにより，全国レ

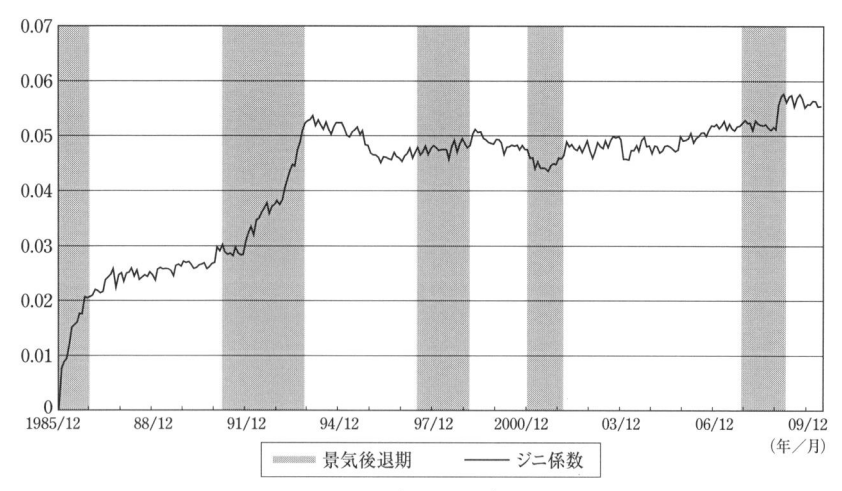

図 5-2 景気局面とジニ係数

ベルの地域間格差の指標を構築し，その時系列推移を観察できるのである．

3. 都道府県別 CI と景気基準日付

本節では都道府県別 CI と全国レベルの景気指標の理論的な関係についての浅子・小野寺（2009）の2つの推測を紹介し，いざなぎ超えの景気拡大となった第 14 循環の「山」といわゆる「リーマン・ショック」後の谷となる第 15 循環の「谷」を含めた各転換点について推測が当てはまるかを検討する．

3.1 地方景気と全国の景気——2 つの推測

全国をいくつかの地方に分割したとして，地方の経済活動の合計が全国レベルでの経済活動となるのは言うまでもない．一方で，各地方の経済活動が全国経済の忠実な縮図となっていないのも明白な事実であり，各々の地域間の相違も無視できないのが一般的である．しかしながら，浅子・小野寺（2009）は，地域の数が増えるにつれて，それら「地方経済の平均的な姿」は，「全国経済の真の平均像」に近づくのではないか，との考えを示している．そして全国を47 都道府県に分割したとして，地方の景気指標と全国レベルでの景気指標との間の関係について，以下の2つの推測（conjecture）を提起している．

> **推測 A（不偏性）**：全国の景気指標を構成する原データと同じデータが都道府県別に利用可能とするならば，都道府県ごとの景気局面を拡張期と後退期に区分したとして，拡張期なり後退期の累積度数分布が過半数（24＞47/2）を超えたか否かで景気局面を判断した結果は，（何回も繰り返しているとして平均的には）全国の景気局面判断と同じものとなる．
> **推測 B（正規性）**：各都道府県の景気局面を月単位で測った場合，全国の景気局面が転換点を迎える近傍では，転換点を迎えた都道府県の累積分布関数は正規分布のそれになる．

浅子・小野寺（2009）は，第 11 循環の「山」（91 年 2 月）から第 14 循環の「谷」（02 年 1 月）までの 3 つの「山」と 3 つの「谷」の合計 6 つの景気局面の転換点を対象とし，都道府県別 CI に関して全国の景気基準日付の前後各々

12か月で,「谷」ないし「山」を迎えた都道府県の度数分布やその累積度数分布関数を示しながら,上記2つの推測の当否を検討している.その結果,試算した都道府県別CIは,推測B(正規性)については度数分布が対称な単峰形にならない場合が多く否定される傾向があるものの,推測A(不偏性)に関しては累積分布関数の値が50%になるタイミングが景気基準日付から前後わずかの範囲内に収まっていることから,推測が成立し景気転換点の有用・有効な判断材料になるとしている.なお,浅子・小野寺(2009)では分布図の作成に際して,各都道府県を均等ウエイトとする場合だけでなく,県内総支出による規模ウエイトを考慮した場合も踏まえて2つの推測の当否を検討しており,それによっても根本的な相違はないとの観察をしている.

本章では,以上の成果を踏まえて前節で議論した都道府県別CIを構成する4つの指標について,データを2010年4月まで延長すると同時に季節調整替えや基準年改定を反映し,都道府県別CIを再計算した.これにより上記2つの推測のうち,とりわけ推測Aの当否に影響が出ていないかを確認するとともに,新たに加わった直近の2つの景気転換点,すなわち第14循環の「山」と第15循環の「谷」についても同様の推測が当てはまるかどうかを見る.

その前に,多少一般論としてのコメントを付しておく.周知のように,大数の法則や中心極限定理は,それなりの前提の下では数理統計学の定理として成立する統計的真実であり,内容の当否を云々する所以のものではない.浅子・小野寺(2009)が問題にしたのは,前提となる「十分な数のサンプル数と抽出するサンプルが互いに独立であること」の要件の当否であり,先験的には都道府県別CIの独立性が満たされるとは想定しにくい.近隣都道府県同士の連動性に見られるように,それらが独立でなく,ほぼ同じ周期で変動するのが景気循環の定義ともいうべき特性と考えられるからである.浅子・小野寺(2009)の発想は,逆に,都道府県別CIの非独立性ないし連動性の程度を探り,その結果を利用して都道府県別の景気指標から全国の景気局面を判断しようとするものであり,その有用性を帰納法的に検証するものである.

この際,景気転換点のタイミングに関しての推測A(不偏性)にとっては,都道府県別CIが独立でないほうが,より精度が高い転換点を当てられる可能性が高いことに注意する必要がある.言い換えるならば,推測Aについては,仮に都道府県別CIが独立であっても不偏性が成立するのであって,況んや独

立でない場合をやと理解されるべきである．例えば，すべての都道府県 CI が完全に連動しているならば，累積分布関数は垂直になるはずであり，都道府県別 CI が全国の CI を真にブレークダウンしたものであるならば，垂直線は景気基準日のタイミングに完全に一致することになるのである．

3.2 景気基準日付と比べた先行性・遅行性

本項では，47 都道府県の CI について，事実としての全国の景気基準日付からの先行あるいは遅行の様子を観察しておこう．4 指標を使って算出した 47 都道府県の CI から Bry and Boschan (1971) の方法によってそれぞれの転換点（「谷」と「山」）を判定し，田原（1998）に従って結果を表 5-1 にまとめた．同表の上半分は，日本全体の景気基準日付と比較して先行，一致，遅行する都道府県の構成比を示し，下半分は対応する先行，一致，遅行の平均月数を算出したものである．この際，12 か月以上の先行または遅行の地域は除外して計算した．ブライ-ボッシャン法の基本的な問題意識とも相通じるが，転換点があまりに短い間隔で起こったり，あるいはあまりに他とかけ離れて起こったりすることを避けるための方策であり，その間隔の臨界値をここでは便宜上全国の景気基準日付との比較で前後 12 か月に設定した結果である．これを 12 か月以外に設定すると結果が異なる可能性があるが，この点については第 4 節で詳しく議論する．

表 5-1 によると，2009 年 3 月の「谷」を除くと景気基準日付とぴったり一致する都道府県は少なく，先行または遅行している都道府県が多い．先行・遅行の程度は，景気循環の時期によって異なる．5 回の「谷」すべてを単純集計すると，先行，一致，遅行の構成比率は順に 30.9%，13.6%，55.5%，同様に 4 回の「山」の先行，一致，遅行の構成比率は順に 50.9%，8.5%，40.6% となっている．さらに，「谷」と「山」を合わせた 9 回の転換点全体では先行，一致，遅行の構成比率は順に 39.7%，11.3%，48.9%（四捨五入によって合計は 100% とならない）となる．

これらの観察からは，本章で採用する都道府県別 CI は，平均的には全国の景気基準日付に対して僅かながら遅行する傾向が見られるが，先行と一致の都道府県を合わせた構成比率とは，ほぼ拮抗する関係にあるとも判断される．サンプル数が必ずしも多いとはいえないことから，「先行・一致の構成比率と遅

表 5-1 景気基準日付との比較

		谷 (マイナス＝先行，プラス＝遅行 (月数))				
景気基準日付		1986 年 11 月	1993 年 10 月	1999 年 1 月	2002 年 1 月	2009 年 3 月
構成比 (%)	先行	31.0	11.4	31.9	66.7	13.3
	一致	10.3	0.0	6.4	8.9	42.2
	遅行	58.6	88.6	61.7	24.4	44.4
	合計	100.0	100.0	100.0	100.0	100.0
平均月数	先行	−2.4	−3.0	−3.5	−1.8	−1.0
	一致	0.0	0.0	0.0	0.0	0.0
	遅行	2.7	3.9	3.6	2.6	2.7
	総平均	0.8	3.1	1.1	−0.5	1.0

		山 (マイナス＝先行，プラス＝遅行 (月数))			
景気基準日付		1991 年 2 月	1997 年 5 月	2000 年 11 月	2007 年 10 月
構成比 (%)	先行	58.7	27.7	27.7	89.3
	一致	6.5	17.0	10.6	0.0
	遅行	34.8	55.3	61.7	10.7
	合計	100.0	100.0	100.0	100.0
平均月数	先行	−3.5	−3.7	−4.1	−6.1
	一致	0.0	0.0	0.0	0.0
	遅行	4.7	2.5	2.1	3.0
	総平均	−0.4	0.3	0.1	−5.1

注：12 か月以上の先行または遅行を除外．

行の構成比率がそれぞれ 50% で等しい」との帰無仮説は，通常の有意水準では問題なく棄却されることはないからである．

先行・遅行の程度については，「総平均」の欄に注目することによって，算出期間に存在する 5 回の「谷」に対しては平均 1.1 か月の遅行，4 回の「山」に対しては平均 1.3 か月の先行，「谷」「山」全体では平均でわずかの遅行であることが理解される．「谷」「山」全体での先行の平均月数，遅行の平均月数を計算してみると，先行が 3.2 か月，遅行が 3.1 か月といずれも概ね 3 か月前後になる．したがって，先行地域と遅行地域との間では，平均して半年程度のタイミングの「ずれ」が生じていることになる．こうした「ずれ」が存在することによって，本章の目的である都道府県別の景気指標に基づいた全国レベルの景気判断が可能となるが，都道府県別の先行・遅行の度数分布については，3.4，3.5 項で詳しく考察する．

なお，表 5-1 の「総平均」によると全国レベルの後退期が長いほど「谷」か

ら遅行する傾向が読み取れ,「山」に関しては全国レベルの拡張期が長いほど先行する傾向がある.例えば,第 13 循環における IT (情報技術) バブル後の後退期間は 14 か月と比較的短かったが,この後迎えた「谷」(2002 年 1 月) には平均 0.5 か月先行している.これに対し,バブル経済の崩壊後,32 か月の長期後退を余儀なくされた 1993 年 10 月の「谷」においては平均 3.1 か月の遅行となっており,後退期間が長いほど,なかなか浮上できない地域が多い可能性を示唆している.一方,「山」の例としては,拡張期が長いほど息切れする都道府県が早めに出てくるためか,拡張期が 22 か月と短命に終わった第 13 循環の IT バブルでは「山」(2000 年 11 月) に対して平均 0.1 か月の遅行となっているのに対し,いざなぎ景気を超えた第 14 循環の「山」については平均 5.1 か月の先行となっている.

3.3 推移行列から見た先行・遅行

次に,隣接する「山」と「谷」,あるいは「谷」と「山」での都道府県の先行・遅行の傾向を見るために,景気基準日付ごとに転換点の累積度数を作成し,先に迎えた順に〜25%,〜50%,〜75%,〜100% にグループ分けする[3].各都道府県がその中のいずれに属するかによって「四分位レインジ」の推移行列を作成し,これをもとにランダム性の検定も行う.実例として,第 12 循環の「山」から第 13 循環の「谷」への推移行列を示したものが表 5-2 である.すなわち 4×4 の行列において,第 i 行第 j 列である (i, j) 要素は,全国 47 都道府県において,出発点となる第 12 循環の「山」での「四分位レインジ」が i に分類されており,次の景気転換点である第 13 循環の「谷」における j の「四分位レインジ」に属する都道府県の数を記している.

推移行列がランダムな一様分布から乖離しているかどうかについて「基準となる景気転換点での四分位レインジを所与として,次の転換点での四分位レインジが各レインジで均等に分布し,それぞれ 4 分の 1 の確率となる」との条件付き確率に関する帰無仮説を検定する.この検定には,実際の度数分布と理論分布の乖離から計算される検定統計量を用いた「分布の適合度検定」が適用できる.加納・浅子 (1998) の第 7 章によると,その検定量は χ^2 分布に従い,

---

[3] 実際には同じ月に同時に転換点を迎える都道府県があるため,数は 4 分の 1 ずつに分かれていない.第 14 循環の「山」は 24 か月前から転換点をカウントした.

表5-2 四分位レインジ間の推移行列の一例

		第13循環の谷（99年1月）			
		～25%	～50%	～75%	～100%
第12循環の山 （97年5月）	～25%	6	2	4	1
	～50%	3	5	6	3
	～75%	2	3	1	4
	～100%	1	4	0	2

表5-3 推移確率のランダム性の検定

	[ⅰ] 11山→12谷	[ⅱ] 12谷→12山	[ⅲ] 12山→13谷	[ⅳ] 13谷→13山	[ⅴ] 13山→14谷	[ⅵ] 14谷→14山	[ⅶ] 14山→15谷
0～25%	0.67	0.85	4.54	4.67	4.67	4.86	1.43
25～50%	4.86	5.56	1.59	2.57	10.80**	1.00	6.80*
50～75%	10.08**	5.00	2.00	5.36	1.57	4.40	7.71*
75～100%	8.60**	0.60	5.00	7.60*	3.33	1.00	0.67

確率の和が1という制約の上で4分割しているため，自由度は4-1=3となる．

表5-3は，こうした問題意識で，第11循環の「山」から第15循環の「谷」までの8つの景気転換点に関して，隣接する7つの組み合わせの推移行列を対象に基準点となる都道府県の四分位レインジに対して検定統計値を計算したものである．この分布形の有意水準5%と10%の臨界値は順に7.81, 6.25であり，帰無仮説の棄却域に入る場合にそれぞれ星印2個と1個で表示してある．

表5-3からは，有意水準5%では帰無仮説が棄却されるのは［ⅰ］の第11循環の「山」から第12循環の「谷」への移行時で，50～75%, 75～100%に入る遅行都道府県と，［ⅴ］の第13循環の「山」から第14循環の「谷」への移行時で，25～50%に入る先行都道府県の場合であり，残りはランダムで一様に推移するとの帰無仮説が受容される．有意水準を10%とした場合には，これらに加えて［ⅳ］で75～100%に入る遅行都道府県，および［ⅶ］の第14循環の「山」から第15循環の「谷」への移行時で25～50%に入る先行都道府県と50～75%に入る遅行都道府県について，帰無仮説が棄却される．

このように，局面によっては都道府県ごとに何らかの特定の先行・遅行パターンに従っていることが示唆されるが，一般論としては各都道府県が全国レベルと比べてランダムなタイミングで景気転換点を迎えているとの仮説も棄却できないことが理解できる．同様の検証を「山」同士，あるいは「谷」同士で行

っても似たような結果が得られた．すなわち一般論としては「山」ないし「谷」において特定の都道府県が常に先行，または遅行することはなく，ランダムに転換点を迎えているとの仮説が棄却できないことになる[4]．

3.4 いざなぎ超え――第14循環の「山」

既述のように，浅子・小野寺（2009）は3.1項で提示した2つの推測について，第14循環の谷までの観察に基づいて，推測B（正規性）については否定される傾向があるものの，推測A（不偏性）に関しては推測が成立し景気転換点の有用・有効な判断材料になるとしている．本項では，これを第14循環の「山」について，また次項では第15循環の「谷」について確認する．

図5-3-1は，浅子・小野寺（2009）をアップデイトし，第11循環から第14循環までの「山」について，内閣府が認定した景気基準日付に対して，前後12か月で転換点を迎えた都道府県の累積度数分布（分布関数）を示したものである．前後12か月では転換点を迎えない都道府県もあるため，図5-3-1の範囲では累積が100%（すなわち全度数）になっていない循環もある．

第11循環から第14循環まで，全国レベルでの「山」になる転換時点での累積密度が順に57.4%，27.7%，27.7%，53.2%となっており，第11循環では先行する都道府県がやや多いものの先行と遅行の度数分布がほぼ拮抗しているのに対し，第12循環と第13循環は多くの都道府県が遅行気味となっている．また，第14循環の「山」については，累積密度分布が過半数をやや超えたところで転換点を迎える都道府県がなくなり，分布関数はフラットな状態になっている．

第14循環の「山」の累積分布関数が他と少し異なる形状になった背景を検討してみよう．1つには第14循環の拡張期の長さがあげられる．この「山」の判定においては，それまでの戦後最長の拡張期であった第6循環のいざなぎ景気（1965年10月～70年7月）の57か月を超えたのか否かが，当時マスコミを賑わすほど専門家の間でも見解の相違があった．図5-3-2は，第14循環の「山」について，ブライ-ボッシャン法の適用において，2年（24か月）前から転換点をカウントした場合の累積度数分布である．周知のように，ブライ-ボ

---

[4] 浅子・小野寺（2009）は都道府県を四分位レンジで色分けした日本地図から視覚的にも先行・遅行の様子を観察しているが，必ずしも明確な傾向は読み取れていない．

図 5-3-1 「山」を迎えた都道府県の比率（1 年前から）

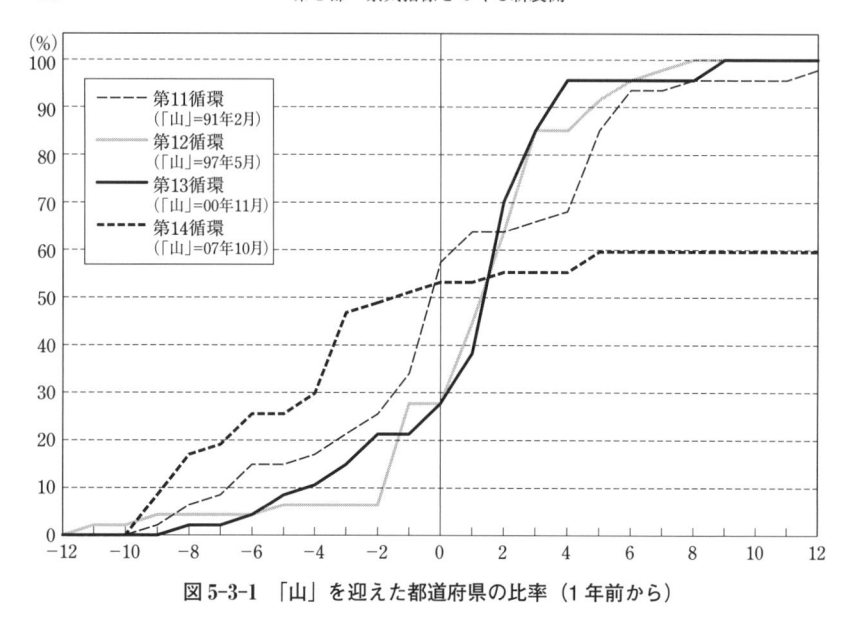

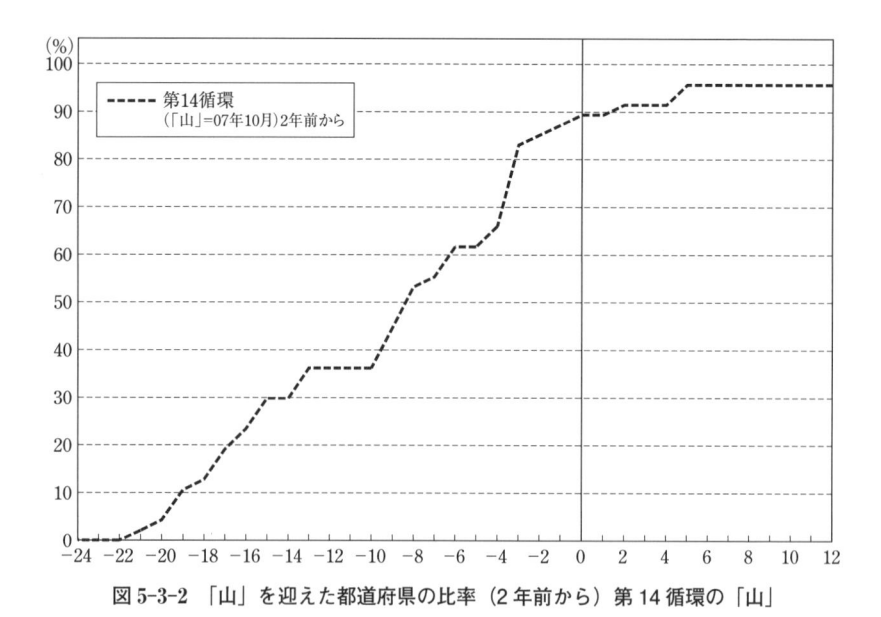

図 5-3-2 「山」を迎えた都道府県の比率（2 年前から）第 14 循環の「山」

ッシャン法は特定の範囲内で転換点の存否を判定する手法であり，設定する範囲が異なれば，転換点の存否の判定も異なったものとなる可能性がある．第14循環の「山」については，まさに1年（12か月）前から転換点をカウントするか2年（24か月）前からカウントするかは，少なくない違いをもたらす．全国レベルでは拡張期が長かった分だけ，息切れ（ピークアウト）する地域も早めに出ることになり，24か月前からカウントすると累積密度は12か月前までに36%を超えてしまう．こうした事情により，図5-3-1では第14循環の「山」が過半数を少し超えたところでフラットな状態になったのである．

ただし，図5-3-2によると，第14循環の「山」では，12か月前から10か月前までの3か月間にピークアウトした都道府県が1つもなく，踊り場，あるいは横ばいの状態が観察される．この状況を経て9か月前から都道府県レベルでの本格的な景気後退が始まったとも解釈できよう．もし，24か月からカウントした場合の累積密度が50%を上回った時点の直前を第14循環の「山」とするならば，該当するのは2007年1月になり，暫定的に設定された景気基準日付よりも9か月も前倒しになってしまう．24か月前からの転換点の累積が景気後退へのアラームを早めに出していた可能性はあるものの，都道府県別CIを利用して国全体の景気基準日付に整合的な形で「山」を認定しようとするならば，第14循環の「山」も含めて12か月前からカウントするのが基本となろう．

また，2006年には公共職業安定所扱いの求人の内容について見直しがあったため，都道府県別CIの構成要素である有効求人数が従来よりも低めの値となり，CIの動きが景気循環とずれた可能性がある．日本銀行（2007）は，2006年の企業の求人意欲が引き続き旺盛な時期に，労働局の指導により水増し求人の適正化等の動きがあったことに言及している．また，『日本経済新聞』朝刊2007年5月12日5面「景気データ」も労働局の行政指導で求人の水増しが激減している実態を報道している．全国の有効求人数は従来，景気の「山」との一致性が高かったが，第14循環の「山」に対して有効求人数のピークは15か月も先行している．この結果，有効求人数が従来に比べて早めの「山」をつけ，それがCIにも影響を及ぼした可能性がある．

3.5 リーマン・ショック後の「谷」

次いで，第12循環以降の4つの循環の「谷」について，前後12か月で転換点を迎えた都道府県の累積度数分布を示したのが図5-4である．第15循環の「谷」は暫定的に設定されたものであるが，2008年9月の「リーマン・ショック」の後，急速に冷え込んだ景気が底入れした時期に当たる．図5-1に示した景気動向指数CIの一致指数や4指標によるCIが示すように，第14循環の「山」とは対照的に，第15循環の「谷」は短期間での急降下と急反発という「V字型」のパターンを経た．

図5-4で，全国レベルでの「谷」になる転換時点での累積密度が，4つの循環で順に10.6%，31.9%，63.8%，12.8%となっている．第15循環の「谷」に関しては，都道府県レベルでの転換点が現れてから2か月目（2009年4月）には，累積カウントが景気判断の臨界点を上回る53.2%に急上昇した．つまり，リーマン・ショックを受けて急激な景気後退を経て底入れした第15循環の「谷」については，都道府県レベルでも短期間のうちに半数以上が一斉に底入れしたことになる．

図5-5は図5-4を確認するために，第15循環の「谷」の前後12か月において，その月に初めて転換点を迎えた都道府県の度数分布を示したものである．転換点を迎えた都道府県は突然現れ，1か月遅行のところに度数が集中していることが分かる．その後，3か月遅行のところで度数がやや増えているものの，傾向としては次第に少なくなり，9か月遅行からは転換点を迎える地域が現れていない．

以上の議論から結局のところ，リーマン・ショック後の「谷」については2009年4月以降，過半数の都道府県で上昇局面に入ったことになり，景気判断としては前月の09年3月が第15循環の「谷」として蓋然性が高いことを示している．景気が急激な低下を示すなかで，都道府県別CIをベースとした転換点の景気判断は，全国の景気基準日付とぴったり一致していることになる．

3.6 推測の当否

累積分布関数が50%を上回るタイミングは，第12循環の「谷」が景気基準日付から5か月の遅行であるのを最大の誤差として，残りの「谷」や「山」の

第 5 章　都道府県別 CI と全国の景気　　　　　　　　　　101

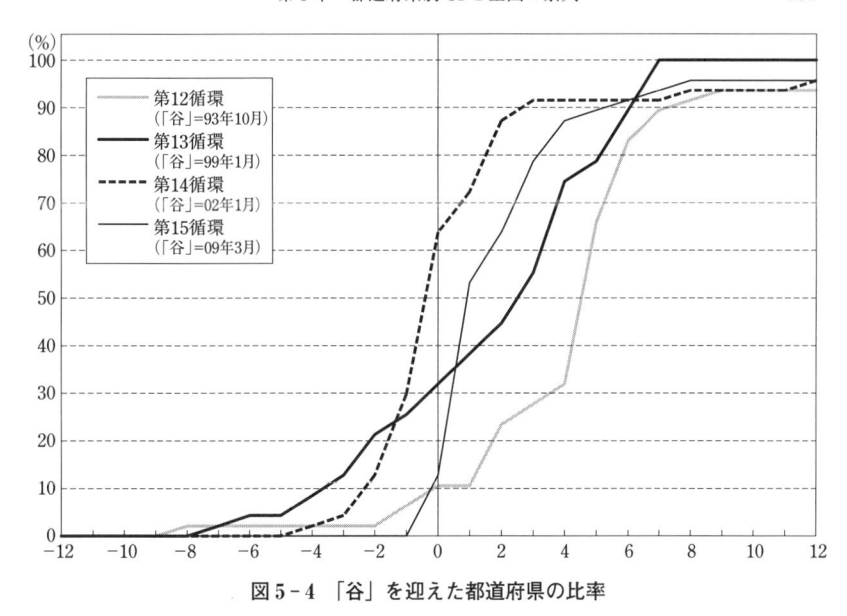

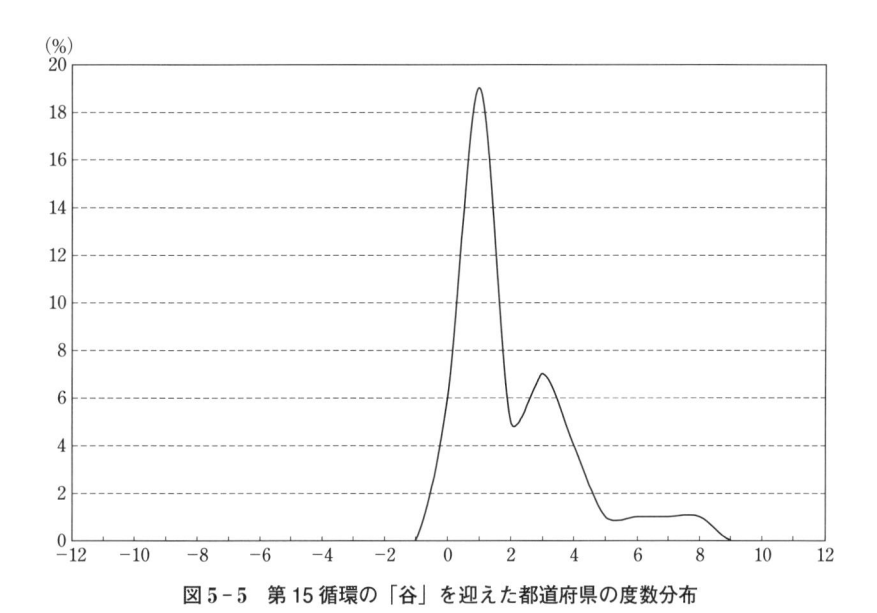

図 5-4　「谷」を迎えた都道府県の比率

図 5-5　第 15 循環の「谷」を迎えた都道府県の度数分布

転換点については，わずか1か月の先行から3か月の遅行以内に収まっている．したがって，推測A（不偏性）として提示した，平均的な都道府県の姿を見ることによって全国の景気局面の転換点が近似的に予測可能な範囲に収まる，との浅子・小野寺（2009）での結論は，直近の転換点である第14循環の「山」と第15循環の「谷」に関しても当てはまることが確認されたといえる．推測Bの正規性については，第14循環の「山」前後での度数分布図の掲載は省略するが，図5-5の第15循環の「谷」での度数分布図が示すように，浅子・小野寺（2009）での結論同様に，正規分布の度数分布形とはいえないと判断される．

浅子・小野寺（2009）では扱えるデータが2007年12月までと，まだ十分に整備されていない段階で第14循環の「山」の累積度数分布を検討のうえ，累積度数分布の50%を臨界値として景気転換点を判定する際には，18か月前を目安に累積カウントすることを提唱している．しかし，データが大幅に延長された本章のケースでは，過去の転換点を含めて，むしろ12か月前程度からカウントすることで統一することが望ましいことになる．

もっとも，累積期間を縮めて，より景気転換点の判定に速報性を持たせるという観点からは，本章で分析対象とする8つの転換点については9か月前からカウントしても結果が変わらない．12か月前から10か月前までは転換点を迎える都道府県が少ないためである．それは12か月以前に早めにピークアウトする都道府県が多数現れた第14循環の「山」も同様である．ただし，本章の分析対象とした転換点の中には11か月前から都道府県レベルでは転換点を迎える循環もある（具体的には第12循環の「山」）ことから，12か月前を目安とするのが適当と考える．

4. 累積都道府県景気指標（CPBI）

本節では第2節で求めた都道府県別CIに基づいて，全国の景気動向を表す新しい指標を導入する．これは，47都道府県のCIによる「山」「谷」の判断で拡張期なり後退期を迎えた都道府県の割合を表す指標であり，浅子・小野寺（2009）によって累積都道府県景気指標CPBI（Cumulative Prefectural Business Index）と命名された．

4.1 CPBIの算出と時系列特性

CPBI指標は全国の47都道府県を対象にした上で，基本的にはヒストリカルDIの計算方法を踏襲して作成する．ここで言うヒストリカルDIは，内閣府の景気動向指数（一致指数）を例に取るならば，その採用系列の各々について「谷」や「山」が確定した年月から，次の「山」「谷」が確定する年月までは拡張期（プラス1の配点）ないし後退期（点数は0）として点数を割り当て，各時点で採用系列数に占めるプラスの点数の合計を求めた比率である．CPBIは，まさにこの計算法を都道府県別CIに当てはめたものである．第2節で説明したように，各都道府県における転換点は，都道府県別CIに対してブライ-ボッシャン法を適用して判別するが，その結果，転換点を迎えた都道府県に対して一律$1/47 = 0.021$のスコアを与えることになる．戦後日本には14個の景気循環が記録されているが，本章でCPBIの分析対象とするのは第11循環（1986年11月〜93年10月）から第14循環（2002年1月〜2009年3月）までである．

CPBIの意味合いは次のように考えられる．すなわち，CPBIが50%を超えた範囲にあれば，景気の拡張局面が全国のどれくらいの範囲に浸透しているかの尺度となり，逆に50%を下回っていれば，景気後退局面が全国のどれくらいの範囲に浸透しているかの尺度になる．50%を超えた範囲や下回った範囲でのCPBIの反転は，拡張期や後退期が全国では変局点を迎えた兆候となろう．要するに，CPBIの絶対水準の時系列を観察することによって，都道府県別CIの変動で表される景気動向の地域的な浸透度を理解することが可能になる．

CPBIは基本的には既に頻繁に利用してきた累積度数分布と同じデータとして算出されるが，累積度数分布は横軸が全国の景気基準日付に対しての先行・遅行のタイミングで描かれるのに対し，CPBIは横軸が時系列としての時間軸で表される．ただし，あくまでも拡張期にある都道府県の比率であるために，循環の「谷」については累積度数分布と同形であるが，「山」については50%の水平線を対称軸として上下が反転する．

以上の設定の上で，都道府県別CIから実際にCPBIを求めプロットしたのが図5-6である．第3節の累積度数分布（分布関数）の考察でも，平均的には

104　第Ⅰ部　景気指標をめぐる新展開

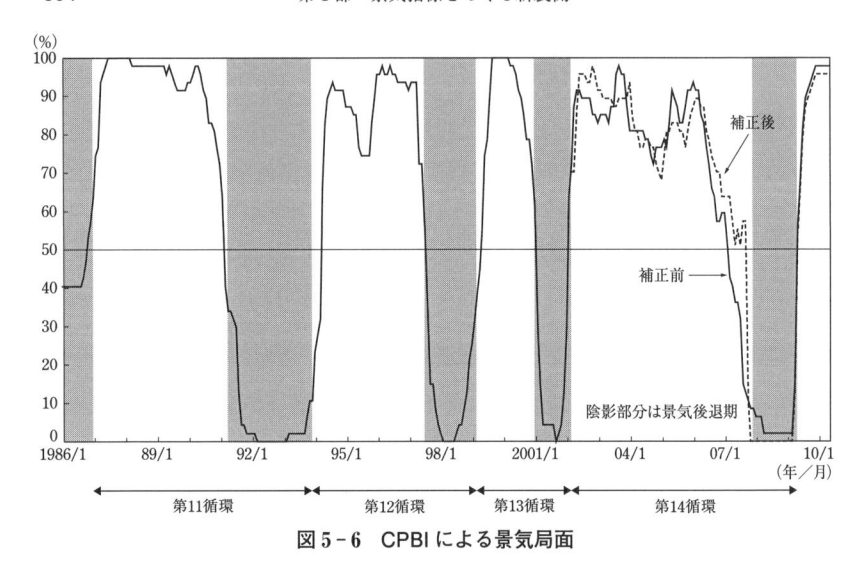

図 5-6　CPBI による景気局面

全国の景気循環の基準日付と整合的に推移してきたことが確認されたが，CPBI の時系列の値は，図 5-6 からも窺われるように，第 14 循環の「山」を除いて概ね全国の景気基準日付と整合的な動きを示している．内閣府が暫定的に認定した直近の転換点である第 15 循環の「谷」に関しても，ぴったりと全国の景気基準日付と一致していることが分かる．

図 5-6 において例外となっている第 14 循環の「山」で実線（補正前）の CPBI は景気基準日付に対して 9 か月先行する．この第 14 循環の「山」については次項で改めて検討し，全国の景気基準日付とほぼ一致するように補正を試みる．

4.2　CPBI による景気局面判断

前項では CPBI を構築し，その時系列データから全国の景気局面を判断した場合のパフォーマンスを検討した．図 5-6 では第 14 循環の拡張期とその「山」が取り分け興味深い．この拡張期の前半の 2003 年春と 04 年後半の 2 度にわたって踊り場を経験したと言われているが，図 5-6 を見ると確かにこれら 2 度の踊り場では 50% を超えた範囲で，幾分低下した後に再上昇している．また，第 14 循環の「山」を見ると，2002 年 1 月以降，07 年 10 月（暫定）までの景

気拡張期において，CPBI の割合は 07 年 2 月に 50% を切った後大幅に 50% を下回っている．つまり，前節でも考察したように，07 年 2 月以降過半数の地域で下降局面にあることを示しており，CPBI による景気判断としては，07 年 1 月近辺が第 14 循環の「山」である蓋然性が高いことになる．

　内閣府の景気動向指数は少なくとも 07 年半ばまでは景気後退のシグナルを発信しておらず，都道府県別 CI をベースとした CPBI から導かれる結果とは食い違いが生じている．この背景には，拡張局面の地域が後退局面の地域を穴埋めし，全国の景気が持ちこたえていた状況があると推察される．ただし，前節での第 14 循環の「山」の考察により，事後的には 24 か月前でなく，やはり 12 か月前程度に転換点を迎えた都道府県のみをカウントすることで，もっとも全国の景気基準日付と整合的になるとした．

　その知見を踏まえるならば，各時点での CPBI を算出する際には，次のステップを踏むことが考えられる．まず第 1 に，常にその時点が全国の景気基準日付と想定して，その前 12 か月以内に転換点を迎えた都道府県のみを対象として拡張期にある都道府県の数をカウントし，そこから計算される比率を CPBI とする．第 14 循環の「山」の判定に則した例では，既に転換点を迎えて後退期にあると判定した都道府県も，12 か月を過ぎた段階では後退期にあるとしたのを反故として，CPBI の計算上は拡張期にあるとカウントする．第 2 に，しかし，第 1 のステップで計算した CPBI が 50% の臨界値を下回った場合には，すでに後退期に転じて 12 か月以上経た都道府県も，その時点から後退期に入ったものと認定するのである．CPBI の計算上転換点が先送りされた当該都道府県は，踊り場にあったとするのが 1 つの解釈であろう．

　こうしたステップを踏んで第 14 循環の拡張期について CPBI を再計算したのが，図 5-6 の点線部分である．点線部分の計算に際しては，上記の第 2 のステップにおいて後退期に転じて 12 か月以上経た都道府県は，図 5-3-2 の考え方にならって 24 か月前までをその時点で後退期に入ったと認定している[5]．

　ヒストリカル DI の考え方を基本とする実線の CPBI と補正計算した点線の CPBI の乖離をみることで，景気判断の補足情報として利用することも考えられる．第 14 循環の「山」の判定に則して両者を比較すると，転換点を制約な

---

5) 実際には群馬県と長崎県では 24 か月前からのカウントで一旦「山」を迎えて数か月後に再び「谷」を付けたので踊り場と見なし，「山」のカウントからは除外した．

しにカウントした実線は 2007 年 2 月に臨界点の 50% を切っている．これに対し，補正値である点線は 07 年 2 月の時点ですでに低下を始めているものの，13 か月以前に後退期にあると判定した都道府県については一旦，転換点のカウントから除外しているため低下の度合いは実線よりも小さく，点線が 50% を下回るのは 07 年 9 月となっている．点線が実線を上回る部分は，転換点を先送りされて踊り場にあったと見なされる都道府県の存在を示している．ただし，点線も 07 年前半は 50% 割れ寸前となっており，この時期の CPBI による景気判断は非常に微妙な局面であったことが窺われる．

次に，第 15 循環の「谷」に向かう第 14 循環の後退期についても同様に CPBI の補正値を計算してみる．この「谷」は第 14 循環の「山」のようには早めの転換点を迎える地域はなく，後退期間が 17 か月と比較的短かったことでむしろ底入れが一時期に集中した．この結果，転換点を累積期間の制約なしにカウントする補正前の CPBI と直近 12 か月を対象にした補正後の CPBI とでは，50% を下から上に切る時期は一致している．つまり，CPBI の補正値から判断しても第 15 循環の「谷」は全国の景気基準日付と同じ 2009 年 3 月になる．

第 14 循環の「山」は戦後最長を記録した景気拡張期のピークであり，対照的にその後の第 15 循環の「谷」までは「百年に一度」とも呼ばれる急激な景気後退となった．CPBI を今後の景気判断に役立てるために，これら直近の「山」「谷」の教訓を生かすならば，景気拡張ないし後退の期間が十分に長い場合には，CPBI の補正値を合わせて観察する慎重さが望まれよう．

5．おわりに

本章では，月次の共通指標から都道府県別 CI を試算し，全国の景気基準日付に対する地域的な「ずれ」を考察した．全国の CI を 47 都道府県に分割したとして，都道府県別 CI から構築した CPBI が直近の「山」「谷」を含めて景気判断に大いに有用であることを見てきた．最後に，CPBI を利用するメリットや応用例を検討するとともに，課題をいくつか指摘しておきたい．

事後的になるが，CPBI が 2009 年 3 月の「谷」（暫定）を判定できるのは 10 年 4 月末であり，その意味では 10 年 6 月の内閣府の設定と比べて特段速報性

に優れたものではない．都道府県の数だけデータ収集に時間とコストもかかる．そうした制約に対し，CPBIのメリットは第4節でも指摘したように，景気回復ないし後退に関して都道府県レベルの地域的な浸透度（波及度）を観察できることにある．CI重視にシフトするなかで，逆行するようなヒストリカルDI型のCPBIという指標を構築したのはまさにこの点にある．

内閣府（2010b）によると，景気拡張の必要条件の1つに波及度があり，「経済活動の拡大が経済の多くの部門に波及すること」と定義がある．現在の景気動向指数の構成指標をもとにすると，この「部門」とは産業の各分野ないし家計や企業などを指すであろう．景気波及を見る部門として都道府県レベルの地域経済を加え，その尺度にCPBIを使うことが考えられる．

一方，CPBIの考え方の応用としてはサンプル数やサンプル間の独立性の問題に配慮する必要はあるものの，産業別の景気指標からCPBIと同様の手続きで産業景気の拡張ないし後退の浸透度を測る指標を構築することが考えられる．また世界各国の景気指標からCPBIタイプの世界レベルの指標やアジアなど地域別指標を構築することも可能となるかもしれない．

課題としては第1に，継続的なデータ整備の必要性があげられる．特に鉱工業統計は常に最新状態にするには毎日のように自治体に取材しなければならず，そのたびに基準年変更や季調替えの有無を確認することが必要になる．2つ目の課題は，都道府県別CIを構築する共通指標の吟味である．支出関連指標として採用した実質大型小売店販売額は循環的な動きに乏しい面がある．近年の産業構造の変化に応じてサービス関連などの統計拡充が望まれる．最後に景気判断指標としてのCPBIには，「12か月前」累積による補正も含めて精度の向上が望まれる．しかし，今後景気循環の転換点が増えるにつれて，この面での目標達成は十分可能と考えられる．

謝　辞

景気基準日付研究会嵐山コンファレンス（2010年9月）の参加者，とりわけ日本経済研究センター主任研究員の坪内浩氏，および日本経済新聞デジタルメディアの関口聡子氏のコメントに感謝する．残された誤りはすべて筆者達の責任である．

参考文献

Bry, G. and C. Boschan (1971), "Cyclical Analysis of Time Series: Selected Procedures and Computer Programs", *NBER Technical Paper*, Vol. 20, 1971.

浅子和美・小野寺敬 (2009),「都道府県別景気指標による景気分析」一橋大学経済研究所『経済研究』Vol. 60 (3), pp. 266-285.

小野寺敬 (2008),「都道府県別 CI から見た地域間格差」景気循環学会『景気とサイクル』第 46 号, pp. 60-74.

加納悟・浅子和美 (1998),『入門 経済のための統計学 (第 2 版)』日本評論社.

田原昭四 (1998),『日本と世界の景気循環』東洋経済新報社.

内閣府経済社会総合研究所 (2010a),「景気動向指数 平成 22 年 6 月分 (速報)」2010 年 8 月.

内閣府経済社会総合研究所 (2010b),「景気動向指数研究会 平成 22 年 6 月 7 日資料 1」. http://www.esri.cao.go.jp/jp/stat/di/100607siryou1.pdf

日本銀行 (2007),『金融経済月報』2007 年 4 月, pp. 10-11.

福田慎一・小野寺敬・中込一朗 (2003),「確率的な景気指標の有用性」浅子和美・福田慎一編『景気循環と景気予測』東京大学出版会, pp. 137-156.

村澤康友 (2008),「地域景気動向指数の再検討」財務省財務総合政策研究所『フィナンシャル・レビュー』第 90 号, pp. 94-108.

第 I 部

総括コメント 1

猿山純夫

第 2 章「刈り込み処理と景気動向指数——「刈り込み DI」を用いた外れ値の把握」(外木好美)

　2008 年 4 月，内閣府は景気動向指数の公表形式を改めた．長く看板にしてきた DI（ディフュージョン・インデックス）に代え，CI（コンポジット・インデックス）を主役に据えた．DI は拡大・後退という景気の「変化方向」を示す指標であるのに対し，CI は変化のスピードや好不況の高さ・深さといった「量感」を表すのが使命だ．DI から CI への交代が起きた半年後，図らずもリーマン危機が襲来する．厳しい景気後退を前に，エコノミストらから湧き上がったのは「CI は景気後退の厳しさを正しく伝えているのか」という指摘だった．批判の矛先になったのは，CI 算出に用いる「刈り込み」という処理だ．過去の経験に照らし，5% の頻度でしか起きない変動は不規則変動の可能性あり，つまり外れ値として，月々の変動を所定の変化率に抑える．リーマン危機後の CI 採用系列には，そんな「刈り込み」が続発した．結果として，CI の落ち込みは軽く済むことになった．

　刈り込まれた部分に，本来の景気変動の情報が含まれているのか．本章が検証を試みたのはまずその問いだ．リーマン危機時を含め「その可能性が大」という結論に意外性はない．むしろ，本章の興味深さは，刈り込まれた件数を指数化した「刈り込み DI」，特にそれを累積した「累積刈り込み DI」（以下，累積 DI）にある．同 DI は，今までの経験則を超える（何か異常な）ことが起きていることを検知するシグナルとして読めるからだ．

　累積 DI の一致指数（図 2-2）を見ると，(1) バブル期には刈り込み基準を超える景気指標の上振れが頻発（同様に同崩壊期には下振れが頻発），(2) 90

年代以降は，景気拡大期でも刈り込みの上限を超える（力強い）動きがほとんどなかった．02年からの戦後最長となる拡大期も例外でない．（3）半面，90年以降は，どの後退期でも下側の刈り込みが頻発している．この累積DIの動きは，ここ20数年間の日本経済の盛衰を端的に表しているように見える．特に90年以降，景気拡大期でも回復の実感に乏しく，後退期を迎えるごとに厳しさを増している実感と符合するのではないか．人口・労働力減を底流とする成長力の衰退が，景気指標に映っているようにも思える．

　内閣府には，是非，刈り込みなしのCIとともに，こうした有用性を持つ「刈り込みDI」や「累積刈り込みDI」の公表をお願いしたいところだが，同時にいくつかの留意点も思い浮かぶ．今までと違ったことが起きているという意味での「構造変化」（あるいは景気循環としての異常性）を刈り込みDIが示すと言えるためには，変化を感知するためのシグナルの性質がはっきりしていることが条件だ．CIの構成系列はDIのそれを流用したもので，「量感」を示すのにふさわしい系列として選抜されたものではない．CIの構成指標についてはかねてより，（1）製造業に偏っている，（2）実質と名目が混在，（3）量的な指標と比率を表す指標が混在，などの点が指摘されてきた．筆者の責ではないが，こうした懸案の整理をつけたシグナルであればより概念が明確になっただろう．やや技術的になるが，現在の「5％分を刈り込む」という基準が相対的なものである点も気になる．リーマン・ショックのような大変動が起きた後では，かつては刈り込み対象になったものが，そこから外れる可能性がある．同基準を算定する対象期間を変えた時に結果がどの程度変わるかといった検討も望みたい．

　とはいえ，本章で示した手法は，大きな変化を検出する手法として興味深い．どんな指標に刈り込みがよく発生しているのか，個々の指標についてDIを作ってみるなどの工夫もできそうだ．それらを踏まえて，景気指数の改良に生かす道があるように思える．

第3章「GDPギャップの月次化と景気判断——バンドパスフィルターによる計測」（山澤成康）

　GDP（国内総生産）は経済成長の尺度として最も大きく取り上げられ，経済指標の王様とも言える象徴的な存在だ．しかしいざ，景気循環について転換

点や局面を議論する段になると途端に役割が曖昧になる．以前は，動きが単調でサイクルが見えない，四半期だから使えないと言われた．筆者は月次GDPを創始することによってその障害を取り除いたが，今度はボラティリティ（変動率）が高いとの注文が付いた．今なお，内閣府をはじめ多くの機関や研究者が，既存の月次系列を組み合わせて景気指数を作成している．そんな状況に，月次GDPとバンドパスフィルターを用いて筆者なりの答えを示したのが本章である．

図3-1が興味深い．同図は，月次GDPに景気の波が隠れていることを雄弁に物語る．バンドパスフィルターは，特定周期の波を取り出す統計手法で，周期の短い不規則変動（左上）を切り分けると，短期の循環（上段右）のほか，10年（中段左）あるいは15年から20年周期の波（同右），さらに潜在GDPに見える右上がりのトレンド（下段左）などが抽出できる．特に15年から20年周期の波は振幅がバブル期には25兆円（GDPの5%程度），2000年頃には逆方向に同程度振れ，日本経済の勢いを大きく左右していたことがうかがえる．短期の波は振幅が5〜15兆円と中程度だが，20年周期の波がゆっくり動くため，やはり短期にはこの波がものを言うことも読み取れる．

筆者がさらに実用性の観点から提案するのが，既存フィルターを組み替えた「後方移動平均型」だ．実用性に関しては3点が重要だ．1つは速報性で，逐次足元まで数値を更新できること．第2は安定性，新しいデータを追加しても以前に計算した結果が変わらないことだ．3つめは適合性で，景気基準日付に即した循環を示すことだ．代表的なバンドパスフィルターのうち，BK（Baxter and King）フィルターは安定性に優れる半面，速報性が確保できず，逆にCF（Christiano and Fitzgerald）フィルターは速報性に優れるが，安定性に欠ける．両者を折衷させたのが後方移動平均型だ．

敢えて筆者提案に留意点を述べれば，以下の2点になる．第1は「適合性」だ．今回の後方型フィルターは公式の景気日付に対応しない小さな起伏を拾いやすいように見える（図3-6）．回復局面の途中に訪れる踊り場のような小循環にも反応している．後方型は，「これまでの趨勢」を基準に波動を判断するため，景気の勢いが多少でも鈍ると，後から振り返ると大きな変化でなかった場合でも，「下振れ」シグナルを出す．結果的に，今回の手法は20か月前後の波に反応しやすくなっており（図3-4），局所的な変化に反応しやすい傾向を

持つ．バンドパスフィルターはもともと山を早め，谷を遅めに検出しやすい性質がある点も気になる．筆者も認識するとおり，バンドパスフィルターは拡大期と後退期が同じ左右対称形の波を前提としており，上りが下りに比べ2倍程度長い日本の景気循環に不向きな面がある．さらに，GDPには加工統計としての宿命から遡及改定があり，伸び率や季節性が後からがらりと変わってしまうことがある．その面から「適合性」や「安定性」に課題がないか，基準改定の影響を含めた検討も期待したい．

　留意点の第2は，バンドパスフィルターは，足元の転換点を特定するのには適しているが，需給ギャップの大きさそのものを計測するのには必ずしも向いていないのではないかという点だ．図3-1で見たように15年から20年周期の波が大きな振幅を持っている．本章が「景気」に見立てた「18か月から8年」までの波では，本来の景気を過小評価する可能性がある．政策判断ではGDPギャップの大きさそのものが意味を持つ場合もある．短期波から15～20年波までを重ね合わせて利用するといった工夫はできないものだろうか．

第 I 部

総括コメント 2

坪内　浩

第 1 章「景気基準日付の再検証——Real-time データに基づく推計」（小巻泰之）

　「景気」についての議論は尽きない．これは景気の定義があいまいなことに起因している．「経済活動の水準」だという考え方もあれば，「景気の一致指標の背後に存在する共通因子」だという考え方もある（村澤 2007）．また，景気基準日付のように「様々な経済活動において上昇的（または下降的）な動きが次第に波及，浸透していく過程」だという考え方もある．定義を決めるのは哲学的な作業である．

　また，景気の定義を決めることができたとしても，それで自動的に景気循環が決まってくるわけではない．定義を体現する完全な指標はなく，定義に沿って何らかの指標を選定し，その加工方法を決めなければならないからである．例えば，景気は「経済活動の水準」だという考え方に立てば，実質 GDP が選定されることになるが，現実のデータには季節変動があり，また需要要因，供給要因，不規則要因などの影響を受けて複雑な動きをしているので，そこからどうやって「経済活動の水準」を抽出するかが問題となる．また「景気の一致指標の背後に存在する共通因子」だという考え方に立てば，景気の一致指標がどのような（確率）プロセスによって発生しているかを想定し，それをどのような（統計的）手法を用いて推計するかが問題となる．

　このように，景気の定義，選ばれる指標，その加工方法が異なれば，それらによって決まってくる景気循環も異なったものになる．したがって，現在景気動向指数研究会において決定されている景気基準日付も「景気」を表わす唯一のものだというわけではない．それは上記の定義に沿って 11 の一致系列が選

定され，ブライ-ボッシャン法を適用した結果決まってくるものに過ぎない．

しかし，一旦ある定義に従って景気循環が決まると，その定義に変更がない限り，決められた景気基準日付がスタンダードになる．どのような指標を採用し，どのように加工するかという議論は引き続き行われるが，それは主として過去に決められた景気基準日付をより早く，より正確に，より間違えずに予測することを目的としたものである．ただし，そもそも特定の景気循環が存在したかどうか，ということは重要な論点として残っている．

今回，筆者によって確認されたのは，これまでのところ景気の定義に大きな変更はなかったということである．リアルタイム・データを用いて設定された景気基準日付とファイナル・データとの関係はやっかいな問題だが，データ修正の影響が見られなくなってから日付を設定したり，設定しても暫定的な扱いにとどめたりすることによってその影響は極力排除されている．

以上のように，景気循環は景気の定義に依存しており，定義が異なればそれに応じた現在とは別の景気循環の議論がありうることになる．

第4章「企業の景況判断と決定要因」(原田信行)

景気指標として企業の景況判断が興味深いのは，定義のあいまいな「景気」について，GDPなどの集計されたマクロデータでは捉え切れない情報を提供してくれると考えられること，また，経済のプレイヤーである企業のデータであることから，企業の意思決定及び企業活動の方向性を示唆する情報を含んでいると考えられることによる．企業の景況判断も大きく見るとマクロデータと同様の動きをしており，共通の要素が決定要因になっていることをうかがわせるが，細かく見るとその動きには違いがあり，その差が景気指標としてのマクロデータと企業の景況判断の性質の違いを示している．

筆者は原田（2007）において，小企業・個人企業層を対象とした景況感調査の個票をもとに，企業の業績と景況感の関係をミクロベースで検証し，集計された景況感の背後に，個別企業レベルでの業績と景況感の強い対応関係があることを示した．今回の分析はその続編であり，財務省「景気予測調査」，内閣府・財務省「法人企業景気予測調査」を用いて，網羅的に企業の景況判断とその決定要因を分析している．

その結果，①景況判断の最も主要な要因は期間を通じて市況や需要の動向で

あること，②製造業，かつ製造業のなかでも大企業ほど海外市場の影響が大きく，直近の景気後退期の落ち込みも大きいこと，③規模が小さい層ほど資金繰りや資金調達環境が景況に影響する傾向が強いことなどが示されている．

このことから，景気指標としてのマクロデータと企業の景況判断の性質についてどのようなことが言えるだろうか．①と②は広い意味で需要のことであり，GDPと同じものであるように思われるが，その考え方では③は捉え切れない．それは企業活動の結果生み出されるもの（付加価値）というよりも，企業が付加価値を生み出すことを可能にするような環境に関するものである．GDPには3面等価の性質があるために，我々はそれが生み出された付加価値のことなのか，実現された需要のことなのか，それとも分配された付加価値のことなのか，特に区別を意識しないでいるが，そうした目から改めて①と②を見ると，これらもやはり実現された需要のことというよりも，付加価値を生み出すことを可能にするような需要面からみた環境のことであるように思われる．

ここに，景気指標としてのマクロデータと企業の景況判断の間の決定的な差がある可能性がある．マクロデータを景気指標として扱う場合，その背後には「景気」とは生み出された付加価値のことであるという考え方があるのに対し，企業が感じている「景気」とは付加価値を生み出すことを可能にするような環境のことを意味していて，資金面での心配のない大きな企業にとってはそれが需要面からみた環境のこと（①，②）であり，小さい企業にとっては資金面からみた環境のこと（③）なのではないだろうか．

第5章「都道府県別CIと全国の景気——CPBIによる分析」（小野寺敬・浅子和美・田中晋矢）

本章において，筆者は47の都道府県別CIを作成し，それを全国の景気基準日付と比較して先行性，遅行性を調べるとともに，浅子・小野寺（2009）で提示した，平均的な都道府県の姿を見ることによって全国の景気局面の転換点が近似的に予測可能な範囲に収まる，という推測（推測A）が直近の「山」と「谷」でも当てはまるかどうかを検討している．これは大変魅力的な考え方である．全国経済のデータは集計することによって地方経済のデータのもっている有用な情報を捨てている危険性があり，集計する前のデータを見ることに

よってその情報を救い出せる可能性があるからである．

ここでは以下のような参照モデルを用いて，本章の意味を理解する助けとしたい．

〈参照モデル〉

単純化すると，都道府県別 CI は以下のように定式化することができる．

$$x_i(t) = c_i(t) + u_i(t) \tag{1}$$

x は CI，c は景気循環要因，u はかく乱項，i は都道府県，t は時点を表わす．このとき，全国ベースの CI は

$$\begin{aligned}x(t) &= \sum_i a_i x_i(t) \\ &= \sum_i a_i (c_i(t) + u_i(t))\end{aligned} \tag{2}$$

となる．a_i は各都道府県のウエイトを表わす．ここで，全国ベースの景気循環要因を $c(t)$ とし，$c_i(t) = c_i c(t)$ と仮定すると，全国ベースの CI は

$$x(t) = (\sum_i a_i c_i) c(t) + (\sum_i a_i) u_i(t) \tag{3}$$

となる．一方，都道府県別 CI の平均は

$$\begin{aligned}y(t) &= 1/47 \sum_i x_i(t) \\ &= 1/47 \sum_i (c_i(t) + u_i(t)) \\ &= 1/47 (\sum_i c_i) c(t) + 1/47 \sum_i u_i(t)\end{aligned} \tag{4}$$

となる．このとき，(3)と(4)を比較すると，どちらも共通の景気循環要因をもっていることがわかる．

したがって，(3)で示される全国ベースの CI と(4)で示される都道府県別 CI の平均は同じ景気循環上の特性をもつことになる．ここで議論されている累積都道府県景気指標（CPBI）は $y(t)$ と同じものではないが，都道府県別 CI を同等に扱っており，同様の特性をもつ指標であると考えることができる．

ここで，$c_i(t) = c_i c(t)$ という仮定が重要になってくる．これは都道府県別 CI の景気循環に先行性，遅行性がないと仮定していることを意味している．もし

も，特定の都道府県（例えば，東京都）のウエイトが大きく，その CI が他の道府県の CI に対して常に先行性をもつ場合，$y(t)$ は $x(t)$ に遅行することになってしまう．したがって，推測 A が成立するためには，特定の都道府県の CI が他の都道府県の CI に対して常に先行性をもったり遅行性をもったりという偏りのないことが必要条件になる．

本章においては，推測 A が直近の「山」と「谷」も含めて当てはまることを確認している．この結論に従えば，特定の都道府県の CI が他の都道府県の CI に対して常に先行性をもったり遅行性をもったりという偏りのないことも同時に確認されたことになる．推移行列を用いた検証においても「山」ないし「谷」において特定の都道府県が常に先行，または遅行することはなく，ランダムに転換点を迎えているとの仮説が棄却できないことを確認している．こうしたことから，日本経済は地域的な先行性，遅行性の偏りがない経済だということになる．

参考文献

浅子和美・小野寺敬 (2009)，「都道府県別景気指標による景気分析」一橋大学経済研究所『経済研究』Vol. 60 (3), pp. 266-285.

原田信行 (2007)，「中小企業の景気と景況感」浅子和美・宮川努編『日本経済の構造変化と景気循環』東京大学出版会.

村澤康友 (2007)，「景気指数の統計的基礎」浅子和美・宮川努編『日本経済の構造変化と景気循環』東京大学出版会.

第 II 部

予測形成と景気分析

第6章

債券投資家の予測形成要因
QUICK債券月次調査からみえるもの

平田英明・蓮見　亮

1. はじめに

　経済活動における期待または予想の重要性は広く知られているところである．経済主体は将来起こりうることを先読みしてフォワード・ルッキングに行動する．そのため，スタンダードなマクロ経済学では，期待の変化を通じた人々の行動様式の変化を捉えることを重要視する．期待の役割に関する研究が進んでいるのは，期待インフレと金融政策分析の分野である．例えばMankiw et al. (2003) では，各種のインフレ予想値を使って，経済主体毎に期待インフレに関する不合意が存在することを実証的に示している．

　本章では，長期金利予想に関しても同様の傾向があるかを検証する．純粋期待仮説が成立する下では，短期金利と将来の期待金利の平均水準で長期金利が決定される．それゆえ，長期金利予想には，先行きの金利，それに影響を与えうる内外の景気動向や金融政策の先行き予想が反映される．その決定要因を探ることは，政策的にも非常に重要であろう．本章ではQUICK社による債券月次調査の結果を利用して，1996年7月～2010年1月のサンプル期間において，投資家が傾向的に持つ長期金利の上昇期待形成の要因を分析する．この調査は，長期金利・短期金利の1, 3, 6か月後予測値とそれに関連する質問から構成されるアンケート調査である．本章では，このうち，長期（10年物）国債利回りの予測値を用いて分析を行う[1]．

　図6-1は，10年物国債金利6か月後予測の平均値（コンセンサス予測）と，

10年物国債金利の実績値を,時点を揃えて示したものである[2]. 2本のグラフの垂直方向の差が,予測誤差に相当する. 実績値を示す実線から,6か月先の予測値を示す破線へと引かれた短い棒状のグラフは,予測の先行き方向感を表している. 短い棒状のグラフが概ね右上を指していることから,アンケートの回答者がこの10数年間概ね金利上昇を予想してきたことがわかる.

このような傾向は,同じく国債市場の厚みがある米国でも観察されるのであろうか. 米国フィラデルフィア連銀による Survey of Professional Forecasters (フィラデルフィア予測) から得られるコンセンサス予測 (図6-2) によれば,興味深いことに日本のような一方的なバイアスは見られない. 日本特有のバイアスの原因を明らかにすることは,市場の期待形成プロセスを理解する上でも,有意義である.

後述する通り,金利の予測値を使った多くの研究が,その合理性の有無を検証することを問題意識としている. そこで,本章では,はじめにこの予測の合理性に関して簡単な確認を行う. そこから明らかになるのは,予測の合理性は観察されず,予測誤差は大きいという事実である. その原因は,ひとえにコンセンサス予測に一貫した上ぶれ傾向があることである. この上ぶれ傾向は QUICK調査の調査対象者に広範に認められるため,このサンプル期間を通じて,長期金利の上昇期待が市場に存在したと考えるのが素直であろう.

そこで,本章では予測誤差ではなく,ある時点での金利の予想と予測時点での実績値との差 (予測の先行き方向感) を「期待」と捉え,この期待を分析対象とする. 次節では,先行研究に関するサーベイと予測の合理性の検証を行う. 第3節では,構造VARを用いてマクロ的に見てこの「期待」が何によって説明されるのかを明らかにする. その上で,第4節では,個々の経済主体の

---

1) 本章では,データの動きが短期的な要因に影響されにくいことから,基本的に6か月先予測をベースに分析を進める. 紙幅の都合から割愛するが,1か月,3か月に関しても同様の結果が得られる.

2) 本章でのコンセンサス予測は,まず1社につき回答者が複数いる場合には,その中央値をその社の予測と見なした上で,1996年7月〜2010年1月の全163月のうち8割以上回答した42社の回答を平均した値である. なお,1998年6月以前には国債指標銘柄利回りの予測値のみ,1998年10月以降には新発10年国債利回りの予測値のみ聞く形式になっているため (3か月間は重複),1998年10月時点から新系列に接続している. 6か月先予測の予測対象期間は,1997年1月〜2010年7月である. アンケートの回答時期は月末であるため,実績値は10年物国債金利の月末値としている.

第6章　債券投資家の予測形成要因　　　　　　　　　　　　123

実績と予測

RMSE の分解

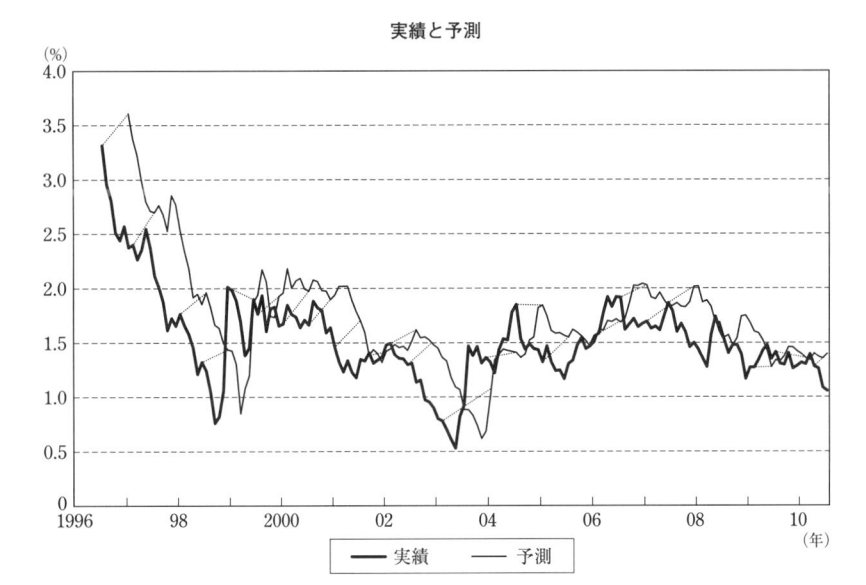

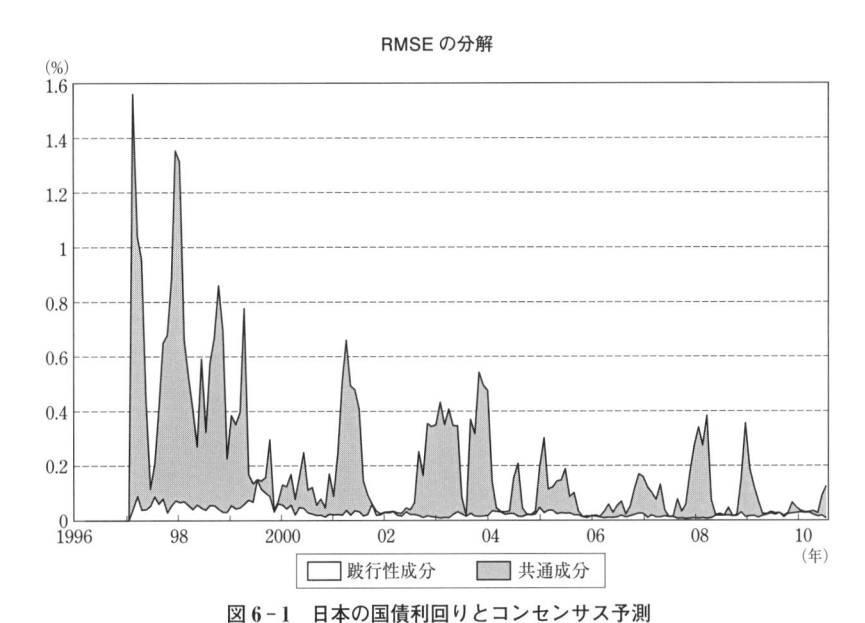

図6-1　日本の国債利回りとコンセンサス予測

出所：QUICK『債券月次調査』，日本銀行『金融経済統計月報』．

実績と予測

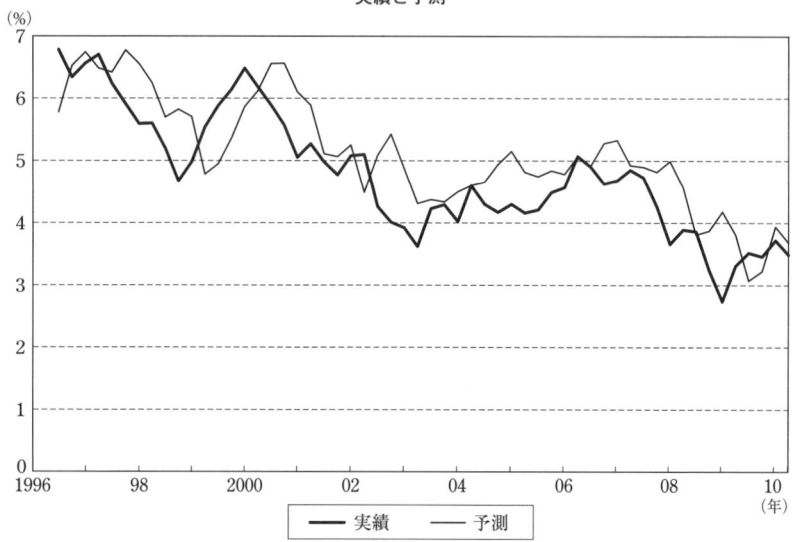

RMSE の分解

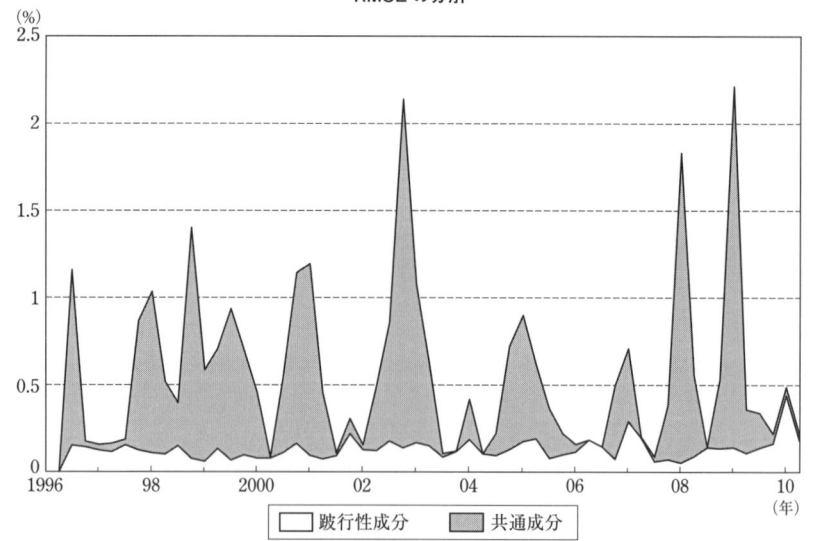

凡例：跛行性成分／共通成分

図 6-2 米国の長期金利とコンセンサス予測

出所：FRB of Philadelphia, *Survey of Professional Forecasters*; FRB of St. Louis, *FRED*.

予測値とそれに付随するアンケート情報を用いて，マクロ経済指標と予測の関係を明らかにする．特に，マクロ経済指標がどのように動いたときに金利上昇期待が生じるのかについて視覚的・定性的な確認を行った上で，マクロ経済指標の変化が期待に与える影響を計量的に分析する．第5節は結語である．

2. 先行研究と合理性の検証

2.1 先行研究

予測を取り扱った研究の多くは，予測が合理的・効率的であるか，あるいは，予測が回答者属性に左右されるかどうかに焦点を当てる．例えば，Ito (1990) は，円ドル為替レートの予測に関するパネルデータを用いて，予測者は自己あるいは自社の立場から楽観的な予測をしがちであるという予測者毎の予測の異質性が存在し，合理的期待形成がなされていないことを指摘した．この他，為替レートに関する期待の異質性に注目した分析としては，Frankel and Froot (1990) や Allen and Taylor (1990) などもある．

ブルーチップ，フィラデルフィア予測等の多様なデータソースが存在するため，米国 GDP が分析対象となる場合も多い．これらの中でも，Ball and Croushore (2003) は，金融政策というマクロ要因が予測に与える影響を分析した点に特色がある．これによると，金融政策の変更は，GNP のコンセンサス予測（データソースはフィラデルフィア予測）よりも実績値により大きな影響を与える．すなわち，政策金利の変更の効果を過小に見積もる点で，合理的期待形成がなされていないと指摘している．マクロ指標が予測に与える影響を分析しているという点では，Ball and Croushore (2003) は本章と問題意識を共有している．

予測の対象が金利である分析には，例えば，Hafer et al. (1992) や Peterson (2001) が存在する．3か月物 TB 金利の予測誤差を分析した Hafer et al. (1992) は，サーベイの予測は先物市場で決定された金利に予測力で劣ると結論付けている．Peterson (2001) は，ブルーチップの債券利回り予測のパネル分析により，予測者がその時点でより優秀な他の予測者の予測をまねる傾向にあることを示した[3]．

2.2 合理性の検証

冒頭でも確認した通り，図 6-1 と図 6-2 を比較すると，当該時期では日本はゼロ金利政策や量的緩和が実施されていたこともあり，米国と比べると長期金利予測の傾向はかなり異なるようにみえる．そこで，数量的に予測の合理性について確かめるために，日本の QUICK 調査のコンセンサス予測の予測誤差について簡単な分析を試みる．

先行研究にならい，平均二乗誤差（MSE）または平方根平均二乗誤差（RMSE）から，予測の偏りと散らばりを測ってみる．コンセンサス予測と横ばい予測（次期以降の金利水準が当期と変わらないとする機械的な予測）を比較してみると，コンセンサス予測の RMSE が 0.44 なのに対し，横ばい予測の RMSE はそれを下回る 0.35 となる．額面通りに受け取れば，コンセンサス予測は予測値としてほとんど意味をなしていないことになる．そこで，コンセンサス予測の MSE の特徴を捉えるために，Bauer et al.（2006）と同様の方法で分解を試みた結果が図 6-1 下図である[4]．この方法は，

$$\frac{1}{N_t}\sum_i (r^f_{i,t}-r_t)^2 = (\bar{r}^f_t - r_t)^2 + \frac{1}{N_t}\sum_i (r^f_{i,t} - \bar{r}^f_t)^2$$

のように，MSE（左辺）を回答者に共通する成分（右辺第 1 項）と跛行性を表す成分（右辺第 2 項）とに分解するものである．ここで，r_t は t 時点での 10 年物国債金利（％），$r^f_{i,t}$ は回答者 i による $t-6$ 時点で行った r_t の予測である．そして，$\bar{r}^f_t = \frac{1}{N_t}\sum_{i=1}^{N_t} r^f_{i,t}$ が $t-6$ 時点で行われた回答者 N_t 人による r_t のコンセンサス予測である．

グラフから明らかなように，コンセンサス予測は，一部の誤りが全体に影響しているわけではなく，全体として歪んでいる．ちなみに，米国長期金利に関するコンセンサス予測について同様の分解を行ったものが図 6-2 下図である．共通性を表す成分が支配的であるという点では，日本の QUICK 調査のコンセ

---

3) 本章で使うデータに関しては，他の予測者の過去の予測をまねる可能性はあるものの，各時点での予測をする際には同時点での他者の予測については知り得ないように予測値が収集されている．

4) 他にも，予測誤差のバイアスについて，Campbell and Sharpe（2009）が Anchoring Bias という概念を提唱している．

ンサス予測の予測誤差と同様である.

次に,コンセンサス予測の合理性について,簡単な検定を行う.もしコンセンサス予測が予測誤差の平均がゼロ ($E[\bar{r}_t^f - r_t | \Omega_{t-6}] = 0$, Ω_t は t 時点の情報集合) という意味で合理的ならば,$t-6$ 時点で行った t 時点の予測 ($\bar{r}_t^f$) の予測誤差は t 時点で入手可能な情報と無相関となるはずである.そこで,以下のような回帰式を考える (帰無仮説は,$\beta_1 = \beta_2 = 0$).

$$\bar{r}_t^f - r_t = \beta_1 + \beta_2(\bar{r}_{t-6}^f - r_{t-6}) + \varepsilon_t$$

誤差項 (ε_t) の内生性バイアス (系列相関) の存在を考慮し,誤差項に MA 構造を仮定して最尤法により推定を行った.なお,MA 構造のラグの長さについては,AIC を基準にラグ数 0〜10 の中で最もフィットがよいラグ数 6 を選択した.推定結果は,$\beta_1 = 0.2025$ (標準誤差 = 0.0801),$\beta_2 = 0.0431$ (標準誤差 = 0.1065) と帰無仮説は棄却され,強い正のバイアスがみられる.

以上から明らかなように,予測誤差が大きいのは,コンセンサス予測に一貫した上ぶれ傾向があるからである.しかも,その要因分解から明らかになったように,これは一部が極端な予測をしたことが主たる原因ではなく,それぞれの予測に全体としてみられる傾向である.その背後には,この期間を通じて,長期金利の上昇期待があったことが考えられる.そこで,以下では,この長期金利上昇期待の要因を分析していく.

3. マクロ的アプローチによる検証

金利上昇期待の要因を分析していく上では,いくつかのアプローチが考えられる.本節では,予測者の予測をマクロ的に検証するアプローチから,大まかな傾向をつかんでみよう.

3.1 構造識別

ここでは,Leduc et al. (2007) や Mehra and Herrington (2008) で期待インフレ率について用いられた考え方を応用して,長期金利に関する期待の要因を構造 VAR を使って検証していく[5].

推定する構造 VAR は 5 変数モデルである.3 か月後予測値と予測時点での

実績値の差を長期金利に関する予測の先行き方向感,すなわち期待と捉え,四半期ベースで分析を行う[6]．分析モデルは,単純化のためにラグを1期だけとする以下のような連立方程式とする．

$$BX_t = \Gamma_0 + \Gamma_1 X_{t-1} + \varepsilon_t$$

ここで, X_t は 5×1 のベクトルであり, B, Γ_0, Γ_1 は 5×5 の構造係数行列である．そして, ε_t は構造ショックのベクトルである．ここでは,構造ショックは平均ゼロ,相互に相関しないものとする．

長期金利予想には,先行きの金利,それに影響を与えうる内外の景気動向や金融政策の先行き予想が反映されていると考えられる．そこで, X_t の5つの変数は（1）長期金利に関する期待：$(\bar{r}_{t+1}^f - r_t)$,（2）長期金利に関する「期待」の実績値：$(r_{t+1} - r_t)$,（3）為替レートの3か月後実績値と予測時点での実績値の対数差,（4）鉱工業生産指数の3か月後実績値と予測時点での実績値の差,（5）消費者物価指数で実質化した TIBOR 3 か月金利の3か月後実績値と予測時点での実績値の差とする．各変数について,差をとったり,変化をみたりしているのは,予測者が各変数の水準よりもむしろその変化の方向に注目していると考えられるためと,データの定常性を確保するためである[7]．

また,変数は（1）～（5）の順番で並べる．この設定はQUICK調査が各期末に行われるという特徴を活かしたものである．すなわち, t 期における長期金利に関する期待とは, t 期初（正確には $t-1$ 期末）に決定されている．したがって, t 期に実現するいかなるマクロ変数の情報も予測をする時点では未知のため,影響を受けない（むろん, $t-1$ 期以前の実現値には影響を受ける）[8]．逆に他の変数は, t 期の長期金利自体の水準を含めて,必ず長期金利に関する期待の影響を同時点で受けることになる．例えば,当期の長期金利に関する期待は,当期の他の全ての変数から影響を受けず,逆に最後の変数である当期の

---

5) Mankiw et al.（2003）は最小二乗法（OLS）により期待インフレ率と各マクロ変数間の関係を分析しているが,Leduc et al.（2007）や Mehra and Herrington（2008）は構造VARの方が動学的な影響を計ることができる点がより優れているとしている．

6) 6か月ベースでも分析は可能であるが,本章でのサンプル期間では自由度が著しく小さくなってしまうので,この節では3か月（四半期）ベースで分析した．

7) 各変数についてADF検定とPP検定を行うと,いずれも5%水準で定常である．

8) 本章では,変数の順番は上述のケースのみを紹介しているが,長期金利に関する期待以外の変数の順番を変えても分析結果には大きな変化は生じない．

実質金利差は，当期の全ての他の変数と相関するということである．

係数行列 B は対角要素を 1 に基準化し，非対角要素の構造係数を通じて同時期に各変数間でのフィードバックが存在しうるものとする．具体的には，Leduc et al. (2007) や Mehra and Herrington (2008) にならい，変数が同時点で再帰的（recursive）関係にあるとし，各変数はその変数よりも前に並べられた変数とのみ相関しているものとする．すなわち，係数行列 B の要素を $b_{\#}$ で示すと，非対角要素は，以下の通りとなる．

$$b_{12} = b_{13} = b_{14} = b_{15} = 0$$
$$b_{23} = b_{24} = b_{25} = 0$$
$$b_{34} = b_{35} = 0$$
$$b_{45} = 0$$

なお，行列式の両辺に B^{-1} を掛けると，

$$X_t = A_0 + A_1 X_{t-1} + e_t$$

が得られる．ただし，$A_0 = B^{-1}\Gamma_0$, $A_1 = B^{-1}\Gamma_1$, $e_t = B^{-1}\varepsilon_t$ である．この場合は，10 個の制約が課されているため，構造ショックが識別されることになる．

3.2 推定結果

図 6-3 は，当期の長期金利に関する期待の予期せぬ一時的なショック（1 標準偏差の上昇）に対するインパルス応答をみたものである．図の左側は全サンプル期間（1998 年第 4 四半期～2010 年第 1 四半期），右側は量的緩和期（2001 年第 1 四半期～2006 年第 1 四半期）に関する結果であり，実線が点推定値，点線が 90% 信頼区間，縦軸が %，横軸が四半期の時系列を示している．

推定結果の主な特徴を 4 点挙げておこう．第 1 に，長期金利に関する期待は，長期金利の変化やその他のマクロ変数の変化に比べ，期待自体に対してもっとも大きく反応している．これはサンプル期間に関係なく観察される．また，その影響は数四半期程度で消えており，短期的な影響に留まっている．第 2 に，量的緩和期には長期金利自体の変化が，長期金利に関する期待に影響を与える度合いが強まっている．影響は即時的に起きるわけではなく，徐々に起きる傾向がみられる．これは，量的緩和期のコミットメント効果がある程度効

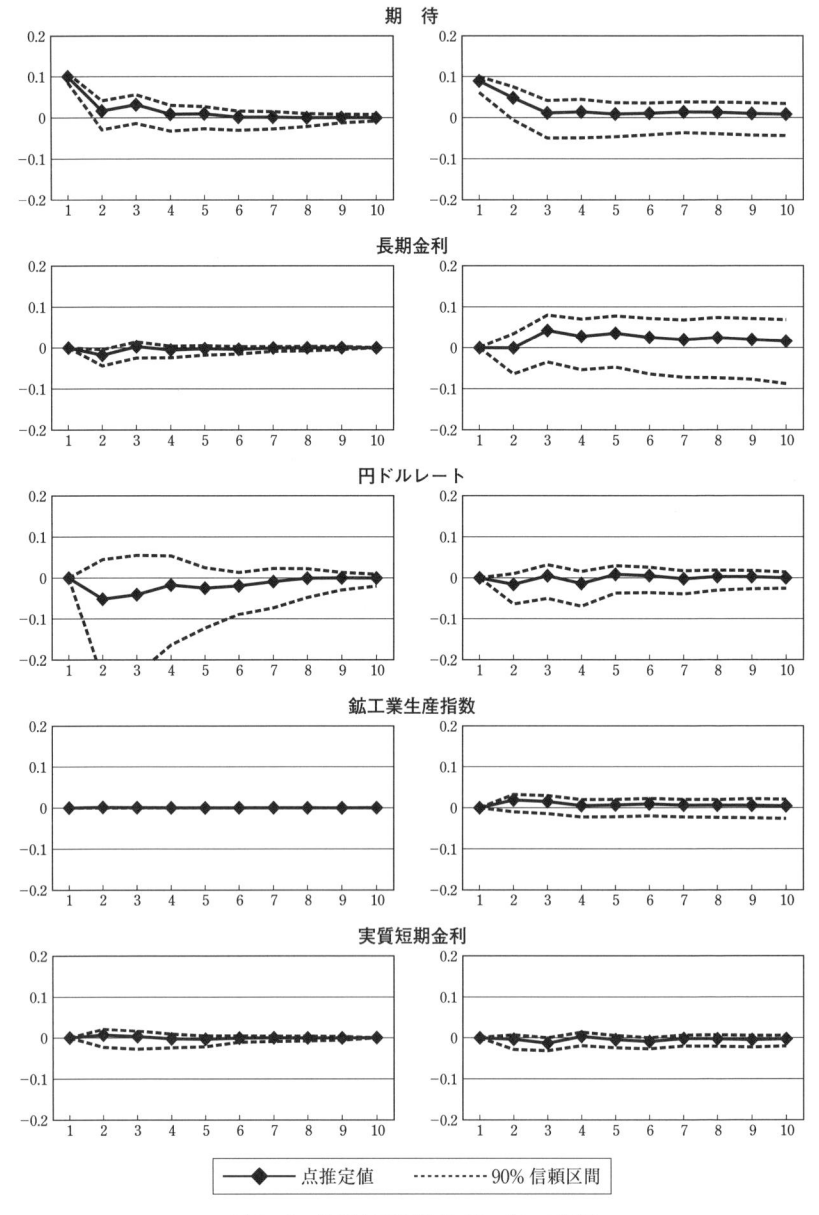

図 6-3　長期金利期待のインパルス応答

注：左側が全サンプル期間，右側が量的緩和期．

いていたことを間接的に捕捉していると考えることができるだろう．第3に，量的緩和期についてははっきりしないものの，全期間でみると，円レートの増価は長期金利を押し下げる方向に作用し，その影響は2年半程度続いている．第4に，鉱工業生産指数や実質金利の影響は限定的である．

4. アンケート回答を用いた長期金利予想の決定要因

QUICK調査には，各回答者の金利の予測値に加え，予測値に影響を与える変数に関する調査項目がある．回答結果の時間的な変動と各回答者の情報を活かすことを念頭に，個票データ（ミクロ情報）を使って長期金利予想の決定要因を実証的に明らかにしていく．

4.1 アンケート回答と経済指標との関係性

QUICK調査には，予測値に影響を与える変数に関する調査項目として，今後6か月間程度の想定で，景気動向，物価動向，短期金利／金融政策，為替動向，海外金利，債券需給，株価動向の7つの要因が，それぞれ債券相場にどのような影響を与えると予測するかについての質問が含まれている．ここでは，これらの要因のうち債券需給要因を除く6つの要因が期待に影響を与えていると考える．債券需給要因を除いて考えるのは，それを代理するマクロ指標がないためである．債券相場に与える影響に関する質問の回答方式は，7つの要因についてそれぞれ [1. 強いプラス，2. プラス，3. 中立・不明，4. マイナス，5. 強いマイナス] のいずれかを答えるというものである．債券相場＝債券価格に関する質問であるため，マイナスは金利上昇予測を意味し，プラスは金利下落予測を意味する．

それぞれの要因と関係するマクロ指標として，表6-1のような関係を想定した[9]．例えば，鉱工業生産指数（3か月前差）の変動に応じて，景気動向について上記1～5のいずれかを回答するものと想定する．このアンケートの回答時期は月末であるが，その時点でその月の値が判明していない指標については，適宜1月ラグを取っている．

表 6-1 選択したマクロ指標

要因	マクロ指標	相関係数	備考
景気動向	鉱工業生産指数（3か月前差）	0.40	1月ラグ
物価動向	企業物価指数（前年比伸び率，%）	0.66	1月ラグ
短期金利/金融政策	コールレート（%）	0.23	
	マネタリーベース（前年比伸び率，%）	−0.55	1月ラグ
為替動向	円ドルレート（3か月前差）	0.61	
海外金利	米国10年物国債金利（%）	0.13	
債券需給	—		
株価動向	TOPIX（5か月前比伸び率，%）	0.54	

4.2 回答の特徴

図 6-4 に，景気要因に関するマクロ指標の動きと，アンケート回答（1〜5）の平均の関係を示した[10]．図の上段は，鉱工業生産指数（表 6-1 参照）の推移，下段がアンケート回答の平均である[11]．鉱工業生産指数（3か月前差）とアンケートの回答との間には，正の相関がある（相関係数＝0.40）．すなわち，生産が好調であるときに，先行きの景気上向きを予想するため，金利上昇予想が増加する傾向が観察される．

他の変数については以下の通りである．物価要因については，企業物価指数の変化とアンケートの回答との相関は極めて高い（相関係数＝0.66）．物価の上昇は，長期金利の上昇圧力となるという一般的な見解と整合的である[12]．

金融政策要因について，コールレートとアンケートの回答との間の相関係数は 0.23 と弱い正の相関がみられる．短期金利の上昇は，長期金利の上昇予想

---

9) 景気動向については，鉱工業生産指数（季調値）の原系列と伸び率（1〜12か月前比），物価動向については，企業物価指数と消費者物価指数の前年比を候補とした．短期金利/金融政策については，短期金利とマネーの2通りを考えた．金利については，コールレートと TIBOR 3 か月金利，マネーについては，マネタリーベース（前年比伸び率），M2（前年比伸び率）および量的緩和ダミーを候補とした．為替動向については，円ドルレートの1〜12か月差を，海外金利については，米国長期金利と日米金利差を，株価動向については，TOPIX の1〜12か月前比を候補とした．
10) 紙幅の都合から，他の要因に関する図は省略した．
11) アンケート回答の平均値の求め方は，コンセンサス予測と同様の方法で計算している（前掲注2参照）．
12) 構造 VAR モデルでは実質金利の影響は限定的であったが，これは実質化の時点で名目金利と物価がミックスになっているため，純粋な物価からの影響が測れていないことが原因と考えられる．

第6章 債券投資家の予測形成要因　　133

鉱工業生産指数

アンケート回答の平均

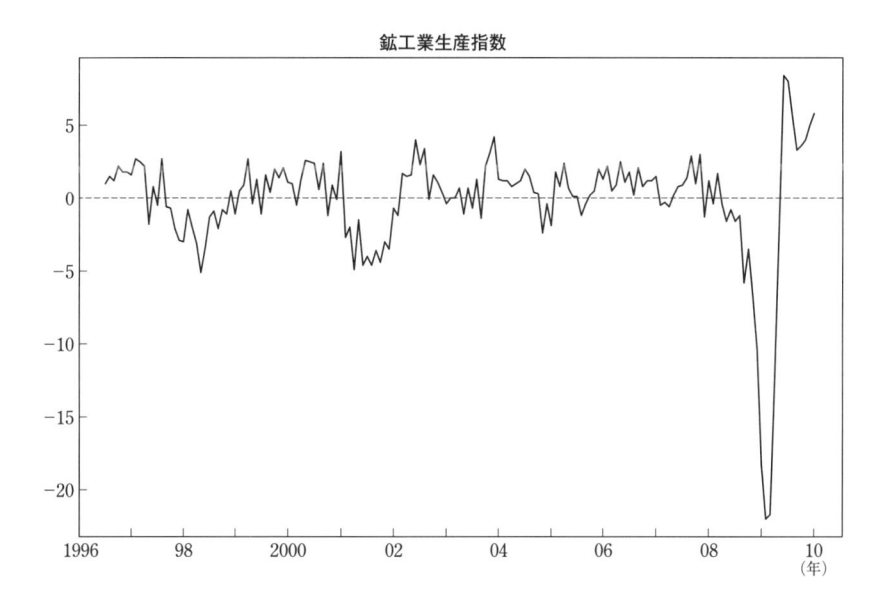

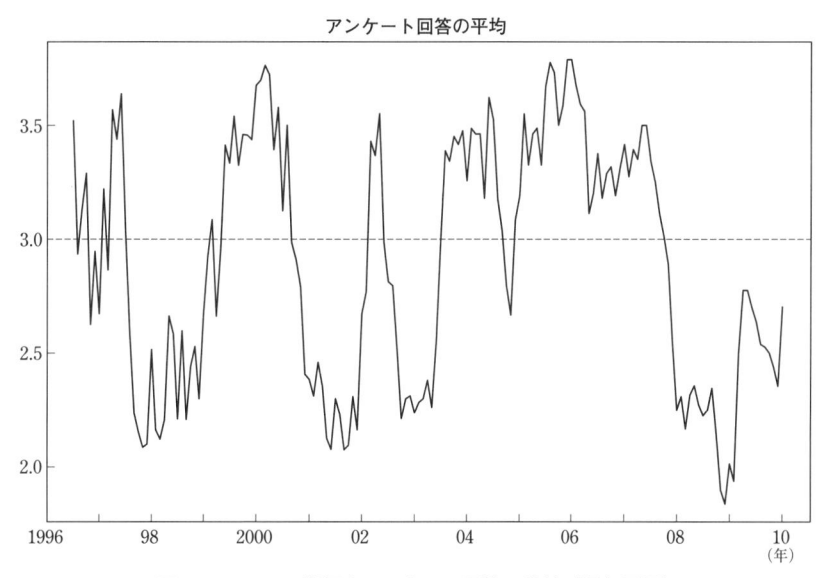

図6-4　マクロ指標とアンケート回答の比較（景気要因）

を誘発し，短期金利の下落は，長期金利の下落予想を促すメカニズムが働いていることが示唆される[13]．さらにマネタリーベースとアンケートの回答との間の相関係数は強い負（-0.55）であることから，マネタリーベースの増加は，金融緩和を通じた金利下落予想を増加させていることが考えられる．

為替要因について，円ドルレートの3か月前差とアンケートの回答とは相関係数＝0.61と強い相関がみられる．為替が円安（円高）に動くと，外需が高まる（低まる）ことを通じて景気上昇（後退）期待が形成され，金利上昇（下落）が想起されるというメカニズムが存在しているように見受けられる．海外金利要因については，相互のはっきりした相関はみられず，相関係数も0.13と低い．株価要因については，TOPIXの変動とアンケートの回答との間の関連性をみると，為替要因と同様に相関係数は0.54と高い．この期間を通じて，株価上昇は金利上昇の材料となっていたものと思われる．

以上を要約すると，景気要因，物価要因，株価要因については正の相関がみられ，景気拡張時には将来的に長期金利が上昇するという予測が形成されている．この傾向は，金融政策要因についても同様であるが，マネタリーベースに関しては相関が負である．一方で，海外金利要因に関しては，変数の選択方法に依存する面もあると考えられるが，それほどはっきりとした関係はみられない．いうまでもなく，これらの関係性は何らかの因果関係の存在を示唆するにすぎないため，以下では回帰分析を通じて，上記のようなメカニズムが存在しているかを実証的に検証していく．

4.3 パネル分析

次に，個々の回答者の予測形成の要因を明らかにするため，個票データによるパネル回帰を行う．ここまでの構造VARによる分析やアンケート結果と経済指標間の相関関係だけからでは，あくまでマクロ的な関係しかわからない．そこで，個々の回答者のアンケート回答という個票データを利用することで，それぞれのマクロ指標を各々の回答者が回答に際して参照しているかを明らかにしていく．

なお，ここからのパネル分析と構造VARの結果との関連性について，触れ

[13) コールレートと後述の米国長期金利については階差をとるといった操作も考えられるが，相関係数を踏まえて，レベル変数を用いた．

ておこう．構造 VAR の結果からは，予測者は自身の過去の予測に大きく影響されることが示された．その意味では，パネル推定においては被説明変数の自己ラグを説明変数としたダイナミックパネル推定を行うことも考えられる．しかし，このアンケートでは，予測者が予測の根拠とする情報が何であるかということが示されている．自身の過去の予測は，予測の根拠とする情報に基づいてなされたと考えられる．そこで，本節ではシンプルな固定効果推定を行うことで，どのマクロ変数が予測に影響を与えたかを明らかにすることに主眼を置く．

サンプルは，コンセンサス予測を計算した際のサンプルと同様の42社（前掲注2参照），期間は 1996 年 7 月～2010 年 1 月の 163 か月（一部欠損値あり）である．回帰式は，以下の通りである．

$$r^f_{i,t+6} - r_t = \alpha_i + x'_{i,t}\beta + \varepsilon_{i,t}$$

被説明変数は，回答者 i の t 時点での6か月先の期待である．α_i, β は回帰係数，$\varepsilon_{i,t}$ は誤差項である．定数項以外の説明変数 $x_{i,t}$ は，回答者 i のそれぞれの質問項目に対するアンケート回答（1～5で回答する）のアンケート回答 12 ダミーと対応するマクロ変数との交差項，及びアンケート回答 45 ダミーとマクロ変数との交差項である（後掲表 6-2 参照）．回答 12 ダミーとは，1 または 2 と回答した場合に 1，それ以外の場合に 0 をとるダミー変数である．回答 45 ダミーとは，4 または 5 と回答した場合に 1，それ以外の場合に 0 をとるダミー変数である．交差項を作る利点としては，当該指標が景気に影響を与えないというアンケート結果を織り込むことができる点と，長期金利の押し上げ要因になる場合と押し下げ要因になる場合で，そのインパクトに非対称性があるかどうかがわかる点が挙げられる．

パラメータに関する理論的条件は，やや複雑になるので，1つずつ考えていく．まず，景気動向の指標である鉱工業生産指数（3か月前差）について考えてみよう．前節での議論を踏まえると，生産指数の下落局面では1と2の回答，すなわち景気が金利下落要因であるという回答が増えるという関係にある．したがって，生産指数と回答 12 ダミーとの交差項の係数は，理論的に正値をとると考えられる．同様に，生産指数の上昇局面では4と5の回答，すなわち景気が金利上昇要因であるという回答が増加するという関係にあるため，

生産指数と回答45ダミーとの交差項の係数も正値をとると想定される．

　企業物価指数については，物価上昇期には金利上昇，下落期には金利下落が想定され，それぞれの交差項にかかるパラメータとも正値をとると考えられる．為替動向を示す円ドルレート3か月前差は，正であれば円安化，負であれば円高化を意味するが，前者は景気拡大期待，後者は景気後退期待を形成すると想定される．したがって，それぞれの交差項にかかるパラメータはいずれも正値を取ると考えられる．短期金利／金融政策指標であるコールレートについては，上昇期には金利上昇期待が，下落期には金利下落期待が形成されると考えられるので，交差項にかかるパラメータはいずれも正値を取ると想定される．他方，マネタリーベースの増加期には金利下落，下落期には金利上昇が想定されるため，回答12ダミーとの交差項の係数と回答45ダミーとの交差項の係数は負値をとると考えられる．海外金利要因の上昇期には金利上昇，下落期には金利下落が想定されるので，それぞれの交差項にかかるパラメータはいずれも正値を取ると考えられる．株価要因を示すTOPIXの上昇率については，株価上昇は金利上昇要因となり，株価下落は金利下落要因となることから，それぞれの交差項にかかるパラメータはいずれも正値を取ると考えられる．

　以上の議論を要約すると，推定結果の見方のポイントは「2つの整合性」にあるといえよう．1つ目の整合性は，前節で検証した相関関係と，このパネル回帰の結果に整合性があるかどうかである．例えば，景気動向について，鉱工業生産指数の変化量が正のときに，アンケート回答では金利上昇という予測が増加するが，この相関関係とパネル回帰の結果に矛盾がないかが問題となる．2つ目の整合性は，同一のマクロ指標の異なるダミー変数との交差項の符号が一致しているかどうかである．すなわち，あるマクロ指標とアンケート回答12ダミーとの交差項と，アンケート回答45ダミーとの交差項の双方の回帰係数が正であれば，そのマクロ指標の増減と期待の増減の方向性は平均的に一致する．

　回帰分析の結果を示したのが表6-2である．まず，説明変数が交差項と定数項だけからなるモデル1の結果をみていこう．鉱工業生産指数，コールレート，円ドルレートにかかる回帰係数は，前述の2つの整合性を満たしている（表6-2の説明変数（1），（2），（5），（6），（9），（10））．これに対し，企業物価指数，マネタリーベースは，2つの整合性を満たしていない．企業物価

第6章 債券投資家の予測形成要因

表6-2 パネル回帰の結果

説明変数	モデル1 回帰係数	モデル2 回帰係数	モデル3 回帰係数
（1）鉱工業生産指数×景気動向12ダミー	0.0050***	0.0052***	0.0003
（2）鉱工業生産指数×景気動向45ダミー	0.0044***	0.0047***	0.0014
（3）企業物価指数×物価動向12ダミー	0.0116***	0.0138***	0.0018**
（4）企業物価指数×物価動向45ダミー	−0.0035***	−0.0050***	−0.0100***
（5）コールレート×短期金利／金融政策12ダミー	0.1125***	0.0297*	0.0869***
（6）コールレート×短期金利／金融政策45ダミー	0.0986***	0.0476***	0.0052
（7）マネタリーベース×短期金利／金融政策12ダミー	−0.0012***	−0.0001	−0.0006***
（8）マネタリーベース×短期金利／金融政策45ダミー	0.0008**	0.0012***	0.0014***
（9）円ドルレート×為替動向12ダミー	0.0027***	0.0031***	0.0022***
（10）円ドルレート×為替動向45ダミー	0.0046***	0.0057***	0.0038***
（11）米国長期金利×海外金利12ダミー	0.0036***	0.0034***	0.0013
（12）米国長期金利×海外金利45ダミー	−0.0012	−0.0018**	−0.0014*
（13）TOPIX×株価動向12ダミー	0.0004	0.0005*	0.0005*
（14）TOPIX×株価動向45ダミー	−0.0002	−0.0001	−0.0001
（15）量的緩和ダミー		−0.0529***	−0.0852***
（16）リーマンショックダミー			−0.1654***
（17）定数項	0.1601***	0.1872***	0.2184***
サンプル数	5444	5444	5444
グループ数	42	42	42
決定係数（within）	0.0821	0.1212	0.2632
決定係数（between）	0.0601	0.1452	0.6004
決定係数（overall）	0.0815	0.1208	0.2638

注：***，**，*は，それぞれ1%，5%，10%の水準で有意であることを示す．

指数については，その下落局面でも上昇局面でも金利下落期待が生じている（説明変数（3），（4））．マネタリーベースは，その増加時に理論と整合的に期待に有意に負の影響を及ぼしている（説明変数（7））．米国金利が期待に与える影響は片面的であり，TOPIXにかかる係数は有意ではない．定数項は期待金利変動幅のバイアスの平均値とほぼ一致する．

表6-2では併せて量的緩和期ダミー（量的緩和期＝1，それ以外の時期＝0）とリーマン・ショックダミー（2008年9月以降＝1，それ以前＝0）を入れた推定結果も示している（モデル2とモデル3）．両ダミーともパラメータは負に有意であり，量的緩和期の時間軸効果の現れ，リーマン・ショック以降の金融の不安定化や景気の低迷による経済の先行きに対するネガティブな見通し等を反映しているものと思われる．これらの変数を加えることによる大きな変化は，鉱工業生産指数にかかる変数が有意でなくなったことである．

以上より，数量的にみて金利変動の予測の先行き方向感（期待）に影響を与

える主要な要因は，金融政策と為替動向であると考えられる．前者については，金融政策の変更がイールドカーブの変化を通じて長期金利に影響を及ぼすという経路を踏まえれば，ある意味当然といえるであろう．後者の為替動向は，このケースでは海外景気要因と読み替えられるかもしれない．分析期間における実質成長率の寄与度に占める輸出の割合はかなり大きいため，円高→輸出減→実質成長率の低下→予想金利低下というメカニズムが働いたと考えられる．

5. おわりに

本章では，QUICK 社による債券月次調査の個票を利用して，主として6か月後の10年物国債利回りに関する投資家の予測値の決定要因を分析した．分析期間（1996年7月～2010年1月）の投資家の予測値には明らかな上方バイアスがみられるため，予測誤差ではなく，予測値と予測時点での実績値の差として定義した「期待」に着目して分析を行った．

まず，長期金利に関する「期待」，長期金利の実績値，為替レート，鉱工業生産指数，短期金利の5変数からなる構造VARモデルを構築し，これらの変数相互間にみられる傾向を把握した．アンケートには，今後6か月間程度の想定で，景気動向，物価動向，短期金利／金融政策，為替動向，海外金利，債券需給，株価動向の7つの要因が，それぞれ債券相場にどのような影響を与えると予測するかについての質問がある．そこで，アンケート回答と相関の高いマクロ指標を複数の候補の中から探し，個々のアンケート回答者の個票情報を利用したパネル回帰を行った．この結果，金利変動の期待に影響を与える主要な要因は，金融政策と為替動向であるという結論を得た．

最後に，本章の課題について述べる．この分析では，回答者の属性について，十分な考慮をすることができなかった．例えば，債券価格の上昇／下落によって利益を得るか損失を被るかのポジションの違いが予測あるいは期待に影響を及ぼしている可能性が指摘できる．また，予測が回答者自身の過去の回答に影響を受けるという効果について，パネル推定でもそれを反映した推定を行うことも考えられるだろう．さらに，予測期間別の特徴に関するより踏み込んだ分析も必要であると考えられる．

分析期間を通じた先行き方向感の上ぶれは，ペソ問題と似た現象を示唆している可能性もある．ペソ問題とは「実現する確率は低いが，実現すると為替レートの大幅な変動を引き起こすような，将来の外生的与件や政策レジームの変化に関する期待が現在の為替レートに影響を与える現象」（河合・村瀬 1990）である．今回の分析対象期間（1990 年代後半以降の 10 数年）では，ペソ問題と類似の状況が発生していた可能性もある．その意味で，本分析は，期待の要因分析というよりも，むしろ期待の変動要因の分析といった方が正確かもしれない．この点については検証の対象外であり，今後の課題としたい．

謝　辞

本章は，日本金融学会 2009 年度春季大会（2009 年 5 月），Applications of Physics in Financial Analysis 7th International Conference（2009 年 3 月），景気循環日付研究会での発表論文を加筆修正したものである．討論者の芦谷政浩氏（神戸大学），村瀬英彰氏（名古屋市立大学）ならびにセミナー参加者からは大変有益なコメントを頂いた．株式会社 QUICK からは予測データを提供して頂いた．なお，平田は本研究に関し，日本経済研究奨励財団の助成を受けている．記して感謝したい．

参考文献

Allen, Helen and Mark P. Taylor (1990), "Charts, Noise and Fundamentals in the London Foreign Exchange Market", *Economic Journal*, Vol. 100 (400), pp. 49-59.

Ball, Laurence and Dean Croushore (2003), "Expectations and the Effects of Monetary Policy", *Journal of Money, Credit & Banking*, Vol. 35 (4), pp. 473-485.

Bauer, Andrew, Robert A. Eisenbeis, Daniel F. Waggoner, and Tao Zha (2006), "Transparency, Expectations and Forecasts", *Federal Reserve Bank of Atlanta Economic Review*, Vol. 91 (1), pp. 1-25.

Campbell, Sean D. and Steven A. Sharpe (2009), "Anchoring Bias in Consensus Forecasts and its Effect on Market Prices", *Journal of Financial and Quantitative Analysis*, Vol. 44 (2), pp. 369-390.

Frankel, Jeffrey A. and Kenneth A. Froot (1990), "Chartists, Fundamentalists, and Trading in the Foreign Exchange Market", *American Economic Review*, Vol. 80 (2), pp. 181-185.

Hafer, R.W., Scott E. Hein, and S. Scott MacDonald (1992), "Market and Survey Forecasts of the Three-Month Treasury-Bill Rate", *Journal of Business*, Vol. 65 (1), pp. 123-138.

Ito, Takatoshi (1990), "Foreign Exchange Rate Expectations: Micro Survey Data", *American Economic Review*, Vol. 80 (3), pp. 434-449.

Leduc, Sylvain, Keith Sill, and Tom Stark (2007), "Self-Fulfilling Expectations and the Inflation of the 1970s: Evidence from the Livingston Survey", *Journal of Monetary Economics*, Vol. 54 (2), pp. 433-459.

Mankiw, N. Gregory, Ricardo Reis, and Justin Wolfers (2003), "Disagreement about Inflation Expectations", *NBER Macroeconomics Annual*, Vol. 18, pp. 209-248.

Mehra, Yash P. and Christopher Herrington (2008), "On the Sources of Movements in Inflation Expectations: A Few Insights from a VAR Model", *Federal Reserve Bank of Richmond Economic Quarterly*, Vol. 94 (2), pp. 121-146.

Peterson, Steven P. (2001), "Rational Bias in Yield Curve Forecasts", *Review of Economics and Statistics*, Vol. 83 (3), pp. 457-464.

河合正弘・村瀬英彰 (1990), 「最近の為替レート決定理論:展望論文」『フィナンシャル・レビュー』March-1990, pp. 1-26.

第7章

ボラティリティの景気予測力
バリアンス・リスクプレミアムの検証から

大屋幸輔

1. はじめに

　公的機関や民間研究機関が公表している景気に関連する指数など，様々な経済変数を景気判断や予測に応用する試みは一定の成果をおさめているといえるだろう．そこでは生産活動に関連する指標や需要や雇用に関連する指標が主要な位置を占めており，将来に対する期待を織り込んだ経済変数が果たす役割はさほど大きくはない．株式市場の市場収益率のような変数はその変動が大きく，将来の景気に関する期待変数としてその予測力があるとはいえないのが実際である．米国ではGDP成長率の予測に関わる研究が数多く行われているが，その中でもStock and Watson (2003) は資産価格がforward-lookingなものであるという特質に鑑み，それがどの程度，生産活動やインフレーションを予測することができるかに関して検証を行っている．彼らは資産価格の予測力は検証した標本期間や検証対象の国に依存しており，一般的に資産価格が安定した予測力をもっているとは言えないと結論づけているが，金利の期間構造を表す長短金利差に関してはある程度はその予測力を認めている．またGuo (2002) はボラティリティとの関連を検証しており，特定の期間においてその予測力を認めながらも，近年はその影響力が低下していることを指摘している．

　本章の目的は資産価格に関連した期待変数である市場のボラティリティ（あるいは確率的分散）に注目して，その景気に対する予測力を検証することにあ

る．ボラティリティに関しては，ヒストリカル・ボラティリティや実現ボラティリティの他にインプライド・ボラティリティがあり，前者の2つのボラティリティが過去の観測データ，あるいはその観測日の日中の高頻度データに基づくのに対して，後者は市場において将来期待されているオプション価値に基づいて算出されるものとなっている．従って，インプライド・ボラティリティはforward-lookingなものであり，他の資産価格から導出される経済指標と同様に景気に対する予測力が期待できるものである．Bollerslev et al.（2009）とBollerslev et al.（2010）は米国の主要なマクロ変数や市場収益率に対してボラティリティ・リスクプレミアムが予測力を持っていることを実証している．またRosenberg and Engle（2002）は投資家の危険回避度に関する情報をボラティリティ・リスクプレミアムと密接に関連しているプライシング・カーネルから導きだす研究を行っている．

　我が国の金融市場のボラティリティに関しては白塚・中村（1998），渡部（2007）をはじめいくつかの研究が行われているが，インプライド・ボラティリティやボラティリティ・リスクプレミアムまで踏み込んで検証を行っているのは杉原（2010）のみである．その1つの理由はインプライド・ボラティリティが市場で直接観測されるものではなく，現時点では公的機関により公表される性格のものではないこと，またその系列を算出するにはオプション価格に関する膨大なデータベースを必要としていることなどがあげられる[1]．

　これまで多くの先行研究が示してきたように市場収益率の分散は一定ではなく確率的分散（Stochastic Variance），あるいは確率的ボラティリティ（Stochastic Volatility）として扱うことが現実的である．その想定のもと，市場参加者は市場収益率の変動というリスクと，その変動自体に関するリスクの2種類のリスクに直面していることになる．後者はバリアンス・リスク，あるいはボラティリティ・リスクと呼ばれるものである．ボラティリティ・リスクはリ

1）　このインプライド・ボラティリティ系列の利用の問題を取り除くことを目的の1つとして，大阪大学金融保険教育研究センター（Center for the Study of Finance and Insurance：CSFI）では日本の株式市場のボラティリティ・インデックスVXJを2008年7月より公開している．また新しい計算方式に基づくCSFI-VXJを2010年7月末より追加的に公開しており，学術研究目的であれば自由に利用できるようになっている（http://www-csfi.sigmath.es.osaka-u.ac.jp/structure/activity/vxj.php）．また2010年11月19日より日経平均ボラティリティ・インデックス（日経平均VI）が日本経済新聞社によって算出・公表されている．

スク管理や資産配分において重要である一方で，それは市場参加者が将来の市場をどのようにみているかを反映するものにもなっている．

このような背景のもと本章では Bollerslev et al. (2009) と同様に，インプライド・ボラティリティやボラティリティ・リスクプレミアムがどの程度，景気に対して予測力を有しているのかを検証する．以降，ボラティリティ（バリアンス），そしてそのリスクプレミアムについて概説した後，そのようなボラティリティに関わる変数がどの程度景気を予測できるかを内閣府が公表している景気動向指数の CI（一致指数）を用いて検証する．

2. ボラティリティ

資産価格の収益率の変動を表すボラティリティは，それ自体は市場で観測されるものではない．従ってそれを可視化するには何らかの方法が必要となるが，代表的なものとして次のアプローチをあげることができる．

〈ヒストリカル・ボラティリティ〉
既に実現している過去の資産価格の系列からその収益率の標準偏差を求める方法である．この方法がもっとも単純な計測方法であり，（1 日に 1 つ観測される）観測データを過去数十日分利用することが，その呼び名の由来ともなっている．また，推計に利用している期間中はデータの変動の水準は一定である，ということを暗黙裏に仮定している．

〈潜在変数時系列モデル〉
GARCH (Generalized Autoregressive Conditional Heteroskedasticity) モデルに代表されるボラティリティ，あるいは分散の推計方法は，過去数十日分の観測データを利用する点ではヒストリカル・ボラティリティと同じであるが，ボラティリティの変動を許容するようにモデル化されており，1 日に 1 つの観測データしか利用できない状況では有用なアプローチとなっている．

〈ブラック・ショールズ・インプライド・ボラティリティ〉
市場で観測されるオプション価格からブラック・ショールズ（BS）公式を逆算することで求められるものである．このBSインプライド・ボラティリティは，資産価格が従う確率過程において，そのボラティリティを一定と仮定している．しかし実際に計測されたインプライド・ボラティリティはオプションの行使価格や残存期間に依存しており，必ずしも想定している理論との整合性は満たされていないが，その簡便さから広く利用されている．

ボラティリティを計測する目的としては，分析対象系列の単なる変動指標としての利用，派生商品の価格付けへの利用，あるいはリスク管理への応用が主であったが，近年は上述した古典的なボラティリティの計測方法以外に，後述する実現ボラティリティ（実現分散）や資産価格が従う確率過程に特定のモデルを仮定しないモデルフリー・インプライド・ボラティリティなどの登場により，投資家のリスク回避度やリスクプレミアムに関連する研究が行われるようになっている．

2.1 実現ボラティリティ

S を危険資産価格過程で連続セミマルチンゲールとする．時点を表す t_i に関しては $t_0=0<t_1=1<\cdots<t_T=T$ で $t_i-t_{i-1}=1$ 日，時点 t_0 を現時点，t_T を将来時点とする．累積分散として次の2次変分の累積

$$\langle S\rangle_{0,T}=\frac{1}{T}\int_0^T\left(\frac{dS_t}{S_t}\right)^2=\frac{1}{T}\sum_{i=1}^T\int_{t_{i-1}}^{t_i}\left(\frac{dS_t}{S_t}\right)^2 \tag{1}$$

を考える．ここで $\int_{t_{i-1}}^{t_i}(dS_t/S_t)^2$ は第 i 日の累積分散である．この累積分散をその日の日中の収益率のデータを利用して推定したものが実現分散（Realized Variance, RV）である．すなわち第 i 日の第 j 番目の対数収益率を r_{ij}，その日に観測された約定回数を N_i とすれば，第 i 日の実現分散は以下の RV_i で定義され，その確率極限は第 i 日の累積分散になっている．

$$RV_i=\sum_{j=1}^{N_i}r_{ij}^2, \quad \plim_{N_i\to\infty}RV_i=\int_{t_{i-1}}^{t_i}\left(\frac{dS_t}{S_t}\right)^2 \tag{2}$$

同様に $\langle S \rangle_{0,T}$ に対して以下のように実現分散 RV を定義すればその確率極限が求めるべき累積分散になっていることがわかる.

$$RV = \frac{1}{T}\sum_{i=1}^{T} RV_i = \frac{1}{T}\sum_{i=1}^{T}\sum_{j=1}^{N_i} r_{ij}^2, \quad \plim_{\min N_i \to \infty} RV = \langle S \rangle_{0,T} \quad (3)$$

従って,その標準偏差である実現ボラティリティ(Realized Volatility)は $\sqrt{RV}$ によって求めることができる.ただし観測された資産価格がビッド・アスクバウンスや約定値の離散性などといった市場のマイクロストラクチャーの影響を受けている場合は,ここで示されている実現分散・実現ボラティリティの望ましい性質は失われるので,そのような場合にはマイクロストラクチャー・エフェクトを考慮した推定方法を採用する必要がある[2].

この RV にもとづく $\langle S \rangle_{0,T}$ の推定は,T 日までの観測データが得られることを前提としており,実現分散という名前の示す通り実際に T 日の時点になって実現した観測値に基づいたものである.従って現時点 t_0 においては RV によって $\langle S \rangle_{0,T}$ を推定することはできない.他方,リスク中立測度のもとでの $\langle S \rangle_{0,T}$ の期待値評価は時点 t_0 において得ることができる.それが次に説明するモデルフリー・インプライド・ボラティリティである.

2.2 モデルフリー・インプライド・ボラティリティ

シカゴ・オプション取引所(CBOE)の VIX やドイツの VDAX をはじめとして各国で公開されているボラティリティ・インデックス(Volatility Index)は,市場が期待する将来のボラティリティをオプション価格から求めたものである.モデルに関して比較的少ない仮定のもとで導出されることから,モデルフリー・インプライド・ボラティリティ(以降,MFIV)と呼ばれている.

S と S^0 はそれぞれ危険資産価格過程と無危険資産価格過程で,S は連続セミマルチンゲール,S^0 は局所有界変動とする.このとき伊藤の公式より

$$\log(S_T/S_0) = \int_0^T d\log S_t = \int_0^T \frac{dS_t}{S_t} - \frac{1}{2}\int_0^T \frac{d\langle S \rangle_t}{S_t^2} \quad (4)$$

---

[2] マイクロストラクチャー・エフェクトを考慮した推定法に関する研究は膨大であるが McAleer and Medeiros(2008)によるサーベイがよくまとまっている.またマイクロストラクチャー・エフェクト自体の性質を統計的に明らかにする方法は Ubukata and Oya(2009)によって提案されている.

を得る.さらに無危険資産価格で割り引いた過程 $S_t^* = S_t/S_t^0$ に関しても伊藤の公式を適用することで(4)は

$$\log(S_T/S_0) = \int_0^T \frac{dS_t^*}{S_t^*} - \frac{1}{2}\int_0^T \frac{d\langle S\rangle_t}{S_t^2} + \int_0^T \frac{dS_t^0}{S_t^0}$$

$$= \int_0^T \frac{dS_t^*}{S_t^*} - \frac{1}{2}\langle \log(S)\rangle_T + \log(S_T^0/S_0^0)$$

と表すことができる.リスク中立測度を $\mathbb{Q}$ とすると $\mathbb{E}_\mathbb{Q}[\langle S\rangle_{0,T}] = \mathbb{E}_\mathbb{Q}[\langle \log(S)\rangle_T]/T$ であることから, $\mathbb{Q}$ のもとで(4)の期待値をとり整理すると以下を得る[3]。

$$\mathbb{E}_\mathbb{Q}[\langle S\rangle_{0,T}] = -\frac{2}{T}(\mathbb{E}_\mathbb{Q}[\log(S_T/S_0)] - \mathbb{E}_\mathbb{Q}[\log(S_T^0/S_0^0)]) = -\frac{2}{T}\mathbb{E}_\mathbb{Q}[\log(S_T/F)]$$

(5)

この期待値の平方根が $MFIV$ である.$MFIV$ の算出にはリスク中立測度 $\mathbb{Q}$ のもとでの期待値を求めなければならないが,その測度 $\mathbb{Q}$ に対応する資産価格 S_T の確率密度関数は

$$q(S_T, T; S_t, t) = \frac{\partial^2 \widetilde{C}(S_t, K, t, T)}{\partial K^2}\bigg|_{K=S_T} = \frac{\partial^2 \widetilde{P}(S_t, K, t, T)}{\partial K^2}\bigg|_{K=S_T}$$

と割引されていないコールオプションとプットオプションのそれぞれの価格 $\widetilde{C}$, $\widetilde{P}$ によって表現することができる.これは Breeden and Litzenberger (1978) で提示されたアプローチであり,$MFIV$ の中核をなすものである.

以下 Gatheral (2006) にならって,時点 T での一般的なペイオフを考え,その請求権の価値を $g(S_T)$ とする.このとき時点 $t=0$ での $g(S_T)$ の価値は

$$\mathbb{E}_\mathbb{Q}[g(S_T)] = \int_0^\infty q(K, T)g(K)dK = \int_0^F \frac{\partial^2 \widetilde{P}}{\partial K^2}g(K)dK + \int_F^\infty \frac{\partial^2 \widetilde{C}}{\partial K^2}g(K)dK \quad (6)$$

と表現できる.これに部分積分を繰り返し,$\widetilde{C}(S_t, \infty, t, T) = 0$, $\widetilde{P}(S_t, 0, t, T) = 0$ であることと,プット・コールパリティを利用することにより権利行使価格 K に関する積分として

$$\mathbb{E}_\mathbb{Q}[g(S_T)] = g(F) + \int_0^F \widetilde{P}(K)g(K)''dK + \int_F^\infty \widetilde{C}(K)g(K)''dK \quad (7)$$

---

[3] $\mathbb{Q}$ のもとでは $\int_0^T dS_t^*/S_t^*$ の期待値はゼロである.また $F = S_0 S_T^0/S_0^0$ はフォワード価格である.

を得る. さらに $g(S_T)=\log(S_T/F)$ とすると $g(F)=0$, $g(K)'=1/S_T|_{S_T=K}=1/K$, $g(K)''=-1/S_T^2|_{S_T=K}=-1/K^2$ より, $\mathbb{E}_\mathbb{Q}[\langle S \rangle_{0,T}]$ は以下のように権利行使価格 K に関する積分として表現される.

$$\mathbb{E}_\mathbb{Q}[\langle S \rangle_{0,T}] = -\frac{2}{T}\mathbb{E}_\mathbb{Q}[\log(S_T/F)] = \frac{2}{T}\left\{\int_0^F \frac{1}{K^2}\widetilde{P}(K)dK + \int_F^\infty \frac{1}{K^2}\widetilde{C}(K)dK\right\}$$

(8)

この積分を離散的に観測される権利行使価格ごとのオプション価格を使って近似したものが $(MFIV)^2$ である[4].

ここでのリスク中立測度 $\mathbb{Q}$ のもとでの期待値は対応する確率密度 q による積分として表現されるが,この確率密度には時点 T での派生商品価格に対する市場参加者の予想が織り込まれている.次節ではこのリスク中立測度と現実測度との関連においてあらわれるリスクプレミム,危険回避度について言及する.

3. リスク中立測度と現実測度

$MFIV$ は $\log(S_T/F)$ のリスク中立測度 $\mathbb{Q}$ のもとでの期待値によって表現されていたが,市場参加者のリスクに対する態度や後述するバリアンス・リスクプレミアムに関して検証を行うには,現実測度のもとでの期待値との関係が明らかになっている必要がある.ここでは Bakshi et al. (2003) で示された現実測度とリスク中立測度のそれぞれのもとでのモーメントの関連を利用して市場参加者の危険回避度,バリアンス・リスクプレミアムに関して考察する.

3.1 市場参加者の危険回避度

前節で導出された $MFIV$ の 2 乗をモデルフリー・インプライド・バリアンスとして $\sigma_{MF}^2(T)=(MFIV)^2=\mathbb{E}_\mathbb{Q}[\langle S \rangle_{0,T}]$ と定義すると,$R_T=\log(S_T/S_0)$ に関する測度 $\mathbb{Q}$ のもとでの期待値は

---

[4] 広範囲にわたるすべての権利行使価格 K でオプション価格が観測されるわけではないので,CBOE の VIX などでは,この積分近似に様々な工夫を施している.大阪大学 CSFI で公開している CSFI-VXJ は Fukasawa et al. (2010) で提案された方法で,この積分計算にともなう離散近似を回避している.

$$\kappa_1^{\mathbb{Q}}(R_T) = \mathbb{E}_{\mathbb{Q}}[R_T] = \int R\, q(R)\mathrm{d}R = \log(F/S_0) - \frac{T}{2}\sigma_{MF}^2 \qquad (9)$$

と表現できる.一方で現実測度を $\mathbb{P}$ とすれば測度 $\mathbb{P}$ のもとでの R_T の期待値は以下で与えられる[5].

$$\kappa_1^{\mathbb{P}}(R_T) = \mathbb{E}_{\mathbb{P}}[R_T] = \int R\, p(R)\mathrm{d}R \qquad (10)$$

この $\kappa_1^{\mathbb{Q}}(R_T)$ と $\kappa_1^{\mathbb{P}}(R_T)$ との関係に関しては市場参加者のリスクに対する態度が密接に関係している.Bakshi et al. (2003) では市場参加者の効用関数にベキ型 $\mathcal{U}(S_t) = S_t^{1-\gamma}/(1-\gamma)$ を仮定し,時点 0 と T の間の異時点間の限界代替率,あるいはプライシング・カーネルとして $\mathcal{U}'(S_T)/\mathcal{U}'(S_0) = (S_T/S_0)^{-\gamma} = e^{-\gamma R_T}$ を具体的に想定し,各測度のもとでのモーメントに関する関係を導きだしている[6].ただし γ は相対的リスク回避度である.測度 $\mathbb{Q}$ に対応する確率密度が $q(R) = e^{-\gamma R}p(R)/\int e^{-\gamma R}p(R)\mathrm{d}R$ と表現できることを利用すれば,R_T の測度 $\mathbb{Q}$ のもとでの積率母関数 $\mathcal{M}_{\mathbb{Q}}(\lambda)$ は現実測度 $\mathbb{P}$ のもとでの積率母関数 $\mathcal{M}_{\mathbb{P}}(\lambda)$ によって以下のように表現される[7].

$$\mathcal{M}_{\mathbb{Q}}(\lambda) = \mathbb{E}_{\mathbb{Q}}[e^{\lambda R}] = \int e^{\lambda R} q(R)\mathrm{d}R = \frac{\mathcal{M}_{\mathbb{P}}(\lambda - \gamma)}{\mathcal{M}_{\mathbb{P}}(-\gamma)} \qquad (11)$$

ここで $R_T^* = \log(S_T/S_0) - \mathbb{E}_{\mathbb{P}}[\log(S_T/S_0)]$ とすると $\kappa_1^{\mathbb{P}}(R_T^*) = 0$ であり,

$$\kappa_1^{\mathbb{Q}}(R_T^*) = \frac{\partial}{\partial \lambda} \frac{\mathcal{M}_{\mathbb{P}}(\lambda - \gamma)}{\mathcal{M}_{\mathbb{P}}(-\gamma)}\Big|_{\lambda=0} = -\gamma \kappa_2^{\mathbb{P}}(R_T^*) + o(\gamma) \qquad (12)$$

と $\kappa_1^{\mathbb{Q}}(R_T^*)$ と $\kappa_2^{\mathbb{P}}(R_T^*) = \mathbb{E}_{\mathbb{P}}[(R_T^*)^2]$ の関係式が得られる.さらに $R_T = \log(S_T/S_0)$ の一次モーメントに関しては $\kappa_1^{\mathbb{Q}}(R_T^*) = \kappa_1^{\mathbb{Q}}(R_T) - \mathbb{E}_{\mathbb{P}}[R_T]$ であることから

$$\log(F/S_0) - \mathbb{E}_{\mathbb{P}}[\log(S_T/S_0)] - \frac{T}{2}\sigma_{MF}^2 \approx -\gamma \mathbb{E}_{\mathbb{P}}[(R_T - \mathbb{E}_{\mathbb{P}}[R_T])^2] \qquad (13)$$

が成立している.(12),(13)を見れば明らかなように,リスク中立測度と現実測度のそれぞれのもとでのモーメントは市場参加者の相対的リスク回避度を媒介としてつながっている.市場参加者のリスクに対する態度がリスク中立測度

---

5) ここで $q(\cdot)$ と $p(\cdot)$ はそれぞれ測度 $\mathbb{Q}$ と $\mathbb{P}$ に対応している.
6) 無リスク金利による割引は表現を単純にするため考えていない.
7) Bakshi et al. (2003) ではこの積率母関数を使って,各測度のもとでのモーメントの関係を導出しているが,$\kappa_1^{\mathbb{P}} = 0$ でない場合にはそこで与えられている表現は若干異なるものとなる.

のもとでの $(MFIV)^2$ と現実測度のもとでの $\mathbb{E}_\mathbb{P}[(R_T-\mathbb{E}_\mathbb{P}[R_T])^2]$ との乖離となってあらわれていると考えることができる．以降，その乖離はマーケット・バリアンス・リスクプレミアムとして位置づけられ，本章の目的である景気に対する予測力が検証されることとなる．

3.2 マーケット・バリアンス・リスクプレミアム

Carr and Wu (2008) はリスク中立測度のもとで導出された $(MFIV)^2$ と RV との差をバリアンス・リスクプレミアム（Variance Risk Premium, VRP）と定義し，米国市場の S&P 500 や Dow Jones Industrial Average では VRP は平均的に負に，個別株式に関しては銘柄間での変動が大きいことを明らかにし，株式市場には負のリスクプレミアムに相応する共通の確率的分散に関わるリスクファクターが存在していると結論している．Bollerslev et al. (2009) はバリアンス・リスクプレミアムが 1990 年以降の株式市場の変動を説明できることを示し，その予測力は四半期先に関して最も強く，他の通常利用される経済変数の予測力をしのぐことを報告している[8]．また Bollerslev et al. (2010) では Heston 型の確率的ボラティリティ（SV）モデルのもとで，ボラティリティ・リスクプレミアムをプライシング・カーネルと確率的分散との共分散として表現している．本章では SV モデルとして具体的なモデルを想定していないので，明示的な関係は導くことはできないが，収益率のリスクプレミアムと同様にボラティリティに関するリスクプレミアムを導出することは可能である．

プライシング・カーネルを一般的に $M_{0,T}$ とすると $(MFIV)^2$ は測度を $\mathbb{Q}$ から $\mathbb{P}$ へ変更することで

$$\sigma^2_{MF}(T)=\mathbb{E}_\mathbb{Q}[\langle S\rangle_{0,T}]=\mathbb{E}_\mathbb{P}[M_{0,T}\langle S\rangle_{0,T}]=\mathbb{E}_\mathbb{P}[\langle S\rangle_{0,T}]+\mathrm{Cov}_\mathbb{P}[M_{0,T},\langle S\rangle_{0,T}] \tag{14}$$

と表現できる．右辺第 1 項は現実測度 $\mathbb{P}$ のもとでの確率変数 $\langle S\rangle_{0,T}$ の期待値である．$\langle S\rangle_{0,T}$ の実現値が実現分散 RV であることから，右辺第 1 項を RV で置き換えることで得られる実現分散 RV と $(MFIV)^2$ との差である $\mathrm{Cov}_\mathbb{P}[M_{0,T},\langle S\rangle_{0,T}]$ の符号をマイナスにかえたものが VRP として定義される．

---

[8] ただし 2008 年以降，金融市場が混乱した時期は分析期間には含まれていない．

$$VRP = -\text{Cov}_{\mathbb{P}}[M_{0,T}, \langle S \rangle_{0,T}] = -(\sigma_{MF}^2(T) - RV) \qquad (15)$$

現時点 t_0 で不確定である $\langle S \rangle_{0,T}$ を将来の時点 t_T で受け渡す契約を考えると，その価値はリスク中立測度 $\mathbb{Q}$ のもとでの期待値であり，それは $(MFIV)^2$ である．そして受け渡し時点 t_T で，この契約からの損益は $\langle S \rangle_{0,T}$ が実現した値と $(MFIV)^2$ との差になり，これが確率的分散のリスクプレミアムに相当する．

4. 検　証

本節ではインプライド・ボラティリティや VRP に含まれる情報が景気動向の予測に貢献するかどうかを検証する[9]．予測の対象となるデータは，景気動向指数 CI（一致指数）で，予測に利用する変数は，VRP，$(MFIV)^2$ として VXJ^2，実現分散として HRV，長短金利差 $SPRD$ とする[10]．分析対象期間は 1986 年 6 月から 2010 年 6 月で図 7-1 はその期間の CI と VXJ^2 である[11]．図 7-1 からは VXJ^2 が比較的大きなピークを示している時期は，CI が下降している景気後退期（あるいはその直前）に対応していることがみてとれる．この時期，前節で考察した VRP は 2008 年 9 月に -1 近くになっている以外はおおむね正の小さな値となっていた（平均 $= 0.008$，中央値 $= 0.017$）[12]．

4.1　k 期先予測回帰モデル

ここでは Bollerslev et al.（2009）と同様の方法でバリアンス・リスクプレミ

9）Carr and Wu（2008）をはじめ多くの先行研究はバリアンス・リスクプレミアムの定義を $RV - \sigma_{MF}^2$ としているが，ここでは Bollerslev et al.（2009）と同様に $\sigma_{MF}^2 - RV$ をその定義に用いている．

10）VXJ^2 は大阪大学 CSFI で公開している Volatility Index Japan（VXJ）を 2 乗し月中平均をとったもの，HRV は翌月までの 1 か月分の日次収益率の標本分散を年率換算したもの，$SPRD$ は 10 年物国債利回り，無担保コール翌日物との差である．

11）影の部分は景気後退期を表している．ただし 2007 年 10 月～2009 年 3 月の後退期に関しては暫定日付に基づいている．

12）2008 年 9 月の VXJ の値は正確に計測されていない可能性がある．急激な原資産価格の低下にともない，権利行使価格の範囲が十分とはならず，VXJ はリスクを過小評価してしまっていることが主な理由である．大阪大学 CSFI の CSFI-VXJ の特徴は，このような市場状況に対応できる点にあるが，データが 1990 年初頭までさかのぼれないため今回の分析には利用しなかった．

第 7 章 ボラティリティの景気予測力　　151

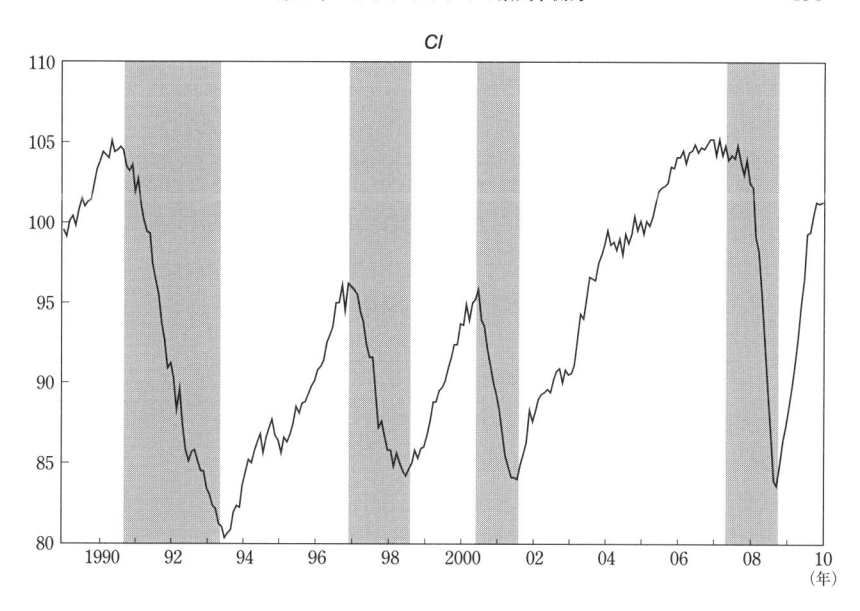

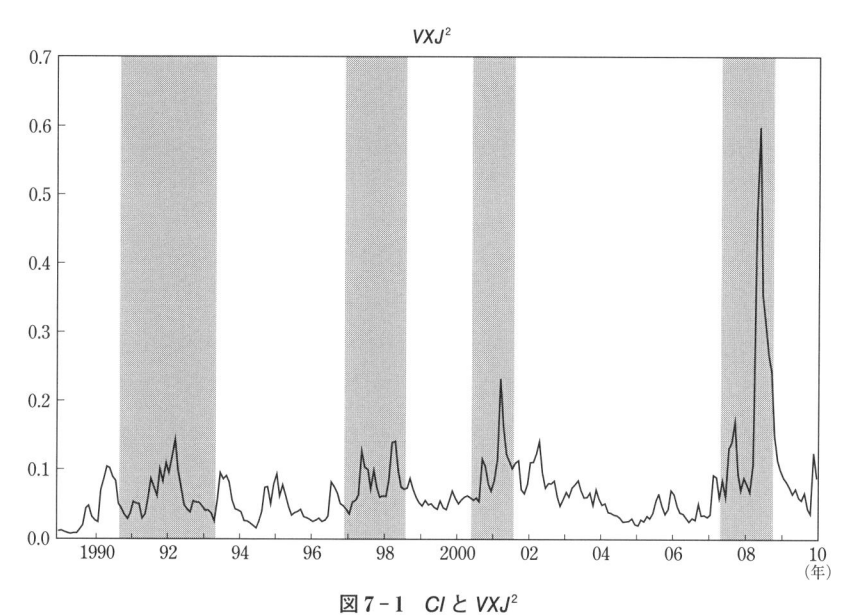

CI

VXJ^2

図 7-1　*CI* と *VXJ*^{2}

出所：上図は内閣府ウェブサイトより，下図は大阪大学 CSFI ウェブサイトより作成.

アム VRP の予測能力を検証する[13]. 将来（k 期先）の CI に対する予測力を検証するために被説明変数を $CI_t(k) = (CI_{t+k} - CI_t)/CI_t$ とした以下の回帰モデルを用いる. 説明変数には先行研究において，その説明力が示唆されている長短金利差 $SPRD$ に追加的に，バリアンス・リスクプレミアム VRP と現実測度のもとでの累積2次変分の実現値である実現分散 HRV を用いている. 推定方法は最小2乗法である.

$$CI_t(k) = \beta_0(k) + \beta_1(k) SPRD_t + \beta_2(k) VRP_t + \beta_3(k) HRV_{t+1} + \varepsilon_t, \quad k = 2, \cdots, 24$$

(16)

ただし説明変数として利用する HRV は「実現」という意味で時点 $t+1$ のものを利用しており VRP も $VRP_t = VXJ^2_t - HRV_{t+1}$ となっていることに注意が必要である. 従って，1期先予測に対応する $k=1$ の場合は，予測時点で本来未知である HRV を推定に利用することになり，予測という観点からはその結果は意味のないものとなる. よって以下の分析では $k \geq 2$ のときのものを考察対象としている[14].

$k=2$ のときの $CI(k)$ と推定された $\widehat{CI}(k)$，および残差をプロットしたものが図7-2である. この図から2008年において観測される急激な下落を回帰モデル（16）で推定された系列がある程度とらえていることがわかる. 表7-1は $k=1$ から8までの推定結果である. 長短金利差 $SPRD$ に関しては，すべての k に関して5%有意となっているのに対して，バリアンス・リスクプレミアム VRP に関しては $k=1,2,3$ で5%有意となり，その後再び $k=17,18,22,23,24$ で5%有意となっている[15]. また実現分散 HRV に関しては $k=1,2,3,4,5,6$ で5%有意となっている. Bollerslev et al.（2009）では VRP と実現分散を同時に説明変数に用いた場合には実現分散は有意とはならず，実現分散ではとらえられない確率的分散に関するリスクプレミアムを VRP がとらえていると結論し

---

13) Bollerslev et al.（2009）では株式の期待収益率の予測を取り扱っており，そこでの回帰モデルにおける被説明変数は S&P 500 の収益率である.
14) $k=2$ のときの分析期間において構造変化がおこっていたのかどうかを Andrews（1993）に従って検定を行ったところ，有意水準5%で帰無仮説：「構造変化なし」は2009年2月時点で棄却される結果となったが，構造変化後の期間についてはその期間が短いためその影響の検証は行わなかった.
15) $k=9$ から24の結果に関しては紙面の都合上省略している.

第7章 ボラティリティの景気予測力　　153

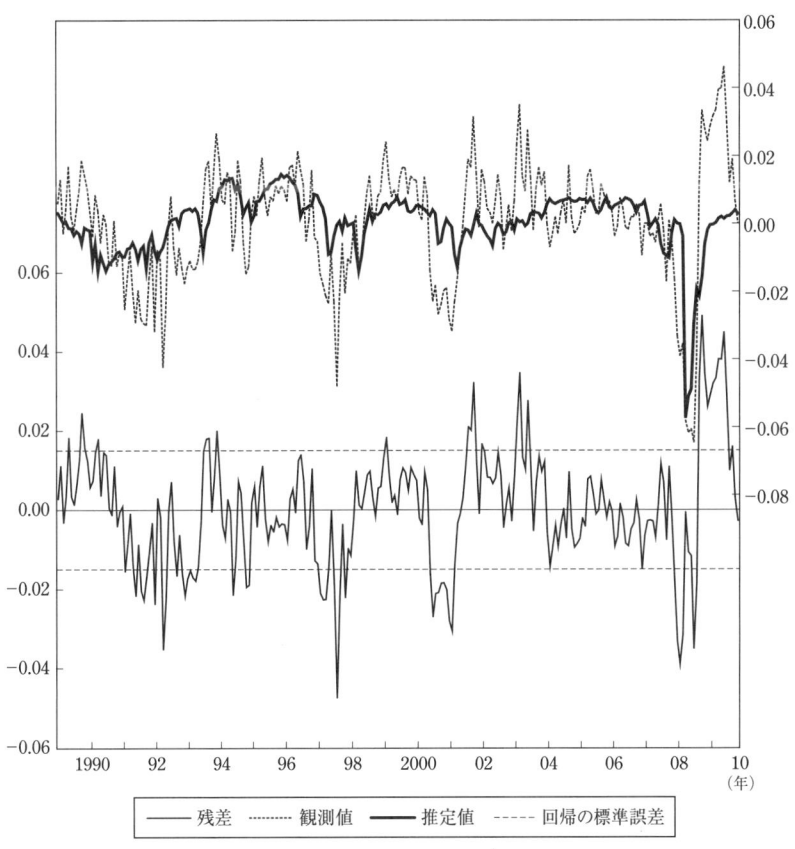

図7-2　$k=2$ のときの $Cl(k)$, $\widehat{Cl}(k)$, 残差

表7-1　k 期先予測回帰モデルの推定結果

k	const.	p 値	SPRD	p 値	VRP	p 値	HRV	p 値	$\bar{R}^2$
1	0.002	0.178	0.003	0.000	−0.049	0.000	−0.070	0.000	0.187
2	0.003	0.298	0.005	0.000	−0.080	0.003	−0.129	0.000	0.259
3	0.003	0.520	0.008	0.000	−0.099	0.016	−0.171	0.000	0.249
4	0.001	0.811	0.010	0.000	−0.085	0.119	−0.193	0.000	0.236
5	−0.002	0.792	0.013	0.000	−0.050	0.418	−0.189	0.001	0.212
6	−0.006	0.453	0.015	0.000	−0.019	0.783	−0.164	0.010	0.175
7	−0.011	0.245	0.018	0.000	0.004	0.965	−0.134	0.059	0.150
8	−0.016	0.144	0.020	0.000	0.033	0.727	−0.104	0.194	0.141

注：$k=1$ の結果は参考として記載した．

表 7-2　2期先予測回帰モデルの別の定式化による推定結果

定式化	const.	p値	SPRD	p値	VXJ^2	p値	HRV	p値	$\bar{R}^2$
(a)	-0.007	0.025	0.006	0.000					0.075
(b)	0.008	0.000			-0.108	0.000			0.140
(c)	0.005	0.014					-0.074	0.000	0.133
(d)	0.001	0.689	0.006	0.000	-0.105	0.000			0.209
(e)	-0.002	0.553	0.005	0.000			-0.070	0.000	0.193

ている．一方，本章の分析では短期の予測（$k=1,2,3$）においては VRP も実現分散も有意となっている点が異なっている．これは2008年の後半における市場のイレギュラーな変動に実現分散が対応していることが理由と考えられる．

$k=1,2,3$ での VRP と HRV の係数の値はともに負であり，バリアンス・リスクプレムアムと現実測度のもとで実現分散が増加すると，$CI(k)$ は減少する，という結果になっている．VRP, HRV ともに市場のリスクを反映する指標であることから，CI の変化の方向との整合性は保たれていると判断できる．

モデルの適合度に関しては，$\bar{R}^2$ が $k=2$ で最大，$k=3$ がそれに続くという結果となっており，(16) によって予測される $CI(k)$ については，2～3か月先の比較的短期の予測が有効となっていることが示唆される．Bollerslev et al. (2009) においては予測対象が異なるものの，バリアンス・リスクプレミアムを用いた予測が有効なのは四半期先という結論となっている．このようなバリアンス・リスクプレミアムを用いた予測が有効な期間が四半期先という結果は，分析に利用した MFIV が市場参加者の1か月先の予想という比較的短期の予想をおりこんだものであることと関連していると思われる．

4.2　その他の定式化による検証

先の結果を補完する上で，k 期先予測回帰モデルの定式化として，VRP_t 以外の説明変数を用いた場合として（a）$SPRD_t$，（b）VXJ^2_t，（c）HRV_{t+1}，（d）$SPRD_t$ と VXJ^2_t，（e）$SPRD_t$ と HRV_{t+1}，とした5種類を考える．説明変数として VRP 単独で，VXJ^2, HRV をともなわない場合は2008年秋の市場の混乱を説明できず有意とはならなかった[16]．$k=2$ のときの結果をまとめたものが表 7-2 である．インプライド・バリアンス VXJ^2，実現分散 HRV を単独で説明変数として用いた場合（b），（c）の方が，長短金利差 SPRD を単

独で説明変数として用いる場合（a）よりも説明力が高いことがわかる．表7-2での比較では $SPRD$ と VXJ^2 を説明変数とする定式化（d）が最も説明力が高くなっている．先の（16）においては，VXJ^2 のかわりに HRV を用いて，さらに VRP を追加している形になっているが，その有意性に関しては表7-1にある通りでその場合が最も説明力が高かった．

5．おわりに

　本章では市場収益率それ自体のリスク以外にその存在が様々な先行研究によって指摘されている確率的分散に関するリスクプレミアム，すなわちバリアンス・リスクプレミアムが将来の景気を予測できるかどうかを検証した．バリアンス・リスクプレミアムは現実測度のもとで観測される確率的分散のリスクではとらえきれないリスクを反映しているものであり，景気の将来予測に関しては長短金利差よりも説明力が高いことが確認された．さらにインプライド・バリアンスや実現分散によって，市場がイレギュラーに急変動するような状況をある程度とらえることができることも明らかになった．

　これまで資産価格関連の経済変数で景気の予測に対して普遍的に有効であるものは少ないといわれてきたが，ここでの分析結果から，バリアンス・リスクレミアム，インプライド・バリアンス，そして実現分散を，景気に対する予測力をもつ変数の候補群に加えることには異論はないであろう．

　今後の課題としては，ボラティリティ・インデックスの期間構造や，より長期の満期を対象としたボラティリティ・インデックスが，予測が有効と思われる期間とどのような関連を持っているかを解明する必要が残されている．また確率的ボラティリティモデルを具体的に定式化していないため市場参加者の相対的危険回避度の推定は行わなかったが，2008年後半の市場の混乱時の前後における市場参加者の危険回避度がどのように推移していたかを明らかにすることも本章の主題とは若干離れるが興味深い課題としてあげることができる．

16）　VXJ^2，あるいは HRV 自体が市場の混乱時のイレギュラーな変動を的確にとらえているのに対して，バリアンス・リスクプレミアムは VXJ^2 と HRV の差で定義されているため，イレギュラーな変動に関する情報がキャンセルされてしまっていることがその原因と考えられる．

謝　辞

本章は景気循環日付研究会嵐山コンファレンスにて報告した内容を加筆修正したものである．本章の作成に際しては，大瀧雅之氏，和合肇氏はじめ研究会の参加者から有意義なコメントを頂いた．ここに記して感謝する．また本研究は科学研究費補助金・基盤研究(A)：金融リスクの計量化と統計的推測に関わる諸問題の解明（課題番号：22243021）の助成を受けたものである．

参考文献

Andrews, D.W.K. (1993), "Tests for parameter instability and structural change with unknown change point", *Econometrica*, Vol. 61(4), pp. 821-856.

Bakshi, G., N. Kapadia, and D. Madan (2003), "Stock return characteristics, skew laws, and the differential pricing of individual equity options", *Review of Financial Studies*, Vol. 16(1), p. 101-143.

Bollerslev, T., G. Tauchen, and H. Zhou (2009), "Expected stock returns and variance risk premia", *Review of Financial Studies*, Vol. 22(11), pp. 4463-4492.

Bollerslev, T., M. Gibson, and H. Zhou (2010), "Dynamic estimation of volatility riskpremia and investor risk aversion from option-implied and realized volatilities", *Journal of Econometrics, forthcoming*.

Breeden, D.T. and R.H. Litzenberger (1978), "Prices of state-contingent claims implicit in option prices", *Journal of business*, pp. 621-651.

Carr, P. and L. Wu (2008), "Variance risk premiums," *Review of Financial Studies*, Vol. 22 (3), pp. 1311-1341.

Fukasawa, M., I. Ishida, N. Maghrebi, K. Oya, M. Ubukata, and K. Yamazaki (2010), "Model-free Implied Volatility : From Surface to Index", *International Journal of Theoretical and Applied Finance, forthcoming*.

Gatheral, J. (2006), *The volatility surface : a practitioner's guide* : Wiley.

Guo, H. (2002), "Stock market returns, volatility, and future output", *REVIEW FEDERAL RESERVE BANK OF SAINT LOUIS*, Vol. 84(5), pp. 75-84.

McAleer, M. and M.C. Medeiros (2008), "Realized volatility : a review", *Econometric Reviews*, Vol. 27(1), pp. 10-45.

Rosenberg, J.V. and R.F. Engle (2002), "Empirical pricing kernels", *Journal of Financial Economics*, Vol. 64(3), pp. 341-372.

Stock, J.H. and M.W. Watson (2003), "Forecasting output and inflation : the role of asset prices", *Journal of Economic Literature*, Vol. 41(3), pp. 788-829.

Ubukata, M. and K. Oya (2009), "Estimation and testing for dependence in market microstructure noise", *Journal of Financial Econometrics*, Vol. 7(2), pp. 106-151.

白塚重典・中村恒 (1998),「金融市場における期待形成の変化——オプション取引価格の情報変数としての有用性に関する一考察」『金融研究』第 17 巻, 第 4 号, pp. 129-172.

杉原慶彦 (2010),「わが国株式市場のモデルフリー・インプライド・ボラティリティ」『金融研究』第 29 巻, 第 2 号, pp. 73-120.

渡部敏明 (2007),「Realized Volatility——サーベイと日本の株式市場への応用」『経済研究』第 58 巻, 第 4 号, pp. 352-373.

第8章

インフレ期待の異質性
区間データを用いた Carlson-Parkin 法の拡張

村澤康友

1. はじめに

　金融政策の目的は物価（またはインフレ率）と景気の安定である．不完全情報の下で物価と景気に対する金融政策の効果は人々のインフレ期待の変化に依存する（新しい古典派のフィリップス曲線またはルーカス型供給関数）．価格の粘着性の下で価格設定者が将来を考慮して現在の価格を設定するなら現在のインフレ率はインフレ期待に依存する（新しいケインズ派のフィリップス曲線）．またインフレも粘着的なら将来のインフレ率もインフレ期待に依存する．したがって中央銀行は実際のインフレ率とインフレ期待の両方を注視する．

　インフレ期待が現在のインフレ率に反応しないとき，インフレ期待は「固定（anchor）されている」と言う．物価（またはインフレ率）と景気の安定のためにはインフレ期待の固定が重要である．中央銀行のインフレ目標政策を民間が信頼すればインフレ期待は固定される[1]．ただし信頼するかどうかは人による．インフレ期待の固定のためには人々のインフレ期待の決定要因を，その「異質性」の原因も含めて知る必要がある．本章では調査データを利用してインフレ期待と回答者の属性の関係を分析する．

　調査における期待インフレ率の回答方法は順序（上がる／変わらない／下がる）・区間・数値の3通りある．これらは一長一短がある．順序の回答は集め

---

1) 逆に民間が完全に無知でもインフレ期待は固定されるが，そのような政策は現実的でない．

やすいが量的な情報を持たない．数値の回答は分析が簡単に思えるが整数や5の倍数に回答が集中する丸めの問題がある（Manski and Molinari 2010）．区間の回答は両者の中間にあり，工夫すれば両者の長所を取り込める．

これまで（特に家計の）期待インフレ率の調査の多くは順序で回答していた．集計した順序データから量的な情報を抽出するために，Carlson-Parkin（CP）法は以下の3つを仮定する（Carlson and Parkin 1975）．

1. 人々の期待インフレ率は正規分布に従う．
2. 「変わらない」に該当する期待インフレ率の区間は全員共通，0を挟んで上下対称，時間を通じて不変．
3. 期待インフレ率と実際のインフレ率は観測期間を通じて平均的に等しい．

CP法の修正版や代替的な手法も強い仮定を課す．これらの仮定は区間データなら不要になる．

期待インフレ率を区間で回答する調査は少ない．筆者の知る限りイングランド銀行の Inflation Attitudes Survey（四半期，1999年11月～）と日本の内閣府の「消費動向調査」（月次，2004年4月～）のみである．どちらも個票データは公開していない．Lombardelli and Saleheen（2003）と Blanchflower and MacCoille（2009）は前者の個票データを用いて正規区間回帰モデルを推定し，インフレ期待と回答者の属性の関係を分析している．Murasawa（2009）は後者の集計データに「歪んだt分布」を当てはめて期待インフレ率の分布を推定し，現在のインフレ率との関係を分析している．

個票データが利用できない場合，回答者の属性別集計データでもインフレ期待と回答者の属性の関係を分析できる．本章では「消費動向調査」の世帯（主）の属性別集計データを用いて日本の家計の期待インフレ率の分布の推移を男女間で比較する．ただし一般世帯では回答者＝世帯主と限らないので単身世帯のみ扱う．結果の要約は以下の通り．

・インフレ期待の男女差は時間を通じて変化する．
・デフレ期は女性の方が期待インフレ率が下がりにくい．

第 8 章 インフレ期待の異質性　　　　161

・男女とも属性内の異質性が大きい．
・男女とも物価上昇時と下落時で期待インフレ率の分布の変化は非対称．

諸外国の先行研究では女性の方が期待インフレ率が高く散らばりも大きいとの報告が多い．しかしこの結論は分析期間により変わる可能性がある．インフレ期待の男女差や物価上昇時と下落時の分布の変化の非対称性は興味深い事実である．ただし回答者の性別のみではインフレ期待の異質性を十分に説明できない．他の属性間の比較も可能だが，個票データを用いた回帰分析で複数の属性の効果を同時に分析するのが望ましい．

　本章の構成は以下の通り．まず第 2 節でインフレ期待と回答者の属性の関係を分析した諸外国の先行研究を紹介する．次に第 3 節で「歪んだ t 分布」を導入し，区間データからパラメトリックに分布を推定する手法を解説する．続いて第 4 節で使用データを確認し，第 5 節で日本の家計の期待インフレ率の分布の推移を男女別に推定して比較する．最後に第 6 節で今後の課題を述べる．

2. 先行研究

　インフレ期待の調査データを用いて「期待（予測）の合理性」を検証した論文は多い．限定合理性や情報の粘着性の観点からインフレ期待の異質性を分析した論文も最近は増えている．経済心理学の立場からの研究もあり，Ranyard et al. (2008) が先行研究をまとめている．本節ではインフレ期待と回答者の属性の関係を分析した論文に限定して先行研究を紹介する．それでも数が多いので一覧を表 8-1 にまとめておく．なお分析結果を解釈する際は以下の点に注意すべきである．

1. 調査により「物価」の定義は必ずしも明確でない．消費者物価指数（CPI）を指す場合もあれば，「回答者が購入する商品の価格」を指す場合もある．後者だとインフレ自体が回答者により異なる．そのためいくつかの調査では「現在のインフレ認識」も尋ねている．
2. インフレ期待と回答者の属性の関係は景気の局面により変わるかもしれない．数年程度の期間の分析結果は限定的に解釈すべきである．

第II部 予測形成と景気分析

表 8-1 先行研究

論文	対象国	対象期間	回答方法	回答者の属性
Jonung (1981)	スウェーデン	78:1	数値	性・年齢・所得
Fishe and Idson (1990)	アメリカ	78:1-79:12	順序/数値	性・年齢・所得・教育
Bryan and Venkatu (2001a, b)	アメリカ	98:8-01:11	数値	性・年齢・人種・婚姻状態・所得・教育
Lombardelli and Saleheen (2003)	イギリス	01-03	区間	性・年齢・階層・就業状態・職種・教育・地域・居住形態
Palmqvist and Strömberg (2004)	スウェーデン	01:11-04:5	数値	性・年齢・婚姻状態・子供の有無・所得・就業状態・教育・居住形態
Pfajfar and Santoro (2008)	アメリカ	78:1-05:2	数値	性・年齢・所得・教育・地域
Blanchflower and MacCoille (2009)	イギリス	01:1-09:1	区間	性・年齢・就業状態・教育・居住形態
Malgarini (2009)	イタリア	03:2-07:6	数値	性・年齢・所得・就業状態・教育・地域・都市規模・居住形態
Lindén (2010)	EU (9か国)	03:5-05:10	順序・数値	性・年齢・所得・就業状態・職種・教育
Bruine de Bruin et al. (2010)	アメリカ	07-08	数値	性・年齢・人種・婚姻状態・所得・教育
Anderson et al. (2010)	アメリカ	83:1-96:12	数値	性・年齢・人種・成年同居人の有無・子供の有無・所得

3. 属性間の単純な比較は「見せかけの相関」の可能性がある．個票データを用いた回帰分析の方が信頼できる．

Jonung (1981) はスウェーデンの 1978 年 1 月の家計調査データを用いてインフレ認識・期待と回答者の属性の関係を回帰分析している．インフレ認識は女性の方が高く，これを女性の方が食料品の価格に影響されるためとしている（1977 年は食料品の価格上昇率が高かった）．インフレ期待はインフレ認識に強く影響され，その効果を除くと高齢の方が低い．これを年齢による過去のインフレ・デフレ経験の違いのためとしている．

Fishe and Idson (1990) はミシガン大学の Survey of Consumers（ミシガン調査）の 1978 年 1 月〜1979 年 12 月のデータを用いてインフレ期待の（1）平均，（2）分散，（3）「分からない」の確率と回答者の属性の関係を「情報に対する需要」の観点から分析している．当時のミシガン調査は物価が「上が

る」と回答した場合のみ数値も回答しており，順序と数値の両方を含むデータに最尤法を適用している．「期待の合理性」の下で情報の多寡はインフレ期待の平均には影響せず，分散や「分からない」の確率には影響する．時点により若干の変動はあるが，男性・高齢・高所得・高学歴の方がインフレ期待の平均が低く，分散が小さく，「分からない」の確率が低い．

Bryan and Venkatu（2001a）はクリーブランド連銀とオハイオ州立大学が同州住民を対象に共同実施した Inflation Psychology Survey の 1998 年 8 月～2001 年 11 月のデータを用いてインフレ認識・期待を回答者の属性間で比較している（回帰分析にはミシガン調査の 1986 年 6 月～1999 年 12 月のデータを使用）．インフレ認識・期待ともに女性・若年・非白人・低所得・低学歴の方が高い．Bryan and Venkatu（2001b）は 2001 年 8 月の同調査のデータを用いてインフレ期待の男女差の原因を分析し，女性の方が CPI を知らず，CPI を知っている男女は CPI インフレ率を平均的に正しく予想すると指摘している．ただし CPI を知っている男女でもインフレ期待は女性の方が高い．

Lombardelli and Saleheen（2003）はイングランド銀行の Inflation Attitudes Survey の 2001～2003 年の 2 月調査のデータを用いてインフレ期待と回答者の属性の関係を正規区間回帰モデルで分析している．インフレ期待は高齢・低学歴・借家の方が高い．

Palmqvist and Strömberg（2004）はスウェーデンの 2001 年 11 月～2004 年 5 月の家計調査データを用いてインフレ認識・期待と回答者の属性の関係を回帰分析している．インフレ認識は女性・高齢・既婚・子供有・低所得・低学歴・借家の方が高い．インフレ期待は高齢より若年の方が高く，他の属性についてはインフレ認識と同じである（ただしインフレ認識を説明変数に入れていない）．

Pfajfar and Santoro（2008）はミシガン調査の 1978 年 1 月～2005 年 2 月のデータを用いてインフレ期待を回答者の属性間で比較している．女性・若年・低所得・低学歴の方が期待インフレ率が高く散らばりも大きい．これを女性・若年・低所得・低学歴の方が物価を「自分が購入する商品の価格」と解釈し，インフレに関するニュースを認識しないためと分析している．

Blanchflower and MacCoille（2009）はイングランド銀行の Inflation Attitudes Survey の 2001 年第 1 四半期～2009 年第 1 四半期のデータを用いてイン

フレ期待と回答者の属性の関係をプロビット・モデルと正規区間回帰モデルで分析している．女性・若年・非就労・低学歴・借家の方が「分からない」の確率が高く，男性・中年・低学歴・借家の方が期待インフレ率が高い（ただし時点により変動がある）．また高学歴の方がインフレ期待が固定されている（インフレ期待が現在のインフレ認識に反応しない）．これを高学歴の方が中央銀行のインフレ目標政策を信頼しているためと解釈している．

Malgarini（2009）はイタリアの2003年2月～2007年6月の家計調査データを用いてインフレ認識・期待と回答者の属性の関係を回帰分析している（社会や自身の経済状況の認識との関係も同時に分析）．インフレ認識は女性・若年・低所得・低学歴・南部・借家の方が高い．インフレ期待は低所得より高所得の方が高く，他の属性についてはインフレ認識と同じである（ただしインフレ認識を説明変数に入れていない）．

Lindén（2010）はJoint Harmonised EU Programme of Consumer Surveysでインフレ認識・期待に数値の回答を導入した9か国（オーストリア・ベルギー・フィンランド・フランス・ドイツ・ギリシャ・アイルランド・ルクセンブルグ・スペイン）の2003年5月～2005年10月のデータを用いてインフレ認識・期待を回答者の属性間で比較している．インフレ認識・期待ともに女性・中高年・低所得・低学歴の方が高い．またインフレに関心が高い者（車・家の購入予定者等）はインフレ認識・期待ともに低い．

Bruine de Bruin et al.（2010）はアメリカで2007～2008年に独自に調査したデータを用いてインフレ期待と回答者の属性の関係の背後にある要因を分析している．（1）物価を「自分が購入する商品の価格」と解釈し，（2）金融リテラシーが低いほどインフレ期待が高く，この2つで年齢以外の効果を説明できるとしている．

ミシガン調査では同じ人が6か月おいて2度調査対象となる．Anderson et al.（2010）は同調査の1983年1月～1996年12月のデータをパネル・データとして用いてインフレ期待の学習効果を分析している．2度目の調査の方が予測誤差が小さく，学習効果が認められる．女性・若年・非白人・成年同居人有・低所得の方が予測誤差が大きいが，学習効果も大きい．

日本のデータを用いてインフレ期待と回答者の属性の関係を分析した論文は筆者の知る限り存在しない．清水谷・堀（2004）は内閣府「国民生活モニター

調査」の個票データを用いてインフレ期待の決定要因を回帰分析している．鎌田（2008）は日本銀行「生活意識に関するアンケート調査」の個票データを用いてインフレ期待の下方硬直性や他の変数との関係を分析している．しかしどちらも回答者の属性との関係は述べていない．

3. 分析手法

3.1 歪んだ t 分布

$N(0,1)$ の累積分布関数 (cdf) を $\Phi(\cdot)$，確率密度関数 (pdf) を $\phi(\cdot)$ で表す．Azzalini（1985）は歪み母数 λ の「歪んだ標準正規分布」を次の pdf で定義した[2]．

$$\phi(z;\lambda):=2\Phi(\lambda z)\phi(z). \qquad (1)$$

$\lambda=0$ なら $N(0,1)$，$\lambda\to\infty$ なら標準半正規分布の pdf になる．この分布を $SN(\lambda)$ と表す．

$Z\sim SN(\lambda)$ と $U\sim\chi^2(\nu)$ を独立とする．Azzalini and Capitanio（2003）は $Z/\sqrt{U/\nu}$ の分布を自由度 ν，歪み母数 λ の「歪んだ t 分布」と定義した．その pdf は次のようになる．

$$f(x;\nu,\lambda)=2F\left(\lambda x\sqrt{\frac{\nu+1}{\nu+x^2}};\nu+1\right)f(x;\nu). \qquad (2)$$

ただし $f(\cdot;\nu)$ は $t(\nu)$ の pdf，$F(\cdot;\nu+1)$ は $t(\nu+1)$ の cdf である．この分布を $St(\nu;\lambda)$ と表す．両分布の cdf・pdf は積分を含むが，フリーの統計ソフト R の sn パッケージに関数が用意されている．

3.2 区間回帰モデル

y を大きさ n の無作為標本とする．観測値 y_i に次の正規区間回帰モデルを仮定する．

---

[2] 対称な分布に歪みを導入する方法は他にもある．Genton（2004）は最近の研究を紹介する論文集である．

$$y_i := \begin{cases} 1 & \text{if } c_0 < y_i^* \leq c_1 \\ \vdots & \\ J & \text{if } c_{J-1} < y_i^* \leq c_J \end{cases}, \tag{3}$$

$$y_i^* = \mu + \sigma u_i, \tag{4}$$

$$u_i \sim N(0, 1). \tag{5}$$

ただし $c_0 := -\infty$, $c_J := \infty$ で $(c_1, ..., c_{J-1})$ は既知.$(c_1, ..., c_{J-1})$ が未知で $(\mu, \sigma) := (0, 1)$ なら順序プロビット・モデルになる[3].

選択肢 j の選択確率は

$$\Pr[y_i = j] = \Phi\left(\frac{c_j - \mu}{\sigma}\right) - \Phi\left(\frac{c_{j-1} - \mu}{\sigma}\right). \tag{6}$$

確率の合計は1なので $J-1$ 個のモーメント制約から $J-1$ 個の母数を識別できる.したがって $J \geq 3$ なら (μ, σ) を識別でき,$J \geq 4$ なら正規分布の仮定や $(c_1, ..., c_{J-1})$ が既知との仮定を緩められる.

$\boldsymbol{y}$ を観測したときの (μ, σ) の対数尤度関数は

$$l(\mu, \sigma; \boldsymbol{y}) = \sum_{j=1}^{J} n_j \ln\left(\Phi\left(\frac{c_j - \mu}{\sigma}\right) - \Phi\left(\frac{c_{j-1} - \mu}{\sigma}\right)\right). \tag{7}$$

ただし $n_j := \sum_{i=1}^{n}[y_i = j]$.これは $(1/\sigma, \mu/\sigma)$ の凹関数なので (μ, σ) に関して単峰になる.一部の計量経済分析ソフト(例えば gretl や Stata)には正規区間回帰モデルの最尤推定のコマンドが用意されている.

本章では $u_i \sim \text{St}(\nu; \lambda)$ とする.その場合は $\Phi(\cdot)$ を $\text{St}(\nu; \lambda)$ の cdf に変えればよい.ただし対数尤度関数が単峰でなくなるので数値計算は若干難しくなる.

4. データ

本章では2004年4月に従来の3つの調査を統合して大幅に改訂した新しい「消費動向調査」のデータを使用する.同調査は全国約4780万世帯から抽出した6720世帯に対して「消費者の意識」「物価の見通し」等を尋ねる月次の意識調査である.調査世帯を均等な大きさ(約450世帯)の15グループに分け,

---

[3] CP 法は $(c_1, ..., c_{J-1})$ も (μ, σ) も未知として別の識別制約を課す.

各グループを 15 か月間継続して調査し，毎月 1 グループを入れ替えている．2007 年 3 月まで 3・6・9・12 月以外は電話調査であったが，その後は訪問留置調査に統一している．有効回答率は 2006 年 3 月まで 100% に近く，その後も 75% 前後の水準を維持している．個票データは公開していない．集計データは毎月の報告書に掲載している．

　新しい「消費動向調査」は「物価の見通し」に定量的な質問を導入している．すなわち「あなたの世帯が日ごろよく購入する品物の価格について，1 年後どの程度になると思いますか」という質問に対し，回答者は（1）「下がる：▲5% 以上」，（2）「下がる：▲5% 未満～▲2% 以上」，（3）「下がる：▲2% 未満～」，（4）「変わらない：0%」，（5）「上がる：～2% 未満」，（6）「上がる：2% 以上～5% 未満」，（7）「上がる：5% 以上」，（8）「分からない」の 8 つの選択肢から回答する[4]．選択肢（3）～（5）を 1 つにまとめ，「分からない」を無視すれば，区間が 5 つの区間データとなる[5]．なお 2009 年 4 月以降は「下がる：▲10% 以上」「上がる：10% 以上」の 2 つの選択肢が追加されているが，それぞれ選択肢（1），（7）とまとめて本章では取り扱う．

　「消費動向調査」の集計データは総世帯・一般世帯・単身世帯それぞれについて以下の属性別にも公表されている：（1）世帯主の性・年齢階級，（2）世帯区分，（3）世帯の年間収入階級，（4）世帯の所得の種類，（5）地域（ブロック），（6）都市規模階級，（7）住宅の所有関係．本章ではインフレ期待の男女差を比較する．ただし一般世帯では回答者＝世帯主と限らないので単身世帯のみ扱う．

　図 8-1 は単身世帯の有効回答数の推移である．2005 年の国勢調査の結果を踏まえ，2007 年 6 月～2008 年 6 月にかけて単身世帯の調査世帯数を 1680 世帯から 2016 世帯に増やしている．女性の単身者は 60 歳以上の高齢者が多い．有効回答率は 2006 年 3 月まで 100% に近く，その後も 80% 以上の水準を維持している．

4）　選択肢の下に「テレビや新聞などの様々な情報から，来年の今頃，日ごろよく購入する品物の価格が，今と比較して，どれくらい上がる（下がる）か想像してご回答ください」との補足説明がある．
5）　本章では不要な仮定を避けるが「変わらない：0%」に該当する期待インフレ率の区間を全員共通と仮定すれば選択肢（3）～（5）の間の閾値を各時点で推定できる．Murasawa（2009）を参照．

図8-1 「消費動向調査」の有効回答数

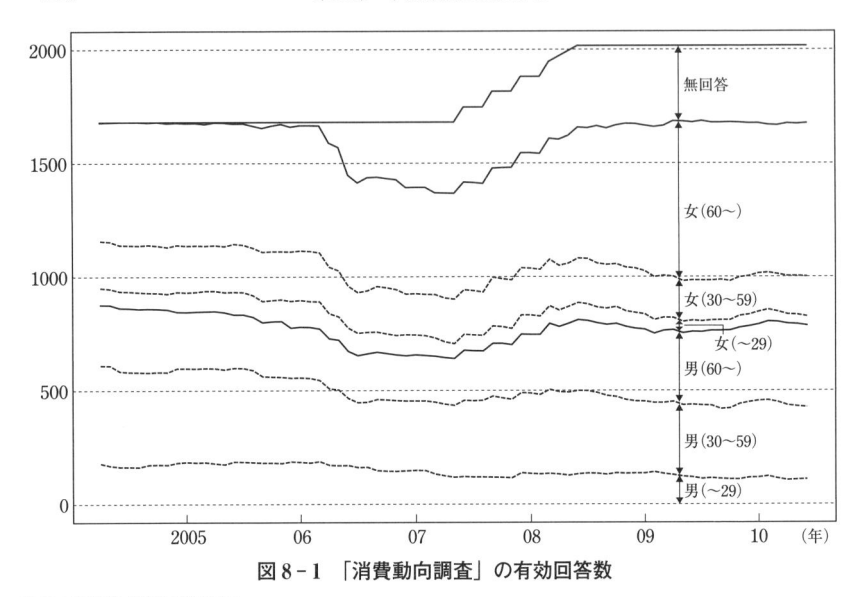

出所:内閣府「消費動向調査」.

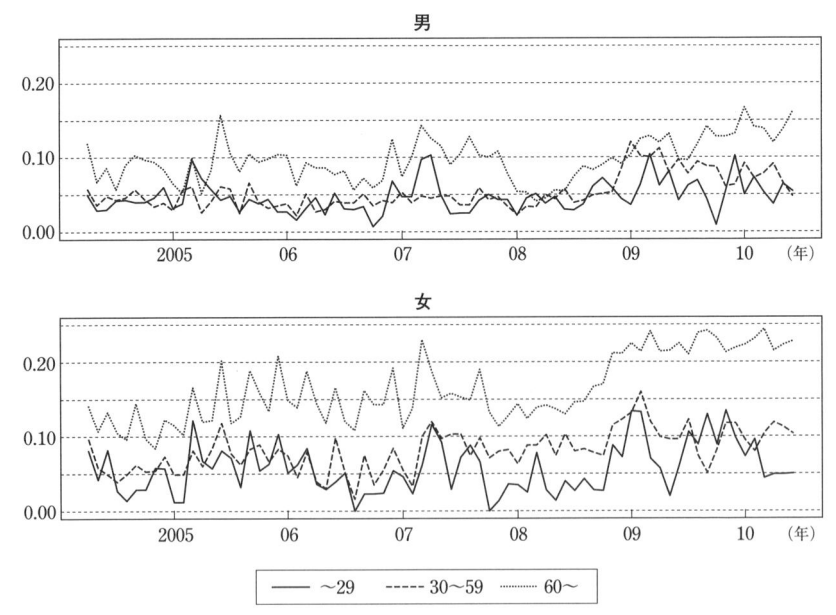

図8-2 「分からない」の回答の割合(単身世帯)

出所:内閣府「消費動向調査」.

第8章　インフレ期待の異質性　　169

```
1.「下がる：▲5％以上」          2.「下がる：▲5％未満〜▲2％以上」
3.「下がる：▲2％未満〜」        4.「変わらない：0％」
5.「上がる：〜2％未満」          6.「上がる：2％以上〜5％未満」
7.「上がる：5％以上」
```

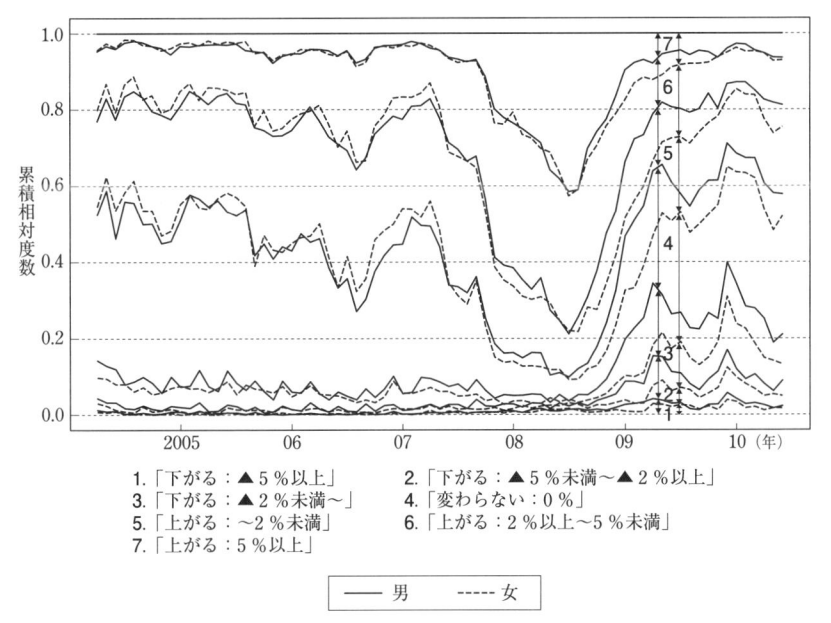

―― 男　　----- 女

図8-3　期待インフレ率の回答の構成比（単身世帯）

出所：内閣府「消費動向調査」．

　図8-2は「分からない」の回答の割合の推移である．2009年以降は「分からない」の回答が増えている．これは2008年に物価が大きく変動し，物価の不確実性が高まったためであろう．また一貫して女性・高齢者の方が「分からない」の回答の割合が高い．これは女性・高齢者の方が物価に関する情報を持たないことを示唆している．

　図8-3は期待インフレ率の回答の構成比（「分からない」を除く）の推移である．2008年半ばにインフレ期待が一時的に高まり，その後はデフレ期待が一部で広がっている．また2008年半ば以降は女性の方が期待インフレ率が高いように見える．

170　第Ⅱ部　予測形成と景気分析

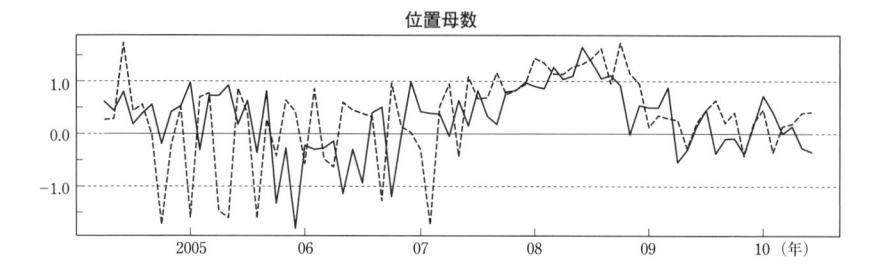

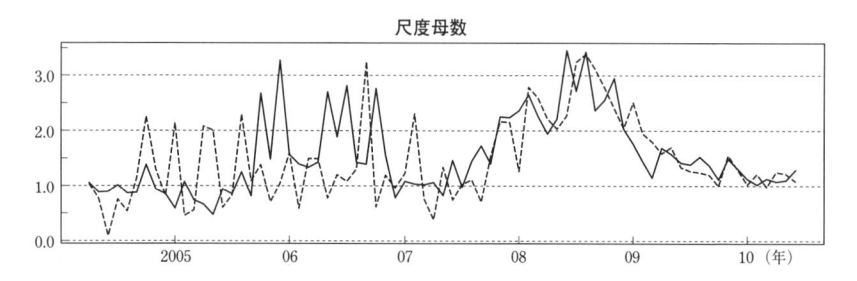

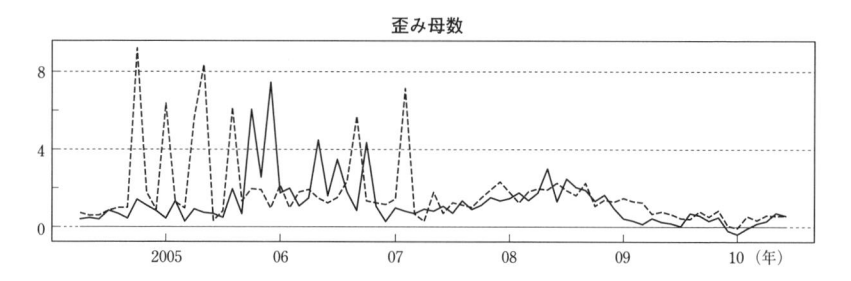

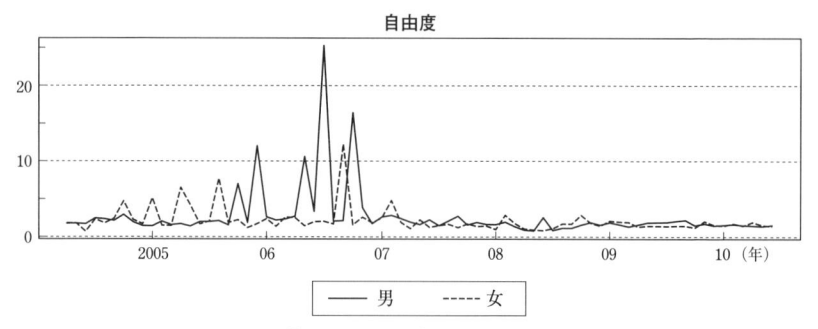

位置母数

尺度母数

歪み母数

自由度

――― 男　　----- 女

図 8-4　「歪んだ t 分布」の母数の最尤推定値

5. 分析結果

5.1 期待インフレ率の分布

本節では 2004 年 4 月～2010 年 6 月の各月の男女の期待インフレ率の区間データに「歪んだ t 分布」を当てはめ，期待インフレ率の分布をパラメトリックに最尤推定する．計算は R Development Core Team（2010）が開発したフリーの統計ソフト R2.11.1 上で sn パッケージの st.mle.grouped コマンドを使用して行う．同コマンドは漸近標準誤差を出力しないがプログラムが簡単で計算も速い（尤度は出力するので尤度比検定は可能）[6]．

図 8-4 は「歪んだ t 分布」の母数の最尤推定値の推移である．各母数の推定値は 2007 年半ばまでやや周期的に変動している．図 8-2，図 8-3 の記述統計量も同様に変動しており，2007 年 3 月まで訪問留置調査（3・6・9・12 月）と電話調査（その他）を併用していたためかもしれない．位置母数 μ，尺度母数 σ，歪み母数 λ，尖り（自由度 ν が小さいほど尖りが大きい）は，いずれも 2008 年半ばにかけて一時的に上昇している．2009 年末～2010 年初を除き λ は基本的に正である．一部の月を除き ν は非常に小さく，$\nu \leq 1$ で平均が存在しない月もある．母数の男女差が顕著な月もあるが，一定の傾向は確認できない．

期待インフレ率の分布の形状は中央値や四分位範囲で見ると分かりやすい（図 8-5）．女性の中央値と四分位範囲は 2007 年半ばまでやや周期的に変動している．中央値は 2008 年半ばにかけて大きく上昇し，その後急速に下落している．四分位範囲も 2008 年半ばにかけて大きく拡大し，その後急速に縮小している．2008 年半ば以降は女性の方が中央値が高い．四分位範囲に明確な男女差は見られない．

ここまでの結果をまとめると以下の通り．

1. インフレ期待の男女差は時間を通じて変化する．期待インフレ率は現在のインフレ率に反応する（インフレ期待は固定されていない）．ただ

---

[6] Murasawa（2009）は対数尤度関数を記述して数値的に最大化し，漸近標準誤差も求めている．

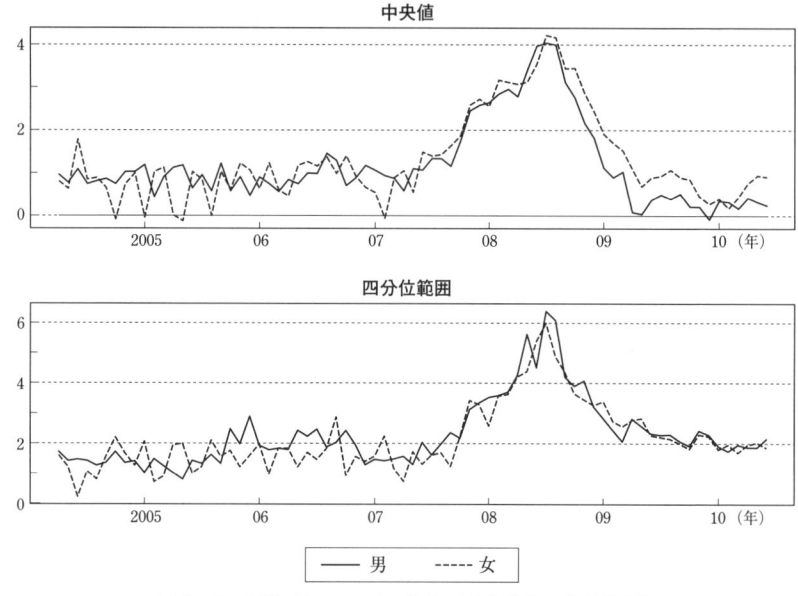

図 8-5 期待インフレ率の分布（中央値と四分位範囲）

しデフレ期は女性の方が期待インフレ率が下がりにくい．
2. 期待インフレ率の散らばりの男女差は小さく，各属性内の異質性が大きい．また期待インフレ率の散らばりも現在のインフレ率に反応する．

諸外国の先行研究では女性の方が期待インフレ率が高く散らばりも大きいとの報告が多い．しかしこの結論は分析期間により変わる可能性がある．インフレ期待の異質性は男女差のみで十分に説明できない．他の属性間の比較も可能だが，個票データを用いた回帰分析で複数の属性の効果を同時に分析するのが望ましい．

5.2 インフレとインフレ期待

期待インフレ率の分布と現在の（CPI）インフレ率の関係は散布図で見ると分かりやすい（図 8-6）．男女差はさほど顕著でなく，むしろ男女共通の一定の関係が見られる．特徴をまとめると以下の通り．

第 8 章　インフレ期待の異質性　　　　　　　　　　　　　　173

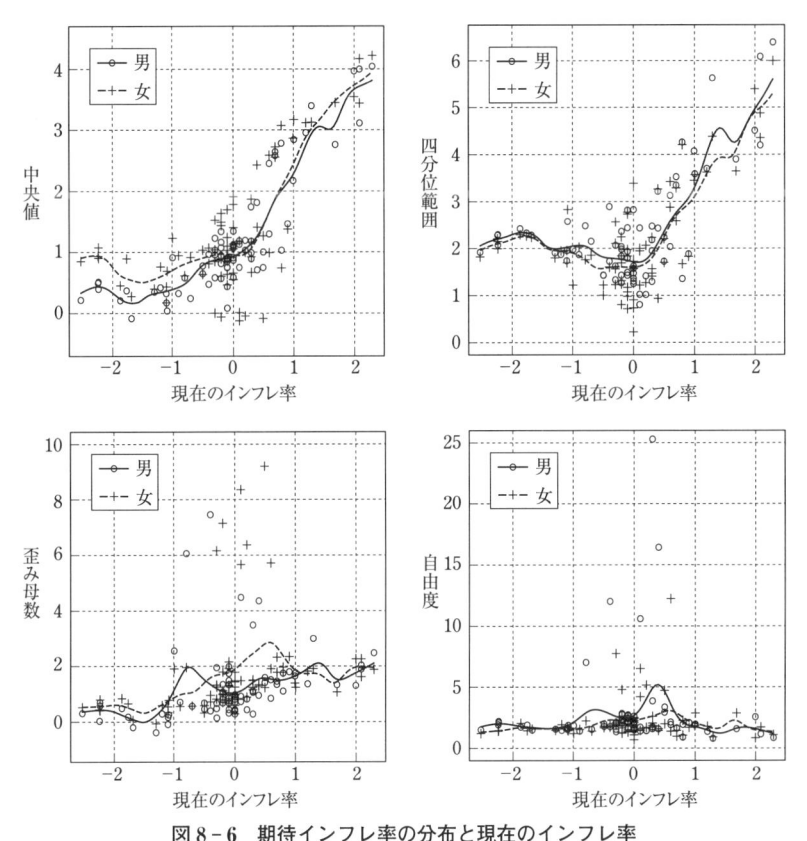

図 8-6　期待インフレ率の分布と現在のインフレ率

注：回帰曲線はガウス・カーネルを用いた Nadaraya-Watson 推定量．

1. 中央値は現在のインフレ率に反応する．ただし負のインフレ率に対して特に女性の反応が弱まる．
2. 散らばりはインフレ率 0 で最小となる．これは物価に関する新たな情報がなく情報格差が最小となるからであろう．また物価下落時より上昇時の方が散らばりが大きくなる．
3. 歪みはインフレ率が高いほど大きい．デフレだと分布は対称に近くなる．
4. 尖りはインフレ率 0 で最小となる（外れ値が少ない）．これは男性の方が顕著である．

男女とも物価上昇時と下落時で期待インフレ率の分布の変化は非対称である．個人レベルでも期待の変化は非対称かもしれない．この検証には個票データが必要である．

6. おわりに

人々は異なるインフレ期待を持つ．それは期待インフレ率の調査データから明白である．インフレ期待の異質性は回答者の属性で説明できるかもしれない．本章はインフレ期待の男女差を分析した．期待インフレ率の分布の男女差は時間を通じて変化し，デフレ期のみ中央値に若干の差が見られたが，散らばり・歪み・尖りに顕著な差は見られなかった．また男女の属性内の異質性は依然として大きい．

本章は集計データでもインフレ期待の異質性を分析できることを示したが，本格的な実証研究には程遠い．今後の課題を以下に挙げておく．

1. 性以外の属性についても分析すべきである．ただし集計データを用いた属性間の比較には限界がある．個票データを用いた回帰分析が望ましい．
2. インフレ期待が属性間で異なる理由も分析すべきである．そのためには「現在のインフレ認識」等の質問項目の追加が必要であろう．
3. 将来のインフレの「期待値」だけでなく「不確実性」にも異質性がある．インフレ期待を点推定値でなく確率分布で調査する方法もある．Bruine de Bruin et al.（2011）は先駆的な研究である．

少なくとも日本では人々のインフレ期待は固定されていない．最近はデフレ期待が広がっている．どうしたらインフレ期待を固定できるか，諸外国のデータも含めた実証研究の蓄積が急務である[7]．特に内閣府・日本銀行は個票データを持っている．それらを有効に活用してほしい．

---

[7] 最近の欧米の研究論文集として Sinclair（2010）を挙げておく．

謝 辞

本章の作成にあたり「景気循環日付研究会」のメンバーから有益なコメントを頂いた. こ こに記して感謝する. 本研究は科研費 (課題番号 19530185) の助成を受けたものである.

参考文献

Anderson, Robert D.J., Ralf Becker, and Denise R. Osborn (2010), "Heterogeneity in Consumers' Learning about Inflation", Newcastle Discussion Papers in Economics 2010-2, Newcastle Univsersity Business School.

Azzalini, Adelchi (1985), "A Class of Distributions which Includes the Normal Ones", *Scandinavian Journal of Statistics*, Vol. 12, pp. 171-178.

Azzalini, Adelchi and Antonella Capitanio (2003), "Distributions Generated by Perturbation of Symmetry with Emphasis on a Multivariate Skew t-Distribution", *Journal of the Royal Statistical Society : Series B*, Vol. 65, pp. 367-389.

Blanchflower, David G. and Conall MacCoille (2009), "The Formation of Inflation Expectations : An Empirical Analysis for the UK", Working Paper 15388, National Bureau of Economic Research.

Bruine de Bruin, Wändi, Wilbert van der Klaauw, Julie S. Downs, Baruch Fischhoff, Giorgio Topa, and Olivier Armantier (2010), "Expectations of Inflation : The Role of Demographic Variables, Expectation Formation, and Financial Literacy", *Journal of Consumer Affairs*, Vol. 44, pp. 381-402.

Bruine de Bruin, Wändi, Charles F. Manski, Giorgio Topa, and Wilbert van der Klaauw (2011), "Measuring Consumer Uncertainty About Future Inflation", *Journal of Applied Econometrics*, forthcoming.

Bryan, Michael F. and Guhan Venkatu (2001a), "The Demographics of Inflation Opinion Surveys", *Economic Commentary*, October. Federal Reserve Bank of Cleveland.

Bryan, Michael F. and Guhan Venkatu (2001b), "The Curiously Different Inflation Perspectives of Men and Women", *Economic Commentary*, November. Federal Reserve Bank of Cleveland.

Carlson, John A. and Michael Parkin (1975), "Inflation Expectations", *Economica*, Vol. 42, pp. 123-138.

Fishe, Raymond P.H. and Todd L. Idson (1990), "Information-Induced Heteroscedasticity in Price Expectations Data", *Review of Economics and Statistics*, Vol. 72, pp. 304-312.

Genton, Marc G. ed. (2004), *Skew-Elliptical Distributions and Their Applications : A Journey Beyond Normality* : Chapman & Hall/CRC.

Jonung, Lars (1981), "Perceived and Expected Rates of Inflation in Sweden", *American Economic Review*, Vol. 71, pp. 961-968.

Lindén, Staffan (2010), "400,000 Observations on Inflation Perceptions and Expectations in the EU: What Will They Tell Us?" in Sinclair, Peter ed. *Inflation Expectations*: Routledge, Chap. 11, pp. 196-218.

Lombardelli, Clare and Jumana Saleheen (2003), "Public Expectations of UK Inflation", *Bank of England Quarterly Bulletin*, Vol. 43, pp. 281-290.

Malgarini, Marco (2009), "Quantitative Inflation Perceptions and Expectations of Italian Consumers", *Giornale degli Economisti e Annali di Economia*, Vol. 68, pp. 53-80.

Manski, Charles F. and Francesca Molinari (2010), "Rounding Probabilistic Expectations in Surveys", *Journal of Business & Economic Statistics*, Vol. 28, pp. 219-231.

Murasawa, Yasutomo (2009), "Measuring Inflation Expectations Using Interval-Coded Data", Discussion Paper 2009-4, School of Economics, Osaka Prefecture University.

Palmqvist, Stefan and Lena Strömberg (2004), "Household's Inflation Opinions-A Tale of Two Surveys", *Sveriges Riksbank Economic Review*, No. 4, pp. 23-42.

Pfajfar, Damjan and Emiliano Santoro (2008), "Asymmetries in Inflation Expectation Formation Across Demographic Groups", Cambridge Working Papers in Economics 0824, Faculty of Economics, University of Cambridge.

R Development Core Team (2010), *R : A Language and Environment for Statistical Computing*, R Foundation for Statistical Computing, Vienna, Austria. ISBN 3-900051-07-0.

Ranyard, Rob, Fabio Del Missier, Nicolao Bonini, Darren Duxbury, and Barbara Summers (2008), "Perceptions and Expectations of Price Changes and Inflation : A Review and Conceptual Framework", *Journal of Economic Psychology*, Vol. 29, pp. 378-400.

Sinclair, Peter ed. (2010), *Inflation Expectations* : Routledge.

鎌田康一郎 (2008), 「家計の物価見通しの下方硬直性――『生活意識に関するアンケート調査』を用いた分析」, ワーキングペーパー 08-J-8, 日本銀行.

清水谷諭・堀雅博 (2004), 「どうすればデフレ期待を反転できるか：国民生活モニター調査（個票）による検証」浜田宏一・原田泰編『長期不況の理論と実証』東洋経済新報社, pp. 209-232.

第9章

ゼロ金利制約下における日本経済
流動性制約家計を含むニューケインジアン DSGE モデル

矢野浩一・飯田泰之・和合 肇

1. はじめに

　本章の第1の目的は現代的なマクロモデルの新たな推計方法の提案にある. 動学的確率的一般均衡モデル (Dynamic Stochastic General Equilibrium model, 以下 DSGE モデル) の推計は応用マクロ経済学において近年特に注目を集める話題ではあるが, その手法に関してはいくつかの大きな壁があることもまた認識されつつある. その改善のための提案の一例として, 本章では時変係数アプローチと非線形・非ガウス・非定常状態空間モデル (Nonlinear, Non-Gaussian, and Non-stationary State Space model, NNNSS) を用いて流動性制約家計を含むニューケインジアン DSGE モデルの推計を行った.

　NNNSS による時変係数アプローチを採用することにより, ニューケインジアン DSGE モデルにおける3つの深刻な問題を回避することができる. その第1がトレンドと循環の分離の問題であり[1], 第2が構造パラメターの不安定性の問題であり, 第3が近年日本のみならず多くの国で実際の問題として注目されるようになった名目金利のゼロ制約問題である.

1.1 ニューケインジアン DSGE モデルの推計と問題点

　ニューケインジアン DSGE モデルによる金融政策分析は近年めざましい進

---

1) Justiniano and Primiceri (2008) に従い, 本章では独占的競争下にある財市場・労働市場でスムースな価格変化が達成された際の産出量を自然産出量としている.

歩を遂げてきた．これらの業績は Walsh（2003），Woodford（2003）といったテキストにまとめられ，また政策分析に適したサイズの中型ニューケインジアン DSGE モデルのひな形が Christiano et al.（2005）にまとめられることによって，これらの手法はアカデミックな世界にとどまらない政策当局にとっての「標準モデル（The Model）」となったといってよい．

　これらの理論モデルのパラメター推計に当たっては，ベイズ統計学，なかでもマルコフ連鎖モンテカルロ法（MCMC）による推計が用いられることが多い．DSGE モデルの推計については An and Schorfheide（2007）が詳細なサーベイを行っている．

　日本においても DSGE モデルの推計を行った研究は多い．同手法の日本への適用の嚆矢である Iiboshi et al.（2005）にはじまり，Sugo and Ueda（2008），Ichiue et al.（2008）など，その多くは MCMC を用いている[2]．また，流動性制約家計を含む推計としては Iwata（2009）などがあげられる．

　日本経済に DSGE モデルを適応するに当たってはいくつかの大きな問題が存在する．そして，その問題は標準的な DSGE モデルを用いたこれまでの応用・政策研究の課題と重なっているといってよい．

　第 1 に，トレンドと循環の分離の問題である．応用的な DSGE モデルでは長期定常値の推移としてのトレンドと循環をホドリック-プレスコットフィルター等の機械的な手法で分離する．しかしながら，このような手法で抽出された「長期定常値の推移」と「循環要因」は理論的根拠に乏しい[3]．第 2 に，多くの論文では構造パラメターは分析期間中一定であることを仮定しているが，これもまた理論的根拠のない前提に過ぎないだろう．そして，第 3 のそして日本経済へのニューケインジアン DSGE モデル適用の最大の障害がゼロ金利制約問題である．1999 年から 2006 年にかけて日本銀行がテイラールールにしたがって行動していたと仮定することは，不可能である．そのため，ほとんどの日本経済に関する DSGE モデルの推計は 98 年までを対象としている．しかしながら，ゼロ金利期間の分析こそが理論的にも政策的にも最も関心が高いものであることを忘れてはいけない．

　本章ではこれらの問題を回避して，流動性制約家計を含むニューケインジア

---

2) Fuchi et al.（2005）は GMM，Fujiwara（2007）は最尤法による推計を行っている．
3) DSGE と整合するように定常状態を推定した先行研究として Edge et al.（2008）などがある．

ン DSGE モデルを日本のデータを用いて推計するために Gordon et al. (1993) と Kitagawa (1996) によって提案された粒子フィルター法と Kitagawa (1998) によって定式化された自己組織化状態空間モデルを用いる[4].

本章で用いられる手法は,Yano (2009) ならびに Yano (2010) の直接的な活用であり,ベイズ統計と NNNSS を未知変数の推計に用いている.その結果,長期定常状態の推移と循環要因をモデルと整合的な形で同時に時変推計することが可能になった.

本章で用いられる手法では非線形・非定常を仮定した推計であることには大きな意味がある.これによって,Krugman (1998), Eggertsson and Woodford (2003), Jung et al. (2005) 等による流動性の罠に関しての実証分析が可能となる.

1.2 本章の手法面での貢献

Braun and Waki (2006) は金融政策における名目金利のゼロ制約は 2 つの点で分析の大きな障害になるとまとめている.

第 1 が,非負制約下では多くの DSGE モデルで用いられる長期定常近傍での線形近似が困難になるという点である.名目金利が 0 となる点で金融政策反応関数は屈曲しているため,非線形を仮定しなければならないためである.第 2 が長期定常状態の安定条件の問題である.ゼロ制約のあるモデルにおいては 2 つのゼロ金利状態が存在する.1 つが正の利子率における定常状態における一過性のゼロ金利状況であり,もう 1 つがゼロ金利状態での長期定常状態である.

Braun and Waki (2006) は前者にのみ分析対象を絞ることでこれらの問題に対応している.ただし,同論文ではカリブレーションを中心にしており,モデルに基づく推計は行われていない.そこで本章では非線形の金融政策反応関数を含むモデルをベイズ統計の手法と NNNSS によって推計している.

本章は Fernandez-Villaverde and Rubio-Ramirez (2007)[5]の拡張・発展を

---

4) 粒子フィルター法 (Monte Carlo particle filter) についての解説は Doucet et al., eds (2001) 等に詳しい.補論参照のこと.
5) カルマンフィルターを用いた時変推計も盛んに行われている.Bjornland et al. (2008) は米国の,畑農 (2004) は日本の代表的な文献である.

させたものである[6]．第1に，同論文では金融政策反応関数と価格改定確率に時変推計の対象を絞り込んだうえで，両パラメターの不安定性を指摘している．一方，本章ではより多くの変数について時変的である可能性を考慮して推計を行った．第2に，同論文ではDSGEモデルを定常点近傍で2次近似した上で粒子フィルター法による推計を行っているが，本章では1次近似モデルを基本としテイラールールにのみ非線形性を導入している．第3に，本章では長期定常状態の推移も推計対象としている点も大きな違いである．また，Yano (2008) にしたがい，本章では推計に最尤法ではなく自己組織化状態空間モデルを用いている．

なお，Canova and Sala (2009) ではDSGEの推計に"weak identification"の問題があることを指摘している．本章で用いる手法ではパラメターの探索範囲を絞り込むことでこの問題を解決している．例えば，現在の日本において自然実質成長率がプラス5%以上という事は考えづらいため，はじめから探索範囲に含めないでよいだろう．また，理論的な理由からこのように探索範囲を絞り込めるケースも多い．さらには先行研究などで比較的一致した見解が得られているものについてはそれを参考に範囲の限定を行うこともできる．このようなフレキシブルな対応が可能である点も本章の手法の大きな利点と言ってよい．

2. 流動性制約家計を含むモデル

本章で用いられるモデルは，一定比率の家計が流動性制約下にあることを仮定した標準的なニューケインジアンモデルである．導出の詳細はYano, et al. (2010) を参照されたい．

伸縮価格でショックのない場合に達成される定常均衡の近傍での線形近似は以下の通り[7]．

---

6) 粒子フィルターをDSGEに応用した論文としてはFernandez-Villaverde and Rubio-Ramirez (2005), Fernandez-Villaverde and Rubio-Ramirez (2007), Amisano and Tristani (2007), Lombardi and Sgherri (2007) などがある．

7) 本章では，変数Xの定常近傍からの乖離を$\tilde{X}$と表す．

第9章　ゼロ金利制約下における日本経済

$$\widehat{C}_t^R = \frac{h}{1+h}\widehat{C}_{t-1}^R + \frac{1}{1+h}E_t\widehat{C}_{t+1}^R - \frac{1}{1+h}E_t[\hat{i}_t - \hat{\pi}_{t+1}] + \epsilon_{C,t}. \tag{1}$$

$$\hat{\pi}_t = \frac{1}{1+\beta}\hat{\pi}_{t-1} + \frac{\beta}{1+\beta}E_t\hat{\pi}_{t+1} + \frac{(1-\xi_p)(1-\beta\xi_p)}{\xi_p(1+\beta)}[(1-\alpha)\widehat{W}_t + \alpha\hat{r}^K - \widehat{Z}_t] + \epsilon_{\pi,t}. \tag{2}$$

$$\hat{i}_t = \max[-(r^s + \pi^s), \ \rho_i \hat{i}_{t-1} + (1-\rho_i)(\phi_Y \widehat{Y}_t + \phi_\pi \hat{\pi}_t) + \epsilon_{i,t}], \tag{3}$$

$$\widehat{W}_t = (\widehat{C}_t^R - h\widehat{C}_{t-1}^R) + \sigma_L \widehat{L}_t + \epsilon_{W,t} \tag{4}$$

$$\widehat{L}_t = -\widehat{W}_t + \hat{r}^K + \widehat{K}_t, \tag{5}$$

$$\widehat{I}_t = \frac{1}{1+\beta}\widehat{I}_{t-1} + \frac{\beta}{1+\beta}\widehat{I}_{t+1} + \frac{\nu}{1+\beta}\widehat{Q}_t + \epsilon_{I,t}, \tag{6}$$

$$\widehat{Q}_t = -E_t[\hat{i}_t - \pi_{t+1}] + \frac{1-\delta}{1-\delta+\bar{r}^K}E_t\widehat{Q}_{t+1} + \frac{\bar{r}^K}{1-\delta+\bar{r}^K}E_t\hat{r}_{t+1}^K + \epsilon_{Q,t}, \tag{7}$$

$$\widehat{K}_t = (1-\delta)\widehat{K}_{t-1} + \delta\widehat{I}_{t-1}, \tag{8}$$

$$\widehat{Y}_t = \Psi_C \widehat{C}_t + \Psi_I \widehat{I}_t + \Psi_G \widehat{G}_t, \tag{9}$$

$$\widehat{Y}_t = \widehat{Z}_t + \alpha\widehat{K}_t + (1-\alpha)\widehat{L}_t, \tag{10}$$

$$(1+\tau^C)\widehat{C}_t^N = (1-\tau^d)\rho_{hm}(\widehat{W}_t + \widehat{L}_t) - \sigma_{hm}\widehat{T}_{i,t}, \tag{11}$$

$$\widehat{C}_t = (1-\omega)\widehat{C}_t^R + \omega\widehat{C}_t^N, \tag{12}$$

$$\widehat{G}_t + \rho_{Gb}\rho_{G\pi}(\hat{i}_t + \bar{b}_{t-1} - \pi_t)$$
$$= \tau^d\rho_{GW}(\widehat{W}_t + \widehat{L}_t) + \tau^C\rho_{GC}\widehat{C}_t + \tau^d\rho_{GK}(\hat{r}_t^K + \widehat{K}_t) + \rho_{GT}\widehat{T}_t + \rho_{Gb}\hat{b}_t \tag{13}$$

$$\widehat{G}_t = \rho_G\widehat{G}_{t-1} - \rho_{GY}\widehat{Y}_t + \epsilon_{G,t}, \tag{14}$$

$$\widehat{T}_t = \rho_T \widehat{T}_{t-1} + \rho_{Tb}\widehat{b}_t + \epsilon_{T,t}, \tag{15}$$

$$\widehat{Z}_t = \rho_Z \widehat{Z}_{t-1} + \epsilon_{Z,t}, \tag{16}$$

なお，(1)がニューケインジアン IS 曲線，(2)がニューケインジアンフィリップス曲線，(3)が金融政策反応関数である．ここでは Braun and Waki (2006)に従い名目金利のゼロ制約が一定期間のみバインドする均衡を考えている．つまりは，S 期から T 期の間 ($S<t<T$) 金融政策はゼロ金利状態になっており，その他の期間，S 期以前と T 期以降は通常のテイラールールに従った政策運営が行われていると考える．また，X に関する式に加わるショックターム $\epsilon_{X,t}$ は平均ゼロの正規分布を取ると仮定した[8]．以上の推計される式の内生変数と主なパラメーターは表 9-1 の通りである[9]．

2.1 状態空間表現

これらの式から，線形合理的期待モデルの構造型を求めることができる．

$$\begin{cases} \Gamma_0 x_t = \Gamma_1 x_{t-1} + \Psi z_t + \Pi \eta_t + C, & \text{if } 0 \leq t \leq S \text{ or } t > T \\ \Gamma_0' x_t = \Gamma_1' x_{t-1} + \Psi' z_t' + \Pi \eta_t + C, & \text{if } S < t \leq T, \end{cases} \tag{17}$$

ここで，内生変数である x_t は，

$$\begin{aligned} x_t = [&E_t \widehat{C}_{t+1}, E_t \widehat{\pi}_{t+1}, E_t \widehat{r}_{t+1}^K, E_t \widehat{I}_{t+1}, E_t \widehat{Q}_{t+1}, \widehat{Y}_t, \widehat{C}_t^R, \widehat{i}_t, \widehat{\pi}_t, \widehat{W}_t, \\ & \widehat{r}_t^K, \widehat{Z}_t, \widehat{L}_t, \widehat{K}_t, \widehat{I}_t, \widehat{Q}_t, \widehat{Y}_t, \widehat{C}_t, \widehat{G}_t, \widehat{C}_t^N, \widehat{T}_t, \widehat{b}_t]^t \end{aligned} \tag{18}$$

の 22 個である[10]．

Sims (2002) はこのような線形合理的期待モデルの解は QZ 分解によって

---

8) 本章の手法ではこれらのショックについて正規分布以外の分布を仮定することもできるが，現時点でのメインイシューではないため先行研究に従って正規分布の仮定を用いている．
9) パラメーターの全説明は Yano et al. (2010) を参照されたい．
10) 外生的なショックタームは，
$z_t = (\epsilon_{C,t}, \epsilon_{\pi,t}, \epsilon_{W,t}, \epsilon_{I,t}, \epsilon_{Q,t}, \epsilon_{i,t}, \epsilon_{Z,t}, \epsilon_{G,t}, \epsilon_{T,t})^T \sim N(0, \Sigma_t)$
$\Sigma_t = diag((\sigma_{C,t})^2, (\sigma_{\pi,t})^2, (\sigma_{W,t})^2, (\sigma_{I,t})^2, (\sigma_{Q,t})^2, (\sigma_{i,t})^2, (\sigma_{Z,t})^2, (\sigma_{G,t})^2, (\sigma_{T,t})^2),$
$z_t' = (\epsilon_{C,t}, \epsilon_{\pi,t}, \epsilon_{W,t}, \epsilon_{I,t}, \epsilon_{Q,t}, \epsilon_{Z,t}, \epsilon_{G,t}, \epsilon_{T,t})' \sim N(0, \Sigma_t')$
$\Sigma_t' = diag((\sigma_{C,t})^2, (\sigma_{\pi,t})^2, (\sigma_{W,t})^2, (\sigma_{I,t})^2, (\sigma_{Q,t})^2, (\sigma_{Z,t})^2, (\sigma_{G,t})^2, (\sigma_{T,t})^2)$
に従う．なお，サンスポット均衡の存在を排除するために $\Pi=0$, $C=0$ を仮定する．

第9章 ゼロ金利制約下における日本経済 183

表9-1 内生変数と主なパラメーターリスト

内生変数／パラメーター	
Y_t	産出量（GDP）（以下，内生変数）
C_t	消費（リカーディアン家計と流動性制約家計の消費合計）
C_t^R	リカーディアン家計の消費
C_t^N	流動性制約家計の消費
G_t	政府支出
T_t	税
b_t	国債
π_t	インフレ率
i_t	短期名目金利
W_t	実質賃金
r_t^K	資本収益率
Z_t	技術進歩
L_t	労働
K_t	資本
I_t	投資
Q_t	トービンのq（以上，内生変数）
Y^s	自然産出量（以下，パラメーター）
π^s	インフレ目標
h	習慣形成
ξ_p	カルボパラメーター
σ_L	労働の不効用（フリッシュ係数の逆数）
ρ_Z	技術進歩の慣性
ρ_G	政府支出の慣性
ω	流動性制約家計の比率
ρ_i	テイラールールの金利慣性
ϕ_Y	テイラールールの産出ギャップへの反応度
ϕ_π	テイラールールのインフレ目標からの乖離への反応度（以上，パラメーター）

求められることを示した[11]．Sims（2002）の手法により，線形合理的期待モデルは，以下のような誘導形にまとめることができる．

$$\begin{cases} x_t = \Theta_1 x_{t-1} + \epsilon_{1,t}, & \text{if } 0 \leq t \leq S \text{ or } t > T \\ x_t = \Theta_1' x_{t-1} + \epsilon_{1,t}', & \text{if } S < t \leq T, \end{cases} \quad (19)$$

ただし，$\epsilon_{1,t} = \Theta_0 z_t$，$\epsilon_{1,t}' = \Theta_0' z_t'$ である．$\Theta_1, \Theta_0, \Theta_1',$ and Θ_0' については Sims

---

11) 本章でも Sims による gensys．R コードを用いている．詳細は，http://sims.princeton.edu/yftp/gensys/を参照されたい．

(2002) を参照いただきたい．

このモデルの観測方程式は，

$$Y_t = Y^s + Hx, \tag{20}$$

であり，主に変数の成長率が観測されるとする．

$$Y_t = [YGR_t, CGR_t, IGR_t, WGR_t, GGR_t, INFL_t, LGR_t, TGR_t, INT_t]^t$$

ここで，変数 X の成長率 XGR_t は，それぞれ1人あたり実質 GDP，1人あたり実質消費，1人あたり実質投資，実質賃金，政府支出，1人あたり労働供給量，1人あたり現物以外の社会保障給付の対数差分であり，$INFL_t$ は GDP デフレーターの変化を，INT_t は無担保コールレート翌日物を用いた．X^s は各変数の定常値を表し，

$$Y^s = [Y^s, Y^s, Y^s + I^s, Y^s, G^s, \pi^s, L^s, T^s, r^s + \pi^s]^t$$

とする．ただし I^s は Greenwood et al.（1997）で論じられている投資特殊的な成長率（investment-specific growth rate）である[12]．

ショックに関しては，

$$v_t = (\epsilon^v_{Y,t}, \epsilon^v_{C,t}, \epsilon^v_{I,t}, \epsilon^v_{W,t}, \epsilon^v_{G,t}, \epsilon^v_{\pi,t}, \epsilon^v_{L,t}, \epsilon^v_{T,t}, \epsilon^v_{i,t})^T \sim N(0, \Sigma_{v,t})$$

$$\Sigma_{v,t} = diag((\sigma^v_{Y,t})^2, (\sigma^v_{C,t})^2, (\sigma^v_{I,t})^2, (\sigma^v_{W,t})^2, (\sigma^v_{G,t})^2, (\sigma^v_{\pi,t})^2, (\sigma^v_{L,t})^2, (\sigma^v_{T,t})^2, (\sigma^v_{i,t})^2)$$

としよう[13]．

本章では，（1）～（20）式のパラメーターを時変推計する．時変パラメーターは，

$$\begin{aligned}\bar{\theta}_t = [&h_t, \sigma_{L,t}, \xi_{p,t}, \rho_{i,t}, \phi_{Y,t}, \phi_{\pi,t}, \rho_{Z,t}, \omega_t, \rho_{G,t}, \rho_{GY,t}, \rho_{T,t}, \\ &\rho_{Tb,t}, \sigma_{C,t}, \sigma_{\pi,t}, \sigma_{W,t}, \sigma_{I,t}, \sigma_{Q,t}, \sigma_{i,t}, \sigma_{Z,t}, \sigma_{G,t}, \sigma_{T,t}, \\ &Y^s_t, G^s_t, \pi^s_t, L^s_t, T^s_t, r^s_t, \sigma^v_{Y,t}, \sigma^v_{C,t}, \sigma^v_{I,t}, \sigma^v_{G,t}, \sigma^v_{\pi,t}, \sigma^v_{W,t}, \\ &\sigma^v_{L,t}, \sigma^v_{i,t}, \sigma^v_{T,t}]\end{aligned} \tag{21}$$

---

[12] Liu et al.（2008）は DSGE モデルにおける investment-specic technology changes を推計している．本章でもほぼ同様の項目を仮定して推計を行っているため，詳細は Yano et al.（2010）を参照いただきたい．

[13] 以上の設定は，An and Schorfheide（2007），Hirose and Naganuma（2007）を修正したものである．

である．ただし，割引率 β は一定で所与のものと仮定した．これにより，誘導系の線形合理的期待モデルも以下のように書き換えられる．

$$\begin{cases} x_t = \Theta_{1,t} x_{t-1} + \epsilon_{1,t}, & \text{if } 0 \leq t \leq S \text{ or } t > T \\ x'_t = \Theta'_{1,t} x'_{t-1} + \epsilon'_{1,t}, & \text{if } S < t \leq T, \end{cases} \quad (22)$$

ただし，$\epsilon_{1,t} = \Theta_{0,t} z_t$, $\epsilon'_{1,t} = \Theta'_{0,t} z_t$ である．

多くの先行研究においては，モデルの構造パラメターは不変である（ディープパラメターである）と仮定されてきた．その仮定は検証されるべき対象である．時変係数アプローチは，パラメター不変性を確認する手段として活用できる．本章でも，係数そのものの値を求めるという視点よりも，これまでの研究で前提されてきた，パラメターの不変性そのものの妥当性を検証するという目的を持っている．

以上の設定の下で，時変推計を進める．推計方法の概要は補論を参照されたい．

3. ゼロ金利期間を含む実証分析

推計期間は 1981：Q1〜2007：Q4 である[14]．本章の推計方法では，名目金利の下限制約がバインドしていた期間を特定する必要がある．そこで，ゼロ金利政策がとられていた期間，1999：Q1〜2006：Q4 を日本における流動性の罠の期間として推計を進める．

---

14) 現行基準のSNAデータでは80年からのデータが入手可能であるが，同年はまだ第2次石油ショックの影響が残存している可能性があるため，推計対象から除いた．また，各変数のソースは以下の通り．
  ・1985年7月〜2007年12月について無担保コールレート翌日物の月中平均データを用い四半期化の際にはその平均値をとった．同データが得られない期間（1981年1月〜1985年6月）については有担保コールレート翌日物のデータを85年の平均偏差を用いて接続した．
  ・GDP，（民間）消費，（民間非住宅）投資，政府支出（公的需要）についてはSNAによる四半期季節調整値を用いた．なお，1994：Q1〜2007：Q4については2000年基準連鎖指数実質化データを，93年以前については95年基準固定指数による数値を94年Q1において2000年基準連鎖指数実質化データに接続して利用している．なお，GDPデフレーターは実質GDPで名目GDPを除することによって作成している．
  ・現物以外の社会保障給付については2000年基準の実質値をX12法によって季節調整した．
  ・労働賦存量は労働力調査の季節調整値を，実質賃金と労働時間については毎月勤労統計より30人以上事業所指数の季節調整値を，それぞれ3か月分平均することによって算出した．

表 9-2 時変パラメーターの探索空間

パラメーター	探索範囲
Y^s	$(0, 5)$
ϕ_π	$(1, 3)$
ϕ_Y	$(0, 2)$
$h, \xi_p, \rho_z, \rho_G, \rho_i$	$(0, 1)$
σ_L, ν	positive
$\sigma_C, \sigma_\pi, \sigma_I, \sigma_Q, \sigma_i, \sigma_G, \sigma_Z$	positive
$\sigma_Y^v, \sigma_C^v, \sigma_\pi^v, \sigma_I^v, \sigma_W^v, \sigma_L^v, \sigma_i^v$	positive
other parameters	no limitation

注:時間のインデックス t は省略.

3.1 推 計

時変推計にあたっての事前分布には dynare による MCMC 推計の結果を用いた(Yano et al. (2010))[15].

次に,パラメーターの探索範囲を表 9-2 のように限定した.これは,前述の"weak identification problem"を回避するための設定である.本章のように,理論的に,または実証的にリーズナブルな範囲のみを探索対象とすることでパラメーターの識別はより容易になる.例えば,金融政策反応関数におけるインフレ率の係数は 1〜3 の範囲に限定している.これは通常時の金融政策反応関数が"Taylor principle"を満たしているであろうこと,固定係数での先行研究において同パラメーターが 3 を超える推計結果が報告されていないことによる.シミュレーションに当たって,生成させた粒子がこれらの範囲を超えた場合は,その粒子は無視される.

3.2 推計結果

図 9-1 は実質 GDP の潜在成長率,目標インフレ率の推計結果である[16].数値は全て年率に換算している[17].なお,黒線が発生させた粒子の平均値である.

---

15) 定常状態の事前分布については当初 *uniform*$(-1 ; 1)$,時変係数については *uniform*$(0 ; 1)$,その他のパラメーターについては *uniform*$(0 ; 0 ; 2)$ を用いた.各 t 期においては 10,000 の粒子を発生させているため,各期に 270,000 の確率的な変数を発生させていることになる.なお(17)式における C は 0 とした.

16) Yano et al. (2010) では均衡実質利子率・均衡労働供給量の推計も行っている.

第9章 ゼロ金利制約下における日本経済   187

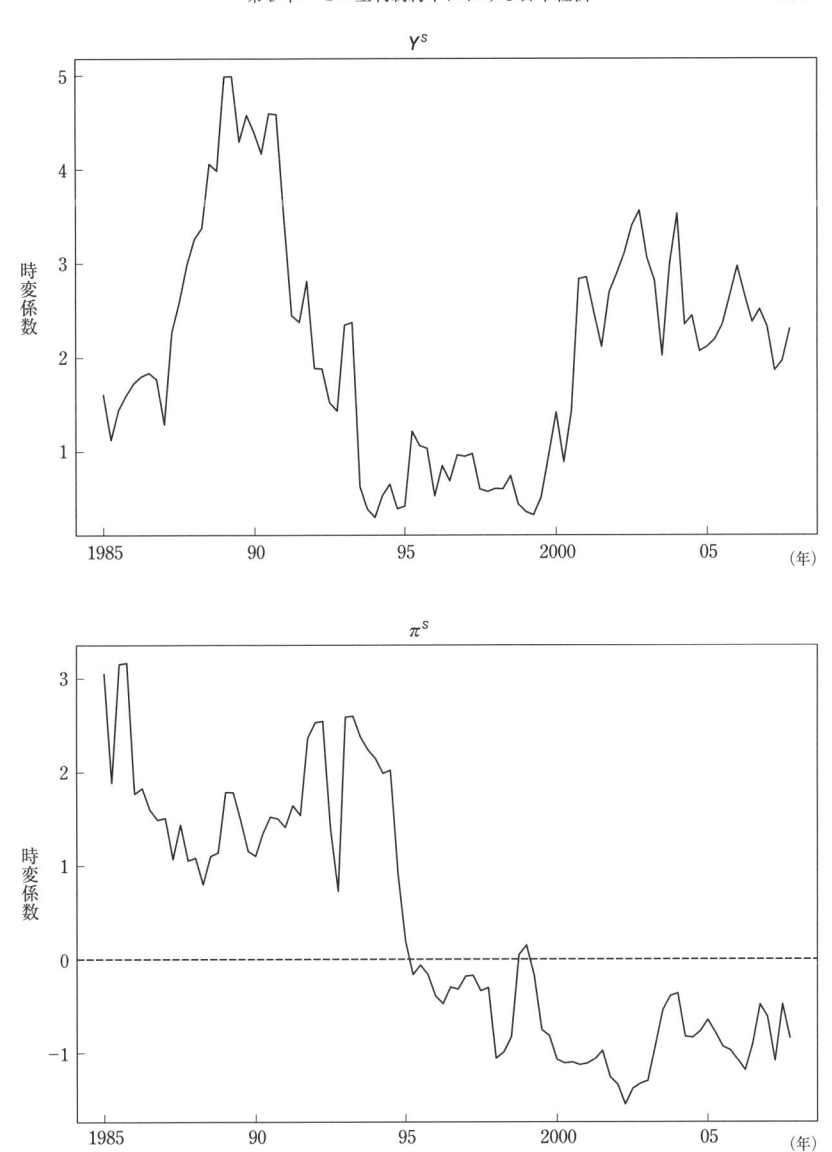

Y^s

π^s

図9-1 時変トレンドと目標インフレ率

---

17) なお，1981：Q1〜1984：Q4にかけての数値は事前分布からの影響が強いため掲載していない．

潜在成長率 Y_t^s は 90 年前後には 3% を超える値となっていたが，94 年から 2000 年にかけてほぼゼロの値を取るようになっている．これは Hayashi and Prescott（2002），林（2003），宮尾（2006）などに示される潜在成長率の低下が「失われた 10 年」の大きな原因であるとの指摘と整合的である．一方，2000 年以降潜在成長率は 2% 前後に回復している．

一方，金融政策反応関数における目標インフレ率の推移についても非常に興味深い結果が得られた．本推計結果によると，日本銀行は 90 年代半ばまで 2% 程度のインフレ率を参考に金融政策決定を行っていたことがわかる．これに構造的な変化が生じたのが 95 年である．目標とするインフレ率は短期間に 2% からマイナス 1% へと急激に低下している．2006 年に日本銀行は「中長期的物価安定の理解」を公表し，自らの目標インフレ率が食料品を除いた CPI ベースで 0～2% の間にあることを公表した．本章におけるインフレ率は GDP デフレーターに関するものであるため，これを CPI ベースで考えるとほぼ 0% のインフレ率を目標に行動するようになったと解釈される．本推計結果は「中長期的物価安定の理解」における目標レンジが，「コア CPI でインフレ率が負になっていないならば金融政策の緩和基調は継続されない」という意味であることを示唆しており，クルーグマンとサムナーの間で戦わされてきた日本の金融政策論争[18]に新しい解釈を投げかけるものと考えられるだろう．

図 9-2 は内生変数の計時的な変化をまとめたものである．

GDP ギャップ（$\hat{Y}_t$）は 90 年代前半，97 年～98 年，2001 年～2003 年にかけて深刻な需要不足があったことを示しており，その後も正の需給ギャップが継続的に観察されている期間はない．ここから，いざなぎ超えと呼ばれた 2002 年 1 月～2007 年 10 月までとされる第 14 循環の景気拡大は「景気の方向性としての拡大」であって「需給ギャップの解消」と言える期間は 2005 年のごく短い期間のみに過ぎなかったことを示している．

また，インフレギャップに関しての推計も興味深い．目標とするインフレ率がマイナスだった上に，80 年代末，そして 93 年以降のほとんどの期間でイン

---

18) Scott Sumner の blog（Monetary Illusion "Beautiful Models and Inconvenient Models" on July 29th 2010, http://www.themoneyillusion.com/?p=6405）並びに P.A. Krugman の *New York Times* におけるリプライ（Japanese Monetary Policy（Wonkish), on July 30, 2010, http://krugman.blogs.nytimes.com/2010/07/30/japanese-monetary-policy-wonkish/）を参照のこと．

第9章 ゼロ金利制約下における日本経済 189

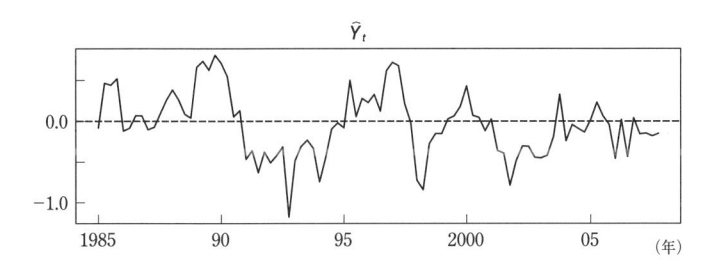

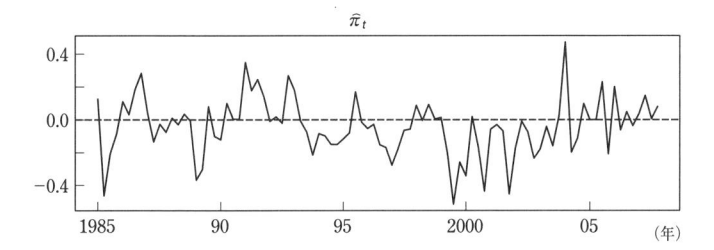

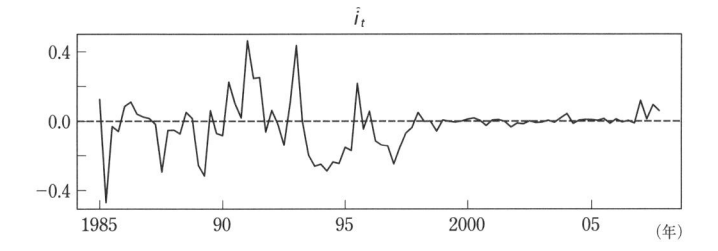

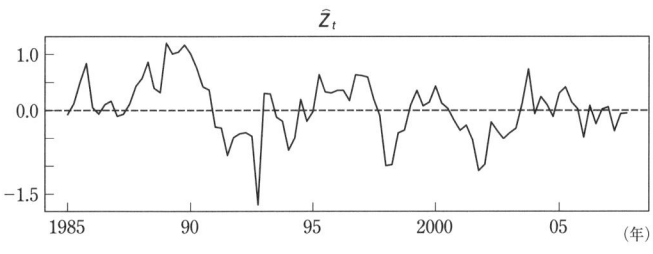

$\widehat{Y}_t$

$\widehat{\pi}_t$

$\widehat{i}_t$

$\widehat{Z}_t$

図9-2 内生変数

フレ率は目標値以上に低かったことが示されている．政策的な低インフレに加えてこのような負のインフレ率ショックが加わったことが実体経済に大きな影響を与えたと考えることができる．

政策金利の推移に関しては，80年代末の過度の金融緩和と90年〜93年にかけての過度の金融引き締めが観察されている．その一方で94年〜98年にかけては比較的継続的にルール以上の金融緩和行動を行っていたことが示されているが，同時期の目標インフレ率の低下と拡張的な金融政策の関係については今後の研究課題としたい．なお，2006年のゼロ金利再解除は緊縮的な金融政策ショックとして計測されている．

技術水準をあらわす $\hat{Z}_t$ については90年代前半，90年代末，2000年代前半にそれぞれ負の技術ショックが生じていたことが観察される．このショック時期は $\hat{Y}_t$ と時期的に似通っており，技術ショックの循環側面への影響の重要さを示すと言ってよいだろう．ただし，これらの技術ショックが何を表しているのかについては議論が残るものと思われる．

図9-3，図9-4は時変パラメターの推移である．

一見してわかるように，いくつかのパラメターは大きな振り幅を持っており，これらのパラメターが普遍的な構造パラメターであると見なすことには問題があることを示している．

構造変化が生じていると考えられるパラメターとしては h が代表的であろう．現時点の消費から得られる効用が過去の消費に左右される度合いを示すパラメター h は2000年までは0.4前後で安定していたが，その後0.5〜0.6とその影響力を強めている．これが長期的な経済停滞の影響によるものなのか，または現役・引退世代比率の変化によるものなのかは今後の研究の課題となろう．

非リカード型家計の比率 ω も傾向的に変化していることが読み取れる．非リカード型家計の比率は90年代半ばまでごく少数であったが，その後上昇を続け，0.2〜0.3程度まで上昇している．非リカード型家計の比率が上昇することは，通常，財政政策の効果を強めることとなるが，これは先行研究と整合的でない．リカードの等価定理に代わる財政政策の効果低下の要因としてのマンデル・フレミング効果なども併せて勘案する必要があるだろう．今後開放経済モデルへの拡張が要されるところである．ただし，同推計値は社会保障費デー

第9章 ゼロ金利制約下における日本経済　　191

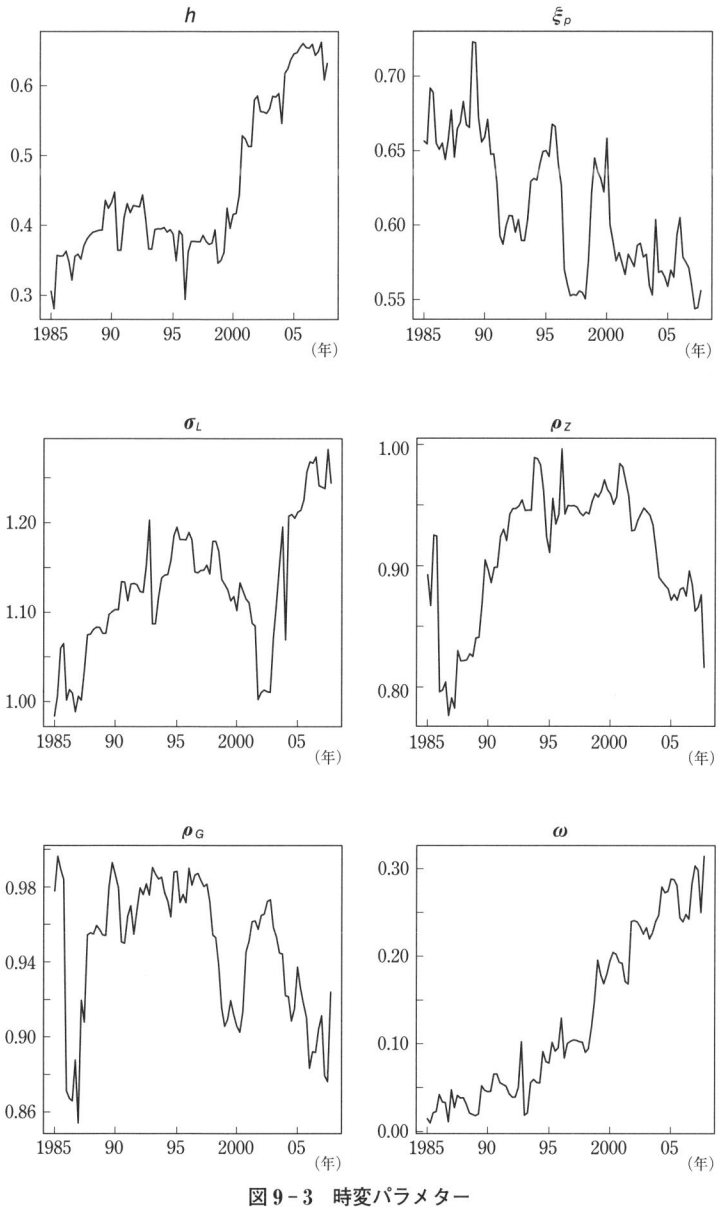

図9-3　時変パラメター

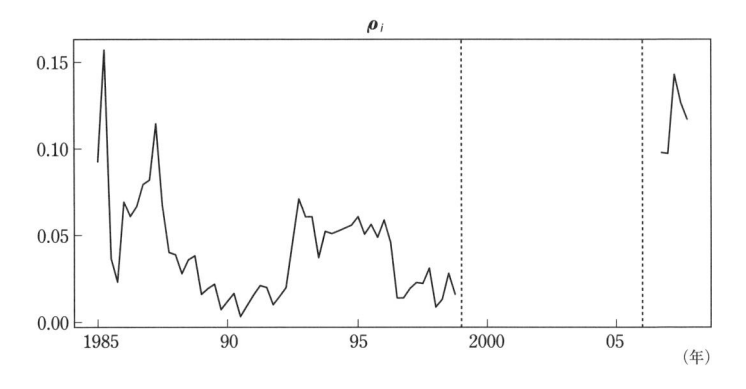

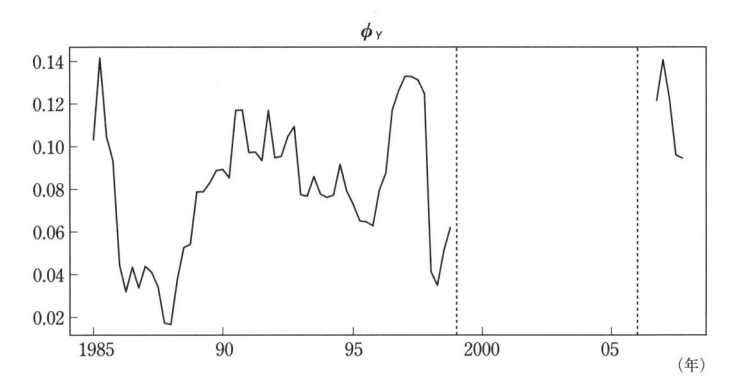

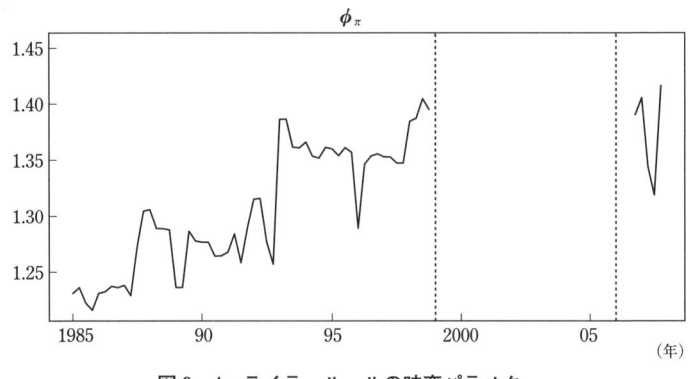

図 9-4 テイラールールの時変パラメター

タに依存するため,現時点での推計値はあくまで暫定的な値であることを留意されたい.

その一方で,構造パラメターの安定性についての議論の嚆矢であるFernandez-Villaverde and Rubio-Ramirez(2007)に比べ,カルボパラメター ξ_p や金融政策パラメターについては安定的な推計結果が得られている点が興味深い.Fernandez-Villaverde and Rubio-Ramirez(2007)ではカルボパラメター ξ_p と金融政策パラメターのみに時変パラメターを絞ったことから,同パラメターの動きが過大に推計されているのではないかと考えられる.また,技術変化のAR(1)項である ρ_z の変化も90年以降については大きくないため,これらのパラメターについては不変であることを仮定することもできるかもしれない.

4. おわりに

本章では,Yano(2009)ならびにYano(2010)を拡張することで流動性制約家計を含んだニューケインジアンDSGEモデルの新たな推計方法を提案している.本章で用いられた手法は非線形・非ガウス・非定常推計であるためモデルのスイッチを含む推計が可能である.これにより,流動性の罠・ゼロ金利制約を含む期間についてもDSGEモデルの推計が可能となった.

各経済変数の「自然値(長期定常状態値)」の推移をDSGEモデルと整合的な形で推計ができるため,モデルと関係のないトレンド技法に依存しないですむようになったことは大きな進歩である.

今後の課題としては,本章で先行する実証研究と整合的な結果が得られていない財政政策の効果の問題を考えるために本モデルを開放経済モデルにすることが必要である.また非線形推計の利点を生かして2次近似に関する推計を行うことも重要であろう.その他,本章で仮定したカルボ型の価格設定に代わり,Dotsey et al.(1999)による状態依存型の価格設定モデルの推計も可能である.

また,このような推計の妥当性を確かめるために他の時変推計手法との比較も重要な課題となる.現代の経済政策研究においては構造型VARモデルに基づくインパルス応答関数の観察が重視される.しかしながら,t 時点のパラメターを用いて $t+N$ 期までのインパルス反応を求めたところで,実際の $t+N$

時点ではパラメーター値が変化しているため「t 時点のパラメーターを用いた $t+N$ 期までのインパルス反応」のもつ意味がわからない．時変係数推計の妥当性を確かめ，政策的な意味づけを得るための手法の開発が望まれる．

また，理論的な側面に関しては，本モデルにおけるゼロ金利制約はその突入時期と脱出時期が外生的にあたえられているという問題が残る．この点についても内生的なゼロ金利制約への突入を理論的に整理することが必要であると考えられよう．

補　論

A　粒子フィルター

粒子フィルター (the particle filter, 以下 PF) は Kitagawa (1996), Gordon et al. (1993) によって提案された非線形・非ガウス・非定常状態空間モデルの状態推定アルゴリズムである[19]．時系列データ $y_t, t=\{1, 2, \cdots, T\}$ を所与として非線形非ガウス状態空間モデルは以下のように定式化される[20]．

$$\begin{aligned} x_t &= f(x_{t-1}, \xi_s, v_t), \\ y_t &= h(x_t, \xi_m, \epsilon_t). \end{aligned} \quad (23)$$

ここで x_t は $n_x \times 1$ の未知の状態ベクトル，v_t は $n_v \times 1$ のシステムノイズベクトル（密度関数は $q(v)$[21]），ϵ_t は $n_\epsilon \times 1$ の観測ノイズベクトル（密度関数は $r(\epsilon)$），ξ_s は関数 f の $n_s \times 1$ のシステムパラメーターベクトル，ξ_m は関数 h の $n_m \times 1$ の観測パラメーターベクトルを表す．関数 f は $f: R^{n_x} \times R^{n_v} \to R^{n_x}$，関数 h は $h: R^{n_x} \times R^{n_\epsilon} \to R^{n_y}$ の非線形関数である．以下では式(23)の第1式をシステム方程式，第2式を観測方程式と呼ぶ．式(23)は $p(x_t|x_{t-1})$ がシステム方程式で，$p(y_t|x_t)$ が観測方程式で計算されることを意味する．また，パラメーター $\theta = [\xi_s, \xi_m]'$ である．

---

19) 粒子フィルターは逐次モンテカルロ法，モンテカルロフィルターなどと呼ばれることもある．
20) 本章では数式内の太字はベクトルを表す．
21) システムノイズ v_t は現在ならびに過去の状態ベクトル x_t とは独立である．

PFでは時間 t における分布 $p(\boldsymbol{x}_t|\boldsymbol{y}_{1:t})$ を以下のように「粒子」を使って近似する．

$$p(\boldsymbol{x}_t|\boldsymbol{y}_{1:t}) \simeq \sum_{i=1}^{M} w_t^i \delta(x_t - \boldsymbol{x}_t^i), \qquad (24)$$

ここで w_t^i は粒子 $\boldsymbol{x}_t^i$ の重みを表し，M は粒子数，δ はディラックのデルタ関数を表す[22]．なお，時間 1 から時間 t までの観測値を $\boldsymbol{y}_{1:t}=\{\boldsymbol{y}_1, \boldsymbol{y}_2, \cdots, \boldsymbol{y}_t\}$ と表すこととする．

$$w_t^i \propto p(\boldsymbol{y}_t|\boldsymbol{x}_t^i). \qquad (25)$$

つまり重み w_t^i は尤度に比例するように生成する．ただし，一般的には尤度から生成した重み w_t^i は $\sum_{i=1}^{M} w_t^i = 1$ を満たさないため，式(24)で用いる場合は w_t^i を $w_t^i / \sum_{i=1}^{M} w_t^i$ として規格化する．

PFの標準的なアルゴリズムでは各時間 t において分布 (24) から M 個の粒子のサンプリングを行い，$p(\boldsymbol{x}_t|\boldsymbol{y}_{1:t})$ をリサンプリング後の粒子 $\hat{\boldsymbol{x}}_t^i, i=\{1, \cdots, M\}$ で以下のように近似する．

$$p(\boldsymbol{x}_t|\boldsymbol{y}_{1:t}) \simeq \frac{1}{M} \sum_{i=1}^{M} \delta(\boldsymbol{x}_t - \hat{\boldsymbol{x}}_t^i). \qquad (26)$$

粒子 $\boldsymbol{x}_{t+1}^i$ は以下のようにシステム方程式のモンテカルロシミュレーションを用いて得ることができる．

$$\boldsymbol{x}_{t+1}^i \sim p(\boldsymbol{x}_{t+1}|\hat{\boldsymbol{x}}_t^i), \qquad (27)$$

B 自己組織化状態空間モデル

前節で述べた問題点を解決するため Kitagawa（1998）によって提案された自己組織化状態空間モデルは非線形・非ガウス状態空間モデルの状態推定とパラメター推定を同時に行う方式である．Kitagawa（1998）は状態ベクトルとパラメターを組み合わせて拡張状態ベクトルを以下のように定義した．

---

[22] ディラックのデルタ関数の定義は以下の通り．
$$\delta(x)=0, \quad \text{if } x \neq 0,$$
$$\int_{\infty} \delta(x)dx = 1.$$

$$z_t = \begin{bmatrix} x_t \\ \theta \end{bmatrix}. \tag{28}$$

さらに拡張システム方程式と拡張観測方程式を以下のように定義する．

$$\begin{aligned} z_t &= F(z_{t-1}, v_t, \xi_s), \\ y_t &= H(z_t, \epsilon_t, \xi_m), \end{aligned} \tag{29}$$

ここで

$$F(z_{t-1}, v_t, \xi_s) = \begin{bmatrix} f(x_{t-1}, v_t, \xi_s) \\ \theta \end{bmatrix}$$

また

$$H(z_t, \epsilon_t, \xi_m) = h(x_t, \epsilon_t, \xi_m)$$

である．この非線形非ガウス状態空間モデルを自己組織化状態空間モデル（a Self-Organizing State Space model，以下 SOSS モデル）と呼ぶ．パラメター θ を含むように状態ベクトルが拡張されているため，PF を拡張状態ベクトルに適用すれば対数尤度の最大化なしにパラメターと状態が同時に求まる（詳しくは Kitagawa (1998) を参照）．

時間 0 の時点でのパラメター θ のための初期粒子 $\theta_0^i, \{i=1, \cdots, M\}$ は一様分布からサンプリングする．

$$\theta_{j,0}^i \sim Uniform(P_j - r_j, P_j + r_j), \tag{30}$$

ここで $\theta_{j,0}^i$ は θ_0^i の j 番目の要素，$Uniform(P_j - r_j ; P_j + r_j)$ は $P_j - r_j$ から $P_j + r_j$ までの一様分布．P_j は範囲 $(P_j - r_j ; P_j + r_j)$ の中心，r_j は定数である．

Hürseler and Künsch (2001) は SOSS モデルのパラメター θ の初期分布を事前に決定することは困難であると指摘した．上記の問題を解決するために Kitagawa (1998) ではパラメター θ に人工的な誤差項（イノベーション項）を追加するランダムウォーク型の時変パラメターを提案している．

$$\tilde{\theta}_t = \tilde{\theta}_{t-1} + \epsilon_{2,t}.$$

ここで，$\epsilon_{2,t} \sim q(\epsilon_{2,t}|\Sigma_{\xi_s})$，$q(\epsilon_{2,t}|\Sigma_{\xi_s})$ は正規分布，もしくは t 分布を用いてい

る[23].

謝 辞

本章は Yano, Iida and Wago (2010) の縮約版である．本章の執筆に当たり北川源四郎氏 (統計数理研究所), Gianni Amisano 氏 (European Central Bank), Juan Rubio-Ramirez 氏 (Duke University), 景気循環研究会参加者に貴重なコメントを賜った．また，推計に当たっては統計数理研究所の SR11000 Model H1, HP XC4000 を使用している．なお，本章のサポートサイトとして http://sites.google.com/site/yanoiidawago2010/ を用意した．

参考文献

Amisano, G. and O. Tristani (2007), "Euro Area Inflation Persistence in an Estimated Nonlinear DSGE Model", ECB Working Paper No. 754.

An, S. and F. Schorfheide (2007), "Bayesian analysis of DSGE models", *Econometric Reviews*, Vol. 26 (2-4), pp. 113-172.

Bjornland, H.C., K. Leitemo, and J. Maih (2008), "Estimating the natural rates in a simple New Keynesian framework", January 2008, (2007/10).

Braun, R.A. and Y. Waki (2006), "Monetary Policy During Japan's Lost Decade", *Japanese Economic Review*, Vol. 57 (2), pp. 324-344.

Canova, Fabio and Luca Sala (2009), "Back to square one : Identification issues in DSGE models", *Journal of Monetary Economics*, Vol. 56 (4), pp. 431-449.

Christiano, L.J., M. Eichenbaum, and C. Evans (2005), "Nominal rigidities and the dynamic effects of a shock to monetary policy", *Journal of Political Economy*, Vol. 113 (1), pp. 1-45.

Dotsey, Michael, Robert G. King, and Alexander L. Wolman (1999), "State-Dependent Pricing And The General Equilibrium Dynamics Of Money And Output", *The Quarterly Journal of Economics*, May 1999, Vol. 114 (2), pp. 655-690.

Doucet, A., N. de Freitas, and N. Gordon, eds. (2001), *Sequential Monte Carlo Methods in Practice*, New York : Springer-Verlag.

Edge, Rochelle M., Michael T. Kiley, and Jean-Philippe Laforte (2008), "Natural rate measures in an estimated DSGE model of the U.S. economy", *Journal of Economic Dynamics and Control*, August 2008, Vol. 32 (8), pp. 2512-2535.

Eggertsson, G. and M. Woodford (2003) "The Zero Interest-Rate Bound and Optimal Monetary Policy", *Brookings Papers on Economic Activity*, pp. 139-211.

---

23) 詳細は Yano et al. (2010) を参照されたい．

Fernandez-Villaverde, J. and J.F. Rubio-Ramirez (2005), "Estimating dynamic equilibrium economies : linear versus nonlinear likelihood", *Journal of Applied Econometrics*, Vol. 20 (7), pp. 891-910.
Fernandez-Villaverde, J. and J.F. Rubio-Ramirez (2007), "How Structural Are Structural Parameters?", *NBER Macroeconomics Annual 2007*.
Fuchi, Hitoshi, Ichiro Muto, and Hiroshi Ugai (2005), "A Historical Evaluation of Financial Accelerator Effects in Japan's Economy", Bank of Japan Working Paper Series No. 05-E-8.
Fujiwara, Ippei (2007), "Is there a direct effect of money? : Money's role in an estimated monetary business cycle model of the Japanese economy", *Japan and the World Economy*, August 2007, Vol. 19 (3), pp. 329-337.
Gordon, N., D. Salmond, and A. Smith (1993), "Novel approach to nonlinear/non-Gaussian Bayesian state estimation", *IEEE Proceedings-F*, Vol. 140, pp. 107-113.
Greenwood, Jeremy, Zvi Hercowitz, and Per Krusell (1997), "Long-Run Implications of Investment-Specific Technological Change", *American Economic Review*, June 1997, Vol. 87 (3), pp. 342-362.
Hayashi, F. and E.C. Prescott (2002), "The 1990s in Japan : A Lost Decade", *Review of Economic Dynamics*, Vol. 5 (1), pp. 206-235.
Hirose, Y. and S. Naganuma (2007), "Structural Estimation of the Output Gap : A Bayesian DSGE Approach for the U.S. Economy", Bank of Japan Working Paper Series No. 07-E-24.
Hürseler, M. and H.R. Künsch (2001), "Approximating and maximizing the likelihood for a general statespace model", in A. Doucet, N. de Freitas, and Gordon N., eds., *Sequential Monte Carlo Methods in Practice*, New York : Springer-Verlag, pp. 159-175.
Ichiue, Hibiki, Takushi Kurozumi, and Takeki Sunakawa (2008), "Inflation Dynamics and Labor Adjustments in Japan : A Bayesian DSGE Approach", Bank of Japan Working Paper Series 08-E-9.
Iiboshi, H., S. Nishiyama, and T. Watanabe (2005), "An Estimated Dynamic Stochastic General Equilibrium Model of the Japanese Economy : A Bayesian Analysis", *Mimeo*.
Iwata, Yasuharu (2009), "Fiscal Policy in an Estimated DSGE Model of the Japanese Economy : Do Non-Ricardian Households Explain All?", ESRI Discussion Paper Series No. 216.
Jung, Taehun, Yuki Teranishi, and Tsutomu Watanabe (2005) "Optimal Monetary Policy at the Zero-Interest-Rate Bound", *Journal of Money, Credit and Banking*, Vol. 37 (5), pp. 813-836.
Justiniano, Alejandro and Giorgio Primiceri (2008), "Potential and natural output", Manuscript.
Kitagawa, Genshiro (1996), "Monte Carlo filter and smoother for non-Gaussian nonlinear

state space models", *Journal of Computational and Graphical Statistics*, Vol. 5 (1), pp. 1-25.
Kitagawa, Genshiro (1998), "A self-organizing state-space model", *Journal of the American Statistical Association*, Vol. 93 (443), pp. 1203-1215.
Krugman, Paul (1998), "It's Baaack : Japan's Slump and the Return of the Liquidity Trap", *Brookings Papers on Economic Activity*, Vol. 2, pp. 137-187.
Liu, Zheng, Daniel F. Waggoner, and Tao Zha (2008), "Has the federal reseeve's inflation target changed?", Manuscript.
Lombardi, Marco J. and Silvia Sgherri (2007), "(Un) naturally low? Sequential Monte Carlo tracking of the US natural interest rate", Working Paper Series 794, European Central Bank August 2007.
Sims, C. A. (2002), "Solving Linear Rational Expectations Models", *Computational Economics*, Vol. 20 (1-2), pp. 1-20.
Sugo, T. and K. Ueda (2008), "Estimating a Dynamic Stochastic General Equilibrium Model for Japan", *Journal of the Japanese and International Economics*, forthcoming.
Walsh, C. (2003), *Monetary Theory and Policy*, Cambridge : MIT Press.
Woodford, M. (2003), *Interest and Prices : Foundations of a Theory of Monetary Policy*, Princeton : Princeton University Press.
Yano, Koiti (2008), "A Self-organizing state space model and simplex initial distribution search", *Computational Statistics*, Vol. 23, pp. 197-216.
Yano, Koiti (2009), "Dynamic stochastic general equilibrium models under a liquidity trap and self-organizing state space modeling", *ESRI Discussion Paper*, No. 206.
Yano, Koiti (2010), "Time-varying Analysis of Dynamic Stochastic General Equilibrium Models Based on Sequential Monte Carlo Methods", *ESRI Discussion Paper Series*, (231).
Yano, Koiti, Yasuyuki Iida, and Hajime Wago (2010), "Estimating New Keynesian DSGE Models In A Liquidity Trap Using The Monte Carlo Particle Filter : An Application To The Japanese Economy", Econometric Society World Congress 2010. http://www.webmeets.com/ESWC/2010/prog/viewpaper.asp?pid=2576.
畑農鋭矢（2004），「財政赤字のマクロ経済効果――カルマン・フィルタによる中立命題の検証」『フィナンシャル・レビュー』財務省財務総合政策研究所，第74号，pp. 65-91.
林文夫（2003），「構造改革なくして成長なし」岩田規久男・宮川努編『失われた10年の真因は何か』東洋経済新報社.
宮尾龍蔵（2006），『マクロ金融政策の時系列分析』日本経済新聞社.

第10章

量的緩和

レジーム・スイッチVARからみた2つの政策効果

飯星博邦・梅田雅信・脇田 成

1. はじめに

　2008年秋の世界金融危機後,欧米中銀は非伝統的な金融政策を打ち出した.2年余が経過した今日,このような政策については,その出口戦略を巡る議論とともに,どのような効果があったのかという点についても関心が高まっている.この点に関して,主要国の中で先行して,2001年3月から5年間にわたって非伝統的金融政策の中核をなす量的緩和政策を実施した日本の経験から教訓を導き出すことは大きな意義があると考えられる.

　日銀は,日銀当座預金残高の目標値を当初5兆円程度でスタートし,その後段階的に引き上げ,2004年初には,30～35兆円程度とし,量的緩和政策の解除までこの目標値を維持した.この量的緩和政策のポジティブな効果としては,民間金融機関は,豊富な流動性を日銀当座預金として保有することが可能となり,不測の資金需要に機動的に対応できるようになった,と言われている.たしかに金融機関の流動性に全く不安のない状況は,金融システムが安定化する1つの重要な要件である.

　しかしこの効果は金融システム内部の流動性効果であり,一方で生産や物価への影響を考える伝統的なマクロ金融政策とは異なっている.当該期には物価が下落を続けたほか,GDPについてもはかばかしく上昇したわけではない.そこでマクロ的な効果については多くの論者が疑問を示す一方（展望論文としてUgai (2007) 参照）,理論的にも波及メカニズムの無効性が考察されてい

る．実際，Curdia and Woodford（2009）は，（1）リザーブの増加が中銀の国債保有増によって賄われる，（2）将来の金利政策に関する人々の期待が不変である，といった2つの条件の下で，量的緩和政策は，総需要を刺激することができないという，「量的緩和の無効性命題」を主張している．

以上みたように，量的緩和には，金融システム内部の流動性危機に対応する役割と，金融システム外部の景気・物価に対応する役割の両面があると整理することができる．日本の経験では，前者の役割については効果が認められる一方で，後者の役割については，意味がなかったのではなかろうか．この点をスタンダードな枠組みのレジーム・スイッチ構造化 VAR で再検証することが本章の主たる目的である．

レジーム・スイッチ構造化 VAR を使う理由は，果たして量的緩和等の新しい金融政策が本当に日本経済におけるレジームやマクロ経済の変動をもたらしているのか，あきらかでないからである．もし量的緩和政策が実体経済に影響しないのであれば，レジームが政策変更に伴ってスイッチしない結果となるかもしれない．そこで本章では 1980 年代以降のデータを使って，量的緩和政策を日本経済の大激動期の中で位置づけたうえで分析することにしたい．

レジーム変動を巡る研究

さて当該時期は金融政策が大激動期であったと同時に，リアルな経済もバブルと「失われた 10 年」という大変動が生じた．そこからまず「バブル期」，「それ以前」，「それ以後」という最低限3つのレジームが必要ではないかと考えられる．他方で，金融政策においても 95 年以降の超低金利政策やゼロ金利政策，量的緩和政策などの様々な非伝統的な政策がとられ，その効果とレジーム変化に興味のあるところである．

ところが，既存の初期の研究はデータや手法の制約もあり，必ずしもこの興味に答えていない．Miyao（2000），Fujiwara（2006），Inoue and Okimoto（2008）は，日本の金融政策のレジーム変動や構造変化を考察しており，特に後者の2論文は本章と同じくマルコフ・スイッチ VAR を用いて，各レジームの時期と政策効果を分析している．これら初期の既存の論文と比べて，本章は以下の特色があり，アドバンテージとなっている（より詳細は飯星他（2011）を参照されたい）．

（1）充分なレジーム数
（2）マネーストック・長短金利差・物価変数等を含むスタンダードな変数選択
（3）全産業活動指数の採用
（4）量的緩和政策終了までを含むサンプル期間

　先行研究の問題点をまとめると，先行研究は一致して95年頃に構造変化が検出し，低金利政策が有効な時期から量的緩和政策が有効なレジームに変化したことを示しているが，はたしてレジーム変動はそれだけなのか，あるいはゼロ金利も量的緩和も同じレジームなのか，様々な疑問が残されている．さらに本節の冒頭でも述べたように，2008年9月のリーマンショックに端を発する世界金融危機以降，欧米中銀が軒並みゼロ金利に近い政策と量的緩和政策という非伝統的金融政策へ舵をきって2年余が経過している．日本が実施した2001年3月から5年間におよぶ長期の量的緩和政策の効果の検証を，この時期，日本の教訓として提示することは意義深いことであろう．そこで本章では，上に述べたスタンダードな想定の下でマクロ経済と金融政策のレジーム（局面）スイッチと各レジームにおける金融政策の効果について考察したい．

2. 基本モデルの推定

　まず基本的な3変数モデル

（1）全産業活動指数（除く農林水産業，以下IAAと称す）
（2）消費者物価指数（CPI）
（3）マネーストック（M2＋CD, 月中平均残高，対象金融機関の定義の変更による段差調整済み）

並びに以下の2変数を加えた5変数モデル

（4）コールレート（有担保翌日物，月中平均，以下Callと称す）
（5）マネタリーベース（MB, 月中平均残高）

から推定を行った．以下では，推定手法について説明する．

(1) マルコフ・スイッチ VAR モデル

本章では，まず誘導型 VAR として，m 個のレジーム数をもち，p 次のラグをもつマルコフ・スイッチング VAR (p) モデルから形成した．この MS (m)-VAR (p) モデルでは，定数項 v_i，係数 B_{pi}，分散共分散行列 Σ_i のすべてのパラメータが m 個のレジームの間を隠れマルコフ連鎖（hidden Markov chain）に従ってスイッチするように設定している．

本章ではこのモデルの推定法として最尤推定法の1つである EM アルゴリズムを利用した（Hamilton 1990）．データは5変数ともにレベルデータを利用している．ただし，指数である IAA，CPI，および Call は原データを使い，M2＋CD と MB は自然対数化を行った．また，消費税ダミーとして1989年4月と1997年4月を説明変数に付加している．

最後に，レジーム数ならびにラグ数の選定法であるが，局外母数をもつ本モデルでは，すでに Hansen（1992）等から指摘があるように尤度比検定を行っても，その検定分布は標準的なカイ2乗の漸近分布に収束しない．したがって，レジーム数を特定することは伝統的アプローチ（頻度論的アプローチ）に従っている本章の手法では極めて難しい．しかし Inoue and Okimoto（2008）等多くの研究では，MCMC によるベイズ推定を行い，ベイズの観点から AIC によりレジーム数の選定を行っている．そこで本章でも AIC をレジーム数並びにラグ数の選定の参考値として使用することとした．その結果，ラグ数は Fujiwara（2006）と同様に1とする．なおラグ数の選定については SBIC を使っても，次数は1となる．

(2) 構造化 VAR への変換法

上で推定した誘導型 VAR からの構造化であるが，Christiano, Eichenbaum, and Evans（1999）にならいコレスキ（Choleski）分解による構造化を行った．

(3) インパルス応答関数の算出方法

インパルス応答関数は Ehrmann, Ellison, and Valla（2003）に基づき算出した．より詳しくは飯星他（2011）を参照されたい．

3. レジームの決定と生産・物価への影響

3.1 レジーム数の決定

まず，レジーム数を考察する．既存の研究ではレジームを2つに限っているものがあることは序論でも述べた．そこで4つのレジームについて，それぞれの平滑化確率をプロットしたのが図10-1である．

実はレジームを2つと限定して推定すると，Miyao（2000）らが結論づけるのと同様に1995年末を境として，レジームが分断されることが見て取れる．95年頃は言うまでもなく，超低金利期に移行した時期であり，大きく分けて超低金利期とそれ以前に分割されることが分かる．

しかし表10-1が示すように，レジーム数4の場合が，AICは最も小さく，また実は3変数モデルではレジーム数3〜5ではAICはさほど変わらない．そこで本節ではレジームを4つの場合を中心に考察する．他の場合の平滑化確率は飯星他（2011）で提示している．

上記の考察に基づき，1980年2月〜2007年4月までのサンプル期間は，以下の4つに分かれることが判明する．

①バブル以前の85年頃までの安定成長レジーム（Regime Ⅰ）
②90年代の好況レジーム（バブル期と90年代央までの一応の好況期）（Regime Ⅱ）
③90年代の不況レジーム（バブルピークアウト後の崩壊期・金融危機期）（Regime Ⅲ）
④ゼロ金利政策（1999年）以降の2000年代の量的緩和レジーム（Regime Ⅳ）

ここでまず注意すべきは，レジームを2つと限定した先行研究と異なり1995〜96年頃のレジーム変化は見られないことである．

さらに②の長さは異なり，3変数モデルでは③と④は90年代では比較的，相互に入れ子となっているが，①と2000年以降の④は概ね時期別に分かれており，この傾向は5変数モデルで明らかである．この傾向は概ね他の定式化や

① 安定成長レジーム

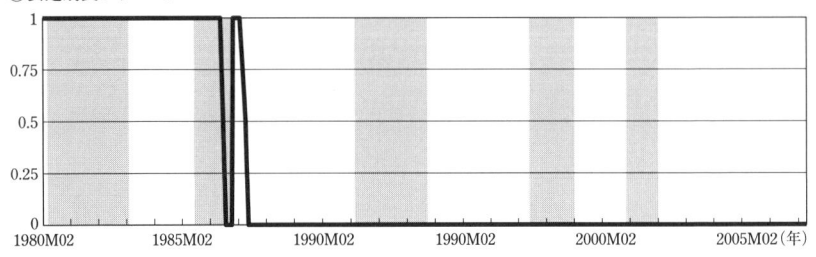

② 90年代好況レジーム

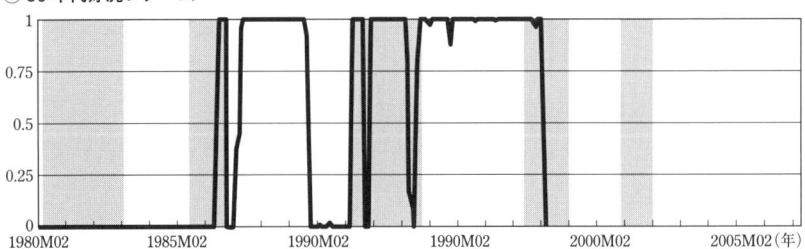

③ 90年代不況レジーム

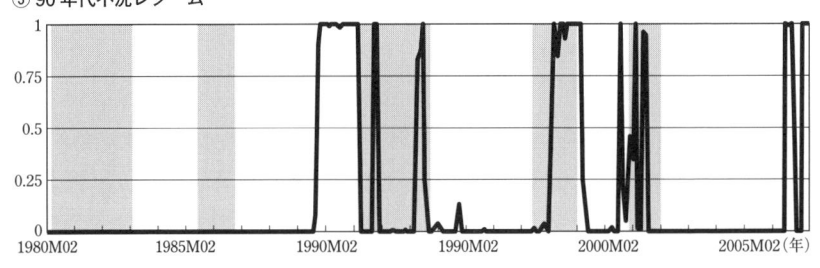

④ 量的緩和政策レジーム

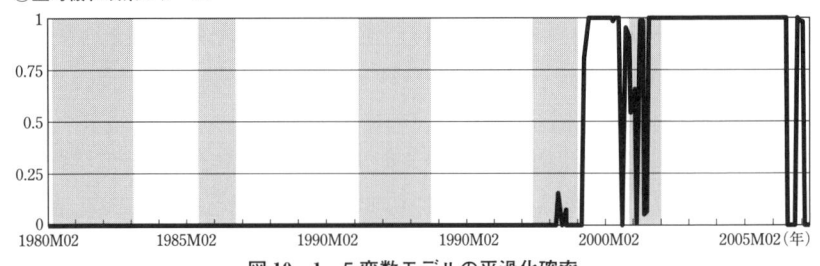

図10-1 5変数モデルの平滑化確率
(4レジームモデル MS (3)-VAR (1) Model)

注：影の部分は，景気後退期を表す．

表 10-1 5変数 MS-VAR モデルの対数尤度と AIC

		次数1	次数2	次数3	次数4
線形モデル	対数尤度	−1088.00	−1012.74	−933.33	−895.36
	AIC	6.93	6.64	6.33	6.27
レジーム数2	対数尤度	−825.69	−788.20	−653.47	−704.44
	AIC	5.61	5.71	5.20	5.84
レジーム数3	対数尤度	−526.61	−515.55	−460.60	−449.09
	AIC	4.08	4.49	4.63	5.03
レジーム数4	対数尤度	**−401.48**	−338.82	−330.88	−246.74
	AIC	**3.63***	3.87	4.45	4.56

レジーム数でもあてはまる．つまり我々のモデルはレジームがスイッチするというより，構造変化の連続的に生じている状態に近いと言えよう．

さらに①安定成長レジーム，④量的緩和レジームは，概ね変化せず，定式化にかかわらず頑健と見て取れる．しかし②と③の違いは微妙であり，定式化によっては

② 91 年頃までのバブルレジーム
③ 2000 年 IT バブルまでのバブル崩壊レジーム

のように時期別に分かれるように推定される場合もあるため，90 年代の好不況については留意が必要である．なお，レジーム数を5つに分けると②の90年代好況レジームがバブル期とバブル以降の好況期に分かれる．

3.2 生産に与える影響

さてインパルス応答をみながら，各レジームの特徴を考察してみよう．まず生産に直接与える影響を考察する．

(1) マネーストック (M2+CD) ショック

3変数モデルの結果ではバブル期を含む 90 年代好況レジームではマネーストック (M2+CD) の緩和ショックは，生産に与える影響が最も大きく，その後，安定成長レジーム，不況レジーム，量的緩和レジームに従って効果は減退していく．

（2）コールレート（Call）ショック

 5変数モデルでコールレートの生産に与える効果をみると，90年代好況レジームと不況レジームはほぼ同様のインパルスの形状をしており，好況期の方が効果が強い．量的緩和期には，コールレートの効果は正，つまりコールレートの上昇が生産拡大をもたらすという結果となっている（図10-2）．量的緩和レジーム期には量的緩和政策に伴い政策変数はマネタリーベース（MB）であり，その間ほとんどの時期はいわゆるゼロ金利である．ただし計測されたレジームではゼロ金利解除期も含むことから，それが反映したと考えられる．

（3）マネタリーベース（MB）ショックと量的緩和政策

 マネタリーベースの効果は強弱の差はあるがレジーム1から3までは生産に正の効果は存在するが，政策変数となった量的緩和レジームには生産にはほとんど効果は認められない（図10-3）．

（4）政策変数をコントロールした上でのマネーストック（M2+CD）ショック

 5変数モデルで，政策変数をコントロールすると，マネーストック（M2+CD）の効果は量的緩和レジームにおいても正となっている（図10-4）．これは，不良債権問題の深刻化に伴う先行き不透明感の強まりから，民間経済主体が予備的動機に基づき手元流動性を増やしたことによるものと考えられる．

 結果の中で最も重要なものは，2000年以降の量的緩和レジームにおいては，金融政策の効果は生産に全く見られないことである．先行研究はレジームを2つと限定するなどの仮定をもって，ゆるやかな政策効果の減衰を導いているが，本章の分析では2000年以降に独立したレジームが存在し，そこでは金融政策変数が生産に与える影響はほぼゼロなのである．

3.3　物価に与える影響

 次に物価に与える影響を見てみよう．まず3変数モデルではマネーストック（M2+CD）の引き締めショックは不況レジームと量的緩和レジームで物価

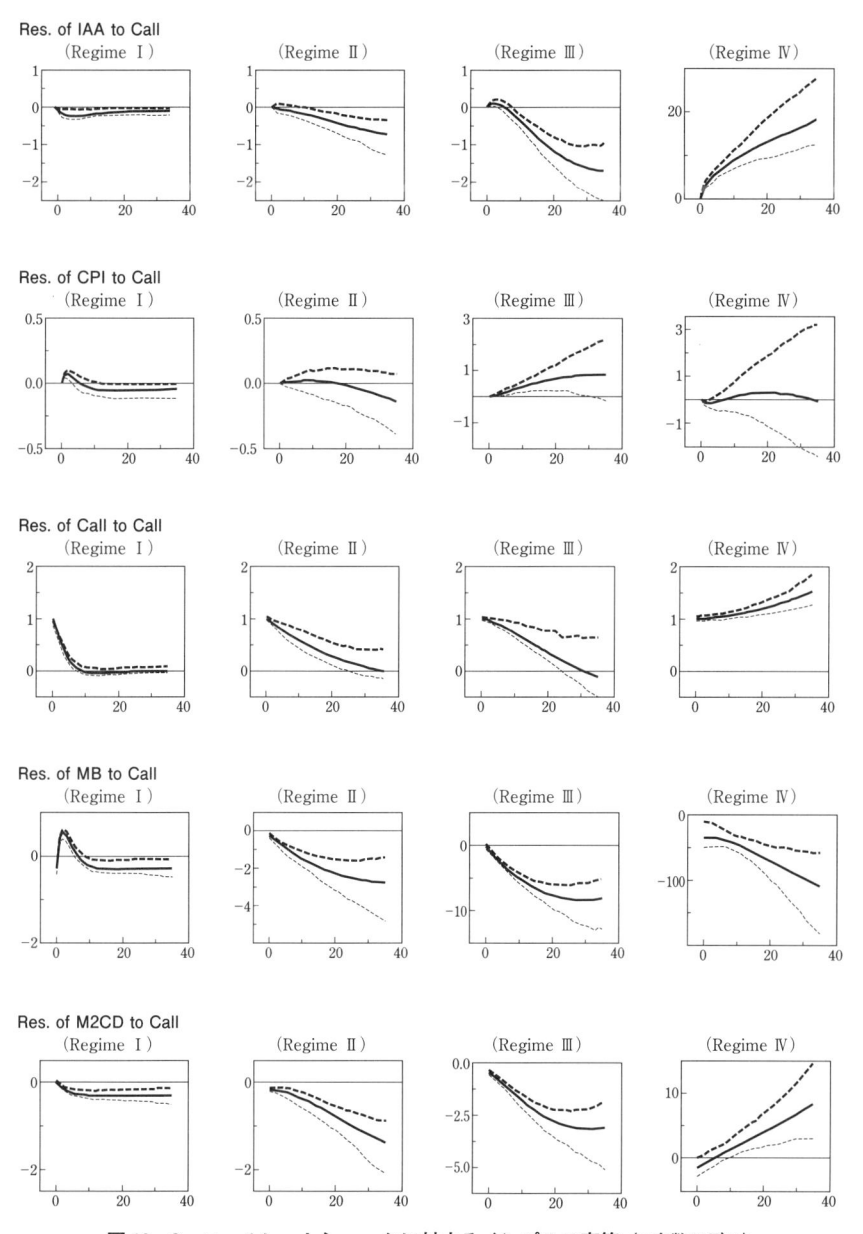

図 10-2 コールレートショックに対するインパルス応答（5 変数モデル）

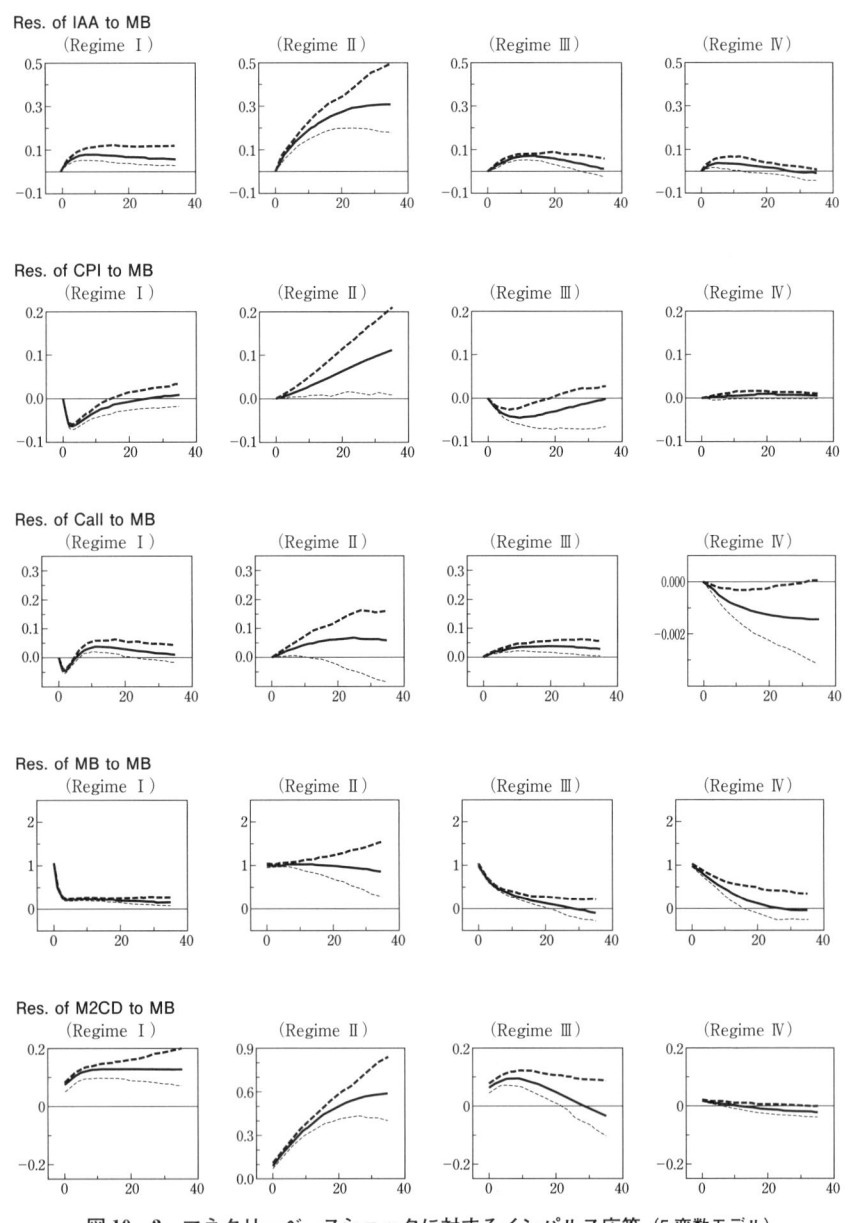

図 10-3 マネタリーベースショックに対するインパルス応答 (5 変数モデル)

第10章 量的緩和

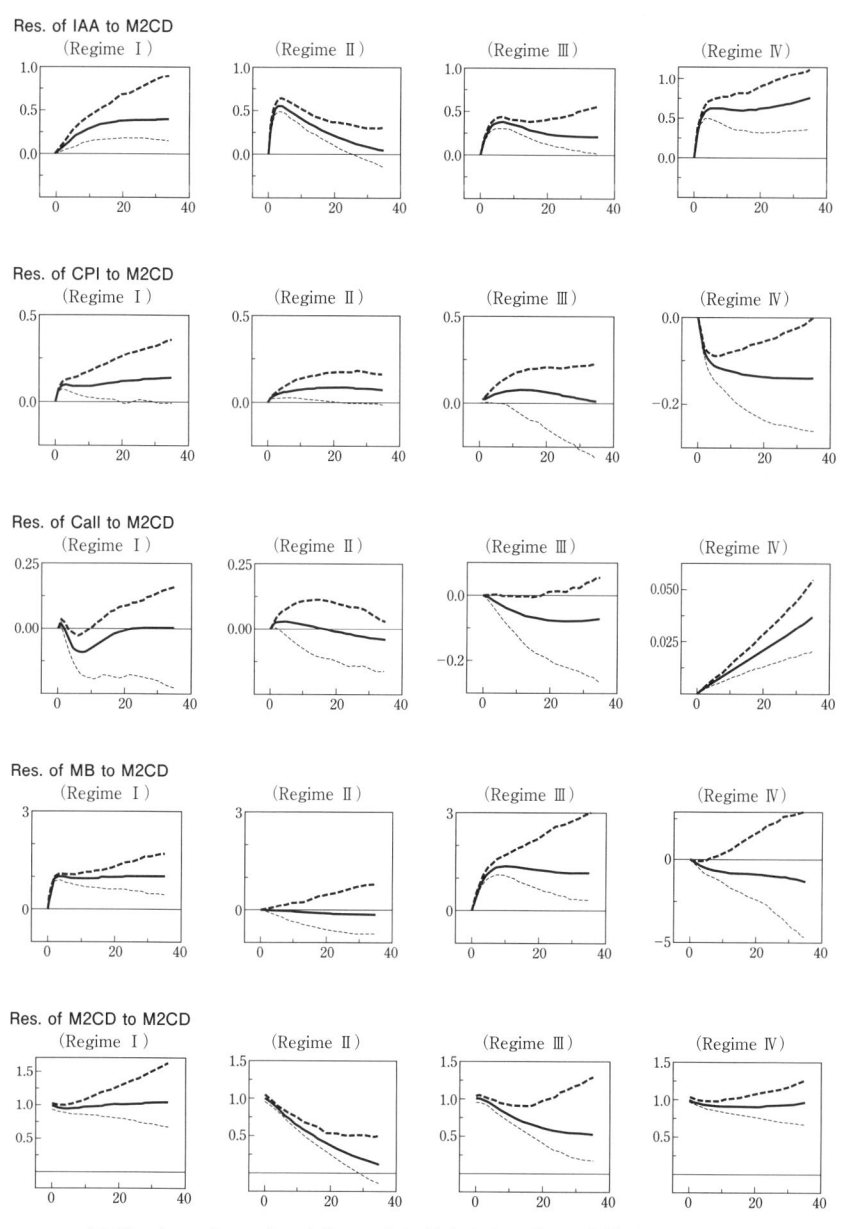

Res. of IAA to M2CD

Res. of CPI to M2CD

Res. of Call to M2CD

Res. of MB to M2CD

Res. of M2CD to M2CD

図 10-4 マネーストックショックに対するインパルス応答（5 変数モデル）

(CPI) 下落をもたらし，いわゆるプライスパズルを生んでいる（図は省略）．プライスパズルとは VAR モデルのインパルス応答において金融政策の引き締めショックが物価の持続的上昇をもたらす反応を示す場合を言うが，多くの先行研究と同じくそれが見られている．5 変数モデルにおいても，不況レジーム（レジーム 3）では，コールレート，マネタリーベースのインパルスはプライスパズルを生んでいる（図 10-2, 図 10-3）．まとめると不況レジームにおいてはプライスパズルが生じたとまとめられよう．ただし量的緩和レジームにおいてはコールレート，マネタリーベース（MB）の消費者物価指数（CPI）に対する影響はほとんどゼロである．

3.4 貨幣乗数・流動性パズル

さらに金融政策手段の諸問題を考察しよう．まず貨幣乗数である．量的緩和レジームではマネタリーベース（MB）からマネーストック（M2+CD）への影響はほんとんどない（図 10-3）．次に貨幣量の増大が金利を引き上げる現象を流動性パズルと言うが，量的緩和レジームではマネタリーベース（MB）からコールレート（Call）への影響を見ると，（ゼロ金利解除期のためか）微妙な負の影響に及んでいる（図 10-3）．他の時期では流動性パズルが認められる．

最後にバブル期は好況レジームに含まれるが，3 変数ならびに 5 変数モデルでマネーストック（M2+CD）が消費者物価（CPI）に与える影響は有意に正であり，コールレート（Call）が与える影響は有意でない（図 10-4）．この結果はバブル期には民間の信用創造が CPI に影響を与えることを示している．

3.5 サンプル期間の選択

量的緩和終了（2006 年 3 月）後のデータを含む場合と，含まない場合では 5 変数モデルでは，結果が若干異なる．2006 年 3 月でサンプルを切ると，量的緩和レジームで，マネタリーベース（MB）が有意となる．つまり基本モデルでは量的緩和終了の効果を含んでいるのに対し，量的緩和終了後の時期を含まない推定では，マネタリーベース（MB）の急減の効果を含まないからと思われる．本章では内生的にレジームが決定されており，その結果として量的緩和終了期のデータが最終レジームである量的緩和レジームに含まれているのであ

るから，量的緩和終了期のデータを含むことが適当である．

なお基本モデルの頑健性や金融政策の効果波及過程の他のチャネルの存在を検証するため，基本の5変数モデルは，以下のように拡張した（図は省略）．

（1）失業率を含んだ6変数モデル
（2）日経商品指数を組み込んだ6変数モデル
（3）IAA を IIP に置き換えた代替モデル

4. 金融市場内部への流動性効果

以上では伝統的な枠組みで，金融政策変数と物価・生産に与える影響を考察した．先の考察は金融緩和が金融システム外へ波及したかどうかを検証したものだが，本章冒頭にも述べたように量的緩和期の政策効果として，金融システム内への直接的な流動性効果があったことが主張されている．そこでコールレートを金利差に置き換えた5変数モデルで検証してみよう．

4.1 量的緩和とタームスプレッド

まずコールレートをタームスプレッド（1か月物無担保コールレートとコールレート・オーバーナイト物の差）に置き換えた5変数モデルを推計した．実は90年代を通してタームスプレッドが安定的であるため，この代替5変数モデルの計測では，90年代の好不況レジームが分離されず，そのためレジームを3つとして再計測した．レジームの推定結果は前節とほぼ同じく，安定成長期・90年代・99年以降の量的緩和期に分割される．

これによると，量的緩和レジーム（Regime 3）において，MBショックがタームスプレッドにマイナスの影響を与えているとの結果が得られた（図10-5）．このことは，量的緩和による流動性効果が働いたことを示唆している．しかしながらこのタームスプレッドは，IAA や CPI に有意な影響を与えておらず，その政策効果は金融システム内部に限られる．つまり流動性効果は存在するが，生産・物価には波及していないのである．

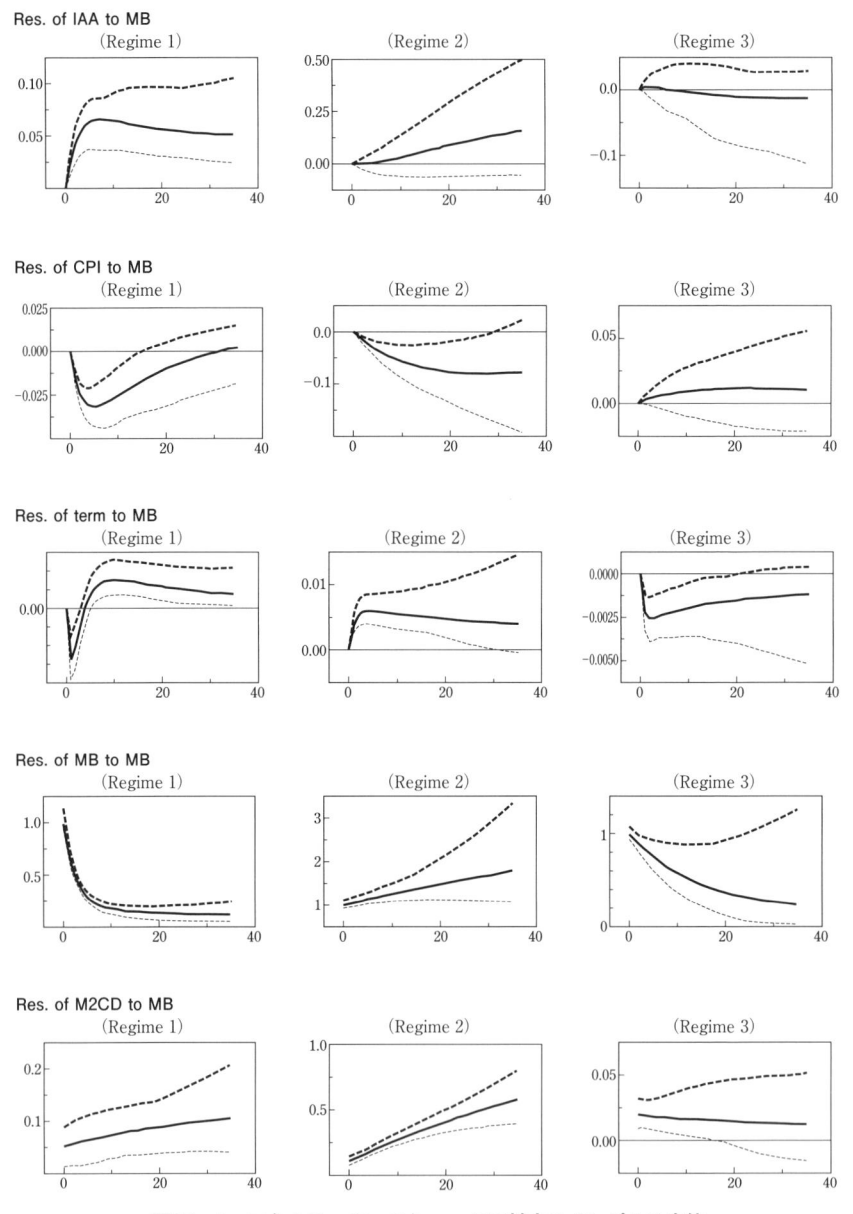

図 10-5 マネタリーベースショックに対するインパルス応答
(タームスプレッドによる 5 変数モデル,レジームを 3 つとして計測)

4.2 量的緩和と長短金利差

コールレートを長短金利差（10 年物国債利回りとコールレートの差）に置き替えた 5 変数モデルも推定した（レジームは 4 つとして推計し，前節とほぼ同様）．結果は，量的緩和レジームにおいて，MB ショックが長短金利差に対してプラスの影響を与えており，マイナスの影響があるとしたいわゆる「時間軸効果」は検出されなかった（図 10-6）．これは，ゼロ金利政策導入前から超低金利にあった長期金利が 2003 年半ば以降，米国長期金利の上昇に加え，日本の CPI 下落率縮小に伴う量的緩和政策の解除観測などを背景に上昇傾向を示したことの影響によるものと考えられる．

4.3 流動性効果はどのくらいの期間にはたらくか

以上の 2 つの推定をまとめて考えよう．4.1 項の推定ではタームスプレッドとして 1 ヶ月もの金利を使い，4.2 項の推定では長短金利差として 10 年物国債利回りを使っており，MB ショックは前者にマイナス，後者には逆にプラスに影響を与えていたわけである．両者を併せると，どこかで流動性効果がゼロになる期間があるにちがいない．つまり問題はどれくらいの長めのターム物にまで，流動性効果が働いたか，ということになる．ただしターム物金利については，1980 年以降という長期時系列データの利用が可能なデータが限られているため，本モデルに即して検証するのは難しい．また量的緩和政策実施時について各種タームスプレッドを用いた 5 変数 VAR モデルの計測結果を比較すると（図は省略），信用スプレッドも反映されるため，必ずしも確定的なことは言えない．ただし各種金利差をプロットした図 10-7 が示すように，おおむね 1 年以内のターム物金利には流動性効果が働いたことが示唆された．

銀行の収益を運用金利マイナス調達金利と分割すると，長期で運用，短期で調達と考えることができよう．先の結果から，量的緩和政策は調達金利には影響を与えて銀行の収益を下支えしたが，運用金利まで波及せず，この性質がマクロ的な限界をもたらしたと言えよう．

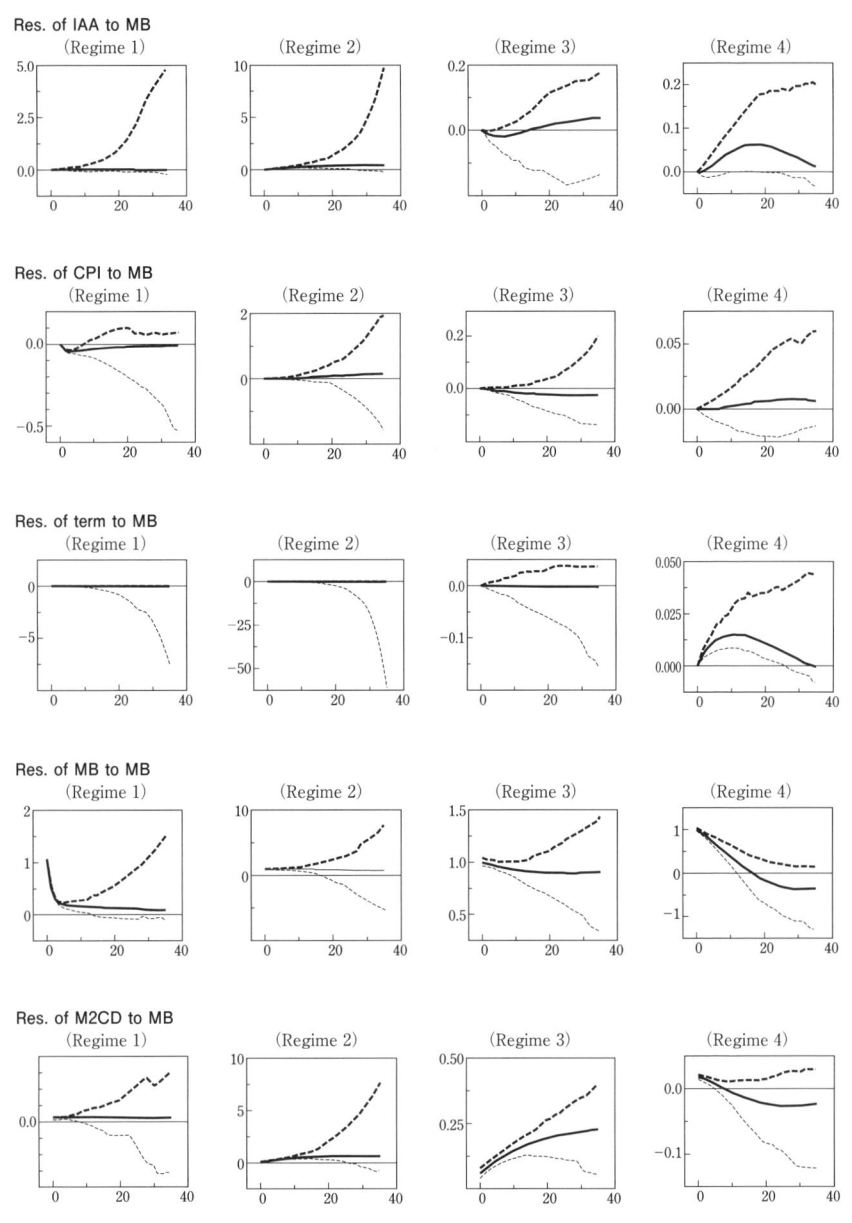

図 10-6 マネタリーベースショックに対するインパルス応答
(長短金利差による5変数モデル，レジームを4つとして計測)

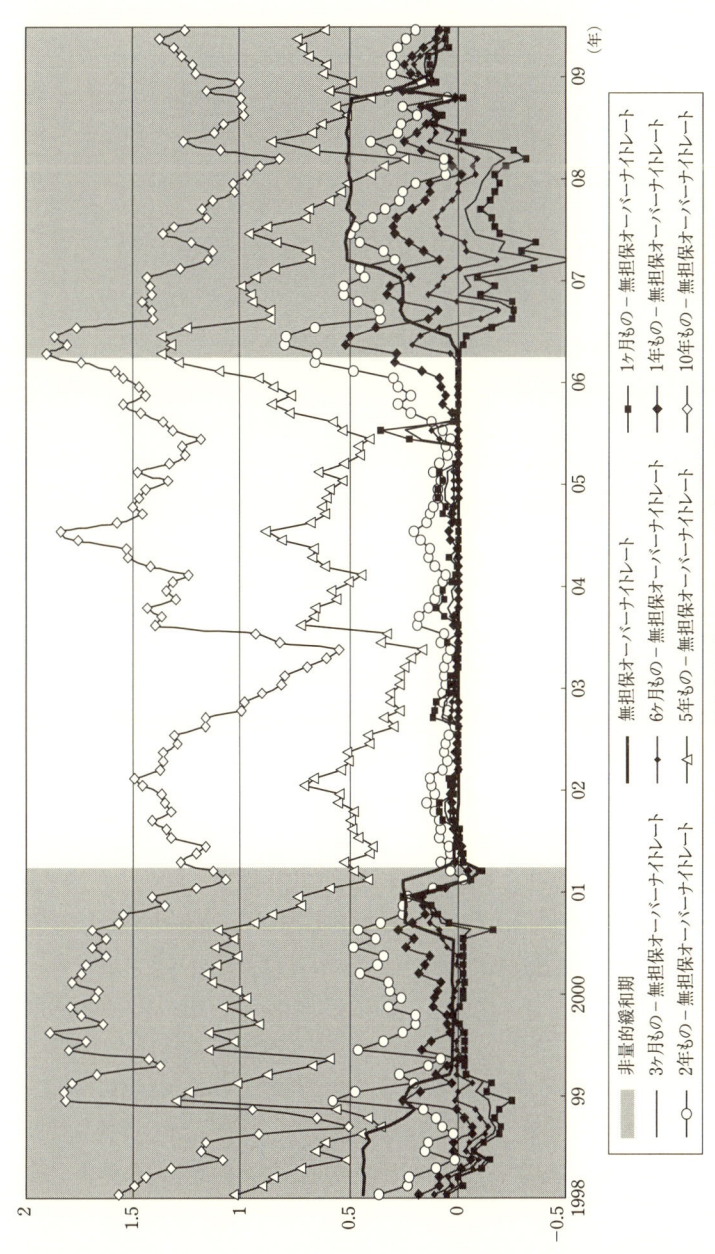

図10-7 量的緩和期のタームスプレッド

凡例:
- 非量的緩和期
- 無担保オーバーナイトレート
- 1ヶ月もの－無担保オーバーナイトレート
- 3ヶ月もの－無担保オーバーナイトレート
- 6ヶ月もの－無担保オーバーナイトレート
- 1年もの－無担保オーバーナイトレート
- 2年もの－無担保オーバーナイトレート
- 5年もの－無担保オーバーナイトレート
- 10年もの－無担保オーバーナイトレート

出所：財務省，経済産業省．

5. おわりに

本章ではレジームスイッチングモデルにより日本の金融政策について検討を行い，先行研究とは以下の6つのポイントについて異なった側面から考察した．

① レジーム数を3以上に拡張した結果，先行研究が示唆する1995〜96年の唯一のレジーム変化は観測されず，バブル以前（87年以前）ないしゼロ金利（1999年）・量的緩和以降（2000年）を中心とするレジームが観測された．90年代のレジーム変化は定式化の相違により異なっているが，いずれにせよ95年前後で唯一の構造変化が生じたという見方に変更を迫るものである．

② 金融政策変数（MB及びコールレート）を明示的に取り込んだ5変数モデルとマネーストック（M2＋CD）のみを組み込んだ3変数モデルを比較対照すると，基本3変数の相互作用については，量的緩和レジームの混乱以外は大きな差異は認められない．1990年代後半より金融政策の効果は低減しており，さらに2000年以降を中心とする量的緩和レジームにおいては金融政策変数から生産や物価への影響は全く認められない．この点は先行研究と大きく異なる点である．

③ 量的緩和レジームにおいて，MBショックはタームスプレッドに対してマイナスの影響を与えていることが判明した．このことは，量的緩和が流動性効果を通じて，金融システムの安定に寄与したことを示唆しているが，同時にタームスプレッドはMBと同様にIAAやCPIに影響を与えておらず，量的緩和は金融システム外部に影響を与えていない．

④ 物価変数については，後半のレジームでいわゆる物価パズルが認められる．先行研究において，日本で物価パズルが存在するかどうかは明快でないが，直近のデータを含むかどうかに依存するように思われる．

⑤ 先行研究が使った鉱工業生産指数と異なり，全産業活動指数を使用したが，経済活動の包括的な指標としての全産業活動指数の有用性が確認された．

⑥ 先行研究が含まない2003年以降のデータを使ったが，2000年以降は同

一のレジームであり，当該時期の政策変更や激しい不況は大きな影響をもたらしていない．

以上の結果から，本章の主要な発見は，以下のようにまとめられよう．2000年以降には量的緩和レジームともいうべきレジームが存在し，そこでは金融システム内部における流動性効果が認められる一方で，生産や物価に対し金融政策変数の影響がほとんどないことである．先行研究は95年頃を転換点として，政策効果が弱まったとしているが，レジーム数をさらに増加させると，2000年頃より生産や物価に対する新たな政策無効のレジームが始まるのである．

謝　辞

本章の元となった英語論文については2008年景気循環日付研究会秋田コンファレンスにおいて浅子和美氏，福田慎一氏，宮川努氏，村澤康友氏より，また2009年日本経済学会春季大会においては藤原一平氏，本多祐三氏より貴重なコメントを賜った．さらに村田啓子氏からは有意義なアドバイスを頂いた．記して感謝したい．なお，残された誤りは筆者たちの責任である．

参考文献

Christiano, L., M. Eichenbaum, and C. Evans (1999), "Monetary policy shocks : what have we learned and to what end?" In : Taylor, J.B., Woodford, M. (Eds.), *Handbook of Macroeconomics 1A*, Amsterdam : Elsevier, pp. 65-148.

Curdia, V. and M. Woodford (2009), "Conventional and Unconventional Monetary Policy", prepared for the conference "Debt, Financial Markets, and Monetary Policy", Federal Reserve Bank of St. Louis, October 15-16, 2009.

Ehrmann, M., M. Ellison, and N. Valla (2003), "Regime-dependent impulse response functions in a Markov-switching vector autoregression model", *Econ. Lett.*, Vol. 78, pp. 295-299.

Fujiwara, I. (2006), "Evaluating monetary policy when nominal interest rates are almost zero", *J. Japanese Int. Economies*, Vol. 20 (3), pp. 434-453.

Hamilton, J. D. (1990), "Analysis of time series subject to changes in regime", *Journal of Econometrics*, Vol. 45, pp. 39-70.

Hansen, B. E. (1992), "The likelihood ratio test under non-standard conditions : Testing the Markov switching model of GNP", *Journal of Applied Econometrics*, Vol. 7, pp. 61-82.

Inoue, T. and T. Okimoto (2008), "Were There Structural Breaks in the Effects of Japanese Monetary Policy? Re-evaluating Policy Effects of the Lost Decade", *J. Japanese Int. Economies*, Vol. 22, pp. 320-342.

Miyao, R. (2000), "The Role of Monetary Policy in Japan : A Break in the 1990s?", *J. Japanese Int. Economies*, Vol. 14, pp. 366-384.

Miyao, R. (2002), "The effects of monetary policy in Japan", *Journal of Money, Credit, and Banking*, Vol. 34 (2), pp. 376-392.

Ugai, H. (2007), "Effects of the Quantitative Easing Policy : A Survey of Empirical Analyses", *Monetary and Economic Studies*, Vol. 25 (1), pp. 1-47.

飯星博邦・梅田雅信・脇田成 (2011),「量的緩和──レジーム・スイッチ VAR からみた2つの政策効果」内閣府経済社会総合研究所ディスカッションペーパー.

第 II 部

総括コメント 1

大瀧雅之

第 7 章「ボラティリティの景気予測力——バリアンス・リスクプレミアムの検証から」(大屋幸輔)

　本章は確率過程の十分な基礎知識があれば，誰でも読みこなせ，かつ内容的にも perspective の利いた好論文である．ただこれが金融工学を専門としない大学院生，学部上級生に理解されるためには，いささかハードルが高い．そこでこのコメントでは，まずはじめに，概要を intuitive に解説した後に，理論経済学者から見たときの論文自身へのコメントを述べることにしたい．

　金融工学で頻繁に用いられる Black-Sholes's formula は資産価格の平均的な確率変動を示す瞬時的分散 (instantaneous variance) を一定とした対数 Wiener 過程を用いている．つまり資産のリスクは確かに価格形成に影響を与えるが，そのリスクの程度は一定であると仮定しているわけである．しかしながら，現実にはこのリスクの大きさ自体が時間によって変化すると考えるのが，より自然である．

　こうした瞬時分散が時間とともに変動する様子を，「伊藤の公式」がより広いクラスのプロセスで成立すること及び市場の裁定条件を巧みに用いることにより，オプション価格から推計したものを，本章の第 2 節では「モデルフリー・インプライド・ボラティリティ」($MFIV$) と呼んでいる．具体的には (7) 式あるいは (8) 式がこれに当たる．いわば「リスクのリスク」の大きさを測っているわけである．

　この方程式は理論的に美しい性質を持っている．すなわち任意の時期に将来のキャピタルゲインと現在のそれを交換するのが株式オプションである．したがって株式保有リスク価格は，投資家が危険中立的であるなら，実現しうるす

べての株価に対応する行使価格を持つコール（プット）オプションの「束」を2次微分でウエィトを付けて（リスクは2次のオーダーに現れる！）買い合わせた額と等しくなっていなければならない，というのがこの方程式の意味である．そしてこうすることによって，直接には観測できない現在から将来にかけての株式のボラティリティをオプションの価格から間接的に導出できるのである．これがインプライド・ボラティリティのゆえんである．

第3節では「現実測度」という名の下で，投資家が危険回避的である場合に(7)式あるいは(8)式に，いかなる修正が必要とされるかが検討されている．数学的な操作は難しいが，直感的にいえば投資家の目的関数を $\int Rq(R)dR$ から $\int u(R)q(R)dR(u'>0,\ u''<0)$ に変更したとき，

$$\int u(R)q(R)dR \equiv \int Rp(R)dR$$

とかける確率測度 $p(R)dR$ が存在し，それを「現実測度」Pと呼んでいるのである．こうした一般化のもと導出される結論は，(13)式で安全資産と危険資産の価格間のスプッドがちょうど，相対的危険回避度を考慮したリスクプレミアムに等しくなるという，Arrow-Pratt流の馴染み深い結論が得られる（より一般的な結果は(15)式を参照）．

前2節を受けて第4節の実証分析では，一致指数CIに対して，特に大阪大学CSFIが作成した VXJ^2 というインプライド・ボラティリティの指標が，どれほど予測力を持つかが焦点となる．主たる結果は表7-1にまとめられているが，インプライド・ボラティリティを含むVRPは特に短期の予測について有意となっており，著者の一応の目的は達せられている．

最後に簡単な「おねだり」をして，コメントとしたい．経済理論的な問題であるが，なぜ資産価格のリスクが高まると景気が後退するのだろうか．日常言語に引き直せば，株価の見通しが悪くなると景気が停滞するという因果だけを考えるのは，やや不十分な観がある．逆の因果，すなわち，景気が後退すると株価の低下だけでなく見通しも悪くなるということはないのだろうか．これは統計的には「因果関係」の問題で，インプライド・ボラティリティがCIの遅行変数になっていることを先験的には排除できないはずである．紙幅の関係も

あり，無いものねだりかも知れないが，Grange causality のチェックがあれば，本章の魅力はいっそう増したであろう．

第8章「インフレ期待の異質性――区間データを用いた Carlson-Parkin 法の拡張」(村澤康友)

　インフレ期待は直接観察することが出来ないが，重要なマクロ変数である．これを弱い意味での合理的期待形成仮説を前提として，サーベイデータから確率密度関数 (probability density function：以下 pdf と略記) の形で求めようとする代表的手法が Carson-Parkin 法 (以下 CP 法と略記) である．しかし通常の CP 法で想定される pdf は，正規分布である（CP 法に関する追加的仮定は本章を参照されたい）．

　これに対し第8章では，2つのいずれも興味深い一般化ないしは工夫を施している．すなわち，第1に CP 法で採用される順序統計量（上がる・変わらない・下がる）に代えて，データの availability が高まり区間データ（インフレ率が何%と何%にあると予想する主体がどれほど存在するか）が使えるようになったことを利用し CP 法の仮定を緩め，ordered probit による分かりやすく自然な推計を実施している．第2には，当てはめの対象となる分布関数を，正規分布より裾の密度が重い (fat tail) t 分布を採用し，さらに歪みを含む「歪んだ t 分布」で probit 推計をしている点が挙げられる．

　このような斬新な econometrics 上の手法開発のほかに，第2節ではサーベイデータに基づく先行研究が丹念にサーベイされており，今後この方面で仕事をしようとする研究者には，誠にありがたい情報を与えている．特にほとんどの研究で，女性，低学歴，低所得の属性を持つ主体のインフレ期待が volatile であること，すなわちこうした層の物価水準への感応度が高いという結論が得られているのは，きわめて興味深い．こうした経済現象がなぜ生じているのかを究明するのは，むしろわれわれ理論経済学者の役割なのだろうが，昨今の「デフレ・不況論」との関連で，物事を考え直してみるのは重要ではなかろうか．

　さて推計の結果得られた結果は，本章を参照していただくとして，以下では簡単に評者の質問と要望を述べて，コメントに代えさせていただく．まず第1点は，なぜ推計に当たって「歪んだ正規分布」ではなく，「歪んだ t 分布」を

用いたかということである.この選択の適否に関してはfat-tail testなるものが存在するはずであり,是非このtestを何らかの形で実行して欲しかったというのが,評者の要望である.少なくともわれわれ門外漢には,「歪んだ正規分布」の方がはるかに馴染み易い概念であることは,否定できないからである.

　第2点は,推計結果についてである.筆者はこのデータセットによる限り,男女間のインフレ期待の性質は,そう大きく異なることはないとの暫定的結論を出している.しかしながら,上述したように,第2節でサーベイされている欧米の研究の大半は,男女差をsignificantなものとして計測しており,この違いを生み出す原因は一体どこに求めればよいのだろうか.

　これは飽くまでも評者の推測だが,データを単身世帯に限ったことに問題はないのだろうか.すなわち単身世帯は男性では若年世代が,逆に女性では老年世代がどうしても多くを占めてしまう.これらの世帯の一般には比較的所得の低い層であると予想され,この低所得という共通の属性が,男女の属性の相違よりも強い影響を及ぼしている危険なしとしない.ただこれは筆者自身も述べている将来の課題の1つであり,更なる研究の深化を願うのみである.

第 II 部

総括コメント 2

竹田陽介

　日本銀行が量的緩和政策を解除した直後の 2006 年 3 月下旬から 4 月上旬にかけて，日本経済新聞「やさしい経済学」欄に「景気変動と金利水準」というタイトルで記事を書いた．鼓舞する意味も込めて，「ゼロ金利に苦悩してきた日本経済を間近にして，日本のマクロ経済学者は，自分たちの足元に転がる「宝の山」を分析する幸運に恵まれたと言ってよい」と述べた．ゼロ金利という異状において，「平時においては意識されない金利の機能を見直す良い機会である」として，「ゼロ金利の意味」，「流動性のわな」，「資産価格のゆがみ」，「テイラー・ルール」，「ルーカスの木」，「中立金利は負か」，「成長率・金利論争」について論じた．

　あれから 5 年後のいま，マクロ経済は，ゼロ金利から脱却するどころか，リーマン・ショックを経て世界同時不況にまで陥ってしまった．本来なら既に，ゼロ金利からの脱却について確固としたマクロ経済学の処方箋が書かれているはずであった．それどころか，マクロ経済学の現在は，歴とした答えを出すには至っておらず，未だ暗中模索にある．以下では，現代のマクロ経済学における問題の所在について展望しながら，不完全ながらも野心的に新しい方向性を志向する第 II 部の 3 つの章について，期待を込めてコメントしたい[1]．

　概括すると，長期金利の決定要因を扱う第 6 章，家計の流動性制約下における政策効果を扱う第 9 章，量的緩和政策の効果を扱う第 10 章の 3 章に通底する問題は，第 1 に，「名目金利のゼロ下限制約による金融政策ルールの非線型性」，第 2 に，「期待形成の硬直性」にある．2 つの問題とも，現代マクロ経済

---

[1] 以下の脚注で，関連するテーマに関して筆者がこれまでに書いた研究論文を引用する．

学が直面する重要な理論的課題である．

「テイラー・ルール」に代表されるコール・レートなど金融政策の操作目標をコントロールするルールは，インフレ率と産出量ギャップなどの1次結合として線型の式で表わされる．ところが，ゼロ金利政策の下，中央銀行が名目金利ゼロの下限に直面する状態では，名目金利に関する操作目標ルールは，ゼロの下限という非線型性を帯びることになる．

Benhabib, Schmitt-Grohe and Uribe（2002）は非線型の操作目標ルールにおいて，1％のインフレ率の上昇に対して1％以上の実質金利の上昇をもたらしインフレに対して警戒的であることを意味する「テイラー・プリンシプル」が正のインフレ率において局所的に満たされていても，名目金利のゼロ下限制約によって，大域的に安定的であるデフレ均衡が出現する危険性を理論的に指摘した．

こうした名目金利のゼロ下限による非線型性の問題に対して，第10章は，操作目標をコール・レートとするゼロ金利政策のみならず，日銀当座預金の量を操作目標とする量的緩和政策も含めて，「レジーム」の変化として非線型性を捉える意図をもつ．第9章では，名目金利のゼロ下限を明示的に定式化し，名目金利が0と線型なテイラー・ルールの推定値のうち大きい方に等しいと想定する[2]．

一方，第6章は，名目金利のゼロ下限制約を直接には考慮していないが，利子率の期間構造に関する「期待仮説」に基づきながら，日本銀行によるゼロ金利へのコミットメントが潜在的に有する「時間軸効果」を通じて，イールド・カーヴの水平化をもたらした可能性を実証的に示唆する[3]．そこでは，ゼロ金利における金融政策の手段として，操作目標ルールに取って代わる「金融市場との対話」が効果を発揮してきたと見られる[4]．

合理的期待形成仮説によれば，経済主体は所与の情報集合の下で（期待誤差

---

[2] 竹田陽介・矢嶋康次（2010）「わが国におけるゼロ金利下の非伝統的金融政策の効果に関する実証分析——資産価格の役割」ニッセイ基礎研 Research Paper, No. 10-001.

[3] 竹田陽介・小巻泰之・矢嶋康次（2005）「ゼロ金利政策と投資家の期待」『期待形成の異質性とマクロ経済政策——経済主体はどこまで合理的か』東洋経済新報社．

[4] 竹田陽介・矢嶋康次（2008）「金融市場との対話——新法下の日本銀行のケース」香西泰・宮川努編『日本経済グローバル競争力の再生——ヒト・モノ・カネの歪みの実証分析』日本経済新聞社．

の2乗和を最小化する）最適な予測量を行い，情報集合に含まれる情報の利用による付加的な予測精度の向上は不可能である．よって，効率市場仮説や恒常所得仮説に見られるように，将来のファンダメンタルズあるいは恒常所得の期待割引現在価値に等しい資産価格あるいは消費は，ランダム・ウォーク過程に従うことになる．

一方，Sims（2003）や Mankiw and Reis（2002）らによる Sticky Information 仮説によれば，経済主体の情報処理および学習のための能力の有限性により，情報を更新して最新の情報に基づき予測することは多大なコストを伴う．よって，ニュー・ケインジアン・フィリップス曲線に見られるように，現在のインフレ率の形成が将来の予測値に依存するとしても，予測が過去の情報に基づく期待形成の硬直性から，インフレ率の持続性が生じることになる[5]．

合理的期待形成仮説を前提とする第9章では，「ルーカス批判」に晒されたマクロ計量経済モデルに対する反省から通常不変であると仮定される Deep Parameters を時変であるとして推定した．レジーム・スイッチ VAR を用いて政策効果を計った第10章では，経済主体が各レジームにおける均衡およびレジームの遷移確率を既知として合理的期待形成を行うことが前提とされている．

一方，第6章は，ゼロ金利政策の期間を含む標本について，長期金利の予測値に関する合理性検定の結果，合理的期待形成とは相容れない期待誤差の一貫した上ぶれ傾向を見出し，期待誤差が短期的に「自己実現的」であると指摘する．また，長期金利の決定要因に関してサーベイ・データを用いて，金融政策および為替動向が支配的であることを明らかにした．

上記の2つの理論的観点から見た各章のかかえる問題点について，以下コメントを述べる．

第10章「量的緩和——レジーム・スイッチ VAR からみた2つの政策効果」（飯星博邦・梅田雅信・脇田成）

レジームの定義によれば，経済主体は既知である各レジームにおける均衡および遷移確率を所与として合理的期待形成を行い，レジームの変化を予測す

---

[5] 竹田陽介・慶田昌之（2009）「負債デフレ論とデフレ心理」吉川洋編『デフレ経済と金融政策』慶應義塾大学出版会．

る. 1980年代以降の日本経済においてもっともらしいレジームとしては, ゼロ金利政策および量的緩和政策の導入・解除という金融政策の変遷が挙げられる. 貨幣供給のスタンスがレジームの変化を引き起こしてきたと考えられる. しかしながら本章は,「流通速度は屈折しつつ低下傾向を辿っており, その屈折点がレジームを分けるポイントになっている」(現版では割愛) と解釈する. 流通速度が反映する貨幣需要の構造変化がレジームをもたらしてきたと考えている点において, 本章におけるレジームの意味は, 不明確である.

また, 通常の VAR 分析と同様, 本章でもインパルス応答関数において観察される「プライス・パズル」および「流動性パズル」に対する配慮が見られない. 資産価格など中央銀行にとっての「情報変数」, および金融システム不安などの流動性ショックを表す信用スプレッドなど, VAR モデルに外生変数として組み込む工夫が望まれる.

第9章「ゼロ金利制約下における日本経済——流動性制約家計を含むニューケインジアン DSGE モデル」(矢野浩一・飯田泰之・和合肇)

本章による時変パラメータの推定において, 時変的である程度が高いパラメータは, ランダムに価格設定機会が到来する Calvo プライシングにおける確率, あるいは非線型性を考慮した操作目標ルールにおけるテイラー・ルールの係数ではなく, 習慣形成の程度を表すパラメータ h, および流動性制約下の家計の割合を表す ω である (図9-3). とりわけ, 金融・財政政策とも, 政策効果を高める役割を果たす流動性制約家計比率は, 80年代後半の5%以下から近年では30%近くまで経年的に上昇している. 本章による比率の推定値を, 先行研究[6]による推定値と比較する必要があろう.

また, 推定された均衡実質利子率は, 90年代半ば以降急激に低下しているが, マイナスの値にはなっていない (現版では図省略). Krugman (1998) らが指摘してきたように, 日本経済の均衡実質利子率がマイナスで推移しているという現状認識に基づき, 名目金利ゼロの下限制約の下で, 期待インフレ率を高める政策が望ましいと考えられてきたことから, プラスの水準で推移する均衡実質利子率の推定値からは,「同時期の日本経済を金融政策面から刺激する

---

6) 竹田陽介・小巻泰之・矢嶋康次「消費における不安と rule-of-thumb な家計」『期待形成の異質性とマクロ経済政策——経済主体はどこまで合理的か』東洋経済新報社.

ためには正のインフレ率によって実質利子率をさらに低下させる必要があったことを示唆している」とは言えない．

第6章「債券投資家の予測形成要因――QUICK債券月次調査からみえるもの」(平田英明・蓮見亮)

　図6-3に見られる多くのインパルス応答関数において，エラー・バンドが反応0を挟んでいる結果から，長期金利の予測の期待誤差を説明する要因は，為替レート・鉱工業生産指数・TIBOR3か月金利の期待誤差ではなく，長期金利自体の期待誤差である．短期的（1四半期）に自己実現的な期待誤差のメカニズムが働いていることになる．一方，長期金利の予測に関するサーベイ・データによるパネル・データ分析では，金利変動の期待の決定要因は，金融政策と為替動向という結果が示されている．2つの推定結果は，矛盾している．原因として，解除のシグナルを消費者物価指数にのみ限定した日銀のゼロ金利政策が期待形成の同質化をもたらし，資産価格の情報集約機能が低下したこと[7]，ゼロ金利政策のような利子率平準化の下では，通常の推定では期待仮説を検定することが困難であること（例えば，Mankiw and Miron（1986））などが考えられる．

　推定において，より頑健な結果を得るために工夫すべき点が多々有り得る．たとえば，長期金利の期待誤差に関するVARモデルの推定において用いられる鉱工業生産指数の実績値は，いわゆるReal-Time Dataであることが望ましい．また，合理的期待形成仮説に従えば，同推定において，長期金利に関する期待が被説明変数である場合，説明変数である長期金利に関する期待の実績値の同時点における係数は1であると制約を課すことも考えられる．

　残念ながら，いずれの章も，アカデミックなスタンダードから見て，説得力に乏しく，成功しているとは言えない．とりわけ，現代マクロ経済学の理論的課題にも関わる2つの問題「名目金利のゼロ下限制約による金融政策ルールの非線型性」および「期待形成の硬直性」に対して，知的貢献をしたとは言い難

---

[7] 竹田陽介・矢嶋康次（2008）「金融市場との対話――新法下の日本銀行のケース」香西泰・宮川努編『日本経済グローバル競争力の再生――ヒト・モノ・カネの歪みの実証分析』日本経済新聞社．

い．派生する研究テーマとして，金融市場との対話における「学習過程」，期待形成の異質性が内生的に決定されるメカニズムなど，研究材料は尽きない．暗中模索にあるマクロ経済学において，野心的に新しい方向性を志向する 3 章の研究者の今後に期待したい．

参考文献

Benhabib, J., S. Schmitt-Grohe, and M. Uribe (2002), "Avoiding Liquidity Traps", *Journal of Political Economy*, Vol. 110 (3), pp. 535-563.

Krugman, P. (1998), "It's Baaack : Japan's Slump and the Return of the Liquidity Trap", *Brookings Papers on Economic Activity*, Vol. 29 (2), pp. 137-206.

Mankiw, N.G., and J.A. Miron (1986), "The Changing Behavior of the Term Structure of Interest Rates", *The Quarterly Journal of Economics*, Vol. 101 (2), pp. 211-228.

Mankiw, N.G., and R. Reis (2002), "Sticky Information Versus Sticky Prices : A Proposal To Replace The New Keynesian Phillips Curve", *The Quarterly Journal of Economics*, Vol. 117 (4), pp. 1295-1328.

Sims, C. (2003), "Implications of rational inattention", *Journal of Monetary Economics*, Vol. 50 (3), pp. 665-690.

第 III 部
日本と世界の景気分析

第11章

戦後14番目の景気循環の特徴
「いざなぎ超え」「百年に一度の不況」の意味

飯塚信夫

1. はじめに

　2002年1月を谷として始まり，2007年10月の山を経て，2009年3月の谷で終わった戦後第14番目の景気循環[1]は，記録尽くめであった．拡張期間（69か月）は，いざなぎ景気（第6循環，1965年10月〜1970年7月，57か月）を上回り，戦後最長を記録した．景気後退期の経済の落ち込みは戦後の景気後退局面で最大．「百年に一度」というキャッチ・フレーズがつけられたほどであった．

　一方，戦後最長の景気拡張局面の実感は乏しかった．齊藤（2010）は，第14番目の景気拡張局面で得られた豊かさはうわべだけに過ぎず，「その豊かさが幸福に結びついたわけではなかった」と説く．そして，「百年に一度」の落ち込みと考えられた後退局面で失ったものは正味のところほんのわずかとし，「失ったものがずいぶん大きいと勝手に解釈して，理不尽なほど動揺していたにすぎない」と主張する．片岡（2010）は，第14循環を含めて1990年代初頭から幾度となく繰り返されてきた実感なき景気回復と，その結果としての「失われた20年」には「我が国の経済政策の失敗が大きく影響している」とする．

---

[1] 2010年6月7日公表の内閣府経済社会総合研究所「景気循環日付について」による．2007年10月の山，2009年3月の谷はともに暫定．データは10年4〜6月期の四半期別GDP速報（2次速報，10年9月10日公表）時点で得られたものを用いている．なお，内閣府資料のヒストリカルDIを見ると，一致指数が50%を割るのは2008年3月になっている．本章発刊時には景気の山が変更されている可能性がある．

さらに，高橋（2010）は，「物価が下落しても需要は上がらず，さらにデフレを進行させる悪循環が，この15年以上も日本経済を停滞させ」たとし，直近の戦後14番目の景気循環も同様の性格を持っていたと指摘，その原因として日銀の量的緩和が不十分であったことをあげている．

このように，戦後14番目の景気循環は歴史的にみて特徴のある循環であり，その解釈に関しても議論が分かれている．そこで，本章では，浅子他（1991），飯塚・浅子（2003）と同様，定型化された事実を整理し，戦後第14番目の景気循環の特徴を浮き彫りにする．さらに，時系列分析の手法を用いて，そうした特徴を生み出した背景を探りたい．

本章の構成は次の通りである．第2節では数量面，価格面の変動から見た第14循環の特徴を整理し，戦後の他の循環と比較する．第3節では，経済成長の構成の違いに注目し，拡張期間を中心に第14循環の特徴を整理する．第4節では，第14循環の最大の特徴である輸出拡大の内需への波及の弱さの背景について様々な角度から検討する．第5節は時系列分析の手法を用いて，第14循環の特徴を生み出した背景を探る．第6節はまとめである．

2. 数量面・価格面から見た特徴

2.1 戦後最長ながら最弱の景気拡張

本節では国内総生産（GDP）データを用いて，第14循環の数量面・価格面の特徴を整理する．浅子他（1991），飯塚・浅子（2003）では，数量面の指標として実質国民総生産（GNP）成長率を用いたが，本章ではより注目度の高い実質GDP成長率を用いる．価格面の指標についても，先行研究のGNPデフレーターではなく，GDPデフレーターを用いる．そのため，分析対象はGDPデータが拡張局面，後退局面ともに得られる第4循環以降となっている（表11-1）．

冒頭に述べた通り，第14循環の拡張局面は69か月と戦後最長となったが，その間の実質GDPの累積成長率は12.4％．5年強の景気拡大で経済水準は1割強しか増えなかった．景気拡張局面の長さで2番目の「いざなぎ景気」（第6循環，67.8％）にはるかに及ばないのはもちろん，戦後3番目の「バブル景

第 11 章　戦後 14 番目の景気循環の特徴

表 11-1　戦後の景気循環の特徴

循環	谷	山	谷	拡張期 期間(月)	実質GDP成長率(%)		デフレーター上昇率(%)		名目GDP成長率(%)	
						年率(%)		年率(%)		年率(%)
4	1958年 6月	1961年12月	1962年10月	42	45.4	11.3	27.1	7.1	84.7	19.2
5	1962年10月	1964年10月	1965年10月	24	20.7	9.9	13.5	6.6	37.1	17.1
6	1965年10月	1970年 7月	1971年12月	57	67.8	11.5	32.8	6.2	122.8	18.4
7	1971年12月	1973年11月	1975年 3月	23	16.6	8.0	24.3	11.5	45.0	20.4
8	1975年 3月	1977年 1月	1977年10月	22	9.9	4.9	15.0	7.2	26.4	12.4
9	1977年10月	1980年 2月	1983年 2月	28	11.8	5.1	7.7	3.4	20.5	8.6
10	1983年 2月	1985年 6月	1986年11月	28	12.2	5.3	2.9	1.3	15.5	6.6
11	1986年11月	1991年 2月	1993年10月	51	26.0	5.6	6.3	1.4	33.9	7.1
12	1993年10月	1997年 5月	1999年 1月	43	7.2	2.0	−0.2	−0.1	7.0	1.9
13	1999年 1月	2000年11月	2002年 1月	22	4.2	2.4	−2.9	−1.7	1.1	0.6
14	2002年 1月	2007年10月	2009年 3月	69	12.4	2.1	−6.9	−1.2	4.6	0.8
最大				69.0	67.8	11.5	32.8	11.5	122.8	20.4
最小				22.0	4.2	2.0	−6.9	−1.7	1.1	0.6
平均				37.2	21.3	6.2	10.9	3.8	36.2	10.3
標準偏差				16.3	19.1	3.5	12.9	4.2	37.1	7.6

循環	谷	山	谷	後退期 期間(月)	実質GDP成長率(%)		デフレーター上昇率(%)		名目GDP成長率(%)		全期間 期間(月)
						年率(%)		年率(%)		年率(%)	
4	1958年 6月	1961年12月	1962年10月	10	6.2	6.2	1.0	1.0	7.2	7.2	52
5	1962年10月	1964年10月	1965年10月	12	6.0	6.0	3.0	3.0	9.2	9.2	36
6	1965年10月	1970年 7月	1971年12月	17	4.4	3.5	6.4	5.1	11.1	8.8	74
7	1971年12月	1973年11月	1975年 3月	16	−1.9	−1.5	20.1	15.8	17.8	14.0	39
8	1975年 3月	1977年 1月	1977年10月	9	2.8	3.7	4.1	5.6	7.0	9.5	31
9	1977年10月	1980年 2月	1983年 2月	36	8.4	2.7	10.6	3.4	19.9	6.2	64
10	1983年 2月	1985年 6月	1986年11月	17	4.2	2.8	2.2	1.5	6.5	4.3	45
11	1986年11月	1991年 2月	1993年10月	32	1.9	0.7	3.1	1.1	5.1	1.8	83
12	1993年10月	1997年 5月	1999年 1月	20	−2.6	−1.5	−1.1	−0.7	−3.7	−2.1	63
13	1999年 1月	2000年11月	2002年 1月	14	−1.4	−1.1	−1.1	−0.9	−2.5	−2.0	36
14	2002年 1月	2007年10月	2009年 3月	17	−8.5	−6.8	0.5	0.4	−8.0	−6.4	86
最大				36.0	8.4	6.2	20.1	15.8	19.9	14.0	86.0
最小				9.0	−8.5	−6.8	−1.1	−0.9	−8.0	−6.4	31.0
平均				18.2	1.8	1.3	4.4	3.2	6.3	4.6	55.4
標準偏差				8.5	4.9	3.9	6.2	4.7	8.6	6.2	19.8

注：第 4 循環から第 9 循環までは，68SNA ベースでの実質 GDP 系列（90 年基準），名目 GDP 系列で算出．第 10 循環以降は 93SNA ベースの実質 GDP 系列（2000 年基準），名目 GDP 系列で算出．デフレーターは，名目 GDP（季節調整系列）÷実質 GDP（季節調整系列）×100 で算出した．

気」（第11循環，26％）の半分以下である．さすがに，4番目の第12循環は90年代以降の日本経済停滞期の景気拡大局面であるため，累積成長率は第14循環を下回る．しかし，年率換算でみると，第14循環が2.1％であるのに対し，第12循環も2％とほぼ同じ．ともに，景気拡張局面では戦後最低である．第14循環は，戦後最長ながら最弱の景気拡張局面であった．

景気拡大の弱さは，物価上昇率にも表れている．日本では90年代以降，景気拡張局面であっても物価が下落するという世界的にみても珍しい傾向が続いているが，第14循環のGDPデフレーターの累積上昇率はマイナス6.9％であり，最大の物価下落幅となっている[2]．この結果，企業収益，財政収支などに影響を与える名目GDPの累積成長率は4.6％，年率換算では0.8％に過ぎず，年率では第13循環（0.6％）に次いで戦後第2位の弱さである．

GDPデフレーターはいわゆる物価指数ではなく，価格転嫁の指標としての側面が強い．GDPデフレーター上昇率が年率マイナス1.2％であったのに対し，他の物価指数に沿った動きをする国内需要デフレーター上昇率は年率マイナス0.5％とマイナス幅は小さい．これをもって，デフレ圧力はそれほど大きいものではなかったという評価もある．しかし，GDPデフレーター上昇率が内需デフレーター上昇率を下回ったのは，輸入物価の上昇を十分に国内物価に転嫁できなかったためと考えられる[3]．言い換えれば，投入コストを産出価格に十分に転嫁できず，労働者の所得や企業収益をそれだけ下押しした[4]．弱い景気拡大であったことを別の側面から裏付けるものといえる．

2.2 戦後最大規模の景気後退

第14循環の後退局面は17か月．戦後第4循環以降の平均値である18.2か

---

2) 第12循環の拡張局面は，その最終四半期（1997年4～6月期）に消費税率引き上げ（3％→5％）の影響が含まれており，下落率が小さくなっている点には留意が必要である．引き上げ直前の97年1～3月期までの累積ではGDPデフレーター上昇率はマイナス1.6％である．

3) GDPデフレーター上昇率は，名目GDP成長率－実質GDP成長率と近似できる．さらに，GDPの支出面に注目すると，GDP成長率は，国内需要，輸出，輸入の寄与度の合計であるため，GDPデフレーター上昇率は，国内需要デフレーター，輸出デフレーター，輸入デフレーターの寄与に分解できる．このうち，輸入デフレーターは上昇するとGDPデフレーターを押し下げる方向に働く．

4) GDPの生産面に注目すると，GDP成長率は，産出成長率の寄与度から中間投入成長率の寄与度を差し引いたものに近似できるため．

月を下回り，相対的には短い後退であった．ただ，後退局面の短さは，「第1次石油ショック」（第7循環，16か月），「円高ショック」（第10循環，17か月），「米国発ITバブルの崩壊」（第13循環，14か月）など強い外的ショックを受けた景気後退期に共通の特徴ともいえる．第14循環の後退局面は，2007年秋の山からしばらくは在庫循環に伴う景気後退の様相を呈していたが，08年9月のいわゆる「リーマン・ショック」により経済の落ち込みが加速した[5]．

このように期間は短いものの，経済の落ち込み幅は数量面，価格面ともに戦後最大である．実質GDPの累積成長率はマイナス8.5%（年率換算でマイナス6.8%）．5年強かけて実質的な経済水準を1割ちょっと引き上げた後に，わずか1年強で8%強も水準を下げた．

価格面では過去2回の循環局面とは異なり，GDPデフレーターが累積で0.5%とわずかながら上昇している点が注目される．拡張局面よりも後退局面の物価上昇率（年率換算）が高いという現象は，第13循環でも起きている．

しかし，これは前述した通りGDPデフレーターが，いわゆる物価指数ではなく，価格転嫁の指標という側面が強いことに起因している．世界的な景気後退に伴う資源価格の低下と円高の進行を背景とした輸入デフレーターの下落が，GDPデフレーターを押し上げている．他の物価指数に沿った動きをする国内需要デフレーター上昇率でみると，第14循環の後退局面は年率マイナス0.4%と拡張局面とほぼ同じ．これは，第13循環も同様（拡張局面：マイナス1.2%，後退局面：マイナス1.1%）である．景気拡張，後退のいずれの局面においても持続的な物価下落，デフレというのが90年代以降の景気循環の特徴であった．

2.3 一循環を通した成長率も最低水準に

第14循環の全循環は86か月．第11循環の83か月を上回り，戦後最長となった．しかし，全循環を通じた累積成長率は2.9%と，第13循環（2.7%）を若干上回るにとどまり，年率換算でみるとわずか0.4%に過ぎず，戦後最低であ

---

[5] ショックと景気後退局面の長さに注目すると，「第2次石油ショック」（第9循環，36か月）が例外的にみえる．ただし，景気循環分析の先行研究の中には第9循環は2つの循環に分割できるという見方も存在する．

る．全循環の年率成長率は1970年代～80年代まで（第7循環～第11循環）においては4%前後で推移し，90年代以降（第12, 13循環）はそれぞれ0.8%, 0.9%と4分の1まで落ち込んだ．それが第14循環ではさらに2分の1となり，ほぼゼロ成長となった．当時の新聞報道によれば，2009年1月30日の閣議後の記者会見で当時の経済財政担当大臣であった与謝野馨氏は第14循環の景気拡張局面を「だらだらかげろう景気」と呼ぶことを提案したとされる．一循環の平均成長率がほぼゼロであることは，この景気がかげろう，幻であったという与謝野氏の印象と整合的といえる．

2.4 拡張期，後退期ともに強まる数量面と価格面の相関

第14循環の一循環を通じたGDPデフレーター上昇率は第12循環，第13循環とともにマイナスであった．これは国内需要デフレーターで見ても同様である．なお，第14循環のGDPデフレーターの平均上昇率はマイナス0.9%であり，第13循環のマイナス1.4%に比べると下げ幅は若干縮小した．

浅子他（1991）は，日本の景気循環の特徴として，拡張期には数量面と価格面に正の相関がある一方で，後退期には負の相関があることを指摘し，後退期におけるインフレ率には下方硬直性が認められると指摘している．

確かに，本章の第4～第11循環までのデータを用いて拡張期の相関係数を計算すると0.46，浅子他（1991）がアウトライアーと指摘した第7循環を除けば0.61である．さらに，第4～第14循環までのすべてのデータを用いて計算すると0.75と相関係数が高くなる．サンプル数が少ないという問題はあるものの，日本が成熟経済期に入ったとされる80年代以降の第10～第14循環までの相関は0.88とさらに高い．拡張期における数量面と価格面の相関は近年ほど高まったと考えられる．

第4～第11循環までの後退期のデータで相関係数を算出するとマイナス0.65と，浅子他（1991）の結果と同様に負の相関である．しかし，第7循環を除くと0.06と無相関，第4～第14循環までのデータをすべて用いても0.03と無相関であることに変わりはない．浅子他（1991）と異なる結果ではあるが，後退期の成長率と物価が無相関であるという意味で，下方硬直性があったと解釈することは可能と考えられる．

ただし，拡張期と同様に第10～第14循環までの相関を計算すると0.39とな

る．サンプル数が少ないため統計的な有意性には留意が必要だが，数量面と価格面の正の相関が拡張期で強まる一方，後退期でも無相関から正の相関に変化しつつあることをうかがわせる．後退期の価格の下方硬直性という特徴がなくなりつつある可能性を示している．

3. 経済成長の内訳からみた第14循環の特徴

3.1 外需寄与率の群を抜く高さ

戦後最長かつ最弱となった第14循環の景気拡張局面の内外需の寄与率[6]を計算すると，外需が37.7%，内需が62.3%である．この外需の寄与率は戦後の景気拡張局面で群を抜く高さである．第14循環に次いで外需の寄与率が高いのは第10循環の20.3%，それに第8循環の17.5%が続く．

外需寄与率と拡張期間の散布図を描いた図11-1を見ると，第14循環が過去の景気拡張局面の中で特異であることがわかる．第13循環までは景気拡張期間が長いほど外需寄与率が低い，ないしマイナスという傾向が観察されたためである．第14循環について戦後最長となった「いざなぎ景気」（第6循環）は外需寄与率がマイナス2.5%，期間の長さでそれに続く「バブル景気」（第11循環）はマイナス3.4%とともにマイナスである．一方，外需寄与率のプラス幅が大きい第8循環の拡張期間は22か月，第10循環は28か月と，ともに平均拡張期間を下回っている[7]．

外需の寄与率は「輸出の寄与率－輸入の寄与率」であり，両者に分解して確認すると，第14循環は輸出の寄与率が戦後最大であった．ただ，輸出の寄与率は戦後の景気拡張局面ではほぼ一貫して上昇している（例外は第9循環と第11循環）．第14循環における外需寄与率の高さは，第13循環に比べて輸出寄与率が高まったにもかかわらず，輸入寄与率が低下したことによるところが大

---

6) 内外需の寄与度をそれぞれ成長率で除したもの．循環局面ごとの成長率の大きさが異なる中で，相対的な内外需の貢献を見るために計算している．
7) 外需寄与率のマイナス幅の戦後最大は第7循環（マイナス16.8%）でこの期の景気拡張期間は23か月と短い．これは，浅子・篠原 (2006) などが示すように同期間が「列島改造論」を背景としたバブル経済の下にあったこと，そして，第1次石油ショックという海外経済ショックで拡張期間が終わったことが背景にあると考えられる．

240   第Ⅲ部　日本と世界の景気分析

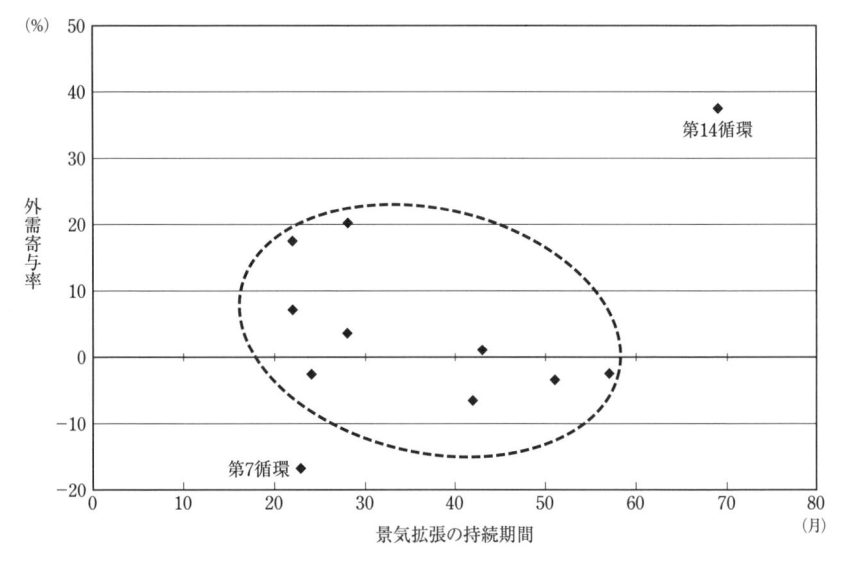

図11-1　景気拡張期間と外需寄与率(実質)の関係

出所：内閣府「国民経済計算」により作成.

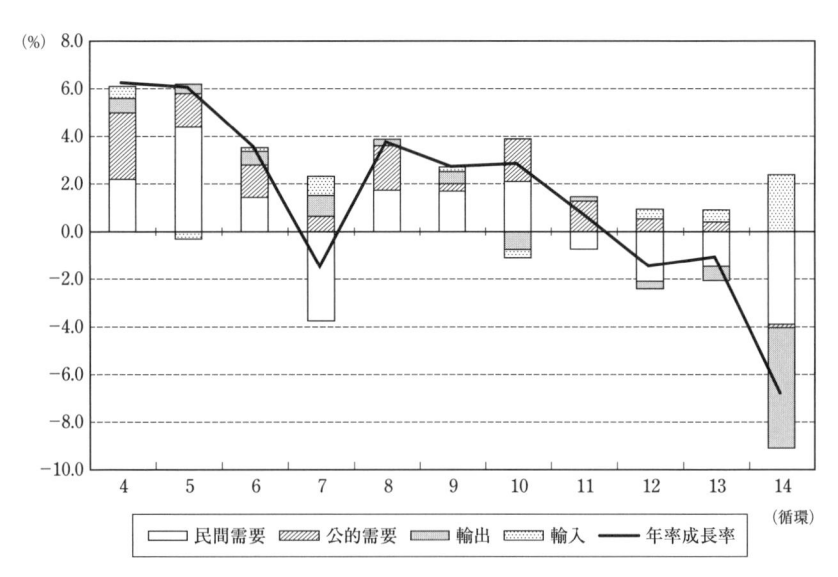

図11-2　景気後退局面の平均成長率の寄与度分解

出所：内閣府「国民経済計算」により作成.

第 11 章　戦後 14 番目の景気循環の特徴　　　　241

きい．つまり，輸出の強さに比べて内需が弱かったことが，群を抜く外需寄与率の高さに結びついたといえる．

　弱い内需の下で戦後最大水準まで輸出の寄与率が上昇した日本経済にとって，「リーマン・ショック」を機に始まった世界同時不況の影響が大きくなるのは当然の成り行きであった．後退局面の平均成長率を，民需，公需，輸出，輸入にわけて寄与度分解すると[8]，第 14 循環では輸出のマイナス寄与が群を抜いている（図 11-2）．第 14 循環の後退局面の平均成長率マイナス 6.8% のうち，輸出の寄与はマイナス 5.1 ポイントである．

　そして，大幅な財政出動で海外経済が急回復し，それを受けて日本の輸出も急増したことで景気後退期間は戦後の平均以下という短期間で終わった．このように，外需寄与率の群を抜く高さが，景気後退局面における戦後最大の経済の落ち込み，そして，その後の経済の急回復を主導したと説明できる．

3.2　労働分配率の低下幅は過去の拡張局面並み

　齊藤（2010）は，第 14 循環の景気拡張局面において人々が豊かさを実感できなかった一因として，個人消費の伸び悩みに注目している．その背景として，「労働者としての家計は，給与が伸び悩んだ．投資家としての家計は，企業収益の分け前にあずかれなかった．消費者としての家計にとって，購買力がひ弱になった円は使い出がなくなった」と家計がトリプルパンチを受けたことを指摘している．確かに，第 14 循環の景気拡張局面では，戦後で初めて名目雇用者報酬増加率がマイナス（年率平均でマイナス 0.3%）となり，雇用所得環境の回復は弱いものにとどまった．

　名目雇用者報酬は，名目 GDP と労働分配率[9]に分解できる．そして，労働分配率が景気拡張局面には低下し，後退局面では上昇するのは，日本のみならず，各国で観察される定型的事実である．第 14 循環の景気拡張局面では景気の谷（2002 年 1～3 月期）の 54.5% から景気の山（2007 年 10～12 月期）の 51.1% まで 3.4 ポイントも労働分配率が低下した（年平均で 0.6 ポイント）．し

---

[8]　拡張局面と異なり，後退局面の成長率は第 7 循環，第 12～第 14 循環はマイナス，それ以外はプラスと符号が異なり寄与率による比較は難しいため，寄与度分解グラフで確認する．

[9]　労働分配率には様々な定義が存在するが，ここでは，名目雇用者報酬÷名目 GDP で算出した．

第Ⅲ部　日本と世界の景気分析

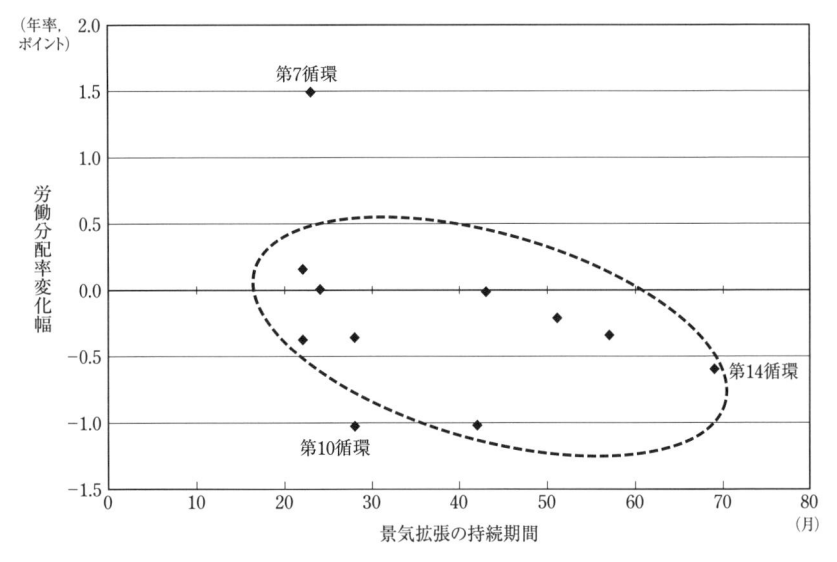

図11-3　景気拡張期間と労働分配率の変化の関係
出所：内閣府「国民経済計算」により作成．

かし，過去の景気拡張局面で，労働分配率下落幅（年平均）が大きいほど景気拡張局面が長いという関係がうかがえることを踏まえると，特別に大きな下落とまではいえない（図11-3）．

むしろ，労働分配率の低下幅と景気拡張局面の長さの関係からみると，第10循環の方が外れ値にみえる．第10循環の景気拡張局面における労働分配率は，年平均で1.0ポイントと第14循環を上回る低下であった．前述した通り，第10循環の外需寄与率は大きいものの第14循環は下回り，景気拡張局面の長さは戦後平均を下回った．

次に，所得の概念を広げて，家計の可処分所得の国民所得[10]比の推移を確認してみよう．現行基準で得られる1980年度以降の年度ベースの推移をみると，家計可処分所得の国民所得比は，2002年度の81.4%から07年度の77.5%と3.9ポイント低下している（年平均で0.8ポイント）．この間，労働分配率は2.3ポイント低下で，家計可処分所得の国民所得比の下落率の方がより大きく

---

10) 可処分所得には，海外からのものも含めて財産所得が含まれ，固定資本減耗が除かれるため，国民所得で基準化して推移を観察している．

第11章 戦後14番目の景気循環の特徴　　243

なっており，「投資家としての家計は，企業収益の分け前にあずかれなかった」可能性はあるかもしれない．実際，企業（非金融法人企業と金融機関の合計）の可処分所得の国民所得比は2002年度から07年度まで2ポイント上昇している．

しかし，家計可処分所得の国民所得比は，内需が力強く拡大したバブル景気の時期に当たる86年度〜90年度の第11循環においても4年間で2.7ポイント（年平均で0.7ポイント）低下している．第14循環との年平均での差はわずかである．

外需寄与率が第14循環に次いで大きい第10循環においては，家計可処分所得の国民所得比は84年度の81.5%から85年度の79.6%へとわずか1年で1.9ポイントも低下している．これに比べれば第14循環の下落率は小さい．

3.3　個人消費よりも設備投資の寄与率の低さが目立つ

外需寄与率が戦後最大であった第14循環の景気拡張局面は，当然ながら内需寄与率は戦後最小である．内需寄与率を民需と公需にわけると，民需寄与率（68.8%）は第8循環（62.9%）に次いで小さく，公需寄与率（マイナス6.5%）は第10循環（マイナス7.8%）に次ぐ，マイナス幅の大きさである．

第14循環の景気拡張局面は，ちょうど小泉純一郎氏が首相であった時期（2001年4月〜2006年9月）に重なる．「小泉構造改革路線」と称される政策の1つは，大幅な公共投資の削減による財政再建の推進であった．しかし，公需寄与率のマイナス幅を見る限り，そのインパクトは，いわゆる「臨調路線」で財政再建が重要な政策目標となっていた第10循環の景気拡張局面を下回る．

一方，過去の景気拡張局面における民需寄与率の内訳の推移をみると，①個人消費の寄与率に低下トレンド，②第10循環を境に設備投資寄与率が上方シフト——という特徴がうかがえる（図11-4）．しかし，さらに細かくみると，第14循環の設備投資寄与率は，上方シフトした第10循環以降で比較すると最低である．成熟経済に移行した80年代以降，民需の成長は設備投資への依存が高まったことは確かだが，直近の回復局面は相対的には設備投資の勢いは弱かったといえる．その一方で，個人消費の寄与率は第13循環よりも高かった．

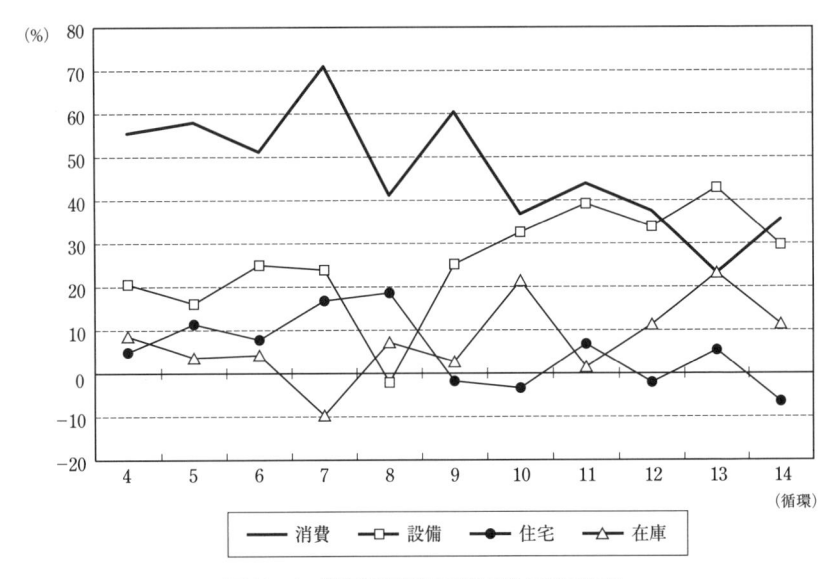

図 11-4　景気拡張局面の民需寄与率の内訳

出所：内閣府「国民経済計算」により作成.

4. 高い輸出の伸びはなぜ国内に波及しなかったのか

4.1　外需寄与率の大きさ自身が幻か

　前節では戦後最長の景気拡大となった第14循環の経済成長の内訳に注目し，過去の景気拡張局面との違いなどを観察した．その結果，大きく異なるのは外需寄与率のみであり，内訳の観察だけでは高い輸出の伸びが内需に波及しなかった理由は判然としなかった．本節では，その理由について様々な角度から検討する．

　まず，有力な説として挙げられているのは，外需寄与率の大きさ自身が幻というものである．実質（数量）ベースで輸出が輸入を大きく上回ったのは確かだが，「安値で海外へ売り，高値で海外から買っている結果，輸出でせっかく稼いだ豊かさも海外に逃げていってしまった」（齊藤2010），つまり交易損失が発生したというわけである．

　確かに，外需寄与率を名目ベースで計算し，図11-1と同様に景気拡張期間

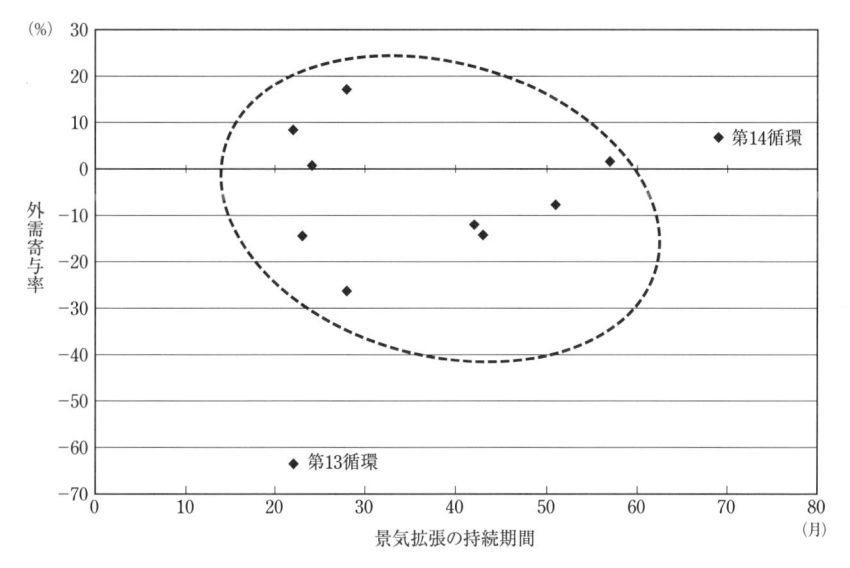

図 11 - 5　景気拡張期間と外需寄与率（名目）の関係
出所：内閣府「国民経済計算」により作成．

との散布図を描くと，第 14 循環の拡張局面が実質ベースほど特異ではないことがわかる（図 11-5）．名目成長率に対する外需寄与から実質成長率に対する外需寄与を差し引くと第 14 循環はマイナス 0.8 ポイント．数量ベースに比べて金額ベースでの外需の稼ぎは少なく，ここに交易損失の影響が含まれる．景気循環の長さで戦後 2 番目の第 6 循環（プラス 0.3 ポイント），3 番目の第 11 循環（プラス 0.1 ポイント），4 番目の第 12 循環（マイナス 0.1 ポイント）に比べて，マイナス幅の大きさが目立つ．逆に，第 14 循環と並ぶマイナス 0.8 ポイントであった，第 9 循環，第 10 循環はともに短命の景気回復であった．

4.2　交易損失の原因は原油高か円安か

交易利得は下記の(1)式で定義される．X は名目輸出，M は名目輸入，P_X は輸出デフレーター，P_M は輸入デフレーター，P は P_X と P_M の平均[11]である．

---

11)　厳密には（名目輸出＋名目輸入）÷（実質輸出＋実質輸入）で定義．

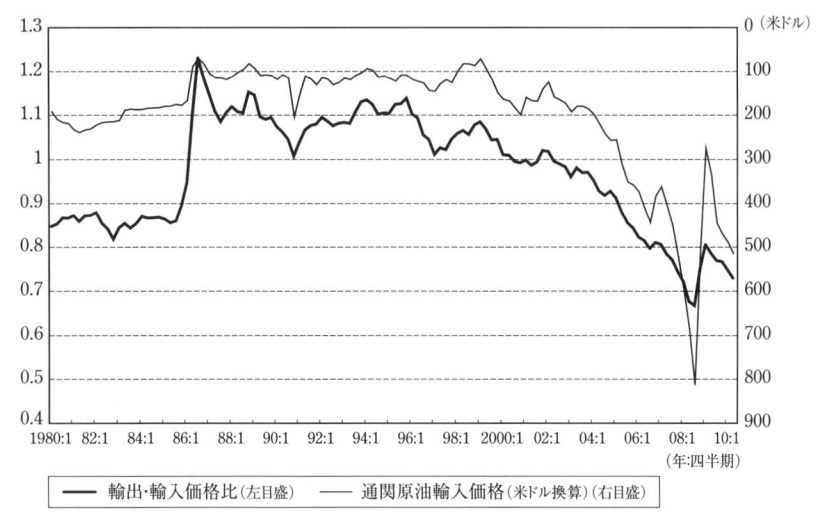

図11-6　輸出・輸入価格比と原油価格の推移

出所：内閣府「国民経済計算」，財務省「外国貿易概況」により作成．

$$交易利得 = \frac{X-M}{P} - \left(\frac{X}{P_X} - \frac{M}{P_M}\right) \quad (1)$$

輸出入の量を所与とすれば，輸出価格と輸入価格の相対関係の変化が交易利得・損失に影響を与える．輸出価格が輸入価格に比べて相対的に上昇すれば，交易利得は増加する．そこで，交易条件の尺度として輸出デフレーターと輸入デフレーターの比（輸出・輸入価格比，P_X/P_M）を取って推移を確認すると，80年代半ばのプラザ合意に伴う急激な円高で急上昇した後は横ばい圏内で推移し，2000年代初頭あたりから低下を始め，06，07年あたりで急低下している（図11-6）．GDP統計上の交易損失も06，07年あたりを境に急拡大している．

齊藤（2010）は交易損失の主因として円安を指摘する．一方，この間に進んだ原油価格の急激な上昇も無視しがたい．図11-6に示した通り，輸出デフレーターと輸入デフレーターの比が急低下した時期とドル建てに換算した通関原油輸入価格の急上昇が重なっているためである．そこで，輸出・輸入価格比を名目実効為替レート[12]（FREXN）とドル建てに換算した通関輸入原油価格

(OIL) で回帰した．十分なサンプル数を得るためにデータ数は 10 年間（40四半期）とし，第 14 循環の景気拡張局面を含む 1998 年 1～3 月期から 2007 年 10～12 月期で推定した結果は(2)式の通り．ドル建て原油価格の上昇は輸出・輸入価格比を押し下げ，名目実効為替レートの上昇（円高）は輸出・輸入価格比を押し上げる．

$$P_X/P_M = 0.604 - 0.175 * \log(OIL) + 0.277 * \log(FREXN)$$
$$(5.8)(-55.2) \qquad (12.5)$$
$$[\text{adjR2}=0.988, \text{D.W.}=1.5,（ ）内は t 値] \qquad (2)$$

この関係を利用して，第 14 循環の拡張期間における輸出・輸入価格比の低下幅 0.27 ポイント（2002 年 1～3 月期：1.02→2007 年 10～12 月期：0.75）を説明すると，原油価格要因が 0.25 ポイント，為替要因が 0.01 ポイント，推計誤差が 0.01 ポイントとなる．第 14 循環の拡張局面の交易損失の拡大は，円安も影響していたものの，ほとんどが原油価格の急騰であったという推定結果である．言い換えれば，原油高という逆風の中，円安による輸出拡大により，戦後最長の景気拡大が達成されたとも考えられよう．

4.3 輸出の構成も影響

名目ベースで外需寄与率を確認し，交易損失を考慮しても，過去の長期拡大局面に比べて外需寄与率が高い，言い換えれば内需への波及が弱いという傾向は依然として観察される．輸出品目の内訳の違いが，内需への波及に影響しているという側面はないだろうか．

内閣府「国民経済計算確報」の「財貨・サービスの供給と需要」データを用いて，1980 年代以降の景気拡張局面における名目財貨・サービスの輸出増の産業別内訳を整理したのが表 11-2 である[13]．第 14 循環は 2002 年～2007 年にかけて財貨・サービスの輸出が 35 兆円増加し，その 5 割強が一般機械，電気

---

12) 実効為替レートは，特定の 2 通貨間の為替レートをみているだけでは捉えられない，相対的な通貨の実力を測るための総合的な指標である．具体的には，対象となる全ての通貨と日本円との間の 2 通貨間為替レートを，貿易額等で計った相対的な重要度でウエート付けして集計・算出される．

13) 暦年単位のデータであるため，景気の山が属する年から谷が属する年を差し引いて算出した．実質ベースの実績値はない．

表11-2 輸出増に占める産業別シェアの変化

	財貨・サービスの輸出増に占めるシェア (%)				
	第10循環	第11循環	第12循環	第13循環	第14循環
農林水産業	0.1	−0.3	0.1	0.9	0.1
鉱業	0.0	0.0	0.1	0.1	0.1
製造業	90.6	84.5	87.0	109.8	82.4
食料品	−0.4	0.1	0.4	−0.3	0.4
繊維	−1.1	0.0	0.6	−1.2	0.2
パルプ・紙	0.5	1.2	0.3	0.5	0.3
化学	3.3	9.8	10.9	4.7	7.3
石油・石炭製品	0.8	−0.1	0.2	1.6	2.9
窯業・土石製品	0.0	0.6	1.5	3.4	1.4
一次金属	1.6	−2.8	6.1	5.8	11.3
金属製品	−1.5	−0.2	0.6	0.8	1.0
一般機械	14.8	19.5	18.0	31.7	14.1
電気機械	33.9	41.0	31.9	69.1	14.8
輸送用機械	34.5	8.0	10.6	2.9	22.5
精密機械	2.6	3.7	2.5	−4.4	1.8
その他の製造業	1.7	3.9	3.5	−4.9	4.5
建設業	na	na	na	na	na
電気・ガス・水道業	0.1	0.1	0.0	0.0	0.0
卸売・小売業	0.4	−2.4	0.8	4.9	1.3
金融・保険業	1.6	−1.3	0.1	2.8	1.7
不動産業	na	na	na	na	na
運輸・通信業	2.8	11.1	0.2	3.4	7.2
サービス業	4.4	8.2	11.7	−21.9	7.3

	第14循環における増加額(単位:10億円)			
	産出額	中間投入	国内総生産	輸出
農林水産業	−790.4	326.8	−1117.2	30.9
鉱業	−270.7	−48.2	−222.4	29.7
製造業	64538.0	56719.9	7818.1	29057.4
食料品	−716.7	526.6	−1243.2	134.7
繊維	−241.4	−85.1	−156.4	64.9
パルプ・紙	354.4	694.9	−340.5	101.1
化学	6560.4	8194.7	−1634.2	2559.9
石油・石炭製品	8974.5	8172.5	802	1014.1
窯業・土石製品	475.3	255.1	220.2	480.7
一次金属	19483.6	17073.8	2409.9	3997.9
金属製品	553.8	1003.6	−449.9	356.2
一般機械	10040.2	6374.7	3665.5	4981.9
電気機械	6816.0	4052.9	2763.1	5231.6
輸送用機械	11349.6	8832.6	2516.9	7929.3
精密機械	694.3	355.3	339.1	634.7
その他の製造業	194.0	1268.4	−1074.4	1570.7
建設業	−927.9	1521.6	−2449.4	0
電気・ガス・水道業	865.2	3984.8	−3119.5	0
卸売・小売業	2722.8	539.2	2183.6	442.4
金融・保険業	2503.5	1668.6	834.9	582.3
不動産業	1918.3	−63.1	1981.4	0
運輸・通信業	2879.0	3250.1	−371.2	2525.7
サービス業	15314.7	5354.3	9960.4	2584
産業計	88752.4	73254.0	15498.3	35252.2

出所:内閣府「国民経済計算」により作成.

機械，輸送機械という日本の輸出製品の代表選手である．しかし，そのシェアは過去の景気拡大局面に比べると低下している．輸送用機械の比率が久しぶりに高まったものの，一般機械，電気機械の比率が急低下したためである．貿易統計では一般機械，電気機械の輸出数量が第 14 循環の景気拡張局面で大きく伸びたことが確認できるため，IT 分野を中心とした価格低下の影響を受けていると考えられる．さらに，輸送用機械，一般機械，電気機械の 3 業種の労働分配率は，日本全体の平均よりも高い（02〜07 年の平均で，日本全体が 52.4%であるのに対し，輸送用機械 53.7%，一般機械 64.7%，電気機械 58.9%）．

一方で，久しぶりにシェアを高めたのが一次金属（鉄鋼など）であり，化学も比率が高めであった．こうした産業は貿易統計から数量ベースでも輸出が伸びたことが確認できるが，原材料である資源価格上昇を背景に，相対的に価格が上昇したことも影響している．そして，一次金属や化学は装置産業であるため，労働分配率は日本全体の平均よりもかなり低い（02〜07 年の平均で，一次金属は 35.7%，化学は 35.4%）．

さらに，第 14 循環の拡張局面における財貨・サービスの輸出の増加幅と国内総生産の増加幅を比較すると，例えば，化学は 2.6 兆円輸出が増えたにもかかわらず，国内総生産は逆に 1.6 兆円も減少している．一次金属は 4 兆円の輸出増に対し，国内総生産は 2.4 兆円増にとどまる．中間投入比率（中間投入÷産出額）をみると，一次金属は 72.1%（2002 年）→79.3%（2007 年），化学は 65.0%（2002 年）→77.3%（2007 年）と上昇し，資源高の影響をうかがえる．

以上のように，実質ではなく名目の輸出増加の内訳に注目すると，過去の景気拡張局面に比べて労働分配率の高い組み立て型産業のウエートが低下し，労働分配率の低い素材産業のウエートが高まった．しかも，素材産業では資源高などの影響で国内総生産の増加は下押しされ，それが雇用者報酬の下押しにもつながっている．このように，品目内訳の違いも輸出増が所得に波及する力を弱めた可能性はあるだろう（表 11-2）．

5. VAR による第 14 循環の景気変動の分析

5.1 データ

　第 14 循環の景気拡張局面は，外需寄与率が群を抜いて高い，言い換えれば輸出拡大が内需に波及する度合いが小さいという特徴を有している．前節までの検討で，その一因は，原油価格の急騰を主因とする交易損失の拡大により，数量（実質）でみるほど第 14 循環の景気拡張局面は貿易で稼げていなかったためということはわかった．一方，労働分配率の低下幅は過去の長期景気拡大局面並みであり，相対的にみた限り賃金上昇が大きく抑制され，それが成長を抑制したという事実は観察できなかった．また，交易損失を考慮に入れ，名目ベースで外需寄与率を確認しても，過去の長期拡大局面に比べて外需寄与率が高いという傾向は観察される．

　さらに，片岡（2010）のように，2006 年 3 月の量的緩和政策の解除，06 年 7 月の政策金利の 0.25％ への引き上げなど一連の引き締め政策が，交易損失の拡大時期と重なり，景気後退につながったとの見方もある．また，第 14 循環も含め，1990 年代の長期停滞の主要因は持続的な物価下落（デフレ）という見方も根強い．

　そこで，以下の 4 変数による VAR 分析を行い，Granger の因果性検定を行うことで，波及経路にどのような変化が起きているかを確認する．

　第 1 は景気の代理変数としての GDP ギャップ率である．内閣府が GDP 速報公表ごとに試算しているものを利用する．第 2 は物価の代理変数としての GDP デフレーター上昇率である．第 3 は実質財貨・サービスの輸出増加率，第 4 は名目実効為替レートの変化率である．

　そのうえで，外生変数（コントロール変数）を加えないケースと加えるケースでそれぞれ推定した．外生変数（コントロール変数）は以下の 3 変数を用いる．第 1 に，金融政策の代理変数として，政策誘導金利（無担保コールレート）からテイラールールに基づく政策金利[14]を差し引いたものを用いる．図

14）　齊藤他（2010）p.351 の「短期名目金利 = 0.04 + 1.5 ×（インフレ率 − 0.02）+ 0.5 × GDP ギャップ率」を使用．インフレ率は，原油価格上昇の影響を除くため，「エネルギー・食品を除く消費者物価上昇率」を使用した．

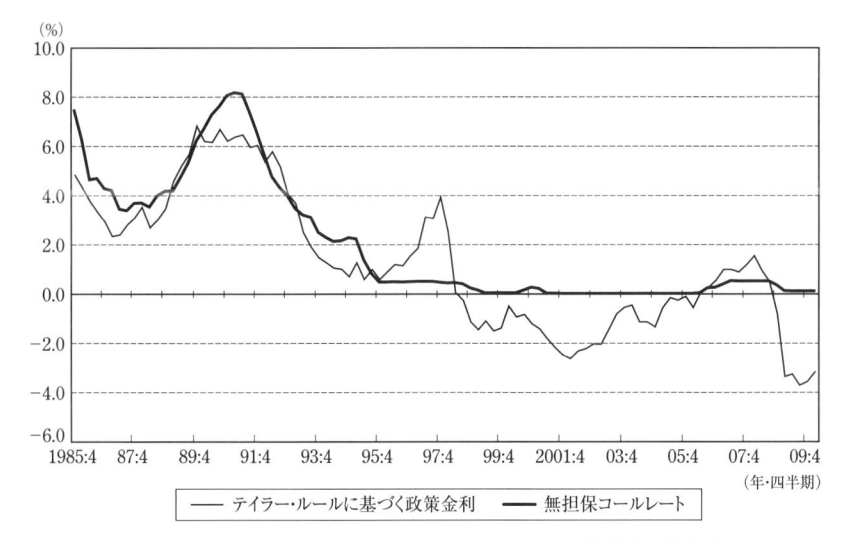

図 11-7 無担保コールレートとテイラールールに基づく政策金利
出所：日本銀行「金融経済月報」，総務省「消費者物価指数」などにより作成．

11-7 に示した通り，第 14 循環の景気拡張局面では，ほぼ一貫して無担保コールレートがテイラールールに基づく政策金利を上回り，金融政策が結果として引き締め傾向となった．VAR 分析では差分を使うことでプラスの時は金融引き締め，マイナスの時は金融緩和がそれぞれ加速することを示す．第 2 に資源価格の代理変数としてドル換算の通関原油輸入価格前期比上昇率，第 3 に財政政策の代理変数として実質公的固定資本形成の前期比増加率を用いる．すべての外生変数は当期を用いる．

5.2 推定期間の設定

内生変数の十分なサンプル数を得るために 10 年間（40 四半期）のデータで分析を行い，サンプル期間は以下の 3 種類とした．③の期間はちょうど，第 13 循環と第 14 循環を合わせた景気循環に当たる．①の期間のみ消費税率引き上げダミー（1997 年 4～6 月期 = 1，それ以外は 0）を外生変数に加えた．

　①第 14 循環の景気拡張局面を含まない期間（1992 年 1～3 月期から 2001 年 10～12 月期）

②第14循環の景気拡張局面を含む期間（1998年1～3月期から2007年10～12月期）

③第14循環の景気拡張および後退局面を含む期間（1999年4～6月期から2009年1～3月期）

ラグ数はシュワルツの情報量基準（SC）で判断して1期としたケース[15]と，多くの先行研究で利用されている4期ラグの両方で推定した．そのうえで，Grangerの因果性検定を行った．

5.3 推定結果

まず，外生変数を用いないケースを確認する（表11-3）．

本章のテーマである実質財貨・サービスの輸出から景気変動の代理変数であるGDPギャップへの因果性は，①～③のいずれの期間，いずれのラグ期間の推定でも有意となった．インパルス応答関数の結果より符号条件はプラスである．第14循環の景気拡張局面のみを含む推計でも，拡張・後退局面ともに含む推計でも，輸出増（減）が景気拡大（後退）に結びつくことが確認できる．

このほか，期間②のラグ4期の推定では，GDPデフレーター上昇率からGDPギャップへの因果性が有意となった．しかし，符号条件はマイナスであり，GDPデフレーター上昇率がプラスになるとGDPギャップ率がマイナスになるという，解釈しがたい結果である．期間③のラグ4期の推定では，名目実効為替レートからGDPギャップ率への因果性が有意となった．符号はマイナスであり，円高（円安）が景気後退（拡大）につながると解釈できる．

一方，GDPギャップ率からGDPデフレーター上昇率への因果性は，符号条件がプラスとなり，景気拡大（後退）が物価上昇（下落）につながるという関係を示しているが，安定的な結果は得られなかった．ラグ1期の推定では，期間①と②では有意だが，期間③では有意にならない．4期ラグ推定では期間①と③では有意だが，期間②では有意にならない．

これは，前節で確認した通り，GDPデフレーター上昇率に外生的なショックである原油価格の変動が影響しているためと考えられる．そこで，次に外生

---

15) 推定期間が短いため，8期以上のラグでは自由度が不足して推定できなかった．

第11章 戦後14番目の景気循環の特徴

表11-3 Grangerの因果性検定の結果（外生変数なし）

(1) ラグ数1期で推定（SC基準で選択）

		推定期間		
		①	②	③
GDPデフレーター上昇率 → 実質輸出成長率 → 名目実効為替レート →	GDP ギャップ率	***（+）	**（+）	***（+）
GDPギャップ率 → 実質輸出成長率 → 名目実効為替レート →	GDP デフレーター 上昇率	***（+） *（+）	*（+）	**（−）
GDPギャップ率 → GDPデフレーター上昇率 → 名目実効為替レート →	実質輸出 成長率			**（−）
GDPギャップ率 → GDPデフレーター上昇率 → 実質輸出成長率 →	名目実効 為替レート		*（−） **（+）	

(2) ラグ数4期で推定

		推定期間		
		①	②	③
GDPデフレーター上昇率 → 実質輸出成長率 → 名目実効為替レート →	GDP ギャップ率	*（+）	**（−） **（+）	***（+） **（−）
GDPギャップ率 → 実質輸出成長率 → 名目実効為替レート →	GDP デフレーター 上昇率	*（+）		*（+）
GDPギャップ率 → GDPデフレーター上昇率 → 名目実効為替レート →	実質輸出 成長率			
GDPギャップ率 → GDPデフレーター上昇率 → 実質輸出成長率 →	名目実効 為替レート		*（−）	**（−） ***（−）

注：***は1%，**は5%，*10%で有意を示す．カッコ内は符号条件．

変数でコントロールした推定結果を確認する（表11-4）．

　今度は輸出からGDPギャップへの因果性は安定的に確認されなくなった．ただし，ラグ1期の推定では期間③で，ラグ4期の推定では期間②で有意となった．符号はプラスであり，本章のテーマである戦後第14番目の景気循環において輸出が景気変動に影響を与えたことは確認できる．

　輸出の代わりに，①〜③のいずれの期間，いずれのラグ期間の推定でも有意となったのは外生変数である金融政策だ．符号はマイナスであり，テイラールールに比べて政策金利が高いとGDPギャップが押し下げられるという関係を

表11-4 Grangerの因果性検定の結果（外生変数あり）

(1) ラグ数1期で推定（SC基準で選択）

				推定期間		
				①	②	③
モデル内の変数	GDPデフレーター上昇率 →					*** (+)
	実質輸出成長率 →	GDP				
	名目実効為替レート →	ギャップ率				
外生変数	通関原油輸入価格 →					
	実質公共投資成長率 →		*** (−)	*** (−)	*** (−)
	金融政策 →					
モデル内の変数	GDPギャップ率 →			*** (+)	* (+)	* (+)
	実質輸出成長率 →	GDP				
	名目実効為替レート →	デフレーター上昇率				
外生変数	通関原油輸入価格 →		** (−)	** (−)	*** (−)
	実質公共投資成長率 →				
	金融政策 →		** (−)		
モデル内の変数	GDPギャップ率 →				
	GDPデフレーター上昇率 →				
	名目実効為替レート →	実質輸出成長率			** (−)
外生変数	通関原油輸入価格 →			* (+)	*** (+)
	実質公共投資成長率 →				
	金融政策 →		** (−)		*** (−)
モデル内の変数	GDPギャップ率 →				
	GDPデフレーター上昇率 →				
	実質輸出成長率 →	名目実効為替レート		* (+)	* (+)
外生変数	通関原油輸入価格 →		** (+)	* (+)	
	実質公共投資成長率 →				
	金融政策 →		** (+)		* (+)

(2) ラグ数4期で推定

				推定期間		
				①	②	③
モデル内の変数	GDPデフレーター上昇率 →				** (+)	
	実質輸出成長率 →	GDP			** (+)	
	名目実効為替レート →	ギャップ率				
外生変数	通関原油輸入価格 →				
	実質公共投資成長率 →				
	金融政策 →		** (−)	*** (−)	*** (−)
モデル内の変数	GDPギャップ率 →					*** (+)
	実質輸出成長率 →	GDP				
	名目実効為替レート →	デフレーター上昇率				
外生変数	通関原油輸入価格 →		* (−)		*** (−)
	実質公共投資成長率 →				
	金融政策 →				
モデル内の変数	GDPギャップ率 →				** (+)
	GDPデフレーター上昇率 →				
	名目実効為替レート →	実質輸出成長率	* (+)		
外生変数	通関原油輸入価格 →				*** (+)
	実質公共投資成長率 →		** (−)		
	金融政策 →		** (−)		*** (−)
モデル内の変数	GDPギャップ率 →				* (−)
	GDPデフレーター上昇率 →				
	実質輸出成長率 →	名目実効為替レート			*** (+)
外生変数	通関原油輸入価格 →			* (+)	
	実質公共投資成長率 →				* (−)
	金融政策 →				

注：***は1%，**は5%，*10%で有意を示す．カッコ内は符号条件．

示唆している．

このほか，ラグ4期推定の期間②ではGDPデフレーター上昇率からGDPギャップへの因果性が有意となった．外生変数なしの推定とは異なり，符号はプラス．物価上昇が景気拡大につながるという関係を示している．

GDPギャップ率からGDPデフレーター上昇率への因果性は，1期ラグ推定ではいずれの期間でも有意となった．符号は外生変数なしの推定結果と同様にプラスである．さらに，通関輸入原油価格の上昇率もいずれの期間でも10%水準で有意であり，符号はマイナスとなった．すなわち，景気拡大はGDPデフレーター上昇率を押し上げるが，原油価格上昇がそれを抑制するという関係が示されている．なお，4期ラグ推定では，GDPギャップ率，原油価格ともに有意となるのは期間③のみであるが，期間③は本章のテーマである戦後第14番目の景気循環の拡大，後退局面がともに含まれる期間である．

以上の推定結果をまとめると，戦後第14番目の景気循環においては輸出の増加が景気拡大を支えたものの，物価・景気動向との見合いでは引き締め傾向となった金融政策が景気に対して抑制的に働いたと解釈できる．また，原油価格の高騰も，資源国ではない日本にとってはGDPデフレーターの下落，名目GDP成長率の低迷を通じて，豊かさを実感しにくい景気につながったといえよう．

6. おわりに

本章では，浅子他（1991），飯塚・浅子（2003）にならい，戦後第14番目の景気循環局面の定型化された事実を整理し，特徴を浮き彫りにした．第14循環の拡張局面は実質GDP成長率に占める外需寄与率が過去の長期景気拡大局面と比べて群を抜いて高いという特徴があるが，同時期に原油価格の急上昇を背景とした交易損失も拡大し，数量（実質）でみるほどは貿易で稼げていたわけではなかった．見方を変えれば，原油高という逆風の下で，世界同時好況を背景とした輸出数量の大幅拡大によって，戦後最長の景気拡大を維持していたといえる．輸出の大幅拡大という数量効果がなくなれば失速するのは当然の成り行きであり，「百年に一度」と称されるような世界同時不況による輸出数量の大幅減が伴えば，先進国の中で最大と評された景気の落ち込みになることも

無理のない話であった.

一方,交易損失を考慮に入れ,名目 GDP 成長率に占める外需寄与率で見ても,第 14 循環のそれは過去の長期景気拡大局面と比べて依然として高く,輸出の内需への波及の弱さが確認できる.VAR 分析によりこの背景を確認したところ,長引くデフレと名目金利がゼロ以下に下がらないという制約の下で金融政策が引き締め方向にあったことで輸出拡大が景気を押し上げる力を減衰された可能性がうかがえた.

本章執筆段階の日本経済は,デフレという病からなかなか抜け出せない中,輸出減速の懸念が高まりつつある.そうした下で,日銀の金融政策について様々な方面から注文がつけられている.いわゆる非伝統的な金融政策がデフレを解消できるかどうか本章の分析では判断できないが,デフレが長引くことで結果として金融政策が引き締め傾向となり,それが景気拡大を抑制している可能性があることは本章の分析結果から確認できる.デフレ解消に向けた施策が政府・日銀の協力で推進されることを望みたい.

最後に,本章は変数間の変動を VAR を用いて分析することで,第 14 循環の景気変動の特徴を捉えることを試みた.しかし,この分析は理論モデルをベースにしていないという面で頑健性はまだ高くない.今後,分析を発展させることで,この景気変動から学ぶべき政策インプリケーションを明確にしていきたい.

謝　辞

本章は,2010 年 9 月に開催された景気循環日付研究会の嵐山コンファレンスでの発表論文に修正を加えたものである.浅子和美氏,宮川努氏,加藤久和氏,山澤成康氏,村瀬英彰氏,平田英明氏をはじめとして研究会参加メンバーの方々から有意義なコメントをいただいた.ここに感謝を表したい.ただし,残された誤りは筆者の責任に負うものである.

参考文献

浅子和美・浅田利春・坂本和典・佐野尚史・司淳・中川和明・中田眞豪・長尾知幸・舟橋雅己・村達男 (1991),「戦後日本の景気循環:定型化された事実」『フィナンシャル・レビュー』第 19 号,pp. 124-183.財務省財務総合政策研究所

浅子和美・篠原総一（2006），『入門・日本経済』第3版，有斐閣．
飯塚信夫・浅子和美（2003），「日本の景気循環——1990年代に何が起きたか」浅子和美・福田慎一編『景気循環と景気予測』pp.13-42，東京大学出版会．
片岡剛士（2010），『日本の「失われた20年」——デフレを超える経済政策に向けて』藤原書店．
齊藤誠（2010），『競争の作法——いかに働き，投資するか』筑摩書房．
齊藤誠・岩本康志・太田聰一・柴田章久（2010），『マクロ経済学』有斐閣．
高橋洋一（2010），『日本経済のウソ』筑摩書房．

第12章

2つの金融危機とわが国の企業破綻

福田慎一・粕谷宗久・赤司健太郎

1. はじめに

　2007年夏以降，それまで好調であった世界経済の景気は急速に悪化した．とりわけ，2008年9月のリーマン・ショック以降，金融危機は世界経済に深刻な打撃を与え，世界同時不況へと発展した．当初は金融危機の影響が軽微だと考えられていた日本経済でも，輸出の急激な落ち込みによって，2008年第4四半期と2009年第1四半期の実質GDP成長率（前期比）は，年率マイナス10％を下回る深刻な不況へと転げ落ちた．これは終戦直後の混乱期を除けば，間違いなく戦後最大の生産の落ち込みであり，日本経済に与えた負の連鎖は計り知れない．以下では，この時期の日本経済の特徴を，企業倒産の予測可能性という観点から，1990年代末の金融危機期と比較しながら考察する．

　図12-1（1）からもわかるように，わが国における倒産企業の負債総額は，バブル崩壊後の90年代を通じてコンスタントに増えつづけ，1990年代末に発生した金融危機の影響で2000年には過去最高の水準をマークした[1]．倒産企業の負債総額は，2000年代前半には景気の回復によってやや減少したが，2007年夏以降，世界同時不況が発生すると再び急増した．特に，図12-1（2）で示されているように，倒産を上場企業（一部・二部・新興市場）の法的処理に限定すると，2007年夏以降かつてない多数の倒産が発生した．ただ，この

1）　件数ベースでは，1980年代がピークであった．ただし，倒産を法的処理に限定すると，件数でも，負債額と同様に，90年代に急増し，90年代末から2000年代初頭にピークを迎えている．

260　第Ⅲ部　日本と世界の景気分析

(1) 全企業（企業倒産負債額の推移）

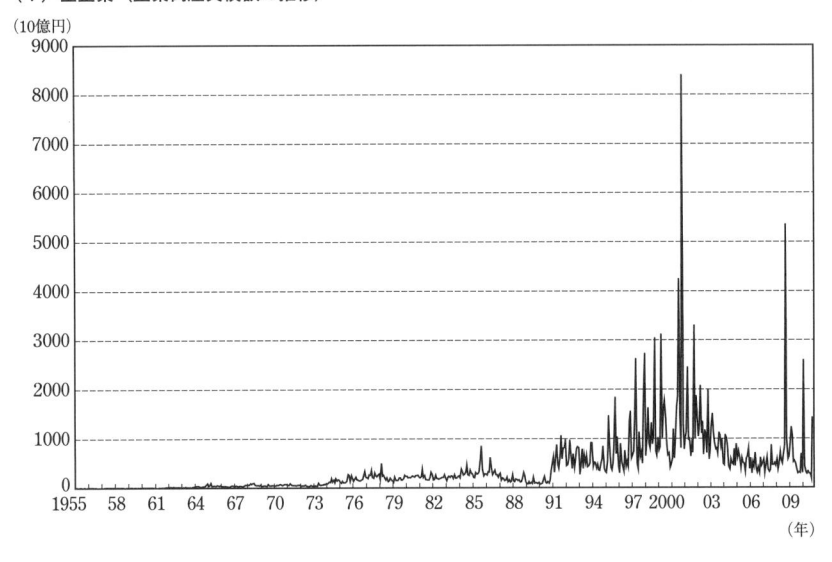

(2) 上場企業（年度別倒産件数）

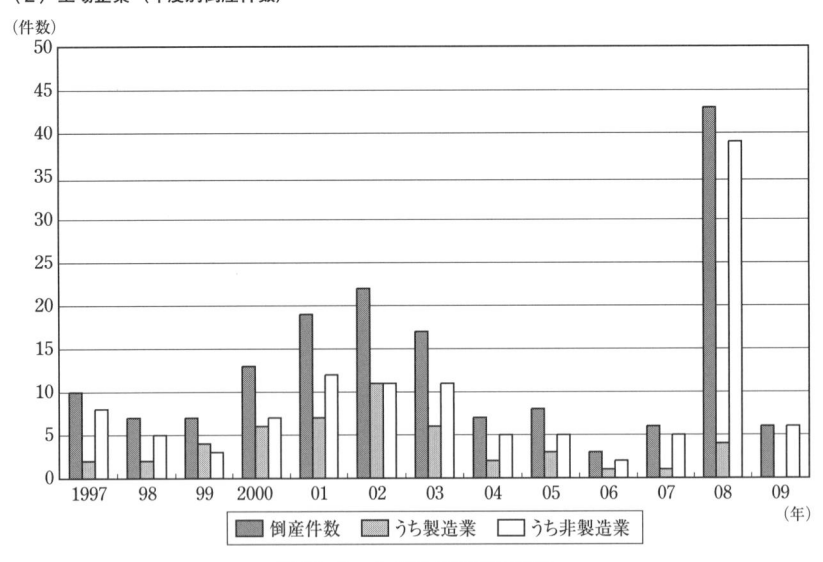

図12-1　わが国の倒産の推移

出所：東京商工リサーチ．

時期の倒産は，建設・不動産を中心とした非製造業が中心で，世界同時不況の影響をより多く受けたはずの製造業では倒産件数は限定的であった．

海外の先行研究では，従来の予測モデルでは 2007 年夏以降の世界同時不況における経済動向をほとんど予測できなかったことが指摘されている（たとえば，Rose and Spiegel（2009））．グリーンスパン前 FRB 議長も，世界同時不況を「百年に一度の金融津波」と呼び，その予測不可能性を強調している．わが国でも，2008 年秋以降の景気の急速な悪化は，当時のエコノミストの平均的な予測よりもはるかに深刻なものであった．

議論をわが国における倒産に限定しても，2007 年夏以降の企業倒産は，2 つの点でパラドキシカルである．第 1 は，建設・不動産業を中心に，直前の決算まで黒字であった企業が倒産した点である．過去の決算で黒字が続いていても今後大きな赤字が続くことが見込まれれば，企業が倒産することは必ずしも不思議なことではない．しかし，従来の企業倒産は赤字決算が数年続いた企業で発生するのが通常で，黒字倒産は稀であった．

『日本経済新聞』2008 年 9 月 12 日朝刊でも，「上場企業，「黒字倒産」相次ぐ不動産など今年 7 社」という見出し記事で，「決算で黒字を計上しながら倒産に追い込まれる上場企業が相次いでいる．2008 年の上場企業の倒産は（2008 年 9 月）11 日時点で 13 社．うち 5 割強にあたる 7 社で直近に発表した本決算の最終損益が黒字だった」と報じている．

第 2 は，製造業を中心に直前の決算で大幅な赤字を記録したにもかかわらず，倒産には至らなかった企業が多かったことである．直前の決算が大幅な赤字でも今後黒字に転換することが見込まれれば，企業が存続することは自然なことである．しかし，直前の決算が黒字であった企業が多数倒産する一方で，直前決算が大幅な赤字であった企業が存続したことは，それ自体興味深い事実であり，その要因を考察することは意義があると考えられる．また，利益に関連する変数は，Altman（1968）の古典的な研究以降，倒産確率を計算するうえで最も有用な変数の 1 つとして用いられてきたものであり，その有用性の低下は従来の予測モデルが 2007 年夏以降の世界同時不況をほとんど予測できなかったとする指摘をサポートするものでもある．

2008 年秋のリーマン・ショック以降，日本経済は未曾有の急激な景気の悪化に見舞われた．とりわけ輸出の急速な落ち込みによって製造業の業績は急速

に悪化し，赤字に転ずる企業も急増した．ただ，貸し手側がこの対外的なショックを一時的なものとし，やがて借り手の利潤は好転するという見通しをもっていれば，赤字企業への貸出の継続は経済的合理性を持つ．また，企業自身が内部留保を十分に蓄積していると，危機下でも倒産リスクはなくなる．この時期，製造業で赤字企業の倒産がほとんどなかったのは，各種の政策的なサポートに加えて，貸し手のそのようなフォワード・ルッキングな視点や内部留保の蓄積が存在したことによる可能性が高い．

図 12-2 は，財務省『法人企業統計季報』から 1980 年代半ば以降のわが国の法人企業（全規模）の経常利益および利益剰余金（当期末純資産）の推移を，全産業，製造業，および非製造業それぞれに関して四半期ベースで示したものである．経常利益は，景気の変動とともにアップダウンする傾向があり，従来からその傾向は製造業で特に顕著であった．しかし，2008 年秋の経済危機以前は，経常利益は製造業でも 2 兆円を割り込むことはごくまれで，最悪期でも 1.8 兆円程度にはとどまっていた．これに対して，2008 年第 4 四半期には，製造業の経常利益は，それまでの 4 兆円超の水準から約 64 億円へと急落し，2009 年第 1 四半期と第 2 四半期は 2 期続けてマクロレベルで赤字となった．とりわけ，2009 年第 1 四半期の赤字は深刻で，1 兆円を超える赤字がマクロレベルで発生した．ただ，製造業の経常利益は，2009 年第 3 四半期には黒字に転じ，2010 年第 1 四半期にはリーマン・ショック以前の水準までほぼ回復した．

一方，内部留保に相当する利益剰余金は，全産業レベルで 1980 年代からトレンド的に上昇を続けてきており，1985 年に 60 兆円程度であったものが，2000 年代初めには 200 兆円を超え，2010 年第 2 四半期には 270 兆円を超えた．この上昇傾向は，世界同時不況が発生する 2007 年末まで，製造業と非製造業のいずれでもほぼ同じように見られた．しかし，2008 年以降，非製造業では上昇トレンドが依然として続いたのに対し，製造業では利益剰余金が大幅に減少した．この時期，製造業では多くの企業が，未曾有の赤字に転落するなかで，利益剰余金などの内部留保を取り崩すことによって倒産の危機を回避した実態が読み取れる．

本章の目的は，以上の問題意識から，世界的金融危機（Global financial crisis）下での日本における上場企業の倒産の原因を，1990 年代末の日本の金融

第12章 2つの金融危機とわが国の企業破綻

(1) 経常利益の推移

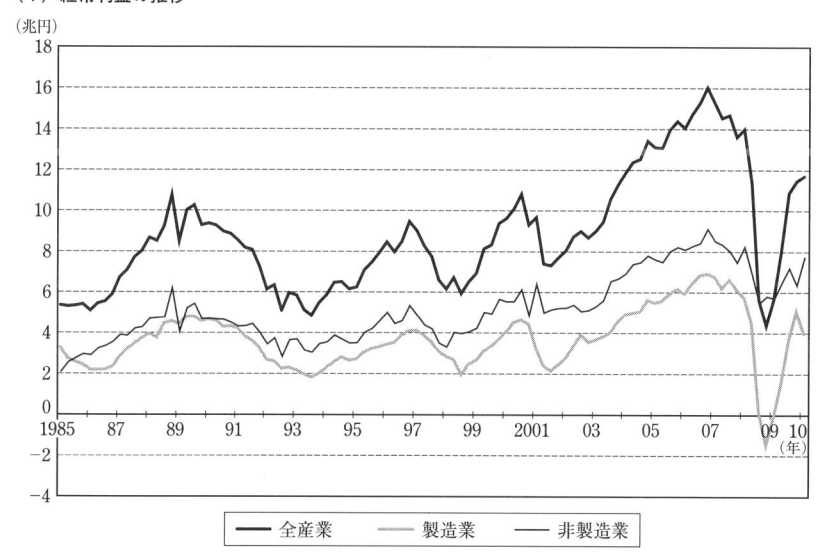

(兆円)

(2) 利益剰余金（当期末純資産）の推移

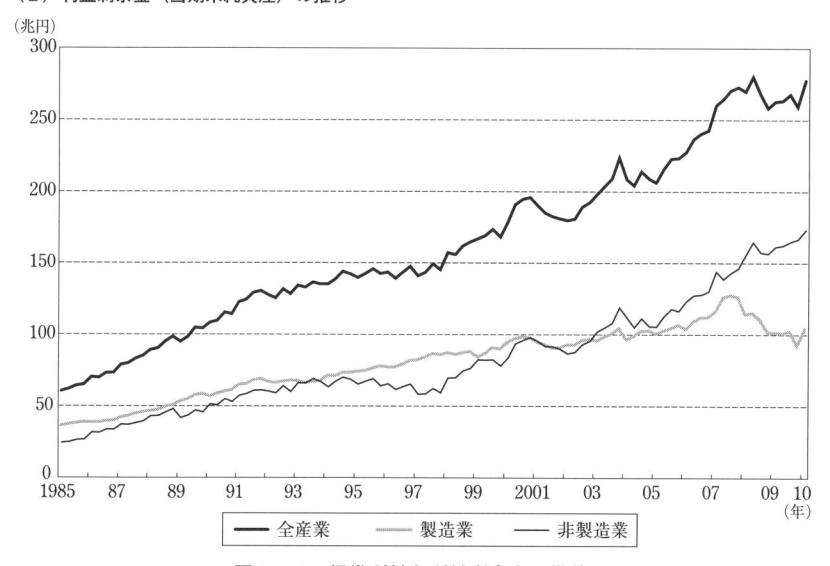

(兆円)

図12-2　経常利益と利益剰余金の推移

出所：財務省『法人統計季報』．

危機（Japanese banking crisis）下のケースと比較しながら考察することにある[2]。分析では，1997 年度決算から 2008 年度決算の財務データやその取引関係から，その 1 年後の個別企業の倒産確率を推計することによって定量的に評価する．この推計期間は，1990 年代末～2000 年代初にかけて発生した日本の金融危機と，2007 年夏以降の世界金融危機という 2 つの金融危機を含んでいる．したがって，2 つの金融危機の際の倒産の決定メカニズムを比較することで，各金融危機においてわが国の企業破綻の決定要因がどのように異なったか（あるいは同じであったか）を考察することができる．また，推計期間では，金融の自由化・国際化や金融再生プログラムなどに伴う様々な制度面の変化も同時に行われている．これら制度面の変化が企業破綻の決定要因にいかなる構造的変化をもたらしたのかを考察することも興味深いテーマである．

　以下では，上場企業の倒産確率をロジット・モデルから推計する．これまでの研究でも，ロジット・モデルやプロビット・モデルを使った倒産確率の推計は幅広く行われてきた[3]．しかし，2007 年末以降の世界同時不況の影響を考察した分析は，非常に限られている．ロジット・モデルの説明変数として用いた個別企業の財務データは，債務残高，営業利益，支払利息，特別利益・損失，内部留保といった各種の変数である．以下の分析では，これら財務変数に加えて，メインバンクの不良債権比率をロジット・モデルの説明変数として用いた．これまでの研究でも，1990 年代の日本の金融危機の際には，取引先銀行の健全性が日本企業のパフォーマンスに大きな影響を与えたことは，福田・粕谷・赤司（2006），福田・粕谷・中原（2004），Fukuda, Kasuya, and Akashi（2009）らによって明らかにされている[4]．本章は，倒産確率の推計を通じて，貸し手の健全性が 2 つの金融危機でどのように異なる影響を持ったかも比較検討する．

　本章の分析から，倒産確率の推計では，以下のようなことが確認された．ま

---

2) 1990 年代～2000 年代初頭の日本の金融危機を広角的に議論した文献は，櫻川（2002），小川（2003），翁（2010）など数多い．

3) 企業の個票データを使った研究例は，海外では Lennox（1999），Shumway（2001）や Hillegeist, Keating, Cram, and Lundstedt（2004）などがある．日本国内でも，別途紹介する筆者たちの研究以外に，小田・村永（1996），大村・楠美・水上・塩見（2002），橘木・斉藤（2004）など多数存在している．

4) その他の関連研究については，福田（2003）の第 6 章および第 7 章を参照のこと．

ず，金融危機であるかどうかに関わらず，債務残高が増加した場合に倒産確率が増加する傾向がみられた一方，超低金利や利子減免の存在等を反映して支払利息の大小は倒産確率に影響を与えなかった．また，世界的金融危機を含む最終期を除くと，利潤の低下が倒産確率を高める傾向にあるという先行研究の結果が支持された．しかし，世界的金融危機を含む最終期では，営業利益が倒産確率に与える影響は有意ではなくなった．この時期，黒字倒産率の増加と赤字倒産率の減少が発生したことで，従来は倒産予測に有効であった前期決算の利益が倒産予測には役立たなくなっていたことを示唆するものである．また，日本の金融危機下で倒産確率に対して有意な影響を及ぼしていたメインバンクの健全性や特別損失・特別利益といった財務変数は，世界的金融危機の下では有意な影響が観察されなかった．ただ，内部留保が多いかどうかは，平常時には企業の倒産確率には大きな影響を与えなかったが，金融危機下では倒産確率を下落させる傾向が見られ，その傾向は世界同時不況下での日本経済でより有意であった．

以上の結果は，世界同時不況下での日本経済では，1990年代末の金融危機時のような「貸し渋り」による倒産は顕在化しなかった一方，利益率など企業パフォーマンスを表す代表的な財務指標の情報価値が大幅に低下したことを示唆するものである．その一方，内部留保の大小は，流動性不足が深刻化した世界同時不況下で，倒産リスクを減らす上で有益であった．ただ，利益率の影響は，不動産や機械など特定の産業の特定期の特殊事情もあり，その解釈は必ずしも金融危機に帰着できるとは言えない．

本章の構成は，以下の通りである．はじめに，第2節で2つの金融危機の影響を概観し，第3節で黒字倒産と赤字倒産の現状をそれぞれ説明する．次に，第4節で倒産確率を算出するために必要となるロジット・モデルを定式化したのち，第5節ではその基本統計量を提示する．第6節でロジット・モデルを使って倒産確率を推計した後，第7節で推計結果の解釈を行う．第8節では本章の分析での結論を述べる．

2. 2つの金融危機の影響——マクロレベルの概観

本章の目的は，日本における上場企業の倒産の原因を，財務データやその取

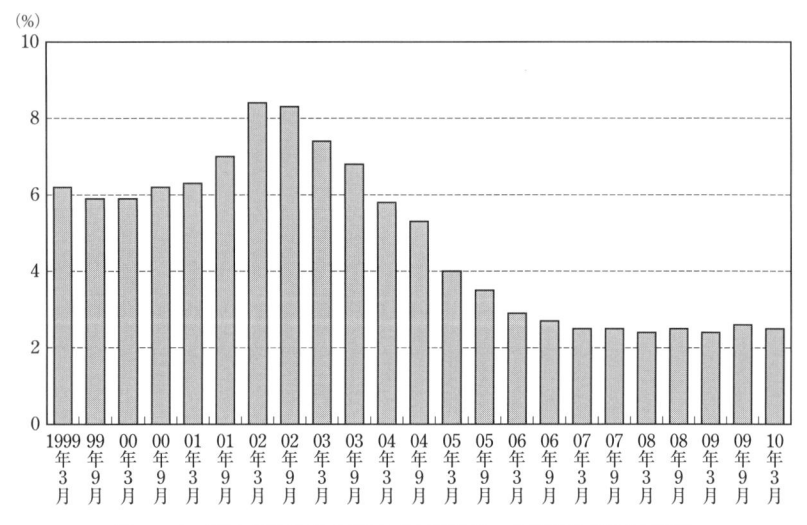

図12-3 不良債権比率の推移（全国銀行・金融再生法開示債権）

出所：金融庁.

引関係から個別企業の倒産確率を推計することによって定量的に評価することにある．推計期間は，1990年代末から2000年代初頭にかけて発生した日本の金融危機と，2007年夏以降の世界的金融危機という2つの金融危機を含んでいる．したがって，2つの金融危機の際の倒産の決定メカニズムを比較することで，異なるタイプの金融危機がわが国の企業破綻にいかなる影響を及ぼしたかを考察することができる．また，推計期間では，金融の自由化・国際化，金融再生プログラム，時価会計の導入などに伴うさまざまな制度面の変化も同時に行われている．これら制度面の変化が企業破綻の決定要因にいかなる構造的変化をもたらしたのかを考察することも興味深いテーマである．

　2つの金融危機を比較した場合，実体経済が悪化したスピードは世界的金融危機下の方がはるかに深刻であった．しかし，金融面での直接的なダメージは日本の金融危機下の方がはるかに深刻であった．図12-3は，1990年代末から2000年代にかけての不良債権比率の推移をグラフに示したものである．1990年代末から2000年代初頭にかけて大幅に増加したわが国の不良債権比率は，2002年3月期には8%を超えた．しかし，不良債権比率は，2002年3月期を境に減少に転じ，2006年には主要行では2%未満，全国銀行でも3%未満へと

低下した．この傾向は，世界的な金融危機が顕在化した2008年になっても大きく反転することはなかった．

日本の金融危機期には，中小企業向け貸し出しを中心に「貸し渋り」が観察されただけでなく，大手・準大手の建設・不動産業向け融資などで「追い貸し」が観察されたことはよく知られている．これは，不良債権比率の増加や自己資本比率の低下が足かせとなって，わが国の金融機関の貸出行動を大きくゆがめた結果といえる．しかし，世界的金融危機下では，「貸し渋り」や「追い貸し」といった現象はわが国ではそれほど顕在しなかったという指摘は一般的である[5]．これは，前回の金融危機の教訓から危機対応の制度設計が以前に比して整ったことに加えて，世界的金融危機下では，一部を例外として，日本の金融機関の健全性は大きく損なわれることはなかった結果といえる．

実際，世界的な金融危機の際には，従来は「追い貸し」が発生していると考えられていた建設・不動産業で逆に黒字倒産が顕在化した．当時，サブプライム問題に端を発した不動産市況の急激な悪化や改正建築基準法の影響による住宅着工の遅れなどから，これらの産業では業況が急速に悪化していた．これが経済全体の景気の急激な悪化とも相まって，直前の決算で黒字であっても今後の回復が見込まれないとして融資がストップされたものと考えられる．ただし，世界的金融危機下では，製造業で大幅な赤字に陥った場合でも企業倒産は非常に少なかった．金融機関は，一時的な赤字幅が大きくても，製造業に対しては融資を継続したと考えられる．

3. 黒字倒産と赤字倒産の頻度

以下の分析で対象とするのは，地方や店頭市場を含む上場企業である．ただし，銀行および保険業については，日本政策投資銀行・企業財務データバンクに記載がないので含まれていない．表12-1は，この分析対象企業に関して，1997年度から2009年度について，前年度決算で利益が黒字であった企業の倒産比率（黒字倒産率）と前年度決算で利益が赤字であった企業の倒産比率（赤

---

5) たとえば，日本銀行の金融システムレポート（2010年3月号）では，「わが国の金融システムは，局面に応じて銀行貸出が金融資本市場の機能も一部補完しながら，全体として概ね円滑な金融仲介機能を維持してきたといえる」と述べている．

表12-1 黒字倒産率と赤字倒産率

黒字倒産率 (%)

	製造	建設	卸売小売	不動産	運輸	サービス
1997〜1998	0.07	0.98	0.09	0.00	0.37	0.00
1999〜2001	0.05	1.00	0.06	0.00	0.00	0.00
2002〜2004	0.05	1.09	0.33	0.00	0.00	0.00
2005〜2007	0.04	0.20	0.00	0.00	0.00	0.16
2008	0.29	4.29	0.31	8.19	0.00	0.00
2009	0.00	0.00	0.19	0.90	0.77	0.00

赤字倒産率 (%)

	製造	建設	卸売小売	不動産	運輸	サービス
1997〜1998	1.17	1.85	1.69	3.23	0.00	3.64
1999〜2001	0.96	1.37	2.29	3.85	1.12	0.53
2002〜2004	1.18	2.69	1.43	6.25	0.00	1.32
2005〜2007	0.65	2.74	0.28	0.00	0.00	0.35
2008	0.40	12.77	1.34	28.57	0.00	2.45
2009	0.00	0.00	0.45	1.59	0.00	0.00

出所：日本政策投資銀行「企業財務データバンク」および東京商工リサーチ「倒産月報」より作成．

字倒産率）をそれぞれ表にまとめたものである．表では，利益として税引き前最終利益を用いたケースに関して，黒字倒産率と赤字倒産率を，製造，建設，卸売小売，不動産，運輸，サービスの6産業に関して示している[6]．

わが国では上場企業の倒産確率は非常に低いため，運輸業など産業によっては赤字倒産率がゼロとなる年も少なくなかった．しかし，全体としてみると，ほとんどの年で，黒字倒産率に比べて赤字倒産率がはるかに高いことが読み取れる．赤字倒産率の大きさでは，建設と不動産が他産業よりも高めであるが，他産業でも比較的大きな値をとる年は少なくない．ただし，世界的金融危機の影響で前年度多くの日本企業が大幅に赤字に転じた2009年度では，総じて赤字倒産率は低くなっている．特に，輸出の急速な落ち込みで業績が急速に悪化した製造業では赤字倒産率はゼロであった．これは，製造業の赤字倒産率が比較的高かった1997〜98年，すなわち日本の金融危機のときとは対照的である．

一方，黒字倒産率は，建設業では通期でプラスになる年がしばしばあったが，それ以外の産業では2007年までは非常に小さかった．特に，建設業以外では2007年までゼロあるいはほぼゼロであるケースが大半であった．前期の決算が黒字の企業が，1年もたたないうちに法的処理されるケースはわが国で

---

6) 営業利益および経常利益を用いたケースについては，福田・粕谷・赤司（2010）を参照のこと．

はきわめて稀であったといえる．しかし，2008年には建設と不動産における黒字倒産率が突出して高くなっている．当時サブプライム問題に端を発した不動産市況の急激な悪化や改正建築基準法の影響による住宅着工の遅れなどから，これらの産業では業況が急速に悪化した．これが，その後の世界同時不況も相まって，直前の決算では黒字であった企業を倒産に追い込んだといえる．

4. 倒産確率の推計

(1) ロジット・モデル

企業の倒産確率を推計する方法はいくつか提案されているが，以下ではそのなかでも代表的な手法としてロジット・モデル（logit-model）を用いる．分析では，当該企業に対して法的整理が行われたか否かで被説明変数が1と0の値をとるロジット・モデルを推計した．ここで法的整理とは，会社更生法や民事再生法を申請した場合の「再生型の法的整理」と清算や会社整理が行われた場合の「清算型の法的整理」の両方を指し，いずれが行われた場合でも同じように「倒産（デフォルト）」と考えた[7]．

以下の分析で対象とするのは，わが国の上場企業（一部・二部上場企業に加え，地方や店頭市場を含む）である．ただし，銀行及び保険業については，日本政策投資銀行・企業財務データバンクに記載がないので含まれていない．また，説明変数に用いた財務変数のうち，支払利息が売上高を上回る期や売上高がゼロとなっている期のデータは，サンプルからはずした．分析では，1997～2009年度の各年度中に倒産が発生する確率を，その前年度（決算期）の財務データと前年度（調査時）の取引先情報を使ってロジット・モデルで推計する．ただし，倒産や新規上場により通期でデータが利用可能でない企業があるため，データは非バランス・パネル・データである．各財務データは決算データによるが，データが年2回入手可能な場合には企業財務データバンクの方式に従った正規化（合併）を行った．その結果，分析の対象となった企業総数は

---

7) 厳密にいえば，再生型の法的整理と清算型の法的整理ではデフォルトの意味は異なるので，両者を区別した多変量ロジット・モデルを行うことも考えられる．しかし，サンプル期間中，上場企業の清算型の法的整理は極めて稀で，多変量ロジット・モデルを行うには清算型の法的整理が極端に少ないため，以下では両者の区別は行わなかった．

4542社であり,そのうちの169社が1997～2009年度の期間中に倒産した.

構造変化を考慮するため,倒産のサンプル期間は,前期1997～1999年度,中期2000～2004年度,後期2005～2007年度,最終期2008～2009年度という4つのサブ・サンプル期間に分けて計測を行った.サブ・サンプル期間のうち,前期が日本の金融危機を,最終期が世界的金融危機を含む期間である.

ロジット・モデルの説明変数として用いた個別企業の財務変数は,先行研究に従って,長短債務残高,営業利益,支払利息,特別利益・損失,内部留保とした.以下の分析では,これら財務変数に加えて,メインバンクの不良債権比率および取引銀行数をロジット・モデルの説明変数として用いた.データは,非バランス・パネル・データであり,企業数に比べて時系列の数が限られているという特徴をもつ.推計は,これらの変数に定数項なしでタイムダミー,および6つの産業ダミー(製造業,建設業,運輸・通信業,不動産業,卸売小売業,農業)を加えて行った.

より一般的には,個別効果などの固定効果を考慮した推計が望ましいかもしれない.しかし,われわれの非線形パネルモデルでは,標準的な固定効果推定で incidental parameters problem が発生する可能性がある (Greene 2003, p. 899).また,われわれの行っている倒産分析は,データが0と1の間を独立的に推移する binary モデルではないため,Chamberlain の方法の適用ができない.したがって,以下の分析では,定数項ダミーは6つの産業ダミーにとどめた.

(2) 財務変数の選択

ロジット・モデルのスコアを計算する際の財務変数については,総資産や売上高で正規化して,(i)「短期借入/総資産」,(ii)「長期借入/総資産」,(iii)「営業利益/総資産」,(iv)「特別利益/総資産」,(v)「特別損失/総資産」,(vi)「支払利息/売上高」,(vii)「内部留保/総資産」の対数値,の7変数を採用した[8].これらの変数は,福田・粕谷・中原(2004)が,先行研究の結果を参考にしながら上場企業の財務データを使っていくつかの予備的推計を

---

[8] 以下では,内部留保を表す変数として利益剰余金(当期末純資産)を用いた.内部留保として利益剰余金と任意積立金の合計を用いた推計結果については,福田・粕谷・赤司(2010)を参照のこと.

行った結果，比較的推計値が安定していると考えた変数である．同時性の問題を回避するため，ロジット・モデルのスコアを計算する際，財務変数はいずれも1期ラグをとったものを用いた．

7つの説明変数のうち，（ⅰ）と（ⅱ）は，短期借入金残高および長期借入金残高をそれぞれ総資産で除したものであり，実質的な債務残高の増加が倒産確率を高める効果を定式化したものである．ただ，資金回収が容易になされやすいという面で，短期借入金は長期借入金よりも，倒産確率を高める傾向がある可能性がある．（ⅵ）の「支払利息／売上高」は，支払利息を売上高で除しており，支払利息の増加が倒産確率を高める効果を定式化したものである．（ⅰ）と同様に，実質的な利払い負担が増加した場合，この項によって倒産確率が増加すると予想される．

（ⅲ），（ⅳ），および（ⅴ）は，利潤の低下が倒産確率を高める効果を定式化したものであり，いずれも総資産で正規化したものである．ただし，異なる利潤低下の影響を分けて考えたのは，同じ損失でも，本業の損失をあらわす営業損失と各年の特殊事情によって発生する特別利益・特別損失では，その倒産確率に与える効果は異なると考えられるからである．特別利益及び特別損失は，わが国の会計制度に特有の利益の概念で，取得原価主義のもとではしばしば特定の年度に大きな益出しや損失の計上が裁量的に行われることも少なくなかった．ただ，わが国でも時価会計への移行によって，そのような裁量性の余地は次第に少なくなっていると考えられる．

（3）取引先銀行の情報

説明変数に用いる（ⅰ）〜（ⅶ）の財務変数は，いずれも企業側の要因によって発生する倒産の可能性を考慮したものである．しかしながら，上場企業の倒産は，企業側の要因のみならず，貸し手である取引先金融機関側の要因からも影響を受けていると考えられる．そこで，ロジット・モデルの推計では，取引先銀行の健全性や取引先銀行数に関する指標を説明変数として加えた．具体的には，都市銀行，長期信用銀行，信託銀行，第一・第二地方銀行のいずれかをメインバンクとする企業に関しては，「メインバンクの不良債権比率（対数値）」を説明変数に加えた．また，主な取引先銀行の数も，「取引銀行数」として説明変数に加えた．なお，財務変数同様に，同時性の問題を回避するため，

いずれも1期ラグをとったものを説明変数として用いている．

各上場企業の取引先銀行に関する情報は，すべて「東京商工リサーチ」の『CD Eyes』各号から収集した．本章では，『CD Eyes』各号に掲載された取引先銀行のうち，最初に記載された取引先銀行を各年度における「メインバンク」と定義した．ただし，メインバンクが公的金融機関あるいは信金信組外銀の場合には，不良債権比率ではなく，それぞれ「メインバンク公的銀行ダミー」と「メインバンク信金信組外銀ダミー」を加えた．また，「東京商工リサーチ」の『CD Eyes』に取引先銀行が記載されていない企業やメインバンクの不良債権比率が入手できない企業も数社あった．これらの企業には「取引銀行不明ダミー」や「不良債権比率不明ダミー」を加えて推計を行った．

5. 基本統計量

表12-2は，対象とした上場企業全体を，次期に倒産しなかった企業と倒産した企業という2つのグループに分類し，各財務変数および取引先銀行情報のサンプル属性を示したものである．サンプル属性は，それぞれ前期1997～1999年度，中期2000～2004年度，後期2005～2007年度，最終期2008～2009年度の4つのサブ・サンプル期間に関して示されている．

各財務変数の標準偏差は大きく，同じグループ内でも大きなばらつきがあることを示している．しかし，倒産直前企業とそれ以外の企業を比較した場合，多くの財務変数の平均値には大きな差異があり，これら財務変数の健全性の差異が，次期の倒産の原因となった可能性を示唆している．

財務変数の平均値の比較から読み取れる一般的特徴は，「短期借入／総資産」，「長期借入／総資産」，及び「特別損失／総資産」が次期存続企業より倒産直前企業で常に大きい一方，「営業利益／総資産」は次期存続企業が倒産直前企業より常に大きいことである．特に，「短期借入／総資産」の平均は，いずれの期でも，倒産直前企業がそれ以外の企業よりもはるかに大きい．また，最終期を除いて，「営業利益／総資産」の平均は，次期存続企業でプラス，倒産直前企業でマイナスとなる一方，「支払利息／売上高」の平均は，次期存続企業より倒産直前企業で大きな値をとっている．これらの特徴は，従来の倒産予測モデルで指摘されてきた結果がわれわれのデータのサンプル属性でもほぼ

表 12-2 基本統計量

		次期も存続		倒産1期前	
		平均	標準偏差	平均	標準偏差
前期	短期借入／総資産	11.24	13.23	35.86	19.87
	長期借入／総資産	7.16	9.69	12.10	10.08
	営業利益／総資産	3.82	5.29	−0.41	3.20
	特別利益／総資産	0.71	3.55	0.52	0.80
	特別損失／総資産	1.65	5.51	4.12	8.38
	支払利息／売上高	0.92	1.52	2.71	2.26
	log（不良債権比率%）	1.43	0.63	1.90	0.74
	取引銀行数	7.39	2.17	8.46	2.15
	内部留保／総資産	1.15	0.86	0.58	0.75
中期	短期借入／総資産	9.91	13.34	41.95	36.92
	長期借入／総資産	7.46	9.98	15.48	25.73
	営業利益／総資産	4.22	6.89	−2.16	8.20
	特別利益／総資産	1.15	9.10	1.46	2.45
	特別損失／総資産	3.14	9.54	39.03	142.14
	支払利息／売上高	0.73	2.00	2.29	1.95
	log（不良債権比率%）	1.63	0.69	1.82	0.60
	取引銀行数	6.33	2.34	7.42	2.43
	内部留保／総資産	1.11	0.98	0.92	1.74
後期	短期借入／総資産	7.06	10.09	33.03	20.33
	長期借入／総資産	7.16	9.85	10.76	15.02
	営業利益／総資産	5.30	7.44	−0.76	8.07
	特別利益／総資産	1.08	7.46	1.15	2.05
	特別損失／総資産	2.49	12.76	7.33	11.23
	支払利息／売上高	1.61	89.95	6.92	15.16
	log（不良債権比率%）	0.72	0.52	0.80	0.50
	取引銀行数	5.35	2.24	6.50	2.57
	内部留保／総資産	0.83	0.93	0.42	0.66
最終期	短期借入／総資産	7.85	11.59	21.25	14.30
	長期借入／総資産	7.56	10.30	12.15	10.80
	営業利益／総資産	3.44	13.27	1.22	9.34
	特別利益／総資産	0.92	3.89	1.30	3.27
	特別損失／総資産	5.10	77.71	10.10	27.70
	支払利息／売上高	2.95	125.56	2.36	3.30
	log（不良債権比率%）	0.56	0.40	0.60	0.37
	取引銀行数	5.22	2.25	6.92	2.27
	内部留保／総資産	0.81	1.00	0.33	1.00

注：1）前期 1997～1999，中期 2000～2004，後期 2005～2007，最終期 2008～2009 の倒産年度．
　　2）log（不良債権比率%）と取引銀行数を除き，比率は%表示．

当てはまっていることを示している．

ただし，世界的金融危機が発生した最終期では，「営業利益／総資産」が，平均では依然として次期存続企業の方が倒産直前企業よりも大きいものの，その差は縮小し，かつ平均値は倒産直前企業でもプラスとなっている．また，「支払利息／売上高」の平均は，最終期では逆に次期存続企業が倒産直前企業よりわずかながら大きくなっている．世界同時不況の下で，営業利益がプラスの企業でもしばしば倒産が発生した一方，信用リスクが高く利払いが大きい場合でも倒産しない企業が多かった状況を反映した結果と考えられる．

一方，取引先銀行の情報については，標準偏差はそれほど大きくなく，同じグループ内でばらつきは小さい．また，「メインバンクの不良債権比率」および「取引先銀行数」は，いずれも平均でみると，次期存続企業より倒産直前企業で常に大きい．ただし，貸し手の不良債権比率は，日本の金融危機が発生した前期では倒産直前企業がそれ以外の企業よりもかなり高かったのに対して，後期と最終期ではいずれのグループでも大幅に減少し，グループ間の差も小さくなっている．2000年代半ば以降，世界的金融危機期も含めて，わが国における貸し手の不良債権問題は顕在化せず，以前のように借り手のパフォーマンスに影響を与えることもなくなっていたことを示すものといえる．

6. 推計結果

(1) 4つのサブ・サンプル期間に分けた推計

サンプル期間を前期，中期，後期，最終期という4つのサブ・サンプル期間に分けて推計した結果が，表12-3にまとめられている．まず，「短期借入／総資産」と「長期借入／総資産」はいずれの期でも安定してプラスの符号をとっている．金融危機であるかどうかに関わらず，債務残高が増加した場合，倒産確率が増加する傾向にあったことがわかる．短期借入金と長期借入金の影響の大きさを比較した場合，日本の金融危機期に対応する前期において，長期借入金残高の効果がやや大きい．当時，過剰債務問題が倒産確率を高めた可能性を示唆するものである．しかし，それ以外の時期では，世界的金融危機期に対応する最終期を含め，短期借入金が長期借入金よりも倒産確率を高める傾向が観察され，長期借入金は後期2005～2007年では有意ではなかった．資金回収が

なされやすいという流動性の面で，短期借入がより倒産リスクを高めていたといえる．

これに対して，「支払利息／売上高」は，前期と中期がプラス，後期と最終期がマイナスの符号をとるものの，いずれの期も統計的に有意ではない．われわれの推計期間は，ゼロ金利政策や量的緩和政策が採用された超金融緩和期であっただけでなく，本来はリスク・プレミアムが高い中堅以下の企業に対して公的な信用保証が手厚くなされた結果，新興市場でも貸出金利が非常に低い水準にとどまってきた時期でもあった．また，不良債権処理の過程で利払いの繰り延べや減免も行われており，これらの効果が相まって，通常観察される「支払利息の増加が倒産確率を高める効果」は検出されなかったと考えられる．

「特別利益／総資産」と「特別損失／総資産」は，推計値がしばしば有意であったが，通期で結果が安定していない．たとえば，「特別損失／総資産」は，最終期を除き，有意であったが，符号は前期と後期がマイナスなのに対して，中期はプラスであった．逆に，「特別利益／総資産」は，最終期を除き，符号はマイナスであったが，統計的に有意であったのは中期だけであった．わが国では1990年代末から2000年代前半にかけての不良債権処理の過程で，借り手企業の大規模なリストラクチャリングが行われ，その際，それらの企業で大規模な特別利益や特別損失が計上された．中期の推計結果にはその影響が表れたといえる．しかし，不良債権問題が一段落した2000年代後半以降は，会計基準が時価会計に変更になったことも相まって，特別利益や特別損失の計上は減少している．これが，後期や最終期にこれらの変数の倒産予測力を低下させたといえる．

一方，取引銀行に関する情報は，「取引銀行数」が期間に関わらずプラスの符号をとり，かつ前期を除いて統計的に有意であった．取引銀行数が多い場合，メインバンクの主導的な役割が相対的に小さくなり，借り手がトラブルに陥ったときの債権者間の調整も難しくなることなどが原因と考えられる．これに対して，メインバンクの健全性に関する指標である「メインバンクの不良債権比率」は，前期でのみ倒産確率に対して有意な影響を与えている．この結果は，1990年代末の日本の金融危機下では，取引先銀行の健全性が上場企業の倒産確率を説明する上では非常に有用であることを示唆している．しかし，中期，後期や最終期では，メインバンクの健全性が倒産確率に与える影響は有意

表 12-3　推計結果

(1) 係数ダミーがないケース

		推定値	t-値	推定値	t-値
前期	短期借入／総資産	4.04***	(3.81)	3.74***	(3.51)
	長期借入／総資産	4.18***	(2.38)	3.45*	(1.92)
	営業利益／総資産	-8.01***	(2.35)	-8.63***	(2.67)
	特別利益／総資産	-10.88	(0.99)	-7.25	(0.92)
	特別損失／総資産	-6.03**	(2.29)	-5.84**	(2.11)
	支払利息／売上高	5.45	(0.77)	4.86	(0.68)
	log（不良債権比率%）	1.28***	(3.24)	1.26***	(3.23)
	取引銀行数	0.08	(0.71)	0.07	(0.62)
	内部留保／総資産			-55.90	(1.49)
中期	短期借入／総資産	4.58***	(8.66)	4.67***	(8.76)
	長期借入／総資産	2.11***	(2.41)	2.35***	(2.60)
	営業利益／総資産	-2.57**	(2.28)	-2.49**	(2.13)
	特別利益／総資産	-24.29***	(3.08)	-24.53***	(3.08)
	特別損失／総資産	0.95**	(1.96)	0.89*	(1.82)
	支払利息／売上高	3.13	(0.80)	3.62	(0.93)
	log（不良債権比率%）	0.21	(0.79)	0.20	(0.76)
	取引銀行数	0.14**	(2.34)	0.14**	(2.33)
	内部留保／総資産			11.60	(1.23)
後期	短期借入／総資産	8.64***	(6.24)	8.70***	(5.96)
	長期借入／総資産	3.55	(1.42)	3.66	(1.41)
	営業利益／総資産	-4.47**	(2.30)	-4.44**	(2.26)
	特別利益／総資産	-0.16	(0.03)	-0.18	(0.03)
	特別損失／総資産	-1.26*	(1.71)	-1.27*	(1.72)
	支払利息／売上高	-0.02	(0.16)	-0.02	(0.16)
	log（不良債権比率%）	-0.43	(0.73)	-0.46	(0.76)
	取引銀行数	0.19*	(1.76)	0.19*	(1.73)
	内部留保／総資産			0.44	(0.01)
最終期	短期借入／総資産	3.19***	(4.23)	2.94***	(4.23)
	長期借入／総資産	2.29*	(1.74)	1.58	(1.17)
	営業利益／総資産	-0.06	(0.06)	-0.21	(0.22)
	特別利益／総資産	2.00	(0.56)	1.46	(0.41)
	特別損失／総資産	0.08	(0.55)	0.07	(0.52)
	支払利息／売上高	-2.05	(0.56)	-2.58	(0.68)
	log（不良債権比率%）	0.04	(0.12)	0.09	(0.26)
	取引銀行数	0.28***	(4.13)	0.27***	(4.06)
	内部留保／総資産			-59.61**	(2.05)
メインバンク信金信組外銀ダミー		-2.58	(1.18)	-2.66	(1.19)
メインバンク公的銀行ダミー		0.58	(0.75)	0.64	(0.82)
不良債権比率不明ダミー		-1.49	(1.37)	-1.61	(1.46)
取引先銀行不明ダミー		3.18***	(2.66)	3.25***	(2.67)
製造業ダミー		0.02	(0.07)	0.08	(0.25)
農業ダミー		2.20*	(1.91)	2.25*	(1.96)
建設業ダミー		1.59***	(4.72)	1.60***	(4.76)
不動産業ダミー		1.30***	(3.54)	1.28***	(3.49)
卸売小売業ダミー		0.24	(0.71)	0.26	(0.75)
運輸通信業ダミー		-1.07	(1.49)	-1.00	(1.39)

第12章 2つの金融危機とわが国の企業破綻

(2) 係数ダミーがあるケース

		推定値	t-値	推定値	t-値
前期	短期借入／総資産	4.11***	(3.84)	3.77***	(3.52)
	長期借入／総資産	4.13***	(2.36)	3.41***	(1.91)
	営業利益／総資産	-7.84**	(2.30)	-8.38***	(2.59)
	特別利益／総資産	-10.61	(0.95)	-7.00	(0.86)
	特別損失／総資産	-6.19**	(2.20)	-5.92**	(2.04)
	支払利息／売上高	6.51	(0.93)	5.76	(0.82)
	log(不良債権比率%)	1.31***	(3.30)	1.28***	(3.29)
	取引銀行数	0.08	(0.71)	0.07	(0.64)
	内部留保／総資産			-57.99	(1.52)
中期	短期借入／総資産	4.59***	(8.69)	4.67***	(8.79)
	長期借入／総資産	2.19***	(2.49)	2.40***	(2.65)
	営業利益／総資産	-2.50**	(2.20)	-2.43**	(2.07)
	特別利益／総資産	-24.43***	(3.08)	-24.64***	(3.07)
	特別損失／総資産	0.91*	(1.87)	0.87*	(1.75)
	支払利息／売上高	3.38	(0.88)	3.79	(0.99)
	log(不良債権比率%)	0.22	(0.83)	0.21	(0.79)
	取引銀行数	0.14***	(2.40)	0.14***	(2.40)
	内部留保／総資産			11.42	(1.18)
後期	短期借入／総資産	8.74***	(6.30)	8.77***	(6.00)
	長期借入／総資産	3.78	(1.52)	3.82	(1.48)
	営業利益／総資産	-4.33**	(2.17)	-4.32**	(2.15)
	特別利益／総資産	-0.24	(0.04)	-0.24	(0.04)
	特別損失／総資産	-1.26*	(1.74)	-1.27*	(1.75)
	支払利息／売上高	-0.02	(0.16)	-0.02	(0.16)
	log(不良債権比率%)	-0.46	(0.76)	-0.47	(0.78)
	取引銀行数	0.19*	(1.78)	0.19*	(1.75)
	内部留保／総資産			-0.84	(0.02)
最終期	短期借入／総資産	3.81***	(5.17)	3.55***	(4.70)
	長期借入／総資産	2.29*	(1.74)	1.70	(1.26)
	営業利益／総資産	-0.48	(0.53)	-0.54	(0.60)
	特別利益／総資産	0.69	(0.18)	0.48	(0.13)
	特別損失／総資産	0.37*	(1.79)	0.32	(1.55)
	支払利息／売上高	-2.13	(0.61)	-2.53	(0.68)
	log(不良債権比率%)	0.04	(0.13)	0.09	(0.25)
	取引銀行数	0.27***	(4.01)	0.26***	(3.94)
	内部留保／総資産			-49.14*	(1.69)
係数ダミー＋最終期係数					
	営業利益／総資産：2009年	8.22***	(2.93)	5.96	(1.46)
	営業利益／総資産：2008年 (建+不) 黒字	7.30*	(1.91)	7.66**	(2.02)

注：1）前期 1997～1999，中期 2000～2004，後期 2005～2007，最終期 2008～2009 の倒産年度．
 2）***，**，*はそれぞれ1%，5%，10%水準で有意であることを示す．
 3）営業利益／総資産に対して，2009年度と2008年度（建設または不動産業で）黒字の係数ダミーを入れた．最終期の結果と足しあげた場合の標準偏差は，デルタ法で評価した．
 4）スペースの制約上，係数ダミーがないケースではタイムダミーの推計結果を，係数ダミーがあるケースでは不良債権比率不明ダミー，取引先銀行不明ダミー，産業ダミー，タイムダミーの推計結果をそれぞれ省略した．

でなくなった．以上の結果は，世界同時不況下での日本経済では，これまでとは大きく異なるメカニズムで上場企業の破綻が起こったことを示唆するものである．

なお，産業ダミーでは，建設業・不動産業・農業がプラスに有意な符号をとった．すべての期で，これらの業種での倒産確率が他業種よりも高い傾向があったことを示している．一方，「取引先銀行不明ダミー」は有意なプラスの符号を取り，「不良債権比率不明ダミー」や「メインバンク信金信組外銀ダミー」はマイナスの符号を取ったが有意ではなかった．ただし，これらのダミーが1となる企業数は少ないので，取引銀行の調査漏れなどデータの誤差の可能性を考えると，有意でないマイナスの符号からは明確な結論は導けないといえる．

(2) 営業利益の影響

利益に関連する変数は，Altman (1968) の古典的な研究以降，倒産確率を計算するうえで最も有用な変数の1つとして用いられてきたものである．表12-3にまとめられた推計結果でも，「営業利益／総資産」は，世界的金融危機を含む最終期を除くと，有意にマイナスの符号をとっている．この結果は，利潤の低下が倒産確率を高める傾向にあるという先行研究の結果と整合的である．通常，本業のもうけを示す営業利益は，将来の利益を予測する上で有用な変数であり，有意な推計値はこのことを反映したものと考えられる．

しかし，世界的金融危機を含む最終期では，「営業利益／総資産」の符号はマイナスであったが有意ではなくなった．特に，「営業利益／総資産」に2008年は建設・不動産の黒字企業ダミー，2009年は年ダミーをそれぞれ係数ダミーとして加えた推計では，2つの係数ダミーはいずれも正の符号をとった．プラスの符号は，営業利益が大きければ大きいほど倒産確率が高くなることを示している．係数ダミーの結果は，この傾向が，2008年には建設・不動産業の黒字企業で，また2009年には全産業レベルで，それぞれ生じていたことを示唆するものである．この時期，黒字倒産率の増加と赤字倒産率の減少が同時に発生したことで，本来は倒産予測に有効であるはずの前期決算の営業利益の予測力がなくなったこととも整合的な結果である．

一方，「内部留保／総資産」に関しては，中期と後期では結果が不安定で統計的な有意性も低い．その一方で，前期と最終期という2つの金融危機下で

は，同等な大きさのマイナスの推定値をとっている．内部留保が多いかどうかは，平常時には企業の倒産確率には大きな影響を与えない．しかし，金融危機下では，内部留保が多いかどうかで企業の倒産確率は有意に違ってくることを示唆する結果である．ただし，統計的な有意性でみると，前期が有意でないのに対して，最終期は有意となっている．日本の金融危機が発生した時期では内部留保の役割は必ずしもロバストでなかったのに対して，世界同時不況の下，内部留保が少ない企業では前期の決算が黒字でも倒産が発生した一方，内部留保が多い企業では前期の決算が大幅な赤字でもが倒産しなかった傾向がロバストに見られたといえる．

7．2つの金融危機は何が異なったか？

前節では，上場企業の財務データ及び取引先企業の健全性をもとに，わが国の上場企業がどのような要因で破綻してきたのかに関する分析を行った．その結果，2つの金融危機下での倒産の決定メカニズムは，債務残高や利払いの影響では共通点が見られた．しかし，それ以外の変数では，世界同時不況下での日本経済では，これまでとは大きく異なるメカニズムで上場企業の破綻が起こったことを示唆するものであった．2つの金融危機下では，以下の4つの点で影響が大きく異なっていた．

第1は，メインバンクの健全性の影響である．1990年代末の日本の金融危機下では，借り手の健全性に加えて，貸し手の健全性が借り手の倒産確率に有意な影響を与えていた．この傾向は特に中小企業で顕著であったが，類似の傾向は上場企業でも観察された．しかし，2000年代前半に金融機関側の不良債権処理が進み，金融システムが安定するにつれ，貸し手の健全性が企業倒産に与える影響は大きく減退し，その傾向は世界的金融危機下でも変わらなかった．

第2は，特別利益・特別損失の影響である．図12-4は，わが国の大企業の特別利益と特別損失の推移を示したものである．いずれも1990年代末から2000年代前半にかけて大きく増加しているが，2000年代前半以降は減少し，世界的金融危機下でもそれほど大きく増加していない．不良債権問題が一段落した2000年代後半以降は，会計基準が変更になったことも相まって，特別利

特別利益／大企業

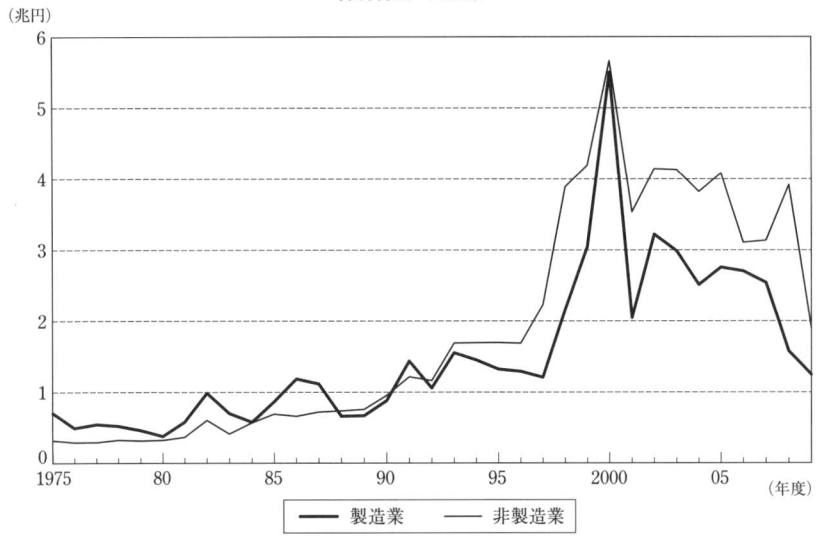

特別損失／大企業

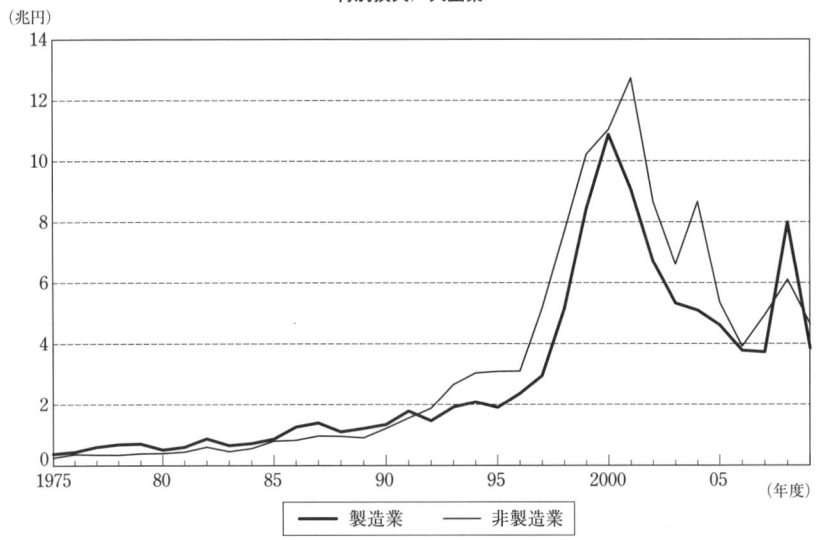

図12-4　わが国の大企業の特別利益と特別損失の推移
出所：財務省『法人統計年報』．

益や特別損失が倒産予測に対して持つ情報価値は大きく減少したといえ，今後もこの傾向は変わらないと予想される．

　第3は，営業利益の影響である．営業利益など利潤の代理変数は倒産予測には最も有用な財務変数と知られており，わが国でも世界的金融危機期以外の期間ではそうであった．しかし，世界的金融危機のサンプル期間では，営業利益率は企業倒産に有意な影響を与えなかった．この推計結果は，世界同時不況のもとでの「黒字企業の倒産」や「赤字企業の存続」の可能性をサポートするものである．しかし，倒産の大半は，不動産関連で，製造業の倒産は少数であった．したがって，結果の解釈は，2007年から2008年前半にかけての不動産バブルや建築確認厳格化による建築不況など制度要因をどう考えるかに大きく依存するといえる．

　第4は，内部留保の影響である．推計値だけをみると，内部留保は，平時には安定した影響は見られないが，2つの金融危機期では共通して倒産確率を低下させる傾向が観察された．しかし，統計的有意性では，日本の金融危機期では有意でなかったのに対して，世界的金融危機期には有意となった．日本の金融危機が発生した時期では内部留保が倒産リスクを低める役割はロバストでなかったのに対して，世界同時不況の下ではその役割は重要であったと言える．その結果，この時期，内部留保が少ない企業では前期の決算が黒字でも倒産が発生した一方，内部留保が多い企業では前期の決算が大幅な赤字でもが倒産しなかったという現象が見られたといえる．

8. おわりに

　本章では，2007年夏以降の世界的金融危機の下で発生したわが国の上場企業における倒産要因を，1990年代末の日本の金融危機における要因と比較しながら検討した．財務データやその貸し手の健全性指標を用いて各上場企業の倒産確率をロジット・モデルから推計した場合，2つの金融危機下での企業倒産に影響を与える要因は大きく異なっていた．特に，通常期には倒産確率を予測する上で非常に有効な営業利益は，世界的金融危機下では有意ではなくなった．以上の結果は，従来の予測モデルでは世界同時不況における経済動向をほとんど予測できないとする海外の先行研究における指摘とも整合的である．た

だし，通常期には有意でない内部留保が，世界的金融危機下では倒産確率を減少させる上で有意であった．

福田・鯉渕（2006）でも指摘した通り，社会的最適性という観点からは，企業を破綻させるべきかどうかは，債務の大小や内部留保の大小ではなく，営業を継続した場合に現在から将来にかけてどれだけ新たにプラスの利益を生みだすことができるかというフォーワード・ルッキングな観点から判断されるべきである．その意味で，黒字決算企業が内部留保が少ないために倒産するとか，大幅な赤字決算の企業が内部留保が多いために倒産しないという状況に対する評価は，資源配分上の観点からより詳細な分析が今後とも必要といえる．ただ，パラドキシカルな利益率の影響は，不動産など特定の産業の特定期の特殊事情も大きく，その解釈はより慎重であるべきであろう．世界同時不況下でのわが国の企業倒産のあり方をどのように評価すべきか残された課題といえる．

謝　辞

本章の作成にあたっては，随清遠氏をはじめとする 2010 年日本金融学会秋季大会参加者の方々および日本銀行調査統計局のスタッフの方々から有益なサジェスチョンをいただいた．なお，本章で述べられた意見，見解は，筆者個人のものであり，日本銀行あるいは調査統計局のものではない．

参考文献

Altman, Edward I. (1968), "Financial Ratios, Discriminant Analysis and the Prediction of Corporate Bankruptcy", *Journal of Finance*, pp. 189-209.
Fukuda, S., M. Kasuya, and K. Akashi (2009), "Impaired Bank Health and Default Risk" *Pacific-Basin Finance Journal*, Vol. 17 (2), pp. 145-162.
Greene, W. (2003), *Econometric Analysis 5th Edition*, Prentice Hall.
Hillegeist, S. A., E. K. Keating, D. P. Cram, and K. G. Lundstedt (2004), "Assessing the Probabilities of Bankruptcy Prediction", *Review of Accounting Studies*, Vol. 9 (1), pp. 5-34.
Lennox, C. (1999), "Identifying Failing Companies : A Revaluation of the Logit, Probit and DA Approaches", *Journal of Economics and Business*, Vol. 51, pp. 347-364.
Rose, Andrew K., and Mark M. Spiegel (2009), "Cross-Country Causes and Consequences of the 2008 Crisis : Early Warning", FRBSF Working Paper 2009-17.

Shumway, T. (2001), "Forecasting Bankruptcy More Accurately : A Simple Hazard Model", *Journal of Business*, Vol. 74, pp. 101-124.
大村敬一・楠美将彦・水上慎士・塩見久美子（2002），「倒産企業の財務特性と金融機関の貸出行動」内閣府政策統括官，景気判断・政策分析ディスカッション・ペーパー 02-5.
小川一夫（2003），『大不況の経済分析』日本経済新聞社.
翁百合（2010），『金融危機とプルーデンス政策』日本経済新聞社.
小田信之・村永淳（1996），「信用リスクの定量化手法について──ポートフォリオのリスクを統合的に計量する枠組みの構築に向けて」『金融研究』第 15 巻第 4 号，日本銀行金融研究所，pp. 101-154.
櫻川昌哉（2002），『金融危機の経済分析』東京大学出版会.
橘木俊詔・斉藤隆志（2004），「中小企業の存続と倒産に関する実証分析」RIETI ディスカッション・ペーパー，04-J-004.
福田慎一編（2003）『日本の長期金融』有斐閣.
福田慎一・粕谷宗久・赤司健太郎（2006），「デフレ下における非上場企業のデフォルト分析」『金融経済研究』第 23 号，pp. 31-50.
福田慎一・粕谷宗久・赤司健太郎（2010），「2 つの金融危機とわが国の企業破綻」日本銀行ワーキングペーパーシリーズ，No. 10-J-16.
福田慎一・粕谷宗久・中原伸（2004），「デフォルトコストの観点から見たデフレのコスト分析」日本銀行金融研究所『金融研究』第 23 巻第 3 号，pp. 49-86.
福田慎一・鯉渕賢（2006），「不良債権と債権放棄──メインバンクの超過負担」『経済研究』第 57 巻第 2 号，pp. 110-120.

第13章

ユーロ圏の産業構造の変化と景気循環への影響

竹内文英

1. はじめに

2009年末から2010年にかけて，欧州はギリシャの財政危機に端を発した金融市場の混乱に見舞われた．ギリシャやポルトガルなど欧州でも周辺国（periphery countries）と呼ばれる南欧の国々は1999年のユーロ導入前の1990年代後半，ユーロに加盟するということで対外的な信用が高まり，将来の高成長への期待もあって，海外からの活発な資金流入が起こり，消費や投資が拡大した．こうした対外的な借金体質は政府部門も同様で，これが財政危機の遠因になったわけだが，ここには，もう1つ，ユーロ域内の生産性格差という重要な問題が介在している．本章では生産性格差が生じた原因と景気循環への影響について考察する．

ユーロ圏における格差といえば，対外収支の黒字国と赤字国の格差がしばしば言及される[1]．域内ではドイツやアイルランド，フィンランドのように黒字が拡大しているグループと，ギリシャ，スペイン，ポルトガルのように対照的に赤字が拡大しているグループがある．実は，この背景には，生産性格差を通じた相対物価の影響がある．ギリシャやポルトガルなどは1990年代後半，前述のような理由から消費や投資が拡大したものの，2000年代以降，思うように生産性が伸びなかった．下方硬直的な賃金のもとで単位労働コストが高止ま

---

1) 例えば，Blanchard (2006, 2007) を参照．

りし，実質レートの増価という形で対外的な価格競争力を低下させたのである．この点は後で，実際のデータで確認する．

実質レートの増価による対外競争力の低下は景気の悪化を招き，こうした国々では財政出動や税制優遇などに頼ることになった．つまり，生産性格差という問題を介して，財政危機と対外不均衡はまさに表裏の関係にあるといえる．

では，今回の欧州危機の根底にある，この統一通貨圏内の生産性格差という問題は，なぜ生じたのだろうか．次節ではまず，竹内（2011a）の分析結果を踏まえて，このような生産性の格差拡大が，統一通貨導入をきっかけとした域内の産業構造の変化（国別の産業別生産シェアの変化）に起因する点を確認する．続く第3節以降では，生産性格差の拡大が域内の景気循環にどのような影響を与えているのかを検討する．「最適通貨圏」の観点から注目されるのは，域内各国の景気循環の連動性への影響である．分析の結果，ユーロ圏では，統一通貨の導入で産業構造の格差が拡大したために，各国が受ける生産性ショックの内容も異なるものになり，このことが供給サイドから各国の景気循環の連動性を低下させるように作用していることが明らかになった．最後の第4節でこの章の全体の分析結果をまとめる[2]．

2. 産業構造の変化と生産性格差

2.1 産業構造の特化指標

前節で，生産性の格差拡大が，統一通貨導入をきっかけとした域内の産業構造の変化に起因すると述べた．本節ではまず，ユーロ圏を中心に，産業構造の変化の状況について概観する．

産業構造の変化を客観的にとらえるための指標として，Krugman（1991）で提唱された特化指標（specialization index）を用いる．この特化指標は各国の産業構造を世界平均の産業構造との比較でとらえるものであり，次式のように計算される．

---

2) 経済統合下の産業立地の問題と，統合の景気循環に与える影響についての先行研究のサーベイは竹内（2011a）を参照のこと．

第13章 ユーロ圏の産業構造の変化と景気循環への影響　　287

$$K_i = \Sigma_k abs(v_i^k - \bar{v}_i^k) \tag{1}$$

利用するのは実質ベースの生産額であり，v_i^k は i 国の総生産額に占める k 産業のシェア，$\bar{v}_i^k$ は i 国を除く世界各国の平均的な同産業シェアである．同指標が高いほど，当該国は平均からかけ離れた特化度の高い産業構造を持っていると解釈することができる．

表13-1は，オーストリア，ベルギー，フィンランド，フランス，ドイツ，ギリシャ，アイルランド，イタリア，オランダ，ポルトガル，スペインのユーロ11か国と[3]，チェコ，デンマーク，ハンガリー，ノルウェー，ポーランド，スウェーデン，英国の非ユーロ加盟の欧州7か国に米国，カナダ，日本を加えた合計21か国に関する特化指標を，OECDの産業連関表が利用できる1995年，2000年，2005年についてまとめたものである[4]．ここでは製造業18業種をとりあげた[5]．

各国の実質生産額で加重平均し，ユーロ圏と非ユーロ圏の特化指標の平均値を計算したところ，ユーロ圏が非ユーロ圏を上回っている．ただし，2005年には両者の差はごくわずかになり，特化水準については，非ユーロ圏がユーロ圏を急速にキャッチアップしてきたことがうかがえる．

各国の特化指標の水準はまちまちだが，次のような特徴が見て取れる．まず，ユーロ圏を含む欧州地域では，ドイツ，フランス，英国などの大国では比較的，特化指標の水準が低い．それよりやや高い水準に位置しているのが，オーストリア，ベルギー，オランダ，デンマークなどの国々で，フィンランド，

---

3) ルクセンブルク，および，2000年代後半にユーロ加盟を果たしたキプロス，スロバキア，スロベニア，マルタの各国はデータの制約があるために，以降の分析は原則，ユーロ圏については残りの11か国について行った．

4) OECDの産業連関表は1995年以降，国際標準産業分類（ISIC）ver.3 をベースにまとめられ，それ以前の連関表の ver.2 とは分類が異なる．また，95年以降，カバーされる国の数も飛躍的に拡大した．

5) 18産業は以下の通り．Food products, beverages and tobacco; Textiles, textile products, leather and footwear; Wood and products of wood and cork; Pulp, paper, paper products, printing and publishing; Coke, refined petroleum products and nuclear fuel; Chemicals and chemical products; Rubber and plastics products; Other non-metallic mineral; Basic metals; Fabricated metal products except machinery and equipment; Machinery and equipment n.e.c; Office, accounting and computing machinery; Electrical machinery and apparatus n.e.c; Radio, television and communication equipment; Medical, precision and optical instruments; Motor vehicles, trailers and semi-trailers; Other transport equipment; Manufacturing n.e.c, recycling.

ノルウェーなどのスカンディナビア各国はさらに高い水準にある．そして，欧州地域の周辺に立地しているアイルランド，ギリシャなどの国々の特化指標が最も高い水準にある．とりわけ，情報通信（IT）産業の集積効果が大きく反映した形のアイルランドの突出ぶりが目立つ．

以上は主に産業構造の特化度の平均的な水準の話だが，ここで特に注目すべきなのは，特化水準のばらつきの程度と，その変化である．例えば，特化度の平均水準が上昇しても，各国の特化度のばらつきが大きくなっている場合と，各国が平均水準に収れんしながら上昇している場合とでは，本章が注目する国際的な景気循環のあり方を含め，マクロ経済にもたらされる影響は大きく異なる．以下で確認するように，産業構造の特化度の高まりはマクロの生産性の上昇を促す役割を果たしており，特化度のばらつきが拡大する場合は，域内各国はさまざまな格差の拡大に直面することが予想される．

表13-1の下段にある特化指標の標準偏差を見ると，ばらつきの水準に関して非ユーロ圏はユーロ圏を大きく下回っており，かつ，1995年と2000年，2005年を比較すると，標準偏差はむしろ低下傾向を示している．これに対してユーロ圏では特にユーロ導入の1999年を挟んだ1995年から2000年にかけて特化度のばらつきが拡大している様子がうかがえる．

こうした特化度の国ごとのばらつきの中身を細かく見てみる．ギリシャ，ポルトガルなどは，特化度の水準は比較的高いが，これは後発国であることの初期条件を反映した結果に過ぎず，その時点での相対的な生産性（技術）の優位性を示しているわけではない．ギリシャ，ポルトガルでは1995年から2005年にかけて，特化度が大きく低下している．このほかに，スペイン，ポーランド，チェコなどの周辺国で同様の低下傾向が確認できる．逆に，同期間に特化指標が比較的大きく上昇しているのが，ドイツ，フランス，英国，フィンランド，アイルランドなどである．欧州以外では米国，日本も上昇している．米国はIT産業の集積の結果であり[6]，日本の場合もほぼ同様で，電気機械，一般機械など機械類全般で特化指標が上昇している．

---

[6] 具体的には，Office, accounting and computing machinery；Radio, television and communication equipment といった関連産業の特化度が大きく上昇している．

表 13-1 ユーロ圏内外主要国の産業構造の特化指標

年	1995	2000	2005
オーストリア	0.280	0.336	0.327
ベルギー	0.355	0.358	0.347
カナダ	0.369	0.318	0.327
チェコ	0.381	0.314	0.340
デンマーク	0.443	0.433	0.464
フィンランド	0.516	0.692	0.654
フランス	0.198	0.216	0.247
ドイツ	0.283	0.340	0.363
ギリシャ	0.730	0.763	0.643
ハンガリー	0.361	0.412	0.421
アイルランド	0.817	0.864	0.932
イタリア	0.376	0.415	0.430
日本	0.277	0.344	0.391
オランダ	0.458	0.420	0.455
ノルウェー	0.544	0.569	0.620
ポーランド	0.470	0.341	0.322
ポルトガル	0.574	0.529	0.520
スペイン	0.317	0.303	0.285
スウェーデン	0.361	0.434	0.443
英国	0.165	0.203	0.243
米国	0.249	0.337	0.377
平均			
全サンプル	0.286	0.342	0.373
ユーロ圏	0.323	0.363	0.375
非ユーロ圏	0.268	0.333	0.372
標準偏差			
全サンプル	0.083	0.080	0.084
ユーロ圏	0.120	0.130	0.124
非ユーロ圏	0.056	0.045	0.048

注：国別データのうち，網掛け部分が現時点でのユーロ加盟国．

2.2 産業構造の特化と生産性

次に産業構造の特化と生産性の関係について見てみる．図 13-1 は，欧州連合（EU）加盟国を中心に主要国の生産性を計測する国際的な研究プロジェクト，EUKLEMS が 2009 年 11 月に公表した全要素生産性（TFP）データを使い，特化指標の変化と TFP の伸び率の関係をプロットしたものである[7]．産業構造の特化度の変化が生産性に与える影響を観察するために，1991〜1993 年の特化指標の平均値に対する，1999〜2001 年の同平均値の比率（横軸）と 2001〜2006 年の期間の TFP のグロスの変化率（縦軸）を比べた．産業立地を

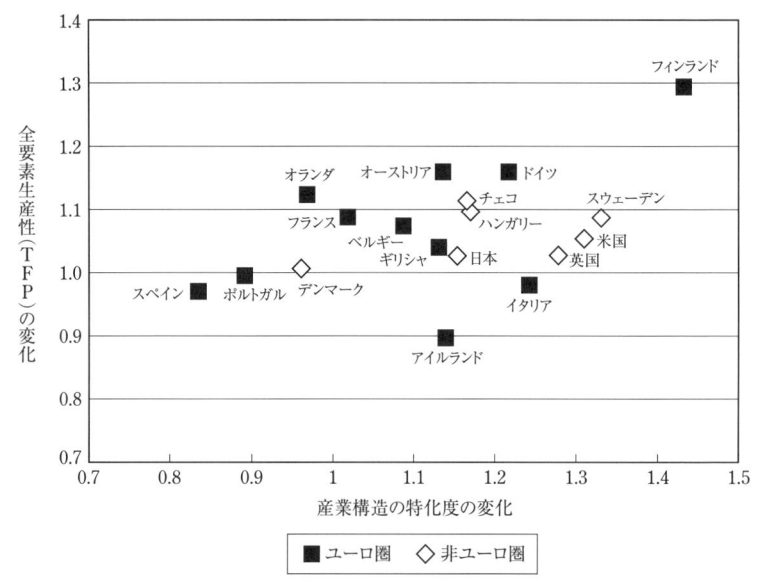

図 13-1 産業構造の特化度の変化と全要素生産性（TFP）の変化の関係

注：産業構造の特化度は 1991〜1993 年の平均値に対する 1999〜2001 年の平均値の比率．TFP は 2001〜2006 年のグロスの変化率．データの出典は文中参照．

通じた技術の蓄積による生産性の変化の有無を検討するために，比較する2つの指標ともに長い期間をとった．図からは，両者にははっきりとした正の相関があることが分かる（相関係数＝0.4510）．ただ，この順相関の関係は，ユーロ加盟国ではっきりと確認できるものの（相関係数＝0.5344），非ユーロ加盟国では明確ではない．非ユーロ圏の相関係数は 0.3774 だが，非ユーロ圏の中で比較的特化度の変化が小さいデンマークを除くと相関係数は −0.1816 となり，相関係数＝0.3774 は頑健な結果とはいえない．横軸であらわされている特化度の変化幅は，デンマークを除くと，非ユーロ圏ではばらつきが小さく，ばらつきが大きいユーロ圏とは対照的である．

先に述べたように，ユーロ圏では対外収支バランスの変化のしかたにばらつ

7） http://www.euklems.net/．EUKLEMS では入手できないギリシャ，ポルトガルの TFP データは University of Groningen の Total Economy Growth Accounting Database（http://www.ggdc.net/databases/ted_growth.htm）より入手した．また，非ユーロ圏のうちカナダとノルウェーはデータが取れないために図から除かれている．カナダは個別産業ごとのデータは入手可能だが，マクロの集計データが利用できない．

第13章 ユーロ圏の産業構造の変化と景気循環への影響　　291

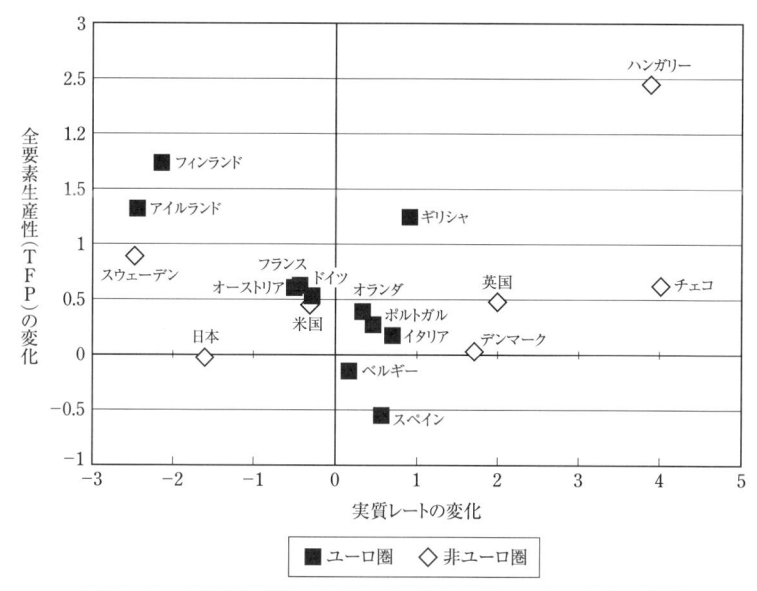

図 13-2　全要素生産性（TFP）の変化と実質レートの変化の関係

注：TFP, 実質レートともに 1992～2007 年の年平均変化率を表示．実質レートの出典は IMF の International Financial Statistics（単位労働コストの相対価格で算出した実質実効レートを採用）．

きがあり，ドイツやアイルランド，フィンランドのように黒字が拡大しているグループと，ギリシャ，スペイン，ポルトガルのように対照的に赤字が拡大しているグループがある．この背景に，生産性格差を通じた相対物価の影響があることはすでに指摘した．すなわち，産業構造の変化→生産性の変化→相対物価（実質レート）の変化→対外収支の変化，という経路である．

図 13-1 に示した産業構造の変化→生産性の変化に続く，生産性の変化→相対物価（実質レート）の変化の関係については，図 13-2 で確認できる．ユーロ圏の生産性格差と対外収支の問題について，ポルトガルの事例を中心に分析した Blanchard（2006, 2007）が強調しているように，硬直的な名目賃金のもとでは，生産性格差が単位労働コストを通じて，実質レートを変化させる．

図 13-2 のユーロ圏における生産性と実質レート（数値の上昇が増価，低下が減価）の相関係数は -0.6738 となり，逆相関が明確である．対外収支の赤字国はいずれもユーロ加盟国のなかで相対的に生産性の伸びが停滞気味で（縦軸の TFP の伸びが低いかマイナス），実質レートが増価傾向を示している（横

軸の実質レートの変化がプラス)．なお，以上のような生産性と実質レートの関係性は非ユーロ圏では観察できない．ユーロ導入時期を挟んだ経済の活況と停滞，その過程を通じた単位労働コストの変化という上記の一連の流れが，ユーロ圏特有の現象だったことに起因すると考えられる[8]．

3. 生産性ショックと景気循環

以下では，本章が注目している国際的な景気循環の連動性と，以上で確認した産業構造の変化との関係について検討する．前節までで確認したように，ユーロ圏の場合，各国の産業構造の特化度のばらつきが大きくなる傾向にあり，結果的に生産性の格差が拡大している．このことは，国際間の景気循環の連動性にどのような影響をもたらしているのだろうか．

産業構造の変化や生産性は供給サイドの要因だが，国際的な景気循環論では従来，貿易など主に需要側の要因に注目した議論が多かった．2国間の貿易量が多いほど1国の景気は他国にスピルオーバーしやすくなり，景気の連動性が高まると考える (Frankel and Rose, 1998)．これに対して，景気循環に影響する供給側の要因として考えられるのが生産性ショックである．ここでは産業構造との関係に注目しているが，生産性ショックは産業構造に依存する．産業構造が近似する国は同様の生産性ショックを受けるので景気循環の連動性が高まると考える．

こうした供給サイドの要因が国際的な景気循環に与える影響に注目した先行研究として，Stockman (1988), Kraay and Ventura (2001), Imbs (1999, 2001a, 2001b, 2004), Baxter and Kouparitsas (2005) などがある．

以下では2つの分析方法を通じてこの問題を考えていくが，はじめに，複数国の景気循環に共通するファクターを特定化する Structural FAVAR という

---

8) 以上見てきたような，生産性格差を招いた産業構造の変化は，どのようにしてもたらされたのか．欧州では1993年の欧州連合 (EU) 単一市場のスタート，そして，1999年の統一通貨導入による為替リスクの消失により，域内の移動・輸送コストが低下した．この結果，分散立地の必要性は弱まり，集積の利益が輸送コストを上回ることにより，生産拠点の集約が進んだ．竹内 (2011a) は伝統的な比較優位と経済地理学の理論を踏まえた産業立地モデルによる実証分析の結果，ユーロ圏では圏外と異なり，モデルで想定した産業立地の集約化メカニズムが強く働いていることを明らかにした．

時系列分析の手法を利用する．

3.1 Structural FAVAR

3.1.1 モデル

竹内（2011b）ではユーロ圏の主要国を含む先進 7 か国に東アジア 9 か国を加えた 16 か国について，同じ Structural FAVAR を使った分析を行い，ユーロ圏では域内国に共通する要因の影響が小さく，むしろ，制度的な統合を果たしていない東アジアのほうが各国の景気循環に対する共通因子の影響が大きいという結果を得ている．東アジア各国の景気循環に共通して影響を与える要因は具体的には，同地域の工程間分業に伴い活発にやり取りされている資本財に体化した技術（投資特殊的技術進歩）の蓄積や，輸出競争力と密接な関係を持つ円ドルレートの動向などであった．Structural FAVAR では通常，複数国の景気循環に影響を与えているファクターを特定化したうえで，それらのファクターが具体的にどのような要因を体現しているのか，現実の観察可能なデータとの相関性をチェックするという手順を踏む．先に見たユーロ圏に特徴的な生産性動向は，域内国の景気循環にどのような影響をもたらしているのだろうか．

本章ではユーロ圏のデータを大幅に拡張して同様の分析を行う．ここで先取りして主な分析結果を述べると，①竹内（2011b）の分析結果と同様に，ユーロ圏各国の景気循環では，すべての国に共通するファクターの影響が小さい，②圏内では前述の周辺国（periphery countries）と，中心国（core countries）それぞれに固有の因子が景気循環に大きな影響を与えている，③それぞれの因子は，別途実際のデータから抽出した生産性ショックと近い動きをしている——以上の点を確認した．ユーロ圏では中心国と周辺国が異なった生産性ショックの影響を受けており，このことが景気循環の連動性を低下させるように作用している．

Structural FAVAR は，Altonji and Ham（1990），Norrbin and Schlagenhauf（1996），Clark and Shin（2000），Bernanke et al.（2005），Stock and Watson（2005a, 2005b）などで取り上げられ，Dynamic factor model に構造 VAR の手法を取り入れたものと位置づけられる．各ファクターは相互に独立な構造ショックであるという前提が置かれるため，Dynamic factor model と

違い，景気循環の要因分解が可能になり，各ファクターが現実的にどのような要因を反映しているのかを検討しやすい．

Stock and Watson（2005a）に依拠し，本章では以下のように Structural FAVAR を推計した．

まず，自国の過去の景気変動からの影響や他国からのスピルオーバー効果の波及プロセスを表現した AR モデルを推計する．次に，これらの効果を除去した AR モデルの誤差項を被説明変数として，それを説明する潜在変数としての構造ショック，すなわち，ファクターを特定化する．ファクターを抽出する第2段階は構造 VAR のアプローチと基本的に同じであり，ファクターにかかる係数マトリックスに一定の制約を課して構造ショックを導き出す．

Y_t を n か国の GDP 成長率を収容したベクトル，$A(L)$ を対角要素が p 次（自国分のラグ数），非対角要素が q 次（他国分のラグ数）の要素を持つ行列とすると，第1段階の誘導形 VAR モデル（VAR(p,q)）は（2）式のように表される．

$$Y_t = A(L)Y_{t-1} + v_t \text{ where } v_t \sim N(0, \Sigma_v) \qquad (2)$$

L はラグオペレータ，Σ_v は v_t の分散共分散行列を表す．

次に，（2）式の誤差項 v_t を被説明変数として潜在変数としてのファクター f_t を特定化する（（3）式）．

$$v_t = \lambda f_t + \varepsilon_t \qquad (3)$$

ただし，$E(f_t f_t') = diag(\sigma_{f1}, ..., \sigma_{fk})$，$E(\varepsilon_t \varepsilon_t') = diag(\sigma_{\varepsilon 1}, ..., \sigma_{\varepsilon n})$，$k$ はファクター f_t の数である．各ファクターが各国の景気に及ぼす影響度を表す係数を収容した λ がファクター・ローディングス（factor loadings）である[9]．

以上から分かるように，各ファクターは相互に独立の構造ショックであるという前提が置かれている．ε_t は各国自身の idiosyncratic なショックを表す．したがって，各国の景気の変動は分散分解により，国際的な影響を各国に同時に及ぼす各種のファクターの効果と自国のショックの効果，そして，他国からのスピルオーバー効果に要因分解されることになる[10]．

---

9) ファクター，ファクター・ローディングスを識別するために，ここでは $Var(f_t)=I$ という制約を置いて推計した．

なお，ファクター・ローディングスに対して過剰識別の制約が課される（3）式においてファクターの数，k の決定は，尤度比検定（過剰識別テスト）で行う．ファクターの種類，各ファクターが影響をもたらす国は事前に分析者が想定する必要があるが，ここでは，①すべての国に影響をもたらす「世界要因」，②ユーロ圏加盟国を対象にした「ユーロ圏要因」，③ユーロ圏のなかでもドイツなど中心国グループだけにかかわる「ユーロ圏中心国要因」，④ギリシャ，スペイン，ポルトガルなどユーロ圏の周辺国グループだけにかかわる「ユーロ圏周辺国要因」，⑤ 1990年代に「失われた10年」を経験した日本と，他の先進諸国のパフォーマンスが異なる点を考慮した，「日本以外の国要因」——以上の5種類のファクターを想定した．

この場合の尤度比はファクターを含まない上記（2）式とファクターを含む（3）式の比較であり，尤度比検定の帰無仮説は，（2）式の分散共分散 Σ_v が（3）式の f_t で表される各国共通のファクターを含むというものである．帰無仮説が棄却された場合，ファクターの有効性は否定される．すなわち，そこでのファクターの設定が不適切である（ファクター無しのモデルによる結果と有意に変わらない）ことを意味する．

潜在変数を含む（3）式の推計には，こうした場合の有用な推計方法として知られる「EM アルゴリズム」を用いる．EM アルゴリズムは潜在変数を含む確率モデルについて最尤推定を行うための手法である．観察データをもとに完全データの対数尤度の条件付期待値を求める E（Expectation）ステップ，それを最大化する M（Maximization）ステップという2つのステップを繰り返すことで，パラメータに関する局所最適解を得る．Dempster et al.（1977）は，この繰り返し計算のアルゴリズムにおいて，対数尤度が単調に増加することを示した[11)12)]．

---

10) スピルオーバー効果の特定は，ショックが他国に波及するまでにかかる時間に依存する点に留意する必要がある．本章では四半期データを使って分析しているが，例えば，ある国で発生した idiosyncratic なショックの影響が，ショックが起きた当該四半期内に一気に国際的に波及したような場合は，本章のモデルでは，idiosyncratic なショック＋スピルオーバー効果ではなく，これを国際的なファクターと認識することになる．

11) EM アルゴリズムの具体的な推計手順については竹内（2011b）を参照のこと．また，EM アルゴリズムの参考文献は数多いが，この手法を初めて紹介した Dempster et al.（1977）のほかに，実際の適用事例や応用，拡張手法について紹介しており，実用のために有用なものとして，小西他（2008）がある．

3.1.2 ファクターの抽出

（2）式の Y_t は，実質 GDP の変化率（四半期ベース，季節調整済み前期比）を用いる[13]．注3に記したように，本章のユーロ圏の分析はルクセンブルク，キプロス，スロバキア，スロベニア，マルタを除く11か国を原則としているが，ここでの Structural FAVAR の分析においては例外的に，ユーロ圏についてはさらにベルギーを除いた10か国とし，非ユーロ圏の欧州7か国も6か国（チェコ，デンマーク，ハンガリー，ノルウェー，ポーランド，スウェーデン）を除いて英国だけをサンプルに加え，これに日米，カナダを含めた14か国を対象とした．分析期間は1993年第2四半期～2008年第4四半期までである[14]．

分析対象から除外した国のうち，チェコ，ポーランドは四半期 GDP データの制約による．そのほかは，これらの国をすべて含めた場合，前述したファクターの数を決定する過剰識別テストにおいて，ファクターの設定が有効であるという帰無仮説が棄却されてしまうためである．サンプル国数を増やした場合，国の数より相対的に少ないファクター数で推計する Structural FAVAR のモデルが現実のデータの動きを十分に捕捉できないケースが起こりうる．そこで，ここではまず，主な分析対象となるユーロ圏の国を優先するために英国以外の欧州の非ユーロ圏6か国を除いた．一方，ベルギーはユーロ加盟国だが，ベルギーを含めた15か国のサンプルで，3.1.1項で述べた5つのファクターを前提とした過剰識別テストを行うと帰無仮説が棄却され（p 値 = 0.0002），ベルギーを除く14か国の場合は帰無仮説が受容されたため（p 値 = 0.1203），ベルギーもサンプルから除外した．

なお，Structural FAVAR の後で行う2つ目の分析である，「需要要因を加味した景気の連動性分析」（3.2項）では，データの制約があるチェコ，ポーラ

---

12) 基本的に1ファクターモデルである Stock and Watson（2005a）を複数ファクターモデルに拡張する形で推計を行った．推計のためのプログラムは，Stock and Watson（2005a）のプログラムを改変して作成した．基本となった Stock and Watson（2005a）の Gauss ベースのプログラムは以下のアドレスで公開されている（http://www.princeton.edu/~mwatson/publi.html）．

13) データは変化率に変換されており，採用データについてはすべて，単位根検定を通じて，単位根を持つという帰無仮説が棄却された．

14) 後述の3.2項「需要要因を加味した景気の連動性分析」では推計期間を1991年からとしているが，Structural FAVAR の分析では，抽出されたファクターとの相関性を計測する生産性関連データの制約から，推計期間の始点を1993年とした．

ンド以外のすべての国のデータ，すなわち，上記の14か国に欧州の非ユーロ4か国とベルギーを加えた合計19か国のデータを使う．そして，相対的に少ないサンプルで推計したStructural FAVARから得られるインプリケーションが基本的に変わらないことを確認する．

以上の（3）式を前提とした過剰識別テストではその前段として，（2）式を推計する必要がある．ここでラグ数を決定するが，AIC，BICを使い，自国ラグが3，他国ラグが1であるVAR(3,1)が適当との結果を得た．続く過剰識別テストでは上記のように，14か国のサンプルを前提にして，3.1.1項で述べた5つのファクターが適当との結果を得た．

3.1.1項の5つのファクターのうち，③の「ユーロ圏中心国要因」の影響を受けるのはドイツ，フランス，オランダ，オーストリア，イタリア，④の「ユーロ圏周辺国要因」に該当するのはギリシャ，ポルトガル，スペインと想定した．構成国の選定には産業構造の特化と全要素生産性の関係を図示した図13-1を参考にした．図13-1ではTFPの伸びを縦軸に示しているが，ユーロ圏の中心国はイタリアを除くと，周辺3か国に比べて高い位置にある．

表13-2が推計結果を踏まえて行ったインパルス応答に基づく分散分解の結果である[15]．各国の景気の変動は分散分解により，国際的な影響を該当する国に同時に及ぼす5種類のファクターの効果と他国のショックからのスピルオーバー効果，自国のショックの合計7つの要因に分解される．表13-2の最上段には7つの要因が並ぶ．縦には，各国ごとにショックがあった当期，4四半期（1年）後，8四半期（2年）後の各要因の影響割合が表示されている（7つの要因の寄与割合の合計＝1）．

まず注目されるのが，ユーロ加盟国におけるユーロ圏要因と中心国，周辺国の各要因の影響度である．中心国のドイツ，フランス，イタリア，周辺国のギリシャ，ポルトガル，スペインのいずれも，ユーロ圏要因より各グループの要因の影響を強く受けていることが見て取れる．このほかの特徴としては，すべての国に影響をもたらしている世界要因の影響が比較的大きい．世界要因の影響の大きさは，竹内（2011b）の分析結果と共通する．

---

15) 紙幅の制約上，表13-2では分析対象国のうち，カナダ，オランダ，フィンランド，オーストリア，アイルランドの分散分解の結果を省略した．

表13-2 5つのファクターとスピルオーバー効果，自国ショックの分散分解

		世界	ユーロ圏	日本以外の国	ユーロ圏中心国	ユーロ圏周辺国	スピルオーバー効果	自国要因
日本	1	0.16					0.00	0.84
	4	0.24					0.14	0.62
	8	0.33					0.21	0.46
米国	1	0.05		0.41			0.00	0.54
	4	0.35		0.24			0.12	0.29
	8	0.44		0.18			0.15	0.23
フランス	1	0.05	0.01	0.07	0.53		0.00	0.34
	4	0.23	0.00	0.21	0.24		0.16	0.16
	8	0.39	0.01	0.21	0.13		0.19	0.07
ドイツ	1	0.04	0.07	0.21	0.13		0.00	0.55
	4	0.33	0.06	0.14	0.16		0.12	0.19
	8	0.46	0.07	0.14	0.12		0.15	0.06
イタリア	1	0.09	0.12	0.06	0.25		0.00	0.48
	4	0.18	0.15	0.01	0.20		0.12	0.34
	8	0.29	0.14	0.01	0.16		0.16	0.24
英国	1	0.75		0.14			0.00	0.11
	4	0.70		0.12			0.05	0.13
	8	0.63		0.12			0.10	0.15
ギリシャ	1	0.19	0.35	0.03		0.41	0.00	0.02
	4	0.39	0.23	0.02		0.26	0.09	0.01
	8	0.54	0.09	0.05		0.19	0.12	0.01
スペイン	1	0.14	0.11	0.22		0.08	0.00	0.45
	4	0.31	0.10	0.04		0.15	0.23	0.17
	8	0.43	0.08	0.03		0.14	0.25	0.07
ポルトガル	1	0.01	0.08	0.12		0.69	0.00	0.10
	4	0.04	0.18	0.09		0.39	0.22	0.08
	8	0.12	0.17	0.07		0.32	0.26	0.06

3.1.3 ファクターと生産性ショック

上記の Structural FAVAR で抽出された各ファクターは，現実のどのような経済変数を捕捉したものなのだろうか．本章では竹内（2011b）を踏まえ，ファクターとの相関をチェックする外生的なショックとして，(1) エネルギー（原油，石炭，天然ガス）価格，(2) 食料，鉱物など，エネルギーを除くその他1次産品の平均価格 (3) 金融ショック (4) 全要素生産性（TFP）の4つを取り上げた．

(1)(2) は資源価格ショックの代理変数であり，データは IMF の International Financial Statistics から入手した．（3）の金融ショックと（4）の生産性ショックは竹内（2011b）と同様に計算した．金融ショックは Christiano et al.（1997）の方法に拠り，米国の金融当局の政策金利の決定にかかわるショックを構造 VAR により抽出した[16]．金融政策のターゲットを R_t，金融政策当局が有する情報を Θ とすると，金融ショック ε_t は $R_t = g(\Theta) + \varepsilon_t$ から導かれる．$g(\Theta)$ は線形の関数である．金融ショック ε_t は系列相関を持たず，当然のことながら政策当局の持つ情報 Θ とは無相関であるとの想定が置かれる．

生産性ショックは Backus et al.（1992, 1994），Glick and Rogoff（1995）などを参考に，コブダグラス型の生産関数を想定して $\ln(Y_t) - \pi \ln(L_t)$ という形でソロー残差を計算して求めた（Y は実質 GDP，L は雇用者数，π は労働分配率）．資本ストックを考慮しないのは第 1 にデータ制約のためだが，資本の volatility が労働に比べて小さく計測結果に与えるバイアスは小さいという前提に基づく．一方，L については本来，労働時間のデータを使うのが望ましいが，途上国はもちろんのこと，先進諸国においても四半期単位の労働時間データの入手が難しい場合があるために雇用者数で計算した．その結果，ソロー残差に景気循環要因が混入してしまうという問題が生じる．本章ではこの点を考慮し，ホドリック・プレスコット（HP）フィルターによりソロー残差からトレンド成分を抽出し，これを TFP とした．ファクターとの対応関係を見るために，国別に算出した TFP を 2000 年時点の実質 GDP で加重平均し，各グループの TFP とした．

表 13-3 は，各国の景気循環に対する影響力の比較的大きいファクターで，上記の変数との相関性が有意に確認できたケースにおける相関係数とその有意水準（ピアソンの検定統計量）を示したものである．

ユーロ圏中心国要因と同周辺国要因は，ファクターの推計期間である 1993 年第 2 四半期から 2008 年第 4 四半期までの全期間では各変数との有意な相関性は認められず，1990 年代末以降の期間（1999 年第 1 四半期から 2008 年第 4 四半期）に限って，TFP との相関性が確認された．ユーロが導入された 1999 年を境に中心国と周辺国の生産性ショックの差異が明確になったことが背景にあると考えられる．中心国，周辺国ともに統一通貨導入前の 1990 年代半ばに

---

[16] 米国の金融ショックを国際的な金融ショックとして扱うのは，Stock and Watson（2005a）と同様である．米国が基軸通貨国であることを踏まえればこの点は許容されると考える．

表13-3 ファクターと各種ショックとの相関係数

計測されたショック（ファクター）	相関係数 t値
全要素生産性（ユーロ圏中心国）	0.3054** 1.9771
全要素生産性（ユーロ圏周辺国）	0.2813** 1.8070
エネルギー価格（世界）	−0.3763*** 2.3680
金融ショック（世界）	−0.3869*** 2.4105

注：上段が相関係数，下段がピアソンの検定統計量．
*** 1%有意水準，** 5%有意水準．エネルギー価格と金融ショックで想定される符号条件はマイナス．相関係数はリード・ラグなし．相関係数の計測期間については文中参照．

は生産性が大きく上昇したが，その後，中心国では生産性はやや低下したものの金融危機が顕在化する2007年ころまでは比較的安定的に推移したのに対して，ギリシャなど周辺国では前述のように2000年代に入ってからの生産性の低下の度合いが大きかった[17]．なお，このほかのユーロ圏要因や世界要因，日本を除く国要因と生産性との有意な相関性は確認できなかった．

このほか，2000年代以降（2000年第1四半期〜2008年第4四半期）について，世界要因とエネルギー価格ショック，および，世界要因と金融ショックの間で有意な相関性がみられた．エネルギー価格との相関は，エネルギー価格が2000年以降，明確な形で上昇基調に転じたことを反映している．一方，金融ショックとファクター，ひいては実際の景気との相関性が鮮明になったのも同じ期間についてであり，90年代も含めた分析期間全体では有意な相関性は見られなかった．別途，詳細な分析が必要だが，2000年代以降の金融ショックと景気の関係性にはいくつかの要因が介在する可能性がある．金融政策の効果の波及を促す国際間の投資の拡大や，金融当局の金融政策の内容や運用方法の改善などが可能性として考えられよう．

---

17) 3.1.2で図13-1を参照しながら述べたように，ギリシャなどユーロ周辺国は1990年代に生産性を比較的大きく高めたのに対し，2000年代に入ってからは生産性の伸びが停滞傾向にあるのは，公表ベースのTFPデータからも確認できる．

3.2 需要要因を加味した景気の連動性分析

　構造ショックを通じて景気変動の要因を検討する上記の Structural FAVAR は基本的に生産性ショックという供給サイドの視点に立った分析だった．一方，前述のように，国際的な景気循環論では従来，貿易など主に需要側の要因に注目した議論が多かった．実は，需要側の代表的な要因として挙げた貿易関係と，供給サイドの産業構造（生産性ショック）の変化，そして，国際間の景気循環の関係は相互に影響しあっており，本来はそれらを一体的に分析する必要がある．すなわち，産業構造の変化が直接的に景気循環に影響を与える一方で，貿易の拡大が産業構造を規定する，あるいは，産業構造の変化が貿易のあり方に影響を与えるという経路も考えられる．産業構造→景気循環，貿易関係→景気循環という直接効果とは別に，貿易関係→産業構造→景気循環，産業構造→貿易関係→景気循環という「間接効果」も考慮したシステム全体を分析することが重要になる．この点の重要性を指摘しているのが，Imbs（2001a, 2001b, 2004）である．ただし，これらの研究では統一通貨ユーロ導入の影響は分析の対象になっていない．

　そこで本章では，供給サイドの生産性ショックが景気循環に与える影響の重要性を確認した Structural FAVAR の推計結果を再確認する意味で，以下のような連立式を推計する．

$$\rho_{ijt} = a_0 + a_1 Time + a_2 S_{ijt} + a_3 S_{ijt} * D_{euro} + a_4 D + a_5 D * Time + \varepsilon_{ijt} \quad (4\text{-}1)$$

$$\rho_{ijt} = b_0 + b_1 Time + b_2 TR_{ijt} + b_3 TR_{ijt} * D_{euro} + b_4 D + b_5 D * Time + \varepsilon_{ijt} \quad (4\text{-}2)$$

$$S_{ijt} = c_0 + c_1 Time + c_2 TR_{ijt} + c_3 TR_{ijt} * D_{euro} + \varepsilon_{ijt} \quad (4\text{-}3)$$

$$TR_{ijt} = d_0 + d_1 Time + d_2 S_{ijt} + d_3 S_{ijt} * D_{euro} + \varepsilon_{ijt} \quad (4\text{-}4)$$

　Structural FAVAR ではファクターの有効性を確保する必要上，分析対象を 14 か国に減らしたが，これを前述のようにユーロ圏 11 か国と欧州の非ユーロ圏 7 か国に日米，カナダを加えた 21 か国に戻したうえで，ユーロ導入前の 1991〜1998 年と，導入後の 1999〜2007 年を比べて行う．ρ_{ijt} はこの 2 期間それぞれにおける ij 2 国の景気循環の相関係数である．四半期ベースの実質 GDP からホドリック・プレスコット（HP）フィルターにより抽出した各国の景気循環データをもとに計算した．

$Time$ は前期＝0，後期＝1とする期間ダミー，S_{ijt} は2国間の産業構造の格差指標（（1）式で定義した特化指標 K_i を使い，$\log(abs(K_i/K_j-1))$ と定義する），TR_{ijt} は2国間の貿易量を2国の経済規模（GDP）で割って算出した，いわゆる trade intensity index, D_{euro} は2国がともにユーロ圏の場合を1，それ以外のペアを0とするユーロ圏ダミー，D は日本と米国，アイルランドの海外との景気循環の連動性の特徴的な動きを捕捉するためのダミー（日本，米国，アイルランドがペアに含まれた場合に1とする．各国ごとに3種類のダミーを設定する）である[18]．（4）式はいわゆる difference-in-difference estimator になっている．

　ユーロ圏同士の場合とそれ以外のケースの場合の景気循環の連動性の違いは基本的に産業構造，貿易関係によって規定され（4-1，4-2式），産業構造と貿易関係は相互に影響を及ぼしあう（4-3，4-4式）．4つの式は誤差項相互の相関が予想される．また，4-1，4-2式は同時性の問題を回避するために，被説明変数が1991～98年と，1999～2007年の景気循環の相関係数なのに対して，説明変数を1991～93年，1999～2001年という期初の平均値とした．一方，4-3，4-4式は同時点の変数同士であるために，操作変数を使う．

　4-3式の説明変数である TR_{ijt} の操作変数としては，2国の貿易を規定する外生変数と考えられる各国間の距離を採用する．4-4式の産業構造の差に対応する操作変数は Imbs（2001a, 2001b, 2004）を参考にして，当該2国の1人当たり GDP の差の絶対値と，1人当たり GDP の合計値を採用する．Imbs and Wacziarg（2003）が明らかにしているように，産業構造は経済の発展段階の当初は要素賦存に大きく左右され特化度が高い傾向にあるが，その後，経済発展とともに平準化の方向に向う．しかし，その後，発展段階がある時点を過ぎると，再び特化度を高める方向に変化していく．こうしたいずれの国も程度の差はあれたどる産業構造の変化のプロセスを外生的な要因ととらえ，Imbs

---

[18] 上記の2つの期間の間の相関係数の変化と産業構造の2国間格差の変化の関係を散布図に描いた場合，日米は他国との景気循環の相関度の変化が比較的大きい傾向にあり，アイルランドは逆に小さい傾向にある．日本の場合は90年代の「失われた10年」を経て，2000年代は緩やかながら景気の回復局面に移行し，結果的に海外との景気の連動性が高まる形になった．米国の場合は IMF（2007）が指摘するように，貿易・資本面での各国における対米取引の拡大，いいかえれば，財や資金面での global integration の進展が，景気の国際間のスピルオーバー効果を強めていることが影響している可能性がある．アイルランドは IT 産業への特化度を高めたことが反映している．

(2001a, 2001b, 2004）では，操作変数として1人当たり GDP の差の絶対値と1人当たり GDP の合計値を採用した．差と合計値を同時に操作変数に取り込んだのは，上記のような非線形の産業構造の変化をとらえるためである．2国の発展段階の差が同じでも，両国が途上国同士の場合は産業構造が平準化の方向に向かい，両国が先進諸国同士の場合は逆に産業構造は特化傾向を示す．

以上を踏まえ，連立式の誤差項の相関に対処する SUR（Seemingly unrelated regression）と操作変数法を併用する3段階最小2乗法を使って(4-1〜4)式を推計した（表13-4が推計結果）．

まず，産業構造の格差が景気循環の相関に直接的に影響をもたらす経路を示す係数 a_3 と a_2 を見る．ユーロ圏ダミーとの交差項は，5％の有意水準でマイナスの係数（$a_3 = -0.0094$）が得られた．ユーロ圏の場合，産業構造の格差拡大は景気循環の相関を引き下げる効果を持つ．サンプル全体ではそうした関係は確認できなかった（a_2 の t 値 $= -1.0359$）．

非ユーロ圏を含むサンプル全体では，貿易の緊密度の上昇は景気循環の相関を高める効果を持つ（$b_2 = 6.1295$）．ユーロ圏に固有の貿易効果は確認できなかった（b_3 の t 値 $= -0.0269$）．

次に間接効果の結果を見る．貿易関係→産業構造→景気循環の場合が $c_2 * a_2$（サンプル全体），$c_3 * a_3$（ユーロ圏固有の追加効果），産業構造→貿易関係→景気循環の場合は $d_2 * b_2$（サンプル全体），$d_3 * b_3$（ユーロ圏固有の追加効果）である．c_2, d_2 は t 値が低く，サンプル全体の場合の間接効果は見出しえない．ユーロ圏では $c_3 = 34.9279$（t 値 $= 1.7169$），$d_3 = -0.0022$（t 値 $= -3.4965$）となり，直接効果に関わる係数 a_3, b_2 とあわせると，$c_3 * a_3 = -0.3283$, $d_3 * b_2 = -0.0134$ となる[19]．

ユーロ圏において貿易関係，産業構造が景気循環の相関性に与える直接効果と間接効果を比べると，貿易関係→景気循環（直接効果）が 6.1295，産業構造の変化を介した貿易関係→産業構造→景気循環（間接効果）が -0.3283（$34.9279 * -0.0094$），産業構造→景気循環（直接効果）が -0.0094，貿易関係の変化を介した産業構造→貿易関係→景気循環（間接効果）が -0.0134（$-0.0022 * 6.1295$）となる．2国間の貿易の緊密度が増すと景気の連動性を

19）　上述のように b_3 の有意水準が低いため，間接効果は $d_3 * b_3$ でなく，$d_3 * b_2$ と計算される．

表13-4 景気循環の相関係数,産業構造の特化指標,貿易のintensityの関係性に関する推計結果（3SLS）

	係数	t値
a_0	0.4743	24.8220***
a_1	0.0348	1.3065
a_2	-0.0025	-1.0359
a_3	-0.0094	-1.9866**
a_4（米国）	-0.2087	-4.1877***
a_5（米国）	0.1663	2.3591**
a_4（日本）	-0.4534	-9.0949***
a_5（日本）	0.3339	4.7376***
a_4（アイルランド）	0.0770	1.5426
a_5（アイルランド）	-0.1499	-2.1275**
b_0	0.4517	24.3930***
b_1	0.0255	0.9806
b_2	6.1295	13.6212***
b_3	-0.0174	-0.0269
b_4（米国）	-0.2055	-4.1678***
b_5（米国）	0.1638	2.3503**
b_4（日本）	-0.4506	-9.1374***
b_5（日本）	0.3323	4.7661***
b_4（アイルランド）	0.0808	1.6390
b_5（アイルランド）	-0.1487	-2.1332**
c_0	-1.4887	-10.6938***
c_1	-0.0471	-0.3911
c_2	28.5502	1.2776
c_3	34.9279	1.7169*
d_0	0.0031	2.1132**
d_1	0.0016	2.0982**
d_2	-0.0004	-0.4172
d_3	-0.0022	-3.4965***
修正済み決定係数		
（1）式		0.2650
（2）式		0.2980
（3）式		0.0057
（4）式		0.0571

$$\rho_{ijt} = a_0 + a_1 Time + a_2 S_{ijt} + a_3 S_{ijt} * D_{euro} + a_4 D + a_5 D * Time + \varepsilon_{ijt} \quad (4\text{-}1)$$
$$\rho_{ijt} = b_0 + b_1 Time + b_2 TR_{ijt} + b_3 TR_{ijt} * D_{euro} + b_4 D + b_5 D * Time + \varepsilon_{ijt} \quad (4\text{-}2)$$
$$S_{ijt} = c_0 + c_1 Time + c_2 TR_{ijt} + c_3 TR_{ijt} * D_{euro} + \varepsilon_{ijt} \quad (4\text{-}3)$$
$$TR_{ijt} = d_0 + d_1 Time + d_2 S_{ijt} + d_3 S_{ijt} * D_{euro} + \varepsilon_{ijt} \quad (4\text{-}4)$$

注：有意水準は***が1%，**が5%，*が10%．

高めるが，同時に産業構造の格差を拡大させ，景気の連動性を引き下げる．一方，2国間の産業構造の格差が拡大した場合は，それ自体が景気の連動性を低下させると同時に，貿易を抑制し，連動性がさらに低下するという副次的な追加効果が働く．

4．おわりに

　統一通貨ユーロの導入が域内の産業構造を変え，結果的に域内の国際的な景気循環の関係性に影響を与えるという一連のメカニズムについて実証的に考察した．ユーロ圏では統一通貨導入による輸送コストの低下が引き金になり，産業構造，引いては生産性の国際間格差が拡大している．こうした生産性の格差拡大は各国経済に供給サイドのショックとして作用することで，ユーロ圏の国際的な景気循環の連動性を低下させている．景気循環には需給両面の要因が影響していると考えられるが，この分析結果は，産業構造の変化という供給側の要因に，貿易関係の緊密度という需要側の要因を加味して推計した場合でも同様に認められた．「最適通貨圏」の観点からいうと，経済政策の自由度を事実上放棄し，通貨統合にまで踏み込んだユーロ圏のようなケースでは，前提条件としてある程度の景気の同調性を確保しておかなければならないが，実態は反対の方向に進んでいる．

　自由貿易や生産要素の移動が徹底していれば非対称的な経済ショックの吸収も可能と考えられるが，現実はそれほど単純ではない．輸出入を通じた非対称的ショックの吸収という考え方は主に需要サイドのショックを想定しているが，本章で確認したように非ユーロ圏と比較した場合，ユーロ圏では産業構造の変化という供給要因が景気の国際的な関係性を左右する重要な役割を果たしている．本来的には供給ショックに対応しうる生産要素の移動も，労働の移動などは，実際は限定的である．国によって多様な発展段階や要素の賦存状況がみられる場合は，より柔軟性をもった経済統合のあり方が政策的に検討されていくべきなのかもしれない．

謝　辞

本章の元となった論文の作成段階で，日本大学の中村二朗氏から貴重な助言をいただいた．記して感謝申し上げる．

参考文献

Altonji, J. G. and Ham, J. C. (1990), "Variation in Employment Growth in Canada : The Role of External, National, Regional, and Industrial Factors", *Journal of Labor Economics*, Vol. 8 (1), S198-S236.

Backus, D. K., Kehoe, P. J., and Kydland, F. E. (1992), "International Real Business Cycles", *The Journal of Political Economy*, Vol. 100 (4), pp. 745-775.

Backus, D. K., Kehoe, P. J., and Kydland, F. E. (1994), "Dynamics of the Trade Balance and the Terms of Trade : The J-Curve?", *The American Economic Review*, Vol. 84 (1), pp. 84-103.

Baxter, M. and Kouparitsas, M. A. (2005), "Determinants of Business Cycle Comovement : A Robust Analysis", *Journal of Monetary Economics*, Vol. 52 (1), pp. 113-157.

Bernanke, B. S., Boivin, J., and Eliasz, P. (2005), "Measuring the Effects of Monetary Policy : A Factor-Augmented Vector Autoregressive (FAVAR) Approach", *The Quarterly Journal of Economics*, Vol. 120 (1), pp. 387-422.

Blanchard, O. (2006), "Adjustment with the Euro. The Difficult Case of Portugal. Massachusetts Institute of Technology Department of Economics", *Working Paper Series*, No. 06-04.

Blanchard, O. (2007), "Current Account Deficits in Rich Countries. Massachusetts Institute of Technology Department of Economics", *Working Paper Series*, No. 07-06.

Christiano, L. J., Eichenbaum, M. and Evans, C. L. (1997), "Sticky Price and Limited Participation Models of Money : A Comparison", *European Economic Review*, Vol. 41 (6), pp. 1201-1249.

Clark, T. E. and Shin, K. (2000), "The Sources of Fluctuations Within and Across Countries", *Intranational Macroeconomics*, Hess, G. D. and E. van Wincoop (eds.), Cambridge : Cambridge University Press, pp. 189-217.

Dempster, A. P., Laird, N. M., and Rubin, D.B. (1977), "Maximum Likelihood from Incomplete Data via the EM Algorithm", *Journal of the Royal Statistical Society*, Series B (Methodological), Vol. 39 (1), pp. 1-38.

Fankel, J. and Rose, A. (1998), "The Endogeneity of the Optimum Currency Area Criteria", *Economic Journal*, Vol. 108 (449), pp. 1009-1025.

Glick, R. and Rogoff, K. (1995), "Global versus Country—Specific Productivity Schocks and the Current Account", *Journal of Monetary Economics*, Vol. 35 (1), pp. 159-192.

Imbs, J. M. (1999), "Technology, Growth and the Business Cycle", *Journal of Monetary Economics*, Vol. 44 (1), pp. 65-80.

Imbs, J. M. (2001a), Sectors and the OECD Business Cycle, Manuscript. http://www.hec.unil.ch/jimb/papers2.htm

Imbs, J. M. (2001b), Co-Fluctuations, Manuscript. http://www.hec.unil.ch/jimb/papers2.htm

Imbs, J. M. (2004), "Trade, Finance, Specialization, and Synchronization", *The Review of Economics and Statistics*, Vol. 86 (3), pp. 723-734.

Imbs, J. M. and Wacziarg, R. (2003), "Stages of Diversification", *The American Economic Review*, Vol. 93 (1), pp. 63-86.

International Monetary Fund (2007), "Decoupling the Train? Spillovers and Cycles in the Global Economy", *World Economic Outlook*, 2007 (April), pp. 121-160.

Kraay, A. and Ventura, J. (2001), "Comparative Advantage and the Cross-section of Business Cycles", *NBER Working Paper Series*, 8104.

Krugman, P. (1991), *Geography and Trade*, The MIT Press, Cambridge.

Norrbin, S. C. and Schlagenhauf, D. E. (1996), "The Role of International Factors in the Business Cycle: A Multi-Country Study", *Journal of International Economics*, Vol. 40 (1-2), pp. 85-104.

Stock, J. H. and Watson, M. W. (2005a), "Understanding Changes in International Business Cycle Dynamics", *Journal of the European Economic Association*, Vol. 3 (5), pp. 968-1006.

Stock, J. H. and Watson, M. W. (2005b), "Implications of Dynamic Factor Models for VAR Analysis", *NBER Working Paper Series*, 11467.

Stockman, A. C. (1988), "Sectoral and National Aggregate Disturbances to Industrial Output in Seven European Countries", *Journal of Monetary Economics*, Vol. 21 (2-3), pp. 387-409.

小西貞則・越智義道・大森裕浩 (2008), 『計算統計学の方法―ブートストラップ・EM アルゴリズム・MCMC (シリーズ予測と発見の科学5)』朝倉書店.

竹内文英 (2011a), 「統一通貨ユーロと産業構造の再編」早稲田経済学研究69号 (刊行予定).

竹内文英 (2011b)「Structural FAVAR による世界景気の要因分析」内閣府経済社会総合研究所『経済分析』184号, pp. 75-98.

第14章

米金融危機と景気循環
家計のバランスシート調整の影響

荒井信幸

1. はじめに

 2006年から顕在化しはじめたサブプライムローン問題は，2007年の欧州市場での流動性危機を経て，2008年9月15日のリーマンブラザーズの破綻により，世界的な金融危機に拡大した[1]．この金融危機は世界的な金融，資本市場の不全と，それに続く需要の落ち込みにより，実体経済にも大きな影響を与え，2009年の先進国経済は軒並みマイナス成長に陥った．米国では雇用情勢も急速に悪化し，2009年末の失業率は10%を超えた．

 こうした状況に対し米国の連邦準備銀行と政府は，大規模な金融，財政政策で対応し，景気悪化は小康状態となり，2009年6月に景気は一応底を打った．しかし景気回復の足取りは重く[2]，底割れのリスクも懸念される状況にある．

 本章ではファクトファインディングを中心に，今回の金融危機後の景気後退を，主として家計のバランスシート調整の観点から，日本のバブル期との比較

---

[1] 2007年には8月にBNPパリバ系ファンドの危機，9月に英国ノーザン・ロックの取付けがあった．2008年には3月にベアー・スターンズ危機，9月にリーマン・ブラザーズ倒産，資本市場の機能不全，AIGや投資銀行の経営危機などが相次いだ．
[2] Conference Boardの Economic Index によって2009年6月からの回復局面をみると，先行指数がV字型の回復を見せているのに，一致指数の改善テンポは鈍い．坪内（2007）も指摘するように，米国の一致指標では，雇用と消費が重視されるが，それらの回復が鈍いためである．Okunの法則に基づけば，失業率は実質GDP成長率が概ね3%を超えてこなければ低下しない計算になる．IMFの Economic Outlook などでも米国の成長率は，当面3%程度にとどまることを考えると，雇用情勢はなお厳しく，一致指数の回復も鈍いものと見られる．

も含めて検討する．

2. 戦後の米国における景気循環の特徴と今回の景気後退

　戦後の米国では，1950年代までは4年程度の周期で景気循環が生じていた（表14-1，図14-1）．その後1960年代には拡大が長期にわたったが，1970年代に入るとニクソン・ショックと2度のオイル・ショックをはさんで，再び景気循環の周期は短期化した．しかし1982年以降は，景気拡張期が長く後退期の非常に短い，いわゆる「大いなる安定」（great moderation）の時代が続いた[3]．

　2007年12月をピークとする景気後退は，戦後の景気後退の中では下落幅が非常に大きかった．また日本のバブル崩壊後の不況と比較すると，債務（レバレッジ）の大幅な拡大を伴ったバランスシート膨張の反動だという共通点を持つ．相違点は今回は世界的な不況の伝播が広く，深かったことであり，日本のバブル後不況が他の地域にそれほど影響を与えなかったのと対照的である．

3. 米国の消費にみられる特徴

3.1 貯蓄率の趨勢的低下

　消費のGDP比率を見ると，1980年代から上昇傾向が始まり，1990年代末から一段と高くなり，70%まで上昇した（図14-2）．これは1980年代初頭に比べ，8%程度高い．これに対し住宅投資は2000年代半ばにかけて拡大し，6%水準に達したのち2%台に急低下した．

　米国の消費の趨勢的拡大は，1990年代半ばからの家計貯蓄率の低下に象徴的にあらわれている．可処分所得に対する貯蓄割合は，1990年代初頭までは，短期的な変動を繰り返しながらも8%〜10%の範囲で安定していた（図14-3）．しかし1990年代半ば以降は趨勢的に低下し1990年代末には4%を割り込み，今回の金融危機直前にはほぼゼロとなるところまで水準を下げた．住宅投資の

---

[3] Blanchard, Dell'Ariccia and Mauro（2010）は，この長期の安定によってマクロ経済的リスクが過小評価されたことが，今回の経済危機の遠因になった可能性を指摘している．

第14章　米金融危機と景気循環

表14-1　戦後米国の景気循環

谷	山	拡張	後退
1945年10月	1948年11月	37	11
1949年10月	1953年 7月	45	10
1954年 5月	1957年 8月	39	8
1958年 4月	1960年 4月	24	10
1961年 2月	1969年12月	106	11
1970年11月	1973年11月	36	16
1975年 3月	1980年 1月	58	6
1980年 7月	1981年 7月	12	16
1982年11月	1990年 7月	92	8
1991年 3月	2001年 3月	120	8
2001年11月	2007年12月	73	18
2009年 6月			

出所：NBER, "Business Cycle Expansions and Contractions".

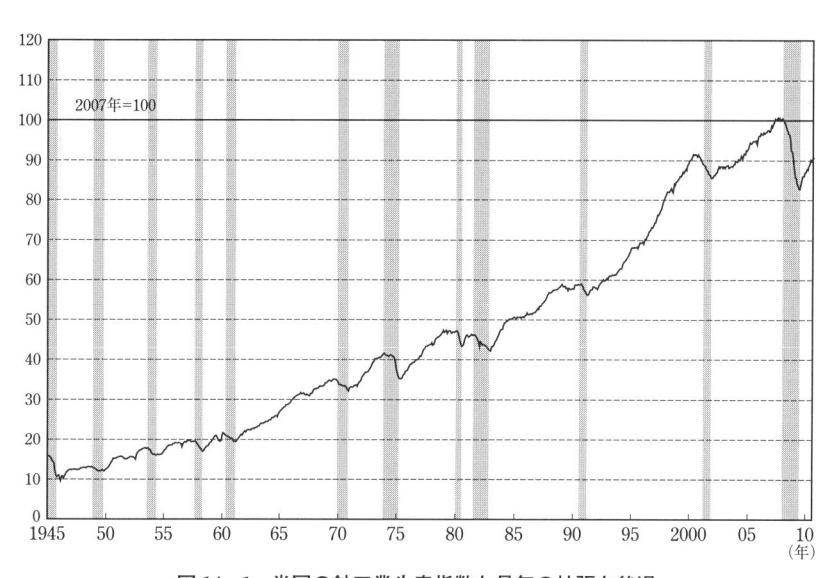

図14-1　米国の鉱工業生産指数と景気の拡張と後退

注：鉱工業生産指数は2007年＝100. 白地は景気拡張期間，アミ部分は後退期間.
出所：FRB, "Industrial Production and Capacity Utilization". NBER, "Business Cycle Expansions and Contractions" より作成.

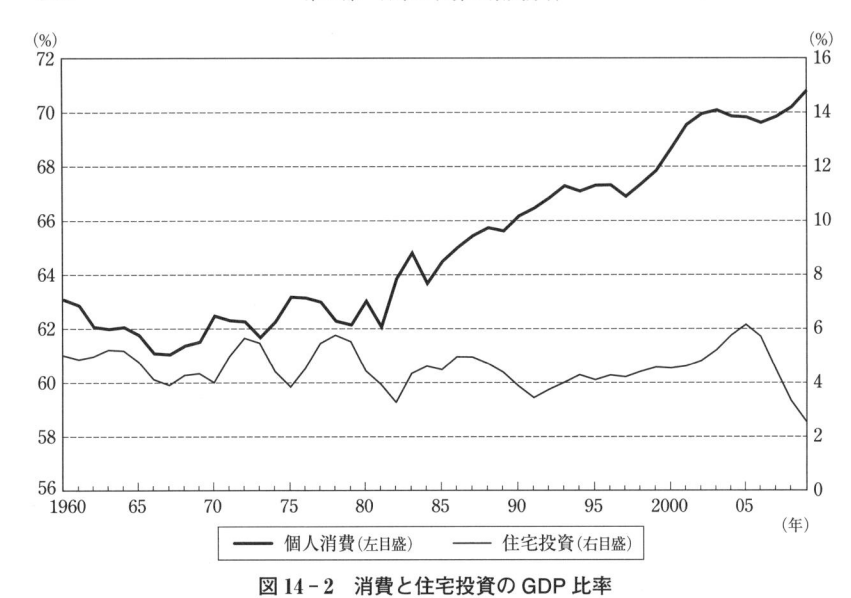

312　第Ⅲ部　日本と世界の景気分析

図 14-2　消費と住宅投資の GDP 比率

個人消費(左目盛)　　住宅投資(右目盛)

出所：BEA, "National Income and Product Account" より作成.

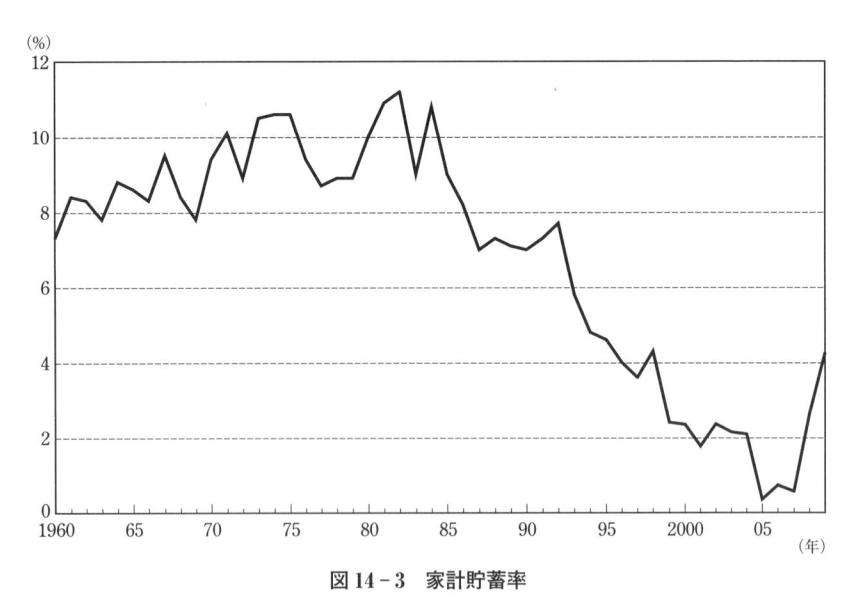

図 14-3　家計貯蓄率

出所：BEA, "National Income and Product Account" より作成.

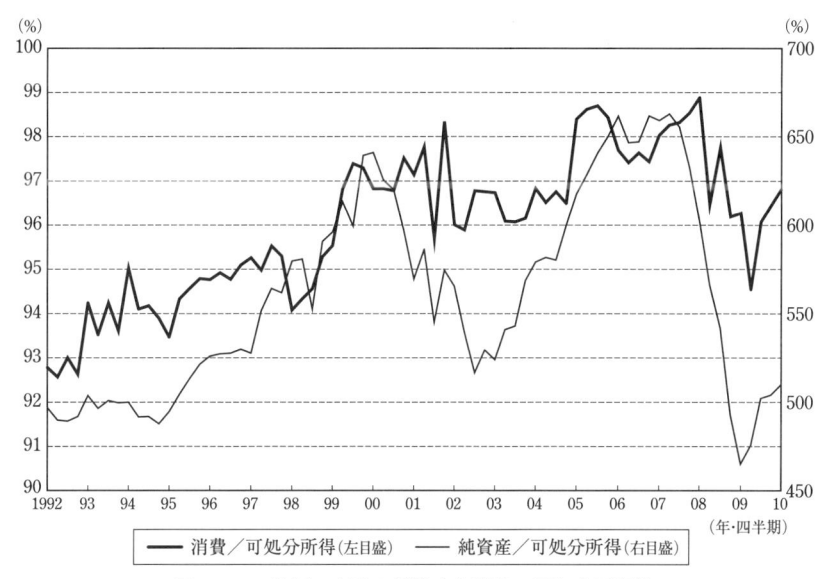

図14-4　米国の家計の純資産と消費の可処分所得比

出所：BEA, "National Income and Product Account". FRB, "Flow of Funds" より作成.

GDP比率が平均的には4%程度であったことを考えれば，家計部門は貯蓄投資バランスからみて投資過剰で，全体として借入部門であったことが分かる．

3.2　家計の純資産変動と消費の関係

貯蓄率の低下は裏返せば平均消費性向の上昇を意味する．この間の消費性向の上昇を単一の要因で説明するのは難しいが，ここでは家計が保有する純資産と消費の関係について概観しよう．図14-4は，家計純資産と消費を可処分所得に対する比率としてあらわしたものである[4]．

家計純資産と消費の可処分所得に対する比率の前期差をOLSで回帰すると，家計純資産の変化に対する消費の変化割合は，約1.7%と計算される（計数下のカッコはt値）．

---

4) この図は，小野（2010）を参考にして作成した．

$$CPDI - CPDI(-1) = 0.0005 + 0.0175(NWDI - NWDI(-1))$$
$$(0.547)\quad(3.18)$$

D.W.＝2.96
$CPDI$：消費／可処分所得
$NWDI$：家計純資産／可処分所得
サンプル期間：1992 年第 2 四半期～2010 年第 1 四半期

　家計純資産の変化と消費の変化（つまり平均消費性向の変化）が同調する経路は，いくつか考えられる．
　第 1 は資産効果である．将来所得の増加期待が資産価格を上昇させるとともに，これを恒常所得の増加と解釈した消費者が消費性向を引き上げるケースである．
　第 2 は期待金利の低下の効果である．今期借入をすることによって異時点間の消費を最適化しようとする消費者にとっては，金利の低下が代替効果と所得効果の両面から今期の消費を増加させる．資産価格も割引率の低下を反映して上昇する．
　第 3 は借入制約の緩和である．家計に対して融資をする銀行が資産価格の上昇を担保価値の増加と判断して，融資の上限を増やし，借入制約によって消費を抑えていた家計の消費を増やすというルートである．
　米国の資産効果については，Ludvingson and Steindel（1999）が，資産から限界消費性向への押し上げ効果は，1983 年～1997 年にかけて 2.4% であったとしている[5]．Carroll, Otsuka and Slacalec（2006）は，1960 年～2004 年にかけての短期的な資産効果は，全体で 1.7% 程度であり，内訳としては株よりも住宅の資産効果が大きいとしている．
　松林（2010）は，1990 年代から 2000 年代までの流動性制約の緩和が，家計部門の旺盛な借入を可能にし，消費支出を増加させたとしている．

---

[5]　祝迫（2002）は，純粋な資産効果は存在するとしても限定的であり，構造的な消費水準の上昇の原因については，明確な結論は得られていないとしている．峯岸・石崎（2002）は，2000 年の IT バブル崩壊後にも消費が堅調だった要因として，金利低下が住宅価格を押し上げ，その資産効果が消費を下支えしたとする．

4. 家計債務の膨張とその要因

4.1 債務膨張とその反動

債務の膨張を伴ったブームに続く反動不況については，古くは Fisher (1933) に指摘されている．Fisher によれば，経済変数は無数にあるが，深刻な不況が起こる要因は「債務の膨張」と「デフレ」の複合作用にあると指摘した．

最近では，Reinhart and Rogoff (2009) が，過去2世紀にわたる世界の金融危機を分析し，債務膨張とその後の金融危機の背景に，過度の楽観，"This-Time-Is-Different Syndrome" があると指摘する．

今回の金融危機は，1990年代半ばからの株や不動産価格の上昇を伴った家計支出の拡大の反動という側面を持つ．以下では，こうした家計支出を支えた債務の拡大要因を所得，金利，将来への楽観といった要因に分解して検討する．

4.2 予備的考察

家計が借入をして今期と来期の2時点の消費を最適化させる場合，所得と消費の組み合わせは以下の図のように示される．当初の金利が r で，今期の所得が Y，来期の所得は g だけ伸びるとする．今期と来期の最適消費の組み合わせは $A(C_1, C_2)$ で表され，今期に $C_1 - Y$ だけ借入をする．

ここで金利が r' に低下すれば，最適消費は $B(C_1', C_2')$ となり，借入額は $C_1' - Y$ に拡大する．所得がなんら変わらなくても，金利が低下すれば，今期の消費は増える（図14-5）．

しかしこの将来予想が過度に楽観的なものであれば，消費行動はいずれ修正を余儀なくされる．期待金利が上昇したり，期待所得の伸び率が低下したりする場合である．もし金利が r'' に上昇し，期待所得伸び率が g' に低下すれば，最適消費は $C(C_1'', C_2'')$ となり，借入額は $C_1'' - Y$ に縮小する（図14-6）．

こうした状況変化により，これから借りようとする人はより少ない借入をするであろう．すでに借入をしていた人は予想以上の返済負担に対応するため，消費を急速に抑えるであろう．これらの結果，全体として，消費の減少と貯蓄

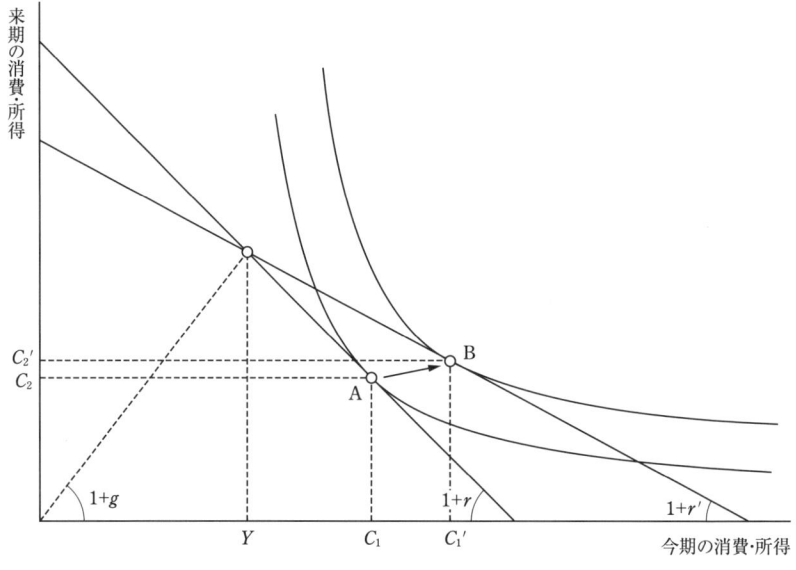

図 14-5　金利低下時の所得と消費の組合せ

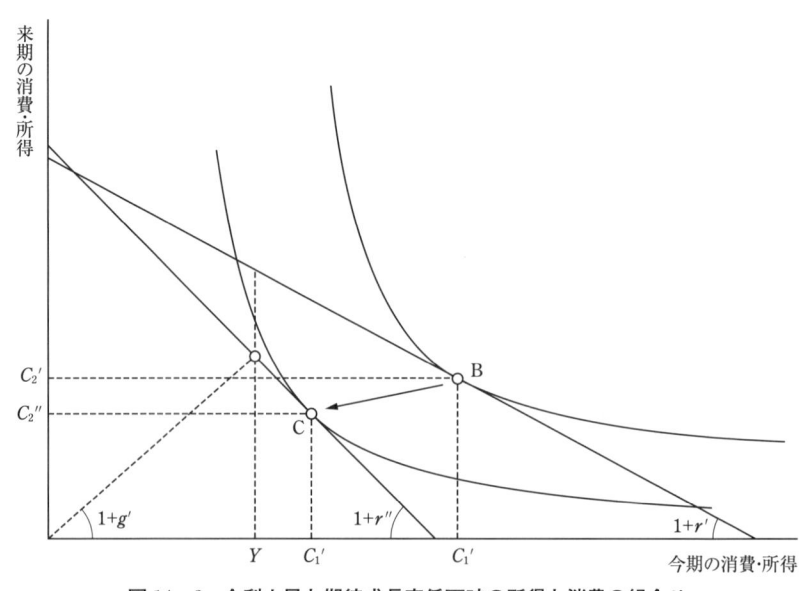

図 14-6　金利上昇と期待成長率低下時の所得と消費の組合せ

率の上昇がもたらされる．

　同様のことを，今度は家計の借入限度額という観点から考えてみよう．健全な家計が考える借入限度額は，毎期の所得からローンの返済に回せる額の割引現在価値であろう．従って借入限度額は，現在の所得，期待所得の伸び率，ローンの金利，所得のうちから返済に回せる割合などに左右される．

　融資をする金融機関の観点からは，借入人の返済能力を，上記と同様の基準で審査した上，万が一のための資産担保価値なども考慮するのが一般的であろう[6]．

　単純化のために，家計が永遠に借り換えのできるコンソルで調達できるとした場合，所得から返済できる借入限度額は以下の式で表わされる．

$$L = \frac{\alpha Y}{r-g}$$

L：借入限度額
α：所得のうちから返済にまわせる割合
Y：所得
r：借入金利
g：所得の期待成長率

　借入をして消費や住宅購入をしようという人にとって，金利の低下や所得の成長率の上昇は，ともに分母を小さくして，借入限度額を増加させる[7]．逆に，期待金利が上昇したり，期待成長率が低下したりすると分母が大きくなって，借入限度額は減少する．すでに借り入れているとすれば，急いで債務を圧縮しなければならないと認識する．図14-6でBからCへ移動した時のように，金利や期待成長率が変化すると，借入限度額はL'からL''へと減少し，債務の要圧縮額は以下のようになる．

---

[6] 資産価格の上昇局面では，担保価値の増加により永遠に借り換えができると考えて，過大な借入をした人もいたかもしれない．このような ponzi game を前提に，返済能力を超えた借入をして消費や住宅購入をしていた人の場合は，資産価格が下落に転じて，すぐに破綻に追い込まれたであろう．

[7] 家計が異時点間の消費を最適化する場合，借入限度一杯に借りる必然はないので，αを最適返済割合と考えても良い．ただ，現実には借入限度を考慮して購入する住宅を選ぶ場合も少なくない．

$$\text{債務の要圧縮額} = L' - L'' = \frac{\alpha Y}{r' - g} - \frac{\alpha Y}{r'' - g'}$$

こうした圧縮を行うのが，いわゆるバランスシート調整である．

4.3 単純化した要因分解

以下では上記の考察を基本として，次のように単純化する．

家計の債務残高は名目GDPに，σをかけたものを，長期国債金利rで割ったものと考える．

この時のσは，借入をする家計や貸付をする銀行が，将来の返済能力が改善すると考えれば上昇するし，低下すると考えれば低下する．ここではこのσを「楽観視要因」と呼ぶことにする．楽観視要因は，4.2項で示した借入限度額における，αとgに加え，長期金利と借入金利のスプレッドなどを包括的に含む概念である．これを式で表すと以下のようになる．

$$L = \frac{\sigma Y}{r}$$

L：家計債務残高
Y：名目GDP
r：長期金利
σ：楽観視要因（残差）

対数をとって，

$$\ln L = \ln \sigma + \ln Y - \ln r$$

これを時間で微分すれば，

$$\frac{\Delta L}{L} = \frac{\Delta \sigma}{\sigma} + \frac{\Delta Y}{Y} - \frac{\Delta r}{r}$$

$$\frac{\Delta \sigma}{\sigma} = \frac{\Delta L}{L} + \frac{\Delta r}{r} - \frac{\Delta Y}{Y}$$

図14-7では，家計債務として，そのおおむねを占める住宅モーゲージ残高を取り，長期金利として10年物財務省証券利回りを取って描いている．

第14章　米金融危機と景気循環　　319

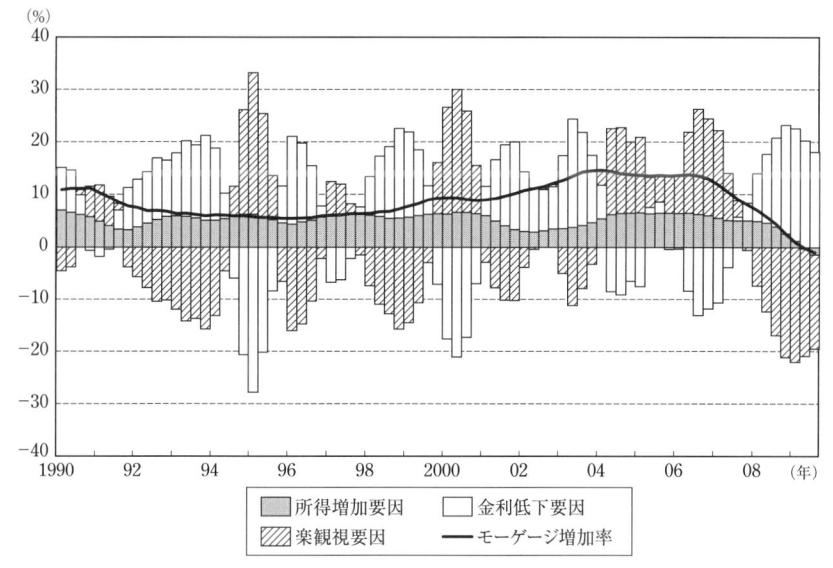

図14-7　住宅モーゲージローン残高増加率とその要因

注：モーゲージ増加率は家計部門のモーゲージ残高，所得増加要因は名目GDP，金利低下要因は10年物財務省証券利回りの，それぞれを後方4期移動平均し，前年比変化率をとったもの．楽観視要因は残差．
出所：BEA, "National Income and Product Account". FRB, "Flow of Funds" より作成．

　1990年代は95年前後の一時期を除き，モーゲージ残高は所得と同程度のペースでしか増加しておらず，金利低下要因は慎重な態度によって相殺されていたものと考えられる（グラフでは楽観視要因がマイナスに寄与）．同時期に株価は大幅上昇をしていたことを考えると，同じ資産でも株と不動産とでは動きが異なり，1990年代に不動産投資を慎重にさせる要因が働いていたことが考えられる．

　これに対し，2001年から2004年にかけては，所得の伸びが低下する中，モーゲージは金利の大幅な低下によって押し上げられていた．さらに2004年から2007年にかけては，金利がマイナスに働いていたにもかかわらず，楽観視要因がモーゲージの残高を大幅に押し上げていたことがわかる[8]．特に証券化の進展ともあいまって，金融機関の与信基準は非常に甘いものとなり，信用度の低い債務者にも多額の貸付が行われた（補論参照）．

---

8) 住宅モーゲージ資金は，住宅投資のみならず消費にもかなり回っていたと考えられる．詳しくは，補論参照．

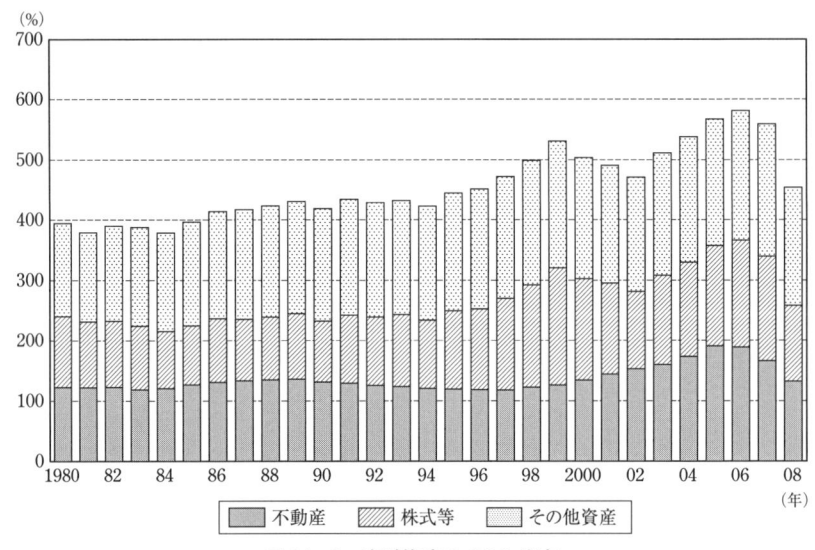

図14-8　家計資産のGDP比率

出所：BEA, "National Income and Product Account" より作成.

金融危機後は，金利が大幅に引き下げられたが，所得増加要因が縮小，楽観視要因が反転してモーゲージ残高の伸びは縮小し，足元では減少に向かっている．

4.4　家計資産にみる株と不動産価値の変動

日本のバブル期には株価と地価の上昇と下落は同調していたが，米国ではズレがあった．

米国の株価は1980年代半ばまで10年にわたり停滞していた（いわゆる「株式の死」）が，1980年代後半から上昇を始めた．1987年にはブラックマンデーの一時的下落はあったが1999年までほぼ一直線に上昇しGDP比ではピークを迎えた．その後2000年のITバブル崩壊を経て2006年にかけて再び上昇した．

これに対し，不動産価格は1990年代を通じて比較的落ち着いていた．この一因として1990年代初頭のS&L破綻後の不動産への警戒感が考えられる．しかし警戒感も徐々に薄れ，ITバブル崩壊後の金融の大幅緩和や，証券化に

伴うリスク意識の希薄化などもあって，株価と入れ替わりに上昇していった．

こうして株価から不動産価格へと続いた資産価格の上昇が消費拡大の長期化と同時に進行した．しかし2007年からの不動産価格と株価の下落は家計資産を大きく減少させた（図14-8）．

5. 財政政策と個人消費

米国政府は，消費性向の低下による需要減少に歯止めをかけるべく，大幅な減税を含む財政政策を行った．ここでは，2009年の消費の変動を，消費性向，所得，政府要因に分解して，それらがどのように寄与したかを見る．

$$C_p = c \times DI$$
$$DI = Y - T$$
$$\Delta C_p = \Delta c \times DI + c \times \Delta DI \cdots\cdots\cdots ①$$
$$\Delta DI = \Delta Y - \Delta T \cdots\cdots\cdots\cdots ②$$

C_p：個人消費
c：消費性向
DI：可処分所得
Y：給与所得
T：政府要因（所得税など）

上記の①，②に相当する寄与度をグラフ化したのが，図14-9，図14-10である．2009年は消費が落ち込んだが，消費性向低下の影響を，可処分所得の増加が一部補っていることが分かる．可処分所得の増減を見ると，給与所得が減少する中，政府要因がプラスに寄与していることが見て取れる．

政府要因には，景気対策としての減税のほか，給与所得の減少を反映した自然減税も含むが，これらすべてを合わせた金額として，6000億ドル近い実質減税が行われたことになる．

こうした政策によって，消費の底割れを回避したものの，政府による需要面でのテコ入れについては，財政の維持可能性の面から懸念が高まっている．その中で民間の自律的景気回復のカギをにぎる消費性向，ないしは家計貯蓄率が

322　第Ⅲ部　日本と世界の景気分析

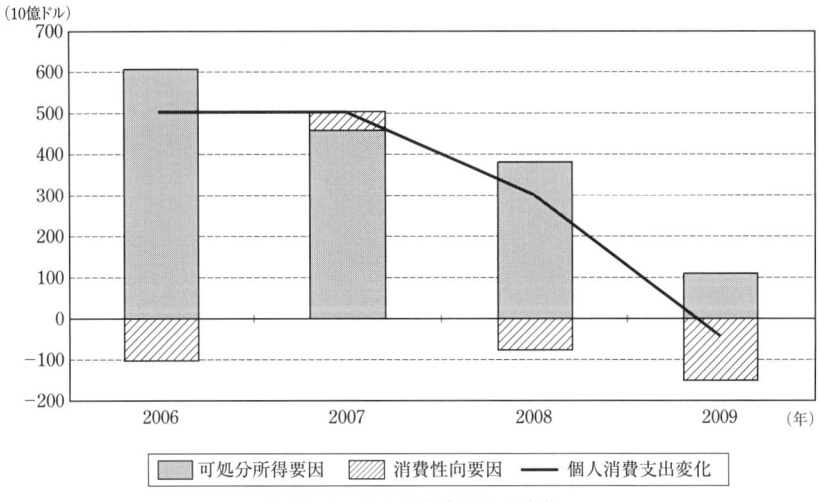

図14-9　個人消費支出額の変化

凡例：可処分所得要因　消費性向要因　―― 個人消費支出変化

注：1）可処分所得要因とは，当期の可処分所得の増加額に前年の消費性向をかけたもの．
　　2）消費性向要因は，個人消費支出変化－可処分所得要因．
出所：BEA, "National Income and Product Account" より作成．

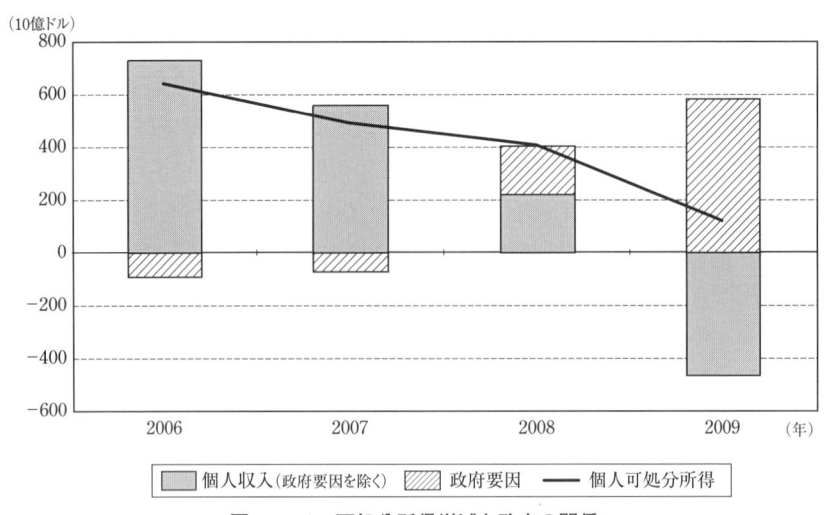

図14-10　可処分所得増減と政府の関係

凡例：個人収入（政府要因を除く）　政府要因　―― 個人可処分所得

注：政府要因とは，「政府社会保障給付－政府への社会保障納付－個人所得税」の前年比増加額．
出所：BEA, "National Income and Product Account" より作成．

今後どのように動くかは政策の有効性にとって重要なポイントである[9]．この点について，長期的な家計のバランスシート調整という観点から見ていきたい．

6. 米国家計のバランスシートとバブル期の日本企業の債務膨張との比較

6.1 資産負債のバランスからの観察

家計資産が拡大を始めた1995年と，金融危機によって資産が縮小した2008年の家計のバランスシートのGDP比率を見ると，総資産はGDPの4.5倍程度で，両年で大きくは違わない水準になっている．資産内容も2008年の株，不動産のGDP比率はともに，1995年と大きく変わらない水準まで低下している．しかしこの間に拡大したモーゲージ残高は，資産価格と連動して低下はし

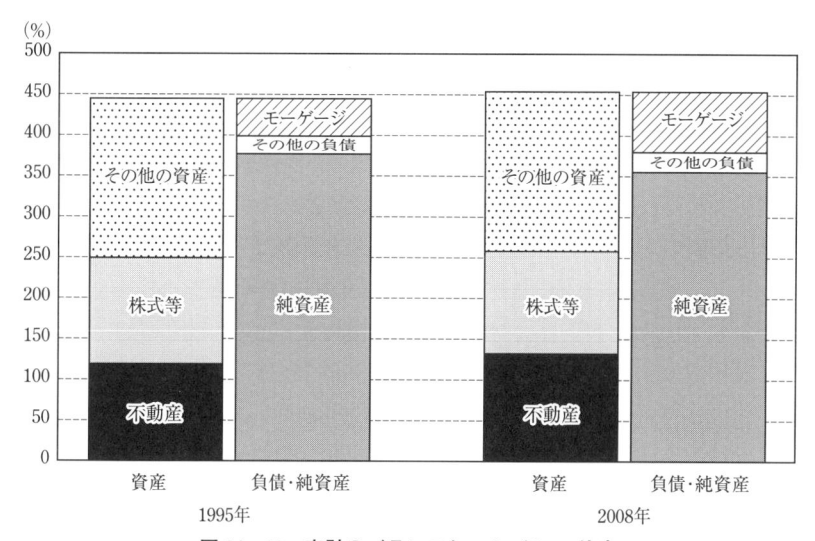

図14-11 家計のバランスシート／GDP比率

出所：BEA, "National Income and Product Account" より作成.

---

9) 財政政策の効果については，民間の消費や投資へのクラウディングアウトの大きさなど，評価するモデルによって見方が分かれる．Cogan, Cwik, Taylor and Wieland (2009) を参照のこと．

324　第Ⅲ部　日本と世界の景気分析

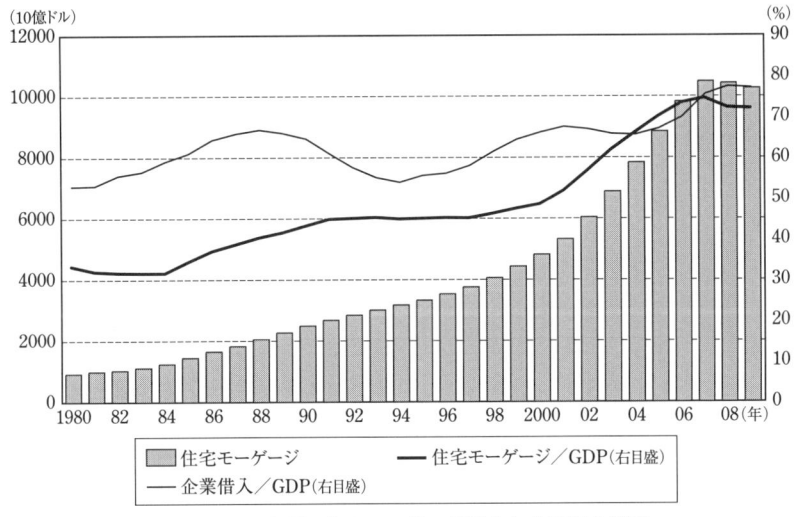

図 14-12　米国の住宅モーゲージ残高と企業借入残高

注：住宅モーゲージは，家計部門債務の中の home mortgage，企業借入は，非金融法人債務の中の credit market instruments.
出所：FRB,"Flow of Funds". BEA,"National Income and Product Account"より作成.

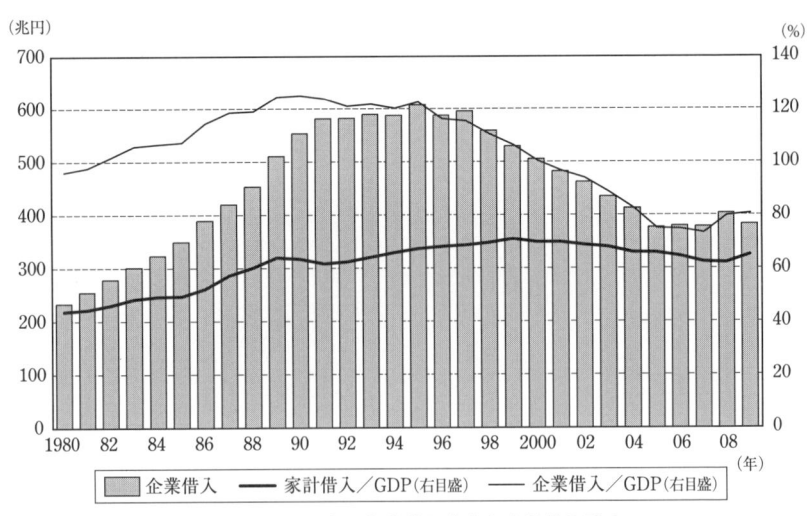

図 14-13　日本の企業借入残高と家計借入残高

注：企業借入は非金融法人企業の借入等.
出所：日本銀行「資金循環表」，内閣府「国民経済計算」より作成.

なかったため，2008年の純資産は1995年と比較して大幅に低下している（図14-11）．

6.2 家計部門と企業部門の負債推移の日米比較

今回の米国の経済危機は債務膨張の反動である点で日本のバブル期との類似性を持つ．ただし米国の債務膨張が主として家計部門を中心としていたのに対し，バブル期の日本では主として企業部門を中心としていた点が大きな違いである．従ってブーム期の需要拡大の主役も米国では消費や住宅投資であったのに対し，日本では設備投資であった．しかし反動不況においてバランスシート調整を余儀なくされる点では共通している．

貯蓄率上昇の規模や期間がどの程度続くかについては，消費者の時間選好や，今後の資産価格の動きなどに左右されるので，予想は難しいが，米国の経済成長率と金利の差（$r-g$）や，人々が所得の中から返済に回せる金額の割合（a）が長期的には安定的だとすると，借入限度額は，所得（Y）に比例する．米国の所得分配率は長期的には安定しているので，結局，家計の債務残高／GDP比率が，長期的な平均水準に収れんしてゆくと考えることもできよう．

米国家計の債務で最大の要素である住宅モーゲージのGDP比率は，1990年代半ばまで40%台だったが，2007年にかけて80%近くに上昇した（図14-12）．仮にこれが1995年の水準に戻るとすれば，GDP比で30%強の債務圧縮が行われることになる．日本ではバブル崩壊後，企業が約20年かけて債務のGDP比率を40%程度引き下げた（図14-13）．米国の家計を日本の企業と単純に比べることはできないとしても，米国の家計のバランスシート調整は避けられないものと見られ，景気回復にとってこれが1つの制約要因になりうる．

7. おわりに

米国の景気循環は1980年代以降，景気拡張が長く後退が短い，大いなる安定（great moderation）を続けた．景気の拡大過程では，株や不動産の値上がりと消費拡大（貯蓄率の低下）と住宅投資拡大が同時に進行した．この間，家計部門の債務（レバレッジ）は，長期にわたる低金利や楽観の広がりを背景に膨張を続けた．

しかし2007年末から景気は金融危機を伴って急激かつ大幅な後退に入った．その後の連邦準備銀行や政府による積極的な金融，財政政策もあり，景気は2009年6月には底を打ったが，回復力は弱い．日本のバブル後に企業部門で大規模なバランスシート調整があったように，米国の家計部門でもバランスシート調整は不可避とみられ，今後の景気回復にとってこれが1つの制約要因になりうる．

補　論　金融面の弛緩と消費の拡大

今回の金融危機の背景には住宅ローン証券化商品への甘い格付けや，CDS等の多額のオフ-バランス取引があった．これらは，米国の家計支出拡大の一因となった金融面の弛緩（楽観視要因の1つ）を象徴する出来事であった．

Joint Center (2008) の調査によれば，モーゲージローンに占める優良 (Prime) ローンの比率は2003年までは約8割を占めていたが，2004年から急低下して，2006年には5割を切った（表14-2）．この間，サブプライムローンやAlt-Aといったリスクの高い貸付や，ホームエクイティローンのように，使途が不動産には限らない貸付が急増した．

米国の住宅モーゲージローンの増加額と住宅着工額の推移をみると，モーゲージローンの増加額が住宅着工額を上回る年が続いていた（図14-14）．これは中古住宅の購入資金になった面はあるが，一部が消費などに向かった可能性も否定できない．

住宅担保借入の目的で見ると2000年代前半こそ新規の住宅購入目的の比率が高かったが，2000年代半ばからは借り換えが増え，その中でも元々のローン残高を超えて借り入れるキャッシュアウトが5割近くに上った（図14-15）．つまり住宅ローンという形をとった消費目的のローンも相当拡大して，消費を後押ししたと考えられる．これに加え本来の消費者ローンは，GDPに対して2%～4%程度上昇しており，住宅モーゲージローンにこれを加えれば，家計のレバレッジはさらに膨らんでいた（図14-16）．

第14章 米金融危機と景気循環　　327

表14-2 モーゲージローンの構成比

(%)

年	2001	2002	2003	2004	2005	2006	2007
Conventional	57	59	62	41	35	33	49
Jumbo	20	20	16	18	18	16	14
Prime	77	79	79	59	53	49	63
Subprime	7	7	8	18	20	20	7
Alt-A	2	2	2	7	12	13	11
Home Equity	5	6	6	11	12	14	15
FHA/VA	8	6	6	5	3	3	4
Non-Prime	23	21	21	41	47	51	37
Total	100	100	100	100	100	100	100

出所：Joint Center for Housing Studies (2008).

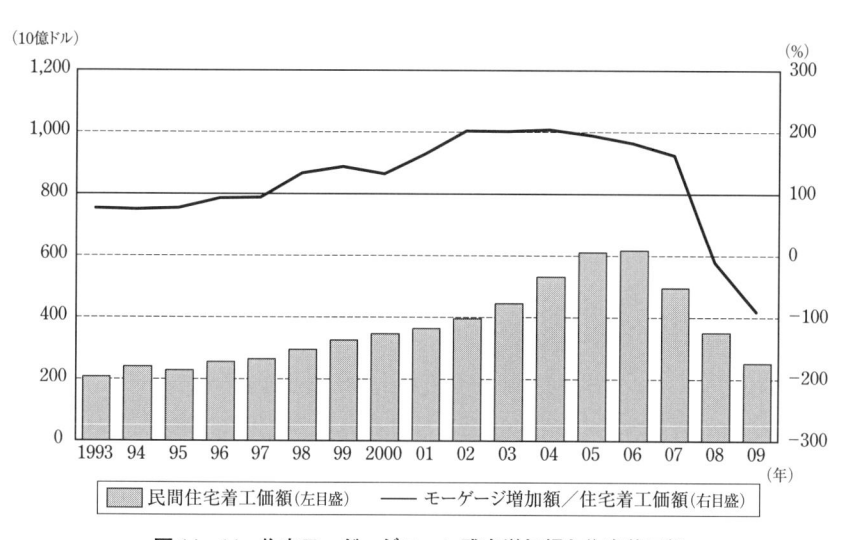

図14-14　住宅モーゲージローン残高増加額と住宅着工額

出所：CEA, "Economic Report of the President". Sensus Bureau Data. FRB, "Flow of Funds Statement"より作成.

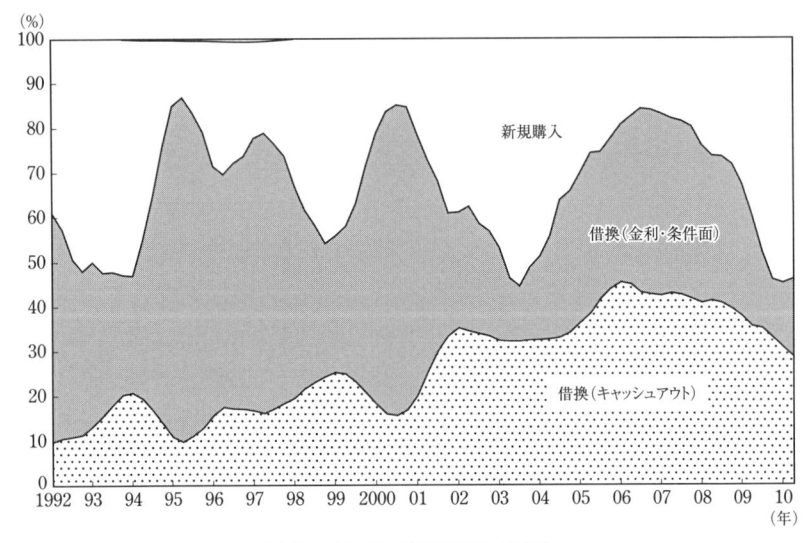

図 14-15　住宅担保借入の目的

注：比率は4四半期の後方移動平均値．
出所：Federal Housing Finance Agency 資料より作成．

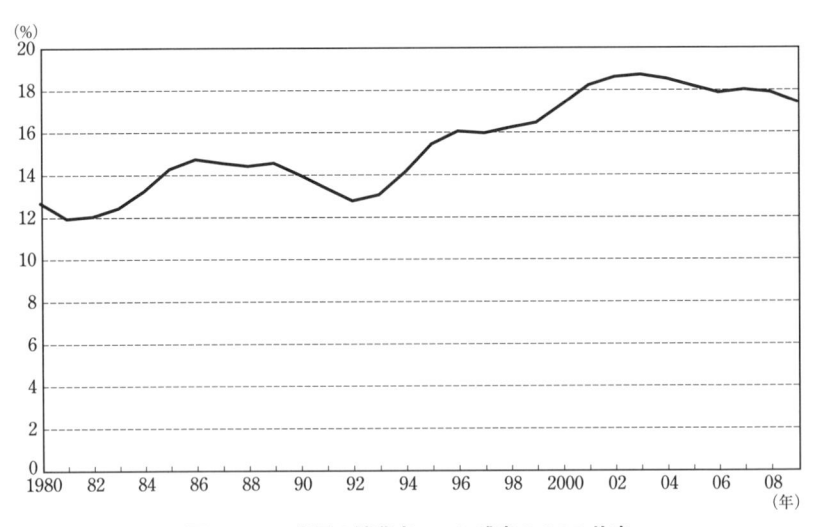

図 14-16　米国の消費者ローン残高の GDP 比率

出所：CEA, "Economic Report of the President". BEA, "National Income and Product Account" より作成．

謝　辞

神奈川，和歌山，京都で行われた景気循環日付研究会のコンファランスにおいて，浅子和美氏と小巻泰之氏にはコメンテーターとして貴重なご指摘を頂いた．また，宮川努氏，地主敏樹氏をはじめ，研究会のメンバーの皆様からも，懇切な助言を頂いた．ここに記して謝意としたい．なお，残された誤りはすべて筆者の責任である．

参考文献

Blanchard, O., Giovanni Dell'Ariccia, G. and Mauro, P. (2010), "Rethinking of Macroeconomic Policy", *IMF Staff Position Note*, SPN 10/03.

Carroll, C. D., Otsuka, M. and Slacalec, J. (2006), "How Large is the Housing Wealth Effect? A New Approach", *NBER Working Paper*, 12746, December.

Cogan, J. F., Cwik, T., Taylor, J. B. and Wieland, V. (2009), "New Keynesian versus Old Keynesian Government Spending Multipliers", *Journal of Economic Dynamics and Control*, Vol. 34-3, pp. 281-295.

Council of Economic Advisors (2010), "Economic Report of the President".

Fisher, Irving (1933), "Debt-Deflation Theory of Great Depression", *Econometrica*, Vol. 1-4, pp. 337-357.

International Monetary Fund (2010), *World Economic Outlook*.

Joint Center for Housing Studies (2008), *The State of the Nation's Housing 2008*.

Ludvigson, S. and C. Steindel (1999), "How Important Is the Stock Market Effect on Consumption? ", Federal Reserve Bank of New York, *Economic Policy Review*, July, pp. 29-51.

Reinhart, Carmet M., and Rogoff, Kenneth S. (2009), *This Time is Different*, Princeton University Press.

祝迫得夫（2002），「資産価格が消費に与える影響について──アメリカのケース」一橋大学経済研究所『経済研究』, Vol. 53-1, pp. 64-78.

小野亮（2010），「2010年米国経済の展望」中国電力エネルギア総合研究所『エネルギア地域経済レポート』No. 429, pp. 1-8.

坪内浩（2007），「景気変動の特徴と景気指標の日米比較」浅子和美・宮川努編『日本経済の構造変化と景気循環』東京大学出版会，pp. 46-60.

内閣府『世界経済の潮流』（各年版）.

松林洋一（2010），『対外不均衡とマクロ経済学』東洋経済新報社.

峯岸誠・石崎寛憲（2002），「米国家計支出はなぜ堅調か──資産価格依存型支出行動の光と陰」日本銀行『調査月報』8月.

第15章

日本と韓国の生産性格差と無形資産の役割

宮川　努・滝澤美帆

1. はじめに——日本と韓国：1997年以降のパフォーマンス

　1997年は，日本と韓国の経済にとって共に分岐点となる年である．日本では，11月に三洋証券，北海道拓殖銀行，山一証券と錚々たる金融機関が経営破綻に追い込まれた．特に山一証券の経営破綻は，日本にとってのリーマン・ショックと言えるほどの衝撃を与えた．山一証券の破綻からしばらくは，日本の金融機関の資金調達は綱渡りの状態が続いた．バブル崩壊以降，日本経済は低迷状態が続いているが，長期間にわたる経済停滞の中でも，金融危機以降と以前ではまた違った様相を示している．このことは企業関連の指標よりも，家計側の指標に強く現われている．例えば失業率は，金融危機以降初めて5％台を超えた．このため民間消費は，0.7％程度伸び率が低下している．現在でも大きな社会問題となっている年間3万人を超える自殺者の発生も，この金融危機以降の現象である．

　一方韓国も，同時期に国際通貨危機に見舞われている．1997年7月にタイで発生したアジア通貨危機は，ウォンへの信頼低下を招き，10月には対外債務の支払いが不能となり，IMFからの経済援助に頼らざるをえなくなり，経済政策はIMFの指導下におかれることになった．この「IMF時代」において，急速な構造改革が進められ，一時的に失業率は7％を超えたが，ビジネスにおける古い体質は急速に改められた[1]．

　こうして共に大きな経済危機を経験した両国だが，この経済危機以降のパフ

ォーマンスは大きく異なっている．韓国はウォン安も手伝って急速な経済回復を達成したが，日本では金融危機で顕在化した多額の不良債権が足枷となって成長率の低迷が続いた．こうした両国の経済パフォーマンスは，リーマンショックを契機とする世界経済危機においても明暗を分けている．日本は先進国中最大の景気の落ち込みを示したのに対し，韓国は不況からいち早く回復し，経済優等生ぶりを示している．両国の経済パフォーマンスの違いは，マクロ面に限られた現象ではない．日本は，長年「ものづくり」産業を中核産業としてきたが，韓国の三星電子やLG電子が世界市場を席巻し，日本の電気機械産業との差が大きくなるにつれて，こうした日本の「ものづくり」信仰が過大評価であったことも明らかとなっている[2]．

日韓のマクロ・ミクロ両面における長期にわたる経済パフォーマンスの差は，単に短期的な経済政策の差や為替レートの変動だけで説明できるものではない．成長会計を使って日本と韓国の経済パフォーマンスを見ると，1990年代後半以降の成長力の差が顕著になっている．韓国は国際通貨危機をはさみながらも1990年代後半以降，4～5％のGDP成長率を維持しているのに対し，日本は1％成長に止まっている．

表15-1で注目されるのは，全要素生産性（TFP）の動きである．韓国は当初，Young（1995）やKrugman（1996）が指摘したように，要素投入型の成長，とりわけ設備投資主導型の成長をしていた．このことは1980年から15年間にわたる全要素生産性の上昇率がわずか0.2％であったことからも明らかであろう．しかし1990年代に入ると，資本蓄積のテンポは低下し，代ってTFP成長率が上昇している．これに対して日本は，90年代半ば以降，TFP成長率が鈍化している．

加えて日本の資本蓄積の成長寄与率は，1995年以降1％台でしかない[3]．

日韓の生産性格差を，単に技術進歩率の差であると解釈することも可能である．しかし最近では先進国間の生産性格差を，単なる製造業の技術進歩率の差

---

1) Otsu and Pyo（2009）は，両国の金融危機が，景気循環にどのような影響を与えたかを景気循環会計（Business Cycle accounting）の手法を利用して分析している．
2) 深尾他（2009）では，21世紀に入って，日本の機械産業の全要素生産性水準が，台湾や韓国に抜かれていることを示している．
3) 日本の設備投資の低迷を，大型投資の減少といった観点から捉えたものとして，宮川・田中（2009）がある．

表 15-1　日韓の成長会計（市場経済）

(単位：%)

	1980〜1995		1995〜2000		2000〜2007	
	韓国	日本	韓国	日本	韓国	日本*
付加価値成長率	9.5	3.9	5.0	1.0	4.6	1.0
労働投入寄与率	2.2	0.4	0.2	−0.4	0.8	−0.7
労働時間	1.6	0.1	−0.2	−0.9	0.1	−1.0
労働の質	0.6	0.3	0.5	0.4	0.7	0.4
資本投入寄与率	7.1	2.0	3.9	1.1	2.5	1.1
IT 資本	0.7	0.5	0.7	0.5	0.4	0.4
非 IT 資本	6.5	1.5	3.1	0.6	2.2	0.6
TFP 成長率	0.2	1.5	0.8	0.4	1.3	0.6

注：＊日本の成長会計は，2000年から06年までの期間．
出所：JIP Database and KIP Database.

だけでなく，研究開発投資の蓄積による知的資産も含めたより広い範囲の無形資産蓄積の差として捉えようとする動きが起きている．例えば1990年代後半以降のIT革命は，ハードの資産に対してソフトウェアやアイデアの重要性を飛躍的に高めることになった．広い定義の無形資産は，こうしたソフトウェアやアイデアの部分を可能な限り含んだものとして捉えられる[4]．表15-2に示したFukao et al.（2009）は，1990年代後半以降の日米の労働生産性格差を，無形資産の蓄積の差として捉えている．

日米の無形資産の計測については，各種の統計を利用し共通の手法で推計を行っているが，残念ながら韓国についてこれに対応するデータをとることは難しい．そこで我々はMcGrattan and Prescott（2005a, 2010）の手法を利用し，無形資産部門の割合を推計し，これを成長会計に適用して，日韓の生産性格差がどれだけ説明できるかを検討する．McGrattan and Prescott（2005a, 2010）のモデルは，経済が好調であった1990年代の米国の状況を，単純なRBCモデルでは，1人当りGDPや労働時間が大幅に減少する不況期として描いてしまうため，これを克服する方法として考えられた．彼らのモデルは，最終消費財と，無形資本を生産する2部門で構成されている．このうち無形資産財は，最終財を生産するための生産要素として使われる．このようなモデルにおいて，労働者は，最終財の生産だけでなく，無形資産財の生産にも労働時間を配

---

4) 無形資産の定義については，宮川・滝澤・金（2010）を参照されたい．

表 15-2 無形資産を含めた日米の労働生産性上昇率

(単位:%)

	日本				米国
	1985〜1990	1990〜1995	1995〜2000	2000〜2005	1995〜2003
労働生産性上昇率	4.40	1.65	2.27	2.53	3.09
資本深化の寄与率	2.66	1.75	1.34	1.17	1.68
有形資産の寄与率	1.77	1.25	0.86	0.83	0.85
無形資産の寄与率	0.89	0.49	0.47	0.33	0.84
労働構成変化の寄与率	0.44	0.49	0.51	0.42	0.33
TFP 成長率	1.30	−0.59	0.43	0.95	1.08

出所:Fukao et al.(2009) and Corrado et al.(2009).

分しているため,2部門の労働時間を合計すると,現実の労働時間の増加を説明できることになる.McGrattan and Prescott (2010) は,このモデルを使って,1990年代の好調な米国経済と労働時間の動きを整合的に説明しようとしている.

McGrattan and Prescott (2010) の利点は,無形資産に関する詳細な統計がなくとも,マクロ経済における大まかな無形資産部門の割合が把握できることである.我々はこのモデルを利用することで,日韓の無形資産部門を定量的に把握し,これを成長会計に適用することにより,日韓の生産性格差の要因を探ることができる.

2. McGrattan and Prescott model を利用した日韓経済

本節では,McGrattan and Prescott (2005a, 2010) のモデルにならって,無形資産の概念を取り入れたマクロ・モデルを構築し,日韓の生産性格差の要因分析につなげる.

McGrattan and Prescott (2005a, 2010) は,すでにみたように,90年代後半のITバブル期の米国において,産出の上昇以上に労働時間が上昇したために(観測される)生産性は低下したという通常の経済動向の解釈に疑問を呈し,労働時間の上昇の中に,人的投資が含まれていたとするマクロ・モデルを提示している.我々もこの McGrattan and Prescott (2005a, 2010) のモデルにしたがって,無形資産蓄積を標準的な RBC モデルに組み込み,日本と韓国における産出や労働時間の動向を分析する.加えて,日本と韓国において,無形資産

を含む成長会計を行い，成長要因の分解を行う．

日本の「失われた10年」と呼ばれる1990年代の景気低迷期においては，観測されるTFPも停滞している．しかし，インプット（労働や資本）に比べて，アウトプットの中に国民経済計算には含まれない部分（ここでは無形資産投資を想定している）が多数含まれていれば，GDPや生産性は下方にバイアスをもって観測されるはずである．

以降では，最初に，標準的な景気循環の分析で用いられるモデルを説明し，そこから導出される労働時間と現実の労働時間を比較する．次に無形資産を含むマクロ・モデルを示し，同様の比較を行う．

2.1 標準的モデル

以下では，McGrattan and Prescott（2005a, 2010）で用いられた標準的モデルを説明する[5]．家計は，与えられた初期時点の資本ストック量 k_o の下，制約条件付き目的関数を最大化するための消費 c，投資 x，労働時間 h の選択問題に直面している（なおアルファベットの小文字の変数は全て1人あたりの表記である）．

$$\text{Max} \quad E\sum_{t=0}^{\infty}\beta^t[\log c_t+\phi\log(1-h_t)]L_t$$
$$\text{Subject to} \quad c_t+x_t=r_tk_t+w_th_t$$
$$k_{t+1}=[(1-\delta)k_t+x_t]/(1+\eta) \quad (1)$$

$L_t=(1-\eta)^tL_0$ は t 期の経済全体の人口を表す．また β, ϕ, η は，それぞれ割引率，効用パラメター，人口成長率である．r は資本のレンタルコストを，w は賃金率を，δ_m は有形の資本ストックの減耗率を表す．

企業は一次同次の生産技術に従うと仮定する．

$$Y_t=A_tK_t^{\theta}H_t^{1-\theta} \quad (2)$$

アルファベットの大文字は経済全体の集計された変数を表す．A_t は経済全体

---

5) McGrattan and Prescott（2005a, 2010）では，消費税や所得税など税制を考慮したモデルを構築しているが，本節では全ての税率を0％とした最もシンプルなモデルを取り扱っている．また，消費税と所得税をそれぞれ5％，20％（あるいは30％）とした場合においても，税率を0％とした場合と比べ，結果は概ね変わらなかった．

表 15-3　モデルのパラメター

日本

パラメター	記号	値	データの出所
共通パラメター			
人口成長率	η	0.002	総務省統計局『国勢調査報告』による各年10月1日現在の人口の成長率の1990年から2006年の平均値.
技術成長率	γ	0.006	JIPデータベースのマクロのTFP成長率の1990年から2006年の平均値.
割引率	β	0.981	McGrattan and Prescott (2009a) Technical appendixP. 9 を参照.
利子率	i	0.026	10年物国債利回り（年平均）%の1990年から2006年の平均値.
1部門モデル（無形資産を含まず）			
効用パラメター	ψ	3.140	McGrattan and Prescott (2009a) Technical appendixP. 9 を参照.
有形資本ストックの減価償却率	δ	0.072	実際のJIPデータベースにおけるマクロの資本ストックと設備投資データより1990年から2006年の平均値を計算.
資本分配率	θ	0.316	McGrattan and Prescott (2009a) Technical appendixP. 9 を参照.
2部門モデル（無形資産を含む）			
効用パラメター	ψ	2.955	McGrattan and Prescott (2009a) Technical appendixP. 33 を参照.
有形資本ストックの減価償却率	δ_m	0.072	実際のJIPデータベースにおけるマクロの資本ストックと設備投資データより1990年から2006年の平均値を計算.
無形資本ストックの減価償却率	δ_u	0.258	実際のマクロの無形資産ストックと投資データより1990年から2005年の平均値を計算.
有形資本分配率	θ_m	0.278	McGrattan and Prescott (2009a) Technical appendixP. 33 を参照.
無形資本分配率	θ_u	0.078	McGrattan and Prescott (2009a) Technical appendixP. 33 を参照.

韓国

パラメター	記号	値	データの出所
共通パラメター			
人口成長率	η	0.007	Korean Statistical Information Survice の人口の成長率の1990年から2008年の平均値.
技術成長率	γ	0.021	EUKLEMSデータベースのマクロのTFP成長率の1990年から2005年の平均値.
割引率	β	0.965	McGrattan and Prescott (2009a) Technical appendixP. 9 を参照.
利子率	i	0.058	10年物国債利回り（年平均）%の2000年から2009年の平均値.
1部門モデル（無形資産を含まず）			
効用パラメター	ψ	2.428	McGrattan and Prescott (2009a) Technical appendixP. 9 を参照.
有形資本ストックの減価償却率	δ	0.096	EUKLEMSデータベースの資本ストック，設備投資データより計算.
資本分配率	θ	0.525	McGrattan and Prescott (2009a) Technical appendixP. 9 を参照.
2部門モデル（無形資産を含む）			
効用パラメター	ψ	2.288	McGrattan and Prescott (2009a) Technical appendixP. 33 を参照.
有形資本ストックの減価償却率	δ_m	0.096	EUKLEMSデータベースの資本ストック，設備投資データより計算.
無形資本ストックの減価償却率	δ_u	0.258	日本の無形資産の償却率を適用.
有形資本分配率	θ_m	0.496	McGrattan and Prescott (2009a) Technical appendixP. 33 を参照.
無形資本分配率	θ_u	0.056	McGrattan and Prescott (2009a) Technical appendixP. 33 を参照.

注）最適化条件より計算されるパラメターに関しては，McGrattan and Prescott (2009a) のTechnical appendix に詳細に示されている．

第 15 章　日本と韓国の生産性格差と無形資産の役割

の技術水準である．また，限界生産性と限界費用が等しいという標準的な企業の最適化条件が成立している．また，$L_t(c_t+x_t)=Y_t$ が満たされていれば財市場は均衡する．

消費と余暇の限界代替率や賃金率と関連した形で，家計の同時点内の最適化条件より，

$$\frac{\phi c_t}{1-h_t}=(1-\theta)\frac{y_t}{h_t} \qquad (3)$$

が導出される．さらに，上式を整理すると，以下のモデルから予測される労働時間の式が導かれる．

$$h_t=\left[1+\left(\frac{\phi}{1-\theta}\right)\frac{c_t}{y_t}\right]^{-1} \qquad (4)$$

我々は，現実の労働時間と(4)式によって表現されるモデルから導出された労働時間とを比較して，モデルのあてはまりを確かめるわけだが，このためには，日本と韓国において様々なパラメーターを設定しなければならない．これらのパラメーターに関しては表 15-3 に示している．

(3)，(4)式と(1)式の中の有形資産の蓄積方程式，そして有形資産のシャドー・プライスの動学方程式を対数線形近似すると，消費 c_t と労働時間 h_t の動きは，有形資産 k_t と生産性パラメーター A_t の動きで叙述されることになる．以下の図 15-1，図 15-2 は，日本と韓国における，現実の h_t（actual）と表 15-3 のモデルのパラメーターと k_t 及び A_t から求められる h_t（predicted）を比較したものである．

これをみると，日本は，現実の労働時間が低下しているにも関わらず，モデルから予測される労働時間は，2002 年までは上昇傾向にあるとの結果が得られている[6]．一方韓国も，現実の労働時間は，1998 年の金融危機時の労働時間の減少以降は以前の水準には戻らないまでもある程度まで増加し，一定の水準を保っていて，2003 年以降は上昇しているが，モデルから予測される労働時間は，低下傾向にある．このことは，標準モデルより導出された同時点内の最

---

6)　日本では 1992 年に「労働時間短縮の促進に関する臨時措置法（時短促進法）」が施行され，1994 年には労働基準法が改正され，法定労働時間が 40 時間に短縮された．しかしながら，厚生労働省の『毎月勤労統計』や『賃金構造基本調査』といった労働統計における労働時間を観察すると，趨勢的，長期的な労働時間の低下がみられる．そのため，日本における労働時間の低下はこうした政策的な影響のみでは説明できないと考えられる．

338　第Ⅲ部　日本と世界の景気分析

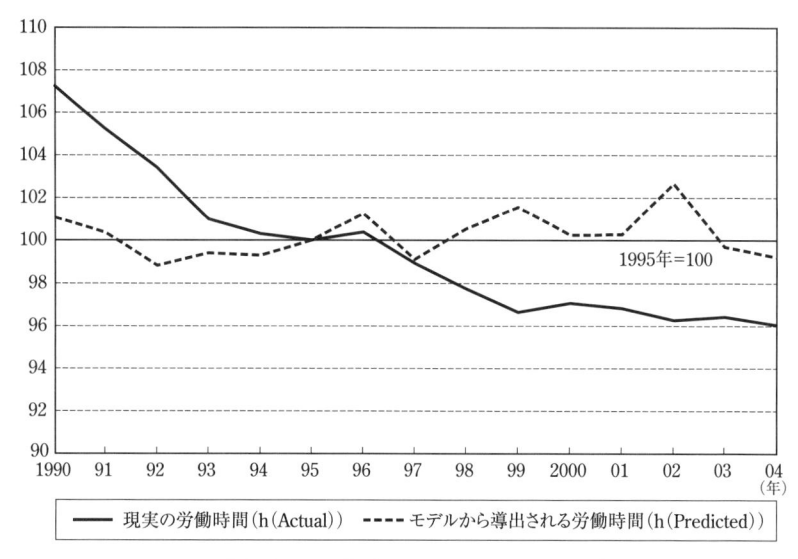

図15-1　労働時間の推移（無形資産を含まないモデル）日本

出所：モデルより筆者作成．

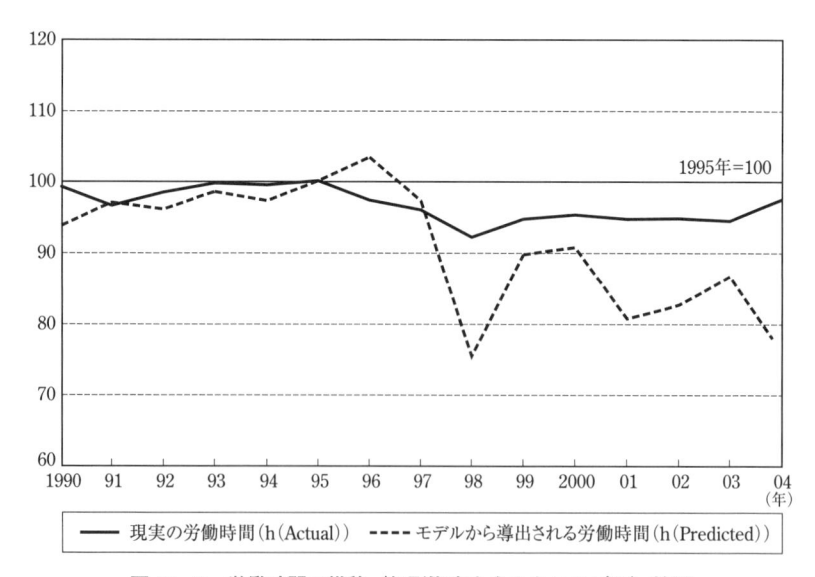

図15-2　労働時間の推移（無形資産を含まないモデル）韓国

出所：モデルより筆者作成．

適化条件は成立せず，労働時間に関しては現実経済の動向を捉えられていないことが分かる．

2.2 無形資産を含むモデル[7]

次に，標準モデルに無形資産を含めたモデルを説明する．ここでは，家計が新しい無形資産を創造する，あるいは家計が創造的な活動に時間を費やすと仮定する．そうして蓄積された無形資産は，市場の財の生産や，無形資産それ自身の蓄積に利用されると考える．

また，ここでは国民経済計算に報告される最終財としての有形の投資（X_m）と報告されない無形の投資（X_u）の2つの投資を考える．GDPは消費と有形の投資の和であるから，$Y_t = L_t(c_t + x_{mt})$ で表される．また，Y_t を生産面から捉えると，以下の式で示される．

$$Y_t = A_t^1 (K_{mt}^1)^{\theta_m} (K_{ut})^{\theta_u} (H_t^1)^{1-\theta_m-\theta_u} \tag{5}$$

K_{mt}^1 は最終財生産部門で利用される，計測される有形資産ストックであり，K_{ut} は計測されない無形資産ストックである．また，H_t^1 は Y_t の生産に充てられる労働時間である．第2の生産活動は，無形資産の生産であり，以下の式で示される．

$$X_{ut} = A_t^2 (K_{mt}^2)^{\theta_m} (K_{ut})^{\theta_u} (H_t^2)^{1-\theta_m-\theta_u} \tag{6}$$

X_{ut} は無形資産投資の合計額で，K_{mt}^2 と H_t^2 は無形資産の生産に充てられる有形資産ストックと労働時間である．無形資産に関しては，Y_t の生産活動と無形資産の生産活動に充てられる部分とで分割はできず，無形資産の合計が双方の生産活動に用いられるものとする．

家計は初期時点の有形，無形の資本ストック量 k_{m0}, k_{u0} の下，以下の最大化問題を解く．

---

[7] 本節の分析で用いられる日本における無形資産の概念は，Corrado, Hulten and Sichel (2009) の無形資産に相当する．

$$\text{Max} \quad E\sum_{t=0}^{\infty}\beta^t[\log c_t+\phi\log(1-h_t)]L_t$$

$$\text{Subject to} \quad c_t+x_{mt}+q_tx_{ut}=r_{mt}k_{mt}+r_{ut}k_{ut}+w_th_t$$

$$k_{mt+1}=[(1-\delta_m)k_{mt}+x_{mt}]/(1+\eta)$$

$$k_{ut+1}=[(1-\delta_u)k_{ut}+x_{ut}]/(1+\eta) \qquad (7)$$

ここでも，人口成長率は η とし，q_t は無形資産財と消費財の相対価格を表している．標準モデルでは同時点内の最適化条件が現実の日本における労働時間の推移を説明できていなかったことが示されたが，ここでは以下のような同時点内の最適化条件が導出される．

$$\frac{\phi c_t}{1-h_t}=(1-\theta)\left(\frac{y_t}{h_t}\right)\left(1+\frac{h_t^2}{h_t^1}\right) \qquad (8)$$

ここで，$h_t=h_t^1+h_t^2$，$\theta=\theta_m+\theta_u$ である．標準的なモデルでは，実質賃金は $(1-\theta)\left(\frac{y_t}{h_t}\right)$ に等しかったが，無形資産を含むモデルでは，労働時間のある部分を無形資産投資（X_u）の生産に充てることを反映し，$(1-\theta)\left(\frac{y_t}{h_t^1}\right)$ となることに注意を要する．

次に，日本は無形資産に関する計測されたデータが存在するが，韓国に関しては，モデルより無形資産投資とストックを導出しなければならない．本章では，McGrattan and Prescott（2005a，2010）にならい，以下のように無形資産投資とストックの系列を導出する．韓国の無形資産の償却率は日本と同じで 0.258 と仮定する．標準モデルと異なるのは，営業余剰の中に無形資産ストックへの分配が含まれている点である．そのため，無形資産ストック $\hat{k}_u$ と投資 $\hat{x}_u$ の系列は以下の式で導出される（ここで変数の上の ^ は，技術進歩率 $(1+\gamma)$ でディトレンドしてある系列という意味を示している）．

$$\hat{k}_u=\frac{y-rk-\text{雇用者報酬}}{1+i-(1+\gamma)(1+\eta)} \qquad (9)$$

$$\hat{x}_u=((1+\gamma)(1+\eta)-1+\delta_m)\hat{k}_u \qquad (10)$$

（上記（9）式の，雇用者報酬は，Bank of Korea の実際の 1990 年のデータより，GDP の 44.5% として計算をしている）．

無形資産を含むモデルでは労働時間はどのように予測されるのであろうか．予測に利用したパラメターに関しては標準モデルと同様に，表 15-3 に示している．図 15-3，図 15-4 は 1995 年を基準年とした無形資産を含むモデルによって予測された h_t（Predicted）と実際の h_t（Actual）の推移を示したものである．

日本については，モデルから予測される労働時間は現実経済同様，1990 年以降低下傾向にある．1990 年代後半以降，若干の乖離はあるものの，標準モデルと比べれば現実の労働時間の動きをトレースできていることが分かる．韓国については，金融危機以前は，現実より相対的に多く労働時間が導出されている．一方，金融危機後は，労働時間が危機前の水準まで増え，その後一定に推移している部分は現実の経済動向と似通った動きをしていると言える．しかし，2004 年以降の労働時間の上昇は，無形資産を含まない標準モデル同様，捉えられていない．

この無形資産を含む McGarattan and Prescott（2005a，2010）のモデルを利用して，日韓の無形資産部門の割合と生産性の動向を見てみよう．無形資産部門の割合は，全体の労働時間（h_t）のうち，無形資産の生産に充てる労働時間 h_t^2 の割合で測ることができる．この推移を見ると，日本においては，1990 年以降，92 年にピークをつけた後は，10% 前後で推移している．一方韓国については，1998 年の金融危機時を除くと，それ以外は平均 7.5% 前後で推移している（図 15-5 参照）．

McGrattan and Prescott（2005a，2010）の米国の結果では，2000 年で無形資産蓄積に充てる労働時間の割合が 7.7% であるが，日本は米国と比べて高い割合の労働時間を無形資産蓄積に充てているとの結果が得られた．一方韓国は，ほぼ米国と同じ割合だけ無形資産蓄積に時間を費やしているとの結果が得られた．日本の場合，Fukao et al.（2009）で推計された資本ストックベースでの無形資産ストックの全資産ストックに対する割合は，14% 程度であり，モデルの推計結果と大きな違いはない．また，2000 年代に入ってから無形資産投資の伸びが衰えている点も Fukao et al.（2009）と整合的である．

342　第Ⅲ部　日本と世界の景気分析

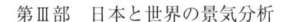

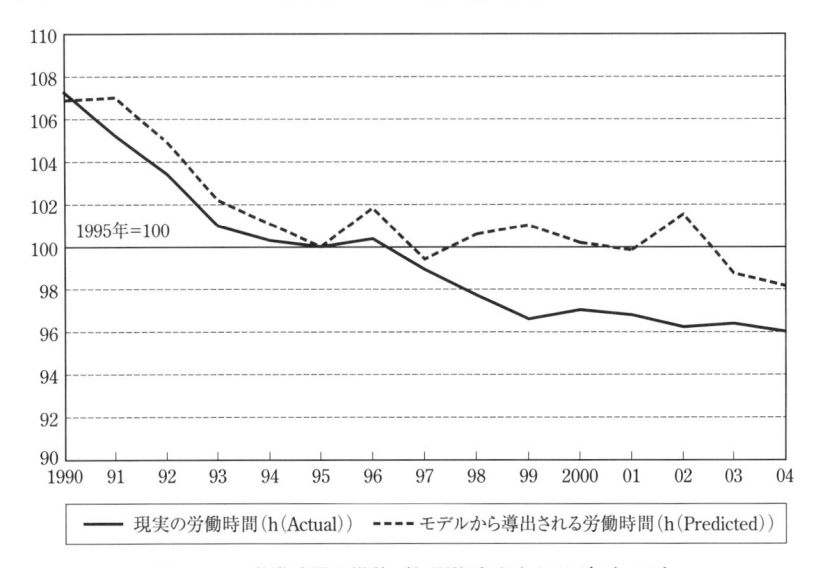

図15-3　労働時間の推移（無形資産を含むモデル）日本

出所：モデルより筆者作成．

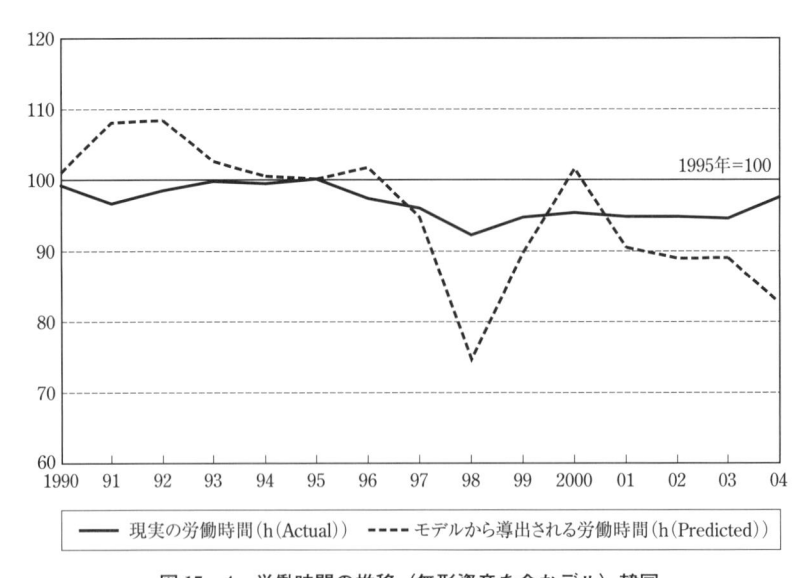

図15-4　労働時間の推移（無形資産を含むデル）韓国

出所：モデルより筆者作成．

第15章　日本と韓国の生産性格差と無形資産の役割　　343

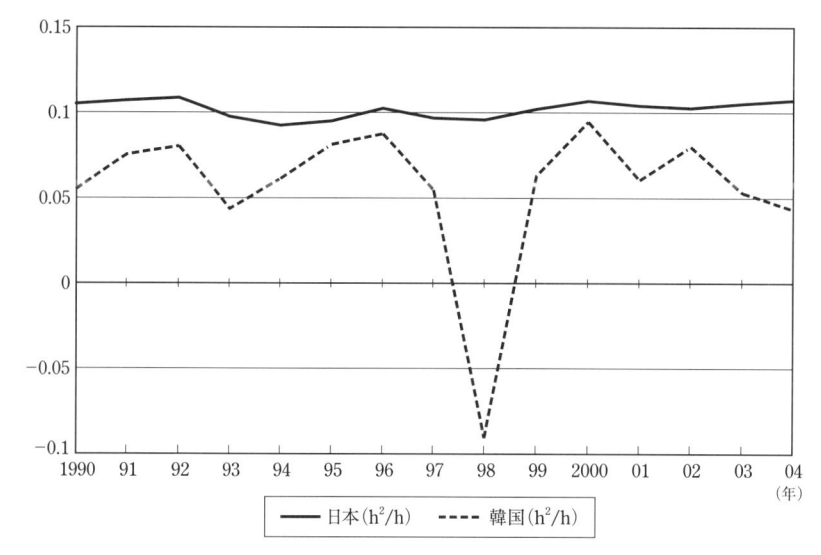

図15-5　全体の労働時間に対する無形資産生産への労働時間の比率
出所：モデルより筆者作成.

3. 無形資産を考慮した日韓の成長要因

　前節で展開したように，McGrattan and Prescott（2005a, 2010）のモデルを利用すると，日本と韓国の無形資産部門にどれだけの労働資源が投入されているかを推計することができる．すなわち，無形資産部門を含む経済全体の生産は，(5)式で表される最終財生産量と(6)式で表される無形資産部門の生産量である．また無形資産部門の資本ストック（1人当り）は，(9)式によって計算できる．有形資産ストックは現実のデータから取ることができ，分配率はパラメターで与えられているため，これらの値を利用して，日韓の成長会計を行うことができる．

　表15-4では，1997年の金融危機，通貨危機前後の日韓の労働生産性上昇率の要因分解を行った．シミュレートした両国のGDPは，通常のGDPとは必ずしも一致しないが，日本では，無形資産の伸びが1990年代に入ってマイナスになっているため，シミュレートされたGDPは公表されているGDPに対して多少低くなっているのに対し，韓国では1990年代に入っても無形資産部

表15-4 無形資産を考慮した日韓の成長会計

(単位:%)

	日本		韓国	
	1990~1997	1998~2004	1990~1997	1998~2004
労働生産性成長率	2.11	1.73	6.05	4.17
資本深化の寄与率	1.55	1.01	3.43	1.06
有形資産深化の寄与率	1.19	0.75	3.20	0.67
無形資産深化の寄与率	0.36	0.25	0.23	0.39
TFP成長率	0.56	0.72	2.62	3.11

出所:無形資産を含むモデルより筆者作成.

門が増加しているため,シミュレートされたGDP成長率は,公表されたGDP成長率を上回っている.

表15-4を見て興味深いことは,有形資産深化の寄与率が,金融危機以降日韓でほとんど変わらないという点である.これは表15-1と大きく異なる点である表15-1での投資は公共投資を含んでおり,日本は巨額の財政赤字を計上しているために,計測期間中公共投資が抑制されてきたことが,表15-1での日韓の投資の伸び率の大きな差になって表れている.また日本では労働投入量がマイナスであるのに対し,韓国では依然労働投入量がプラスとなっているため,資本深化率でみると,両者の値が接近するのである.

無形資産深化の寄与率についても,両国の動きは対照的である.日本では金融危機以降の無形資産深化の寄与率は,金融危機以前よりも低下しているのに対し,韓国では金融危機以降の方が,それ以前よりも無形資産深化の寄与率が高まっている.日本の方が韓国よりも無形資産への分配率が高く,労働投入量がマイナスに転じていることを考えると,無形資産の蓄積は,金融危機以降両国の間で大きな差が生じていると見られる.

最後にTFP成長率を比較してみよう.表15-4でのTFP成長率は,労働や資本の質の変化も含んだ値であることや,無形資産部門が通常のGDPに加わっていることから,表15-1のTFP成長率よりは高めに計測される.特に無形資産部門が金融危機以降も成長している韓国では,TFP成長率は高く算出されている.こうした中で,韓国は金融危機以降TFP成長率をさらに高めており,かつての要素投入主導型の経済から脱却していることを示している.

以上をまとめると,韓国は,金融危機以前は,要素投入,特に有形資産投入

主導で経済成長や労働生産性の向上を図ってきたが，金融危機以降は，無形資産の蓄積やTFPの上昇が経済成長を牽引する経済へと体質を改善している．これに対して日本は，金融危機以前も以降も低迷が続いており，特に金融危機以降は，有形資産，無形資産両面で成長への寄与率が低下している．

4. おわりに——結論と今後の課題

1997年の金融危機・通貨危機を境として，日本と韓国の経済パフォーマンス，特に生産性の動向には大きな違いが見られる．日米間では，こうした経済パフォーマンスの差は，無形資産蓄積の差によって説明することができたが，同様の解釈が日韓間においても可能かどうかを検証した．ただ，韓国の場合，日米のような無形資産に関する詳細な統計を得ることはできないので，我々は，McGrattan and Prescott（2005a, 2010）のモデルを利用して，日韓経済のシミュレーションから両国の無形資産部門を推計した．

無形資産を考慮したMcGrattan and Prescott（2005a, 2010）モデルのシミュレーションは，無形資産を考慮しないケースよりも良いパフォーマンスを示している．このシミュレーションから計算される無形資産部門の割合は，日本が10%，韓国が7%程度である．日本の場合は，Fukao et al.（2009）が諸統計を使って推計した無形資産部門の値とほぼ整合的である．

このシミュレーションを使って，金融危機前後における経済成長の要因を比較すると，日本では金融危機を経て経済成長の鈍化が続いており，有形資産，無形資産とも寄与率が低下している．一方韓国では，金融危機以前は有形資産蓄積を中心とした要素投入型の経済成長であったが，金融危機後は無形資産の寄与率が上昇し，合わせてTFP上昇率もさらに加速しており，日本とは対照的な成長パターンとなっている．

もちろんこうした分析には課題も多い．無形資産を考慮したMcGrattan and Prescott（2005a, 2010）のモデルは，一種の中期循環モデルと捉える事ができる．しかしながらこうした中期循環モデルのパフォーマンスは必ずしも良いとは言えない．例えば，Comin and Gertler（2006）の研究開発行動を含めた中期循環モデルを日本に応用したComin（2008）のシミュレーションは，1998年頃までの日本経済をよく説明しているものの，それ以降は説明力を失

ってしまう．また，Arato and Yamada（2010）は，McGrattan and Prescott（2005b）に沿って，無形資産を考慮した企業資産の再取得価額を推計し，これと現実の企業価値との比率をとったトービンのqを推計している．しかしこの推計は80年代の企業価値のバブル的な高騰とその後のファンダメンタルズへの回帰を説明しているものの，無形資産の評価が実質利子率の与え方に大きく依存していることがわかっている．おそらく，本章で利用した実質利子率を使用すると，日本の無形資産価値は相当に高く評価されるため，1990年代から今日にかけてのトービンのqは，1よりも相当低い値に止まると予想される．したがってこうした中期循環モデルについては，今後一層の改善が必要とされるだろう．

また本章では，日韓を独立した経済として扱いシミュレーションを行った．しかし両国は地理的にも近く，物的な交流も盛んである．Hirata and Otsu（2010）は，Backus, Kehoe and Kydland（1994）の International Real Business Cycle Model を利用して，日本，韓国だけでなく，台湾も含めた国々の景気循環の検証を行っている．彼らの論文では，国際間の財の取引を含めた上で Business Cycle Accounting を行うと，閉鎖経済を前提とした場合の Business Cycle Accounting とは景気循環の要因が異なってくることが示されている．また両国間では，物的な交流だけでなく，人的な交流も盛んである．良く知られているように，三星電子が飛躍的に発展した背景には，1990年代から日本の技術者からの技術移転があったと言われている．こうした交流の中には，正式なライセンス契約として捉えられるものもあるが，人的交流を通した製造ノウハウの移転という側面もある．これらはある意味では無形資産の国際移転とも言える．McGrattan and Prescott（2008, 2009b）は，こうした無形資産の国際移動にも着目し，従来の貿易統計の修正を提起しているが，日韓の生産性格差も，こうした無形資産の国際移動という観点からも捉えなおす必要があるだろう．

謝　辞

　本章を作成するにあたって，浅子和美氏，大瀧雅之氏，加藤久和氏，徳井丞次氏，蓮見亮氏，平田英明氏，藤田昌久氏，森川正之氏及び景気循環日付検討会嵐山コンファレンス（独）

経済産業研究所におけるセミナーに参加した方々からの貴重なコメントに感謝したい．ただし，残された誤りは筆者らの責任である．なお本研究に当たっては，一部，科学研究費（基盤研究（S）『日本の無形資産投資に関する実証研究』課題番号：22223004），及び財団法人全国銀行学術研究振興財団の研究助成を受けた．

参考文献

Arato, H. and K. Yamada (2010), "Japan's Intangible Capital and Valuation of Corporations in a Neoclassical Framework", *Discussion Paper*, No. 772, The Institute of Social and Economic Research, Osaka University.

Backus, D., P. Kehoe, and F. Kydland (1994), "Dynamics of the Trade Balance and the Terms of Trade: The J-Curve?", *The American Economic Review*, Vol. 84.

Comin, D. (2008), "An Exploration of the Japanese Slowdown During the 1990s", *NBER Working Paper*, No. 14509.

Comin, D., and M. Gertler (2006), "Medium Term Business Cycles", *The American Economic Review*, Vol. 96, pp. 523-551.

Corrado, C., C. Hulten, and D. Sichel (2009), "Intangible Capital and U.S. Economic Growth", *Review of Income and Wealth*, Vol. 55, pp. 658-660.

Fukao, K., T. Miyagawa, K. Mukai, Y. Shinoda, and K. Tonogi (2009), "Intangible Investment in Japan: Measurement and Contribution to Economic Growth", *Review of Income and Wealth*, Vol. 55, pp. 717-736.

Hirata, H. and K. Otsu (2010), "Accounting for the Business Cycle Relationship between Japan and Asia", presented at ESRI International Collaboration Projects 2010, June, 2010.

Krugman, P. (1996), Pop Internationalism, The MIT Press, 山岡洋一訳『クルーグマンの良い経済学　悪い経済学』日本経済新聞社．

McGrattan, E., and E. Prescott (2005a), "Expensed and Sweat Equity", *Federal Reserve Bank of Minneapolis, Working Paper*, No. 636.

McGrattan, E., and E. Prescott (2005b), "Taxes, Regulations, and the Value of U.S. and U.K. Corporations", *Review of Economic Studies*, Vol. 72, pp. 767-796.

McGrattan, E., and E. Prescott (2008), "Openness, Technology Capital, and Development", *Federal Reserve Bank of Minneapolis, Research Department Staff Report*, No. 396.

McGrattan, E., and E. Prescott (2009a), "Unmeasured Investment and the Puzzling U.S. Boom in the 1990s", *Federal Reserve Bank of Minneapolis, Research Staff Report*, No. 369.

McGrattan, E., and E. Prescott (2009b), "Technology Capital and the U.S. Current Account", *Federal Reserve Bank of Minneapolis, Research Staff Report*, No. 406.

McGrattan, E., and E. Prescott (2010), "Unmeasured Investment and the Puzzling U.S. Boom in the 1990s", *American Economic Journal : Macroeconomics*, Vol. 2, pp. 88-123.

Otsu, K. and H.K. Pyo (2009), "A Comparative Estimation of Financial Frictions in Japan and Korea", *Seoul Journal of Economics*, Vol. 21, pp. 95-121.

Young, A. (1995), "The Tyranny of Numbers : Confronting the Statistical Realties of the East Asian Growth Experience", *Quarterly Journal of Economics*, Vol. 110, pp. 641-680.

深尾京司・乾友彦・伊藤恵子・金榮愨・袁堂軍 (2009), "An International Comparison of the TFP Levels and Productivity Convergence of Japanese, Korean, Taiwanese and Chinese Listed Firms", 『日中韓台企業の生産性と日韓の組織資本の比較分析』(社)日本経済研究センター.

宮川努・滝澤美帆・金榮愨 (2010), 「無形資産の経済学――生産性向上への役割を中心として」日本銀行ワーキングペーパーシリーズ, No. 10-J-08.

宮川努・田中賢治 (2009), 「設備投資分析の潮流と日本経済」深尾京司編著『マクロ経済と産業構造』内閣府経済社会総合研究所.

第 III 部

総括コメント 1

徳井丞次

　ここでは，第Ⅲ部の5つの章のなかから，第12章，第13章，第15章についてコメントする．2008年9月のリーマン・ショック以降の世界同時不況において着目すべき特徴の1つは，当初半年ほどの間に起こった経済の急激な落ち込みである．これはもちろん生産，雇用面でも顕著に見られたが，第12章はこの時期に急増した企業破綻を取り上げている．いま1つの着目点は，その後経済が回復の動きを示すものの，その足取りは弱く未だ順調な回復基調とは言い難い状態が続いていることである．この点を，第13章はヨーロッパの産業構造の変化に，第15章は日本と韓国の無形資産投資の比較にそれぞれ着目して占うものとなっている．

第12章「2つの金融危機とわが国の企業破綻」（福田慎一・粕谷宗久・赤司健太郎）

　本章では，上場企業の財務データを使って，企業の倒産確率を説明するロジット・モデルを推定し，今回の世界同時不況を含む期間（2008～2009年度）を，それ以前の3つの期間（1997～1999年度，2000～2004年度，2005～2007年度）と比較している．比較の対象となる期間には，バブル崩壊後の不良債権処理に苦しんだ日本の金融機関に危機が切迫した1997～1998年の時期を経て大規模な倒産が相次いだ2000年代初頭の時期（2000～2003年）を含んでおり，その意味で2つの金融危機の下での企業破綻を比較する興味深い研究となっている．

　2つの金融危機の間では，倒産確率を高める要因（有意な説明変数）に変化が見られることが報告されている．1990年代末からの金融危機では日本の金

融機関の不良債権問題が大きな注目を集めていたが，まさにこのことに対応して，メインバンクの不良債権比率が企業の倒産確率を高める要因として影響を与えていた．これに対して今回の世界同時不況の下での企業倒産には，メインバンクの不良債権比率は有意な説明要因になっていないことが報告されている．これに加えて，従来は企業倒産の有意な説明要因となっていた前期決算の営業利益が，今回の世界同時不況期にはその予測力を失い，これに代わって内部留保が倒産確率を低める要因として重要な役割を果たしていたことが分かる．

さて，こうした結果を踏まえての筆者達の評価は，一方では世界同時不況のもとで倒産を「資金繰り倒産」と特徴付ける可能性を示唆しながらも，分析の対象とした上場企業の倒産の大半は不動産関連であったことから，この解釈は「2007年から2008年前半にかけての不動産バブルや建築確認厳格化による建築不況など制度要因をどう考えるかに大きく依存する」として，慎重な判断に留めている．もちろん現実の事象は様々な要因が積み重なって起こっていることは否定できないが，それにしてもこれはやや慎重すぎる結論ではないだろうか．やはり，前期決算の営業利益は有意でなく，それに代わって内部留保が有意といった推定結果を素直に読む限りは，資金繰りに行き詰っての倒産という可能性が極めて高いと言えよう．

こうした「資金繰り倒産」が，大手企業では不動産関連に集中して現れたことは，資金繰りを繋ぐことに経営の浮沈がかかりやすいこの業界の特色を反映していると見ることもできる．例えば，マンションを建設して販売するようなディベロッパー系の建設・不動産の場合，当初のマンション建設に多額の資金を投資してそれが回収できるのは販売が完了した後になるので，その間の資金繰りをどうやって繋ぐかがその浮沈を制する．もちろん，こうしたビジネスが不況発生前にミニバブル的な様相を呈していた側面があるとすれば，緩めの金融政策のもとで資金繰りが比較的容易な状況から，リーマン・ショック後には一転して資金繰りが難しい何か月かの時期が突然やってきたことが，こうした業界での「突然死」発生につながったと言えよう．

リーマン・ショック後約半年間の金融市場が異常を来たしていたことは，日本銀行の『金融経済月報』にも，「CP・社債の信用スプレッドは拡大しているほか，起債見送りの動きが広がるなど，市場での資金調達環境は悪化してい

る」と記述されている．その結果，それまで社債市場等で資金調達を行っていた大企業が銀行貸出からの資金調達に走り，そのあおりを受けて中小企業の資金調達は一層厳しくなった．この点を踏まえると，第12章の分析が上場企業に限定されているのはやや残念である．中小企業の場合には利用可能なデータの制約が大きいとはいえ，この時期の中小企業も含む倒産分析が行われることを期待したい．

　最近期の推定結果では，メインバンクの不良債権比率が優位な倒産予測変数にならなかったことについて，最後にコメントしておきたい．1990年代後半から2000年代初頭にかけて，金融機関の健全性を測る指標として不良債権比率に注目が集まってきた．この時期は，金融機関が不良債権処理を先送りし続けるなかで，不良債権比率のより厳格な指標が求められるようになったこともあって，この指標が重要な情報価値を持っていたと言えよう．しかし，公的資金注入を含む金融再生プログラムが整備されてきたこともあって，不良債権比率の，銀行の健全性に対する情報価値は低下していると考えられる．金融庁の『金融検査マニュアル』では，「予想損失額に相当する額を貸倒引当金として計上するか又は直接償却を行う」としており，銀行が後者の直接償却を選択すれば，資産勘定から不良債権は控除されて，不良債権比率には現れない．だとすれば，銀行の健全性を測る新たな指標を探す必要が生じているのではないだろうか．

第13章「ユーロ圏の産業構造の変化と景気循環への影響」（竹内文英）

　本章では，経済統合と景気変動の国際間連動性の関係を取り上げ，これをユーロ圏内の産業構造変化に着目しながら分析している．従来，景気変動の国際間連動性の問題は，貿易取引など需要側の相互依存関係に注目するものが多く，こうした観点に立てば，経済統合の進展は景気変動の国際間連動性を高めることは疑う余地のないものと考えられてきた．しかし，この章では，景気循環を生産性ショックで説明する実物景気循環論の研究を踏まえて，ユーロ圏の経済統合が産業構造の特化を促すことによって，生産性ショックの域内各国間のばらつき度合いを高め，このことが逆に景気変動の連動性を弱める可能性について検証している．

　この章の前段（第2節）では，Krugmanの特化指標を使って，ユーロ導入

を挟んだ 1990 年代半ばから 2000 年代半ばの期間に，ユーロ圏内の産業構造の特化が進み，同時に域内各国間の特化度のばらつき度合いが高まったことを明らかにしている．また，域内各国の特化度の違いは，TFP 上昇率の違いや，実質為替レート増価率の違いに反映されていることを示している．

続く第 3 節では，Structural FAVAR の手法を使って，複数国の景気変動に共通するファクターを抽出し，それを資源価格ショック，金融ショック，生産性ショックと相関性を検定することによって，抽出された各景気変動ファクターの背景要因を特定化している．その結果，世界共通の景気変動要因としてはエネルギー価格ショックと金融ショックが挙げられる一方，ユーロ圏内の中心国（ドイツ，フランスなど）と周辺国（ギリシャ，ポルトガル，スペイン）のそれぞれに独自の景気変動をもたらしている要因としては TFP ショックが特定された．

第 3 節の後段では，2 国間の景気変動の相関係数，2 国間の産業構造格差指標，2 国間の貿易規模指標に，その他幾つかの変数を組み合わせた連立方程式を推定し，貿易関係と産業構造が相互に影響を与えながら，直接効果と間接効果によって景気変動の連動性に影響を与える効果を確認している．その結果，2 国間の貿易関係が緊密化すると，景気変動の連動性を高める直接効果が働く一方で，産業構造の格差を拡大させることを通じて逆方向の間接効果が働く．また，産業構造の格差拡大は，直接効果として景気変動の連動性を弱めるだけでなく，同時に貿易を抑制することを通じてやはり景気の連動性を弱める間接効果を働かせている．

以上の実証分析は綿密なものだが，「経済統合→産業構造の格差拡大→生産性ショックのばらつき→景気変動の国際間連動性の低下」という一連の仮説のなかでもう少し説明が欲しいのは，「産業構造の格差拡大→生産性ショックのばらつき」の部分だろう．標準的な国際貿易理論では，産業の特化は国際分業の形態であり，国際貿易を促進するものと考えられている．なるほど，特化によって各国に立地する産業に共通性がなくなれば，各産業に対して起こる直接的な生産性ショックには共通性，同時性はなくなるだろう．しかし，これと同時に国際貿易が一層促進されて分業関係が進展すれば，こちらの経路を通じて生産性ショックの連動性がむしろ高まる可能性もある．

しかし，ユーロ圏に関する本章の実証結果では，産業構造の格差拡大が，貿

易を抑制し，景気変動の連動性を弱めているのは，具体的にどのような分業関係が生まれたためなのかより詳細な説明が欲しいところである．あるいは，本章の前段で既に著者が指摘しているように，共通通貨という一種の「固定為替レート制」の下で，域内で相対的に生産性上昇率が低い周辺国は，名目賃金の下方硬直性も相俟って，実質為替レートの増価に繋がり，このことがユーロ圏中心国と周辺国の間の景気変動の跛行性をもたらしたのかもしれない．いずれにしても，この部分についてさらに踏み込んだ分析を期待したい．

　最後に，本章の分析視点の幅広い応用可能性について述べたい．ここでも分析対象はユーロ圏であったが，程度の差はあれ，輸送コストや通信コストの低下による国際分業の進展は世界全体で見られる現象である．輸送コストの低下は，重量・距離当たりで測るとさほど著しいとは思えないかもしれないが，輸送される財貨がより小型で，重量・体積当たりの価格がより高いものになった結果，貿易額当たりの輸送コストは急激に低下しており，このことが経済的には重要である．したがって，アジア地域など他地域にも応用してみたい分析である．また，複数の地域を比較することによって，ユーロ圏で生じた分業関係に際立った特徴があるのか，さらにユーロ圏が共通通貨圏であることがどの程度影響しているのかについて有力な示唆を得ることができるだろう．

　もしも共通通貨圏の下での産業特化の進展が，本章で得られた結果に大きな役割を果たしていたことがより明確になれば，それは国内の地域経済問題にもヒントを与えてくれるかもしれない．なぜなら，国内の地域経済問題は，まさにユーロ圏と同様に，共通通貨の下で経済統合が進んだ経済圏であるからだ．

第15章「日本と韓国の生産性格差と無形資産の役割」（宮川努・滝澤美帆）

　本章は，日本と韓国の生産性の問題を，無形資産投資に着目して分析している．無形資産投資のなかでも，技術開発を目的とした研究開発（R＆D）投資は早くから注目され多くの経済分析の対象とされてきた．しかし，R＆D投資に加えて，ブランド形成のための広告宣伝等の活動，企業内での人材育成を目的とした研修・訓練，さらには企業内で目的意識を共有させ構成員の創意工夫を生み出させるための仕組み作りなど，幅広い視点からあらためて競争力の源泉を捉えなおす意味で，無形資産投資への着目は重要である．

　こうした諸活動は，かつて日本企業がむしろ得意としてきた分野であったは

ずだが，1990年代以降の長期停滞期にいわゆる「日本的経営」の見直しが進められていくなかで，ともすれば見失われがちになってしまったものもあるのではないだろうか．とりわけ，企業内での人材育成という観点は，厳しい経営環境の下でその余裕が失われ短期的なコスト削減を優先するあまり，業務の外部委託や短期雇用への傾斜がやや進められ過ぎて，長期的な競争力の源泉が失われてしまうのではないかという点が懸念され始めている．

これに対して，韓国の企業は技術力，ブランド力の面で急速に日本企業を追い上げ，また製品分野によっては明らかに追い抜いてしまったものもあり，このことは著者達が指摘するように，マクロでみた両国のTFP上昇率の比較にも現れている（表15-1）．こうした背景に韓国企業の無形資産投資がどの程度寄与しているかを知ること，またそれを同時期の日本企業と比較することは，今後の韓国企業の競争力を占ううえでも，また日本企業の経営戦略を長期的観点から見直すうえでも大変興味深い問題である．

こうした無形資産投資の分析に正面から取り組むには，まず無形資産投資の範囲を明確に定義したうえで，各分野の無形資産投資額をそれぞれ直接推計してから集計することが出発点であろう[1]．本章の著者達は，日本企業を対象にこうした方向の研究にも別途取組んでいるが，ここでは韓国企業について同様な情報を得ることの困難さを回避するために，景気変動の情報から間接的に無形資産投資を推計するMcGrattan and Prescott（2009）の方法を適用した研究を行っている．

McGrattan and Prescott（2009）の方法とは，標準的な実物景気循環モデルの企業活動に，通常の財を生産する活動に無形資産投資活動を加えたもので，モデルの外生変数としてTFPで観察される生産性ショックとストックの初期値を与えると，動学モデルの解としてマクロ経済活動の主要な変数が求められる．このようにして，無形資産投資量が内生変数の1つとして求められることになる．

彼らがこのようなモデルを考案した背景には，標準的な実物景気循環モデルでは，1990年代の米国経済のブームが導出できないことがあった．ご存じの

---

[1] こうした方法による先駆的な研究として，Corrado, Haulten, and Sichel（2005, 2006）がある．また，別の方向からのアプローチとして，株式市場で評価された企業価値と有形資産評価額との差額から無形資産額を求めるHall（2000）がある．

通り，1990年代の米国経済は，当初の不況後に息の長い回復を続け1990年代末には「ニュー・エコノミー」とはやされるほどの活況を呈することになったが，観察されるTFP上昇率はこうした状態を生み出すほどに好調なものではなかったのだ．そこで，彼らはGDPから計算されるTFPが，この時期に実際に米国経済で起こった生産性ショックを過少評価している可能性を考えた．GDPは付加価値なので，中間投入は控除されて計算されるが，この中間投入として控除されてしまっているもののなかに，本来将来に向けた投資として扱うべきものが含まれてしまっているのではないか．その答えが，無形資産投資という訳だ．

本章の主要な結果は，モデルから求められた日韓の無形資産投資に充てられる労働時間の推移を描いた図15-5と，無形資産の寄与を含む日韓の成長会計表15-4にまとめられている．図15-5では，意外にも，日本の無形資産投資に充てられる労働時間の割合が1990年代から2000年代前半までの期間を通してほぼ一定水準で推移しているのに対して，韓国では1998年の金融危機で大きく落ち込んだほかにも，数年サイクルの変動をみせていることである．これは，McGrattan and Prescott（2009）が求めた米国の無形資産投資が，1990年代後半で大きく拡大していることと対照的である．日本の場合には，1990年代以降観察されるTFPが極めて低いにも拘わらず，1人当たり労働時間やGDPはそれほど大きな落ち込みを示してないことから，相当程度の無形資産投資とそれによって生じる通常のTFPでは観察されない生産性ショックが実は起こっているという解釈になるのだろうか．

一方，無形資産を含む成長会計の表15-4では，無形資産からの成長寄与が，1998年以降に日本では低下するのに対して，韓国では上昇する対照的な姿を描いている．成長会計ではストック量の伸び率が影響するので，日本のようにほぼ一定水準のフロー投資を続けた場合にはストックの伸び率が徐々に低下していき経済成長への寄与の低下していくことは不思議ではない．一方の韓国の姿はやや驚きだが，これは韓国経済が急激な落ち込みをみせた1998年を期間の区切りにしていることが影響している可能性がある．著者達が推論するように，1998年を境にした韓国経済の体質改善の結果を映していると評価するには，もう少しデータの期間を延ばした推計や，他のアプローチによる無形資産投資の日韓比較を待ちたい．

参考文献

Corrado, Carol A., Charles R. Hulten, and Daniel E. Sichel (2005), "Measuring Capital and Technology : An Expanded Framework", in C. Corrado, J. Haltiwanger, and D. Sichel (eds.), *Measuring Capital in the New Economy*, University of Chicago Press.

Corrado, Carol A., Charles R. Hulten, and Daniel E. Sichel (2006), "Intangible Capital and Economic Growth", Finance and Economics Discussion Series, 2006-24.

Hall, Robert E. (2000), "E-Capital : The Link Between the Stock Market and the Labor Market in the 1990s", Brookings Papers on Economic Activity, 2000 (2).

McGrattan, Ellen R., and Edward C. Prescott (2009), "Unmeasured Investment and the Puzzling U.S. Boom in the 1990s", Federal Reserve Bank of Minneapolis, Staff Report No. 396.

第 III 部

総括コメント 2

加藤久和

　バブル経済が崩壊してからおよそ20年が経過するが，いまだに日本経済は力強い足取りを取り戻せないままでいる．景気循環の姿を詳細に探ることで，その理由の糸口をつかむことができるのではないだろうか．本章第III部の各章を読みながらの感想である．

第11章「戦後14番目の景気循環の特徴——「いざなぎ超え」「百年に一度の不況」の意味」（飯塚信夫）

　本章で取り上げた，リーマン・ショックを含む今次の景気循環は歴史的にみても特異なものであろう．第1に「いざなぎ」超えを記録しつつも実感のない戦後最長の景気拡張期間があり，第2に「百年に一度」といわれる金融危機で景気後退が始まり，そして第3に景気拡張期にも物価が下落する一方，後退期に物価が緩やかながらも上昇するという，将来にわたって日本経済（史？）の専門家を引きつける要素を持ち合わせている．

　なぜ第14循環が過去の景気循環と異なっているのか，という質問に対して明確な答えを持ち合わせているわけではないが，日本経済の構造変化という視点を持つことも重要ではないだろうか．筆者が指摘するように，第12循環以降ではそれ以前の循環と比べて景気拡張期のGDP成長率は低く，景気後退期ではその落ち込みは大きく，かつデフレが生じている．こうした点を考慮すると，需要面からのみのアプローチでは限界があるのではないか．とはいえ，現象面から景気循環の中身を把握しておくことの必要性は論を待たないであろう．今後，供給面にも目を向けてトレンドと循環の相互依存関係にも分析を拡張していただきたいと考える．

本章における分析の焦点は，景気拡張期と後退期の非対称性と，景気循環における数量面と価格面の相関にある．景気拡張期には数量面と価格面の相関が以前に比べて高まったのに対し，後退期には両者が無相関になるという点の解釈は一筋縄ではいかないが，筆者はこれに対して需要項目の分析や VAR モデルの推定等を通じて詳細に検証を行っている．

第 14 循環の特徴に話をもどすと，過去に例がないほど外需の寄与の大きさが指摘される．この傾向が続けば，今まで以上に中国のみならず新興国の経済動向が日本経済に与える影響力を持つということになる．これに対して，筆者は齊藤（2010）を参考に，外需寄与率の大きさ自身が幻であるという興味深い仮説を提示する．外需が伸びた景気拡張期にあっても実感のない好況と呼ばれたのは，輸出増加による景気押し上げ効果が交易損失の拡大によって相殺されてしまったことが背景にあるというものである．その原因を齊藤（2010）が円安に求めたのに対し，筆者は原油価格の急騰であったことを実証的に示している．さらに，VAR モデルを用いて外需（輸出成長率）の影響等についても詳細な分析を加え，原油価格を外生変数としてコントロールした場合には，上記の仮説と整合的な結果が得られることを報告しており，興味深い結論を導いている．望むことができればインパルス応答関数を示してショックの継続期間等に関しても筆者の解釈がほしかったところである．

第 14 章「米金融危機と景気循環──家計のバランスシート調整の影響」（荒井信幸）

本章では，米国の景気循環の特徴を日本と比較し分析したものである．一時はデカップリングの議論も盛んに行われたが，やはり米国の景気動向は日本に大きな影響を及ぼすことはまちがいない．また，近年では米国と比べると日本の拡張局面は短く，反対に後退局面は長いことも指摘されている（内閣府『日本経済 2008-2009』など）．筆者は米国の景気循環の特徴を手際よく整理しているが，日本との景気循環との相関や比較のもとで米国の景気動向を整理する視点を強調すると，さらに興味深いものとなったのではないだろうか．加えて，今次の米国の景気後退に関して，日本のバブル後不況との共通点も指摘している．そのきっかけとなった過剰流動性については，日本の場合は国内要因が主であったのに対し，米国の場合は新興国などのカネ余りが要因であるとさ

れている．その違いがショック後の世界経済への伝播の広さ，深さにどう影響したのであろうか．

さて，筆者は米国の家計債務の動向から米金融危機のつめ跡を入念に検証している．その前提として，家計貯蓄率の趨勢的な低下や平均消費性向の上昇を取り上げ，家計の純資産変動と消費の関係に関しては資産効果，期待金利効果，借入制約の影響が大きいことを述べている．一般的な議論としてこれらを否定するものではないが，実証分析において扱われているのは資産効果のみである．以下で筆者が検討するように，消費行動においては期待の役割がすこぶる大きい．その意味では期待効果が消費にどの程度影響しているかを取り上げることが望まれる．

住宅ブームと家計債務の膨張が，米国における今次の景気後退の主役であったことは疑いない．筆者は章の後半でその分析に多くの紙幅を与えている．楽観から悲観への変化が家計のバランスシート調整をもたらしたことの指摘に関してはその理論的な背景から説きおこし，要因分解に導く流れは明解である．惜しむらくは債務残高の変動の要因分解において，筆者が楽観視要因と呼ぶ σ の動きをベースに債務変動の状況を分析すれば，さらに興味深いものとなったのではないだろうか．また，筆者は株価と地価の動向に関して，日本ではバブル期において両者の上昇下落は同調していたものの，米国ではズレが生じているとしている．これは資産価格の上昇が消費・住宅投資を刺激し，それが景気後退の契機となったことを考えると，非常に興味深いことである．今後，さらなる検証を加えていただきたい．

財政政策と個人消費の関係では政府による需要刺激策が有効であったことが述べられている．2009年に成立したアメリカ再生・再投資法による需要拡大策や2010年にかけて実施されたMaking Work Pay減税などの効果を肯定する分析が多い（たとえば内閣府『世界経済の潮流』2010年Ⅰなど）．一方，政府による景気刺激策が米国のみならず，各国の財政の持続可能性に赤信号を灯したことも忘れてはならない．

冒頭でも述べたが，米国経済の動向はわが国の景気動向に多大な影響を及ぼす．その意味で，第14章が扱っている内容は日本経済の行方を考えるうえで欠かせない材料を提供していると言えよう．

その他の章についても簡単に言及しておきたい．第12章「2つの金融危機とわが国の企業破綻」は90年代後半と今次の金融危機を比較して，企業倒産の違いをロジットモデルで検証し，両者の違いを明らかにする．とりわけ，今次の金融危機では営業利益は企業倒産に有意に影響していないという興味深い点を明らかにしている．第13章「ユーロ圏の産業構造の変化と景気循環への影響」は，ユーロ圏内の生産性格差が供給ショックとなって各国の景気の連動性を低下させることを Structural FAVAR モデルにより明らかにする．ファクトファインディングに加え，わが国では Structural FAVAR モデルを用いた分析自体も少ないことから，分析方法自体のオリジナリティーも評価すべきものである．最後に第15章「日本と韓国の生産性格差と無形資産の役割」は，金融危機前後の日韓の経済成長率の違いを生産性格差の視点から分析した論考であり，筆者たちの最も得意とする分野でもあって，示唆に富みかつ読み応えのある研究となっている．

総じて，第Ⅲ部の論考は，今後の景気分析を行う際の道標ともなり得るものであり，多くの研究者にも一読を勧めたい研究成果である．

索 引

あ 行

アジア通貨危機　331
いざなぎ景気　233
一致 CI　34
一致指数　89
インプライド・ボラティリティ　142
失われた 10 年　202, 335
円高ショック　237
大いなる安定（great moderation）　310

か 行

家計のバランスシート調整　309
刈り込み DI　31
刈り込み処理　31
頑健統計学　32
危険回避度　147
期待インフレ率　160
期待の異質性　125
期待の合理性　161
ギリシャの財政危機　285
金融危機　259, 309, 331
金融政策　57, 159
金利の期間構造　141
黒字倒産　261
景気基準日付　11
　──検討委員会　17
景気循環の周期　47
景気動向指数研究会　11
景気動向指数の改定　25
景気の転換点　11
景況感調査　65
景況判断 BSI　66
景気予測調査　66
月次 GDP ギャップ　45
現実測度　147

交易損失　244
合成変化率　33
構造 VAR　122
後方移動平均　53
個票データ　131, 161
コミットメント効果　129
コンセンサス予測　121

さ 行

最適通貨圏　286
サブプライムローン　326
　──問題　267, 309
時間軸効果　137
自己組織化状態空間モデル　179
実現ボラティリティ　142
ジニ係数　90
四分位範囲基準化変化率　33
需給ギャップ　188
純粋期待仮説　121
人的投資　334
成長会計　332
世界同時不況　255, 261
先行 CI　34
先行性・遅行性　93
潜在変数時系列モデル　143
全要素生産性（TFP）　289, 332

た・な 行

第 1 次石油ショック　23, 237
対称変化率　33
第 2 次石油ショック　185, 237
地域間格差　90
地域別景況インデックス　87
遅行 CI　34
テイラールール　57, 183, 253
動学的確率的一般均衡モデル（Dynamic Sto-

chastic General Equilibrium model：DSGE モデル）　177
倒産確率　261
特化指標（specialization index）　286

内部留保　262
日銀短観　22
ニューケインジアン DSGE モデル　177

　　　　は　行

ハイパスフィルター　46
外れ値　31
バブル　202
　　──景気　28, 234
バンドパスフィルター　45
ヒストリカル DI（HDI）　12, 105
ヒストリカル・ボラティリティ　142
非線形・非ガウス・非定常状態空間モデル
　　（Nonlinear, Non-Gaussian, and Non-statio-
　　nary State Space model：NNNSS）　177
非伝統的な金融政策　201, 256
百年に一度　106, 233
非リカード型家計　190
ファイナル・データ　11, 18
フィラデルフィア予測　122
フォワード・ルッキング　121, 141, 262
ブライ-ボッシャン法　93
法人企業景気予測調査　66
ホドリック・プレスコット（HP）フィルター
　　45, 299
ボラティリティ　45, 141
　　──・リスクプレミアム　143

　　　　ま　行

マルコフ連鎖モンテカルロ法（MCMC）
　　178
ミシガン調査　162
無形資産　333
名目金利のゼロ制約問題　177
モデルフリー・インプライド・ボラティリティ
　　（MFIV）　145

　　　　や・ら　行

ユーロ圏における格差　285
歪んだ t 分布　160
予測力　141

リアルタイム・データ　11, 18
リーマン・ショック　38, 68, 100, 137,
　　237, 259, 331
リスク中立測度　147
粒子フィルター法　179
量的緩和　201, 250
　　──期　129
累積都道府県景気指標（CPBI）　85
レジーム・スイッチ構造化 VAR　202
ローパスフィルター　46
ロジット・モデル　264

アルファベット

Aggregate then Date　12
BK（Baxter and King）フィルター　46
CP（Carlson-Parkin）法　160
CF（Christiano and Fitzgerald）フィルター
　　46
CI（コンポジット・インデックス）　31, 85
CPBI　→累積都道府県景気指標
Date then Aggregate　12
DI（ディフュージョン・インデックス）
　　31, 85
DFM（Dynamic Factor Model）　12
DSGE モデル（Dynamic Stochastic General
　　Equilibrium model）　→動学的確率的一般
　　均衡モデル
EM アルゴリズム　295
EUKLEMS　289
forward-looking　→フォワード・ルッキング
GARCH（Generalized Autoregressive Condi-
　　tional Heteroskedasticity）　143
HDI　→ヒストリカル DI
HP フィルター　→ホドリック・プレスコット
　　フィルター
IT バブル　95
　　──の崩壊　237

Markov-switching models　14
MCMC　→マルコフ連鎖モンテカルロ法
MFIV　→モデルフリー・インプライド・ボラティリティ
NBER　13
NNNSS（Nonlinear, Non-Gaussian, and Non-stationary State Space model）　→非線形・非ガウス・非定常状態空間モデル
RBCモデル　333
Structural FAVAR　292
TFP　→全要素生産性

執筆者一覧（五十音順，所属は初版刊行時）

編者
浅子和美（あさこ　かずみ）・一橋大学経済研究所
飯塚信夫（いいづか　のぶお）・日本経済新聞デジタルメディア，日本経済研究センター
宮川　努（みやがわ　つとむ）・学習院大学経済学部，経済産業研究所ファカルティー・フェロー

執筆者
赤司健太郎（あかし　けんたろう）・統計数理研究所
荒井信幸（あらい　のぶゆき）・和歌山大学経済学部
飯田泰之（いいだ　やすゆき）・駒澤大学経済学部
飯星博邦（いいぼし　ひろくに）・首都大学東京大学院社会科学研究科
梅田雅信（うめだ　まさのぶ）・首都大学東京大学院社会科学研究科
大屋幸輔（おおや　こうすけ）・大阪大学大学院経済学研究科，同金融・保険教育研究センター
小野寺敬（おのでら　たかし）・日本経済新聞デジタルメディア
粕谷宗久（かすや　むねひさ）・日本銀行調査統計局
小巻泰之（こまき　やすゆき）・日本大学経済学部
滝澤美帆（たきざわ　みほ）・東洋大学経済学部
竹内文英（たけうち　ふみひで）・日本経済新聞社
田中晋矢（たなか　しんや）・一橋大学大学院経済学研究科博士課程
外木好美（とのぎ　このみ）・内閣府経済社会総合研究所，一橋大学大学院経済学研究科博士課程
蓮見　亮（はすみ　りょう）・日本経済研究センター
原田信行（はらだ　のぶゆき）・筑波大学大学院システム情報工学研究科
平田英明（ひらた　ひであき）・法政大学経営学部，日本経済研究センター
福田慎一（ふくだ　しんいち）・東京大学大学院経済学研究科
村澤康友（むらさわ　やすとも）・大阪府立大学経済学部
矢野浩一（やの　こういち）・駒澤大学経済学部，内閣府経済社会総合客員研究員
山澤成康（やまさわ　なりやす）・跡見学園女子大学マネジメント学部
脇田　成（わきた　しげる）・首都大学東京大学院社会科学研究科
和合　肇（わごう　はじめ）・京都産業大学経済学部

コメンテーター
大瀧雅之（おおたき　まさゆき）・東京大学社会科学研究所
加藤久和（かとう　ひさかず）・明治大学政治経済学部
猿山純夫（さるやま　すみお）・日本経済研究センター
竹田陽介（たけだ　ようすけ）・上智大学経済学部
坪内　浩（つぼうち　ひろし）・日本経済研究センター，内閣府
徳井丞次（とくい　じょうじ）・信州大学経済学部

世界同時不況と景気循環分析

2011 年 3 月 25 日 初 版

［検印廃止］

編 者 浅子和美・飯塚信夫・宮川　努
発行所 財団法人 東京大学出版会
代 表 者 長谷川寿一
113-8654 東京都文京区本郷 7-3-1 東大構内
電話 03-3811-8814　Fax 03-3812-6958
振替 00160-6-59964
印刷所 三美印刷株式会社
製本所 牧製本印刷株式会社

© 2011 K. Asako, N. Iizuka and T. Miyagawa *et al.*
ISBN 978-4-13-040251-4

Ⓡ〈日本複写権センター委託出版物〉
本書の全部または一部を無断で複写複製（コピー）することは，著作権法上での例外を除き，禁じられています．本書からの複写を希望される場合は，日本複写権センター（03-3401-2382）にご連絡ください．

浅子和美編 福田慎一編	景気循環と景気予測	A5	5400 円
浅子和美編 宮川 努編	日本経済の構造変化と景気循環	A5	5400 円
浅子和美 福田慎一編 吉野直行	現代マクロ経済分析 転換期の日本経済	A5	4600 円
福田慎一 堀内昭義編 岩田一政	マクロ経済と金融システム	A5	4000 円
福田慎一著	価格変動のマクロ経済学	A5	3800 円
深尾京司編 宮川 努編	生産性と日本の経済成長 JIPデータベースによる産業・企業レベルの実証分析	A5	5600 円
大瀧雅之編	平成長期不況 政治経済学的アプローチ	A5	5800 円
細野 薫著	金融危機のミクロ経済分析	A5	4800 円
小西秀樹著	公共選択の経済分析	A5	4500 円
花崎正晴著	企業金融とコーポレート・ガバナンス 情報と制度からのアプローチ	A5	4800 円

ここに表示された価格は本体価格です．御購入の際には消費税が加算されますのでご了承ください．